MES TRENTE ANNÉES EN AMAZONIE BRÉSILIENNE

http://www.karthala.com

Paiement sécurisé

Couverture : Une vue de l'Amazonie telle qu'elle apparaît dans les parties colonisées et défrichées. La clôture est un symbole de la lutte des Sans Terre contre les grands propriétaires. © Photos de la couverture et de l'ensemble du cahier, « l'auteur et ses amis ».

ISBN : 978-2-8111-1613-2

François Glory

Mes trente années en Amazonie brésilienne

Au service des communautés de base

Préface de Henri Burin des Roziers

Éditions Karthala
22-24, boulevard Arago
75013 Paris

En guise de remerciements !

Sur ma route, j'ai croisé des tas de gens passionnants.
Rencontres inédites, éblouissantes bien souvent.
À tous ces amis, vivants ou déjà disparus,
Je dois tout ce que j'ai vécu.

Ta chanson Bernard revient comme un écho,
Toi qui, avec Christian, regardez de là-haut.
« Dans quel état tu nous r'viendras
Et nous comment on s'ra,
François ? »

Tu as *troussé* des chansons et vécu en artiste,
J'ai écrit ce bouquin, tu vois, il n'est pas triste !
Dans ce long parcours au nord du Brésil
J'ai dû revoir souvent le sens des évangiles !

Combien de mes amis se déclaraient loin de la foi,
Et pourtant si proches des combats de François !
Comment oublier mes jeunes années à Créteil,
Le grand froid de l'hiver ou les camps au soleil.

Te souviens-tu des *Saints François et Christophe*
Tes passages chantants et le bon vin qui réchauffe ?
Avec tous mes amis, du Brésil et de la douce France,
« Des mots chair, des mots sang » s'écrivent en abondance.

Comment vous dire merci à tous, les contre et les pour.
J'ai crainte d'en oublier certains, aide-moi, toi, le troubadour !
Ceux qui m'ont reçu, questionné, contesté et même irrité,
Ceux qui m'ont sauvé de la tentation du *prêt-à-penser* !

Non Bernard, je n'ai pas perdu la foi, ni l'espérance.
Même, si je ne gratte plus ma guitare en saltimbanque,
Invitons les tous à entrer dans la danse[1].

Tu vois défiler tous ceux qui ont revu et corrigé,
Un sacré texte et surtout un *Chico*[2]*-Ré,*
Oui, c'est la note qu'il faut pour chanter :
« *J'ai voyagé de Paris à Brasilia en passant par Nouméa* ».
Avec Auguste, Claude, Yves, Jean, Anne, Patrice et Brigitte ;
Marise, Françoise, Émile et ce contestataire de Michel,
Puis Jean Max, Christine et tous ces drôles de Créteil,
Saint-François, Saint-Christophe combien de paroissiens ?
Monique et Henri ; ceux du Soler et Joseph mon cousin,
Et Henri qui tapait toutes mes missives !
Et voilà les vieux scouts qui reviennent,
Les Philippe, Progresso, Jean-Paul et leurs Madeleine.
Manque plus que le Gaétan qui chante à tue-tête,
Avec Monique et Michèle et tous les *pro-fêtes*.
Pour l'Opéra avec Christian, on attendra l'éternité
où nous vivrons en toute clarté.
Obrigado, à tous mes frères et sœurs *do Brasil*,
pour terminer en beauté !
Eux qui adorent prier, chanter, danser, rire, pleurer
et souvent tout donner.
Merci à l'Esprit aussi car :
Tu le sais, avec François à Rome,
nous n'avons qu'une terre qu'il faut sauver.
Ohé, de la mapp'monde
Y a-t-il encor' du monde ?

---

1. Le chant d'entrée de mon ordination était bien : *Allez, changez vos têtes et entrez dans la fête*... Paroles de Jean Debruynne.

2. « Chico »est le diminutif de Francisco par lequel l'auteur, François, était habituellement appelé en Amazonie.

Préface

Je suis très heureux d'avoir à préfacer l'ouvrage de François Glory, prêtre des Missions Étrangères de Paris, auquel me lie une vieille amitié complice, tissée au cours de tant d'années passées, l'un et l'autre, auprès des communautés paysannes pauvres du Brésil.

François Glory est une personnalité attachante, forte et volontaire, intransigeante dans ses options, qui fascine et motive tous ceux qui le côtoient – comme en témoignent la mobilisation et le dévouement de ses amis pour maintenir vivace ce qu'il a accompli à Uruará, en Amazonie.

L'ouvrage de François Glory est, d'une certaine façon, le *Journal d'un curé de campagne.*

Il a d'abord eu la charge de paroisses dans l'ancien et immense diocèse de Porto Nacional. Dans cette région isolée du centre du Brésil, de tradition chrétienne rurale très profondément ancrée, son effort a tendu, tout en restant à l'écoute humble des communautés paysannes, avec leurs coutumes et leur culture propres, à rendre vivantes les nouvelles orientations du concile Vatican II et les options pastorales de la Conférence de Medellin : *Une Église moins cléricale, et plus collégiale, avec l'option préférentielle pour les pauvres*.

Ensuite, en Amazonie, avec la même ténacité animée par sa foi, considérant sa mission de prêtre des Missions Étrangères comme celle d'un éveilleur, d'un rassembleur et d'un serviteur, il a suscité sans relâche, dans des contrées éloignées et extrêmement isolées, la création de communautés ecclésiales organisées, avec le souci constant de leur conférer une autonomie, leur permettant, malgré leur isolement, la pleine expression de leur vie religieuse.

Enfin, à Maiobão, « jungle urbaine » à la périphérie de São Luis du Maranhao, François Glory a été confronté, entre espoir et désillusions, au défi de ranimer une paroisse immense et contrastée, pour finalement vivre, selon son expression, « une des plus belles expériences pastorales de sa vie ». Grâce à ses dons exceptionnels de poète et d'artiste, il a permis, en effet, aux jeunes collégiennes de *Dançart para Cristo* d'exprimer leur foi dans des chorégraphies, et de rassembler, autour d'elles, une Église festive.

L'ouvrage de François Glory ne se borne pas à relater, dans un style clair et alerte, avec le souci du détail, souvent avec humour, et toujours avec une profonde humanité, ses incessantes pérégrinations, parfois rocambolesques et dangereuses. À l'occasion, il ne manque jamais d'analyser avec lucidité la réalité politique et socio-économique qui l'entoure.

Il apporte ainsi un irremplaçable témoignage de première main sur des événements qui ont marqué l'histoire du Brésil, comme par exemple l'arrestation et les procès des pères Aristide Camio et François Gouriou, quand la dictature entendit, à travers eux, juger une Église « *en résistance* » et la condamner.

Tout au long de son ouvrage, François Glory approfondit longuement le sens de ses expériences, en les reliant constamment à sa vision théologique. Il est en effet un professeur érudit en Écritures Saintes, passionné, entre autres, par la personne et par les écrits de saint Paul.

Henri Burin des Roziers

Rapide regard sur le Brésil

Population

Avec ses 8,5 millions de km^2, le Brésil est le plus grand État d'Amérique latine (plus de 47 % de sa surface, soit 15,5 fois celle de la France). Sa population est d'environ 201 millions d'habitants répartie sur plus de 8,5 millions de km^2, soit 23,7 au km^2 pour 33 aux États-Unis, près de 94 en France, 368 en Inde ! Sa population est très inégalement répartie sur cet immense territoire : sa grande majorité se trouve localisée dans les grandes villes de la côte Atlantique qui ne cessent de croître en raison de l'exode rurale – en particulier du sertão du Nord-Est du pays dont les petits paysans sont chassés à la fois par la sècheresse et les gros propriétaires terriens – qui vient gonfler les favelas en bordure des quartiers urbanisés. L'agglomération de Rio de Janeiro regroupe à elle seule autour de 16 millions d'habitants (soit près de 400 au km^2) et São Paulo près de 12 millions d'habitants, soit pas loin de 800 au km^2, tandis que le bassin et la forêt d'Amazonie – 7 millions de km^2, répartie sur plusieurs pays (Venezuela, Colombie, Pérou, Équateur, etc.) dont 63 % en Brésil, soit de l'ordre de 5,3 millions de km^2 sur le 8,5 de l'ensemble du pays – pour une population difficile à évaluer tant elle est diluée dans cette immensité[1].

La population brésilienne est marquée par une importante diversité ethnique et culturelle due à son histoire depuis sa conquête par les Portugais au XVIIe siècle : Les indigènes d'origine, souvent appelés Amérindiens, sont aujourd'hui extrêmement minoritaires, de l'ordre de 2 % (essentiellement les petites tribus perdues dans la forêt amazonienne). À l'autre extrémité du panel sont les Blancs, majoritaires avec 47,71 % ; puis 43,1 % de Métis, 7,6 % de Noirs et environ 2 % d'Asiatiques. Les Blancs ne sont pas tous descendants de Portugais de la conquête, mais

1. Voir cependant les « lignes » qui s'ouvrent de part et d'autre la route transamazonienne dont nous parle François Glory dans ce livre au chapitre 6.

leur plus grand nombre est le résultat de migrations au fil des siècles : Italiens, Allemands, Portugais, Espagnols. Les Noirs sont les descendants de la traite et viennent essentiellement de l'Angola, alors colonie portugaise.

Du point de vue religieux, à l'instar de tout le sous-continent, le Brésil est traditionnellement à majorité chrétienne (89 %), principalement catholique en raison de son occupation par les Portugais avec un certain pourcentage appartenant aux Églises protestantes. Mais cette répartition est en train de bouger très vite en raison de travail de sape fait par les sectes évangélistes et pentecôtistes, organisées et financés par les USA (CIA) afin de contrer le courant de conscientisation mené par les communautés de base de l'Église catholique. Il faut ajouter la suspicion dans laquelle la théologie de la libération a été tenue pendant un temps par le Vatican en son propre sein et nombre d'évêques brésiliens à tendance religieuse et politique réactionnaires.

Il faut ajouter le *candomblé*, religion actuelle des Afro-Amérindiens. Syncrétisme dérivé en particulier du vaudou importé au Brésil pendant la traite (1549-1888) par les quelque 3,5 millions d'esclaves arrachés aux côtes africaines.

Économie

Le Brésil est reconnu comme un pays en voie de développement transformé par une industrialisation rapide, concentrée essentiellement dans la région de São Paulo et une agriculture de plus en plus orientée vers l'exportation. Il est l'un des premiers fournisseurs en denrées alimentaires du monde (soja, café, etc.) et de la transformation de la canne à sucre en carburant. Reste que cette industrialisation et la croissance qui en découle n'ont pas permis de corriger tous les déséquilibres, loin de là, notamment de fortes inégalités sociales, ni d'éliminer encore la misère. En effet, – pays-continent, multiethnique, où les écarts régionaux et sociaux sont énormes –, cette première puissance économique du sous-continent (la 7e à l'échelle mondiale, 2e exportateur agricole mondial après les États-Unis) est marquée par la mainmise de puissances économiques étrangères, nouvelle forme de colonialisme. Sur le plan agricole s'implantent depuis quelques années des exploitations de plusieurs dizaines de milliers d'hectares qui non seulement chassent les petits paysans ne possèdant pas d'actes de propriété pour leurs quelques arpents, mais qui font soit des cultures intensives pour l'exportation, soit aussi, pour l'exportation de l'exploitation forestière en Amazonie. Des activités qui vont bientôt modifier les conditions climatiques de ce qui est considéré jusqu'alors comme l'un des « poumons » du globe, ou laisser en quasi-friche des terres dont le peuple chassé ne peut plus se nourrir.

Ce pays qui était, en 2011, la 1re puissance économique en Amérique latine et la sixième mondiale (entre la France et le Royaume-Uni), est marqué par une vaste classe moyenne à niveau de vie élevé. L'espace et les richesses sont énormes, moins de 10 % des terres sont cultivées et il connaît un double flux de sa population rurale : d'une part, le mouvement d'exode vers les villes du Sud-Ouest, d'autre part et dans un deuxième temps, un petit reflux vers le Nord d'une population qui n'a pas trouvé de quoi vivre dans les favelas et qui se laisse séduire par l'annonce de terre disponible, entre autres autour de la création de la transamazonienne ou par le nouvel eldorado que serait les grande exploitations agricoles des entrepreneurs dans le Mato Grosso du Sud-Amazonien. Les villes y poussent à toute allure et des cultures agricoles diverses se développent, faisant du Brésil une des fermes de la planète, le deuxième exportateur agricole mondial après les États-Unis.

De plus, il a été découvert récemment en son sous-sol des immenses réserves de pétrole.

Ainsi le contraste est très marqué entre le Sud-Est industrialisé et le Nord démuni et ravagé par les conflits pour la terre. Voir à ce sujet les occupations de terres non exploitées, souvent expropriées par l'État fédéral que le Mouvement des sans terre[2] (le MST) soutient quand il le l'organise pas[3]. Le MST est, de plus, l'une des principales organisations qui militent pour la réforme agraire.

Bien que les régions du Nord-Ouest soient encore relativement vides, cet immense pays est encore peu peuplé. Cette situation n'empêche pas les dégradations écologiques. Au Brésil, les 3/4 des émissions de carbone ont pour origine la destruction de la forêt amazonienne

---

2. Movimento dos trabalhadores rurais sem terra.

3. À titre d'exemple, le massacre d'avril 1996, où dix-neuf paysans sans terre du MST ont été tués par la police dans l'État amazonien du Pará. Le MST est une des principales organisations qui militent pour la réforme agraire. Voir aussi le livre déjà paru chez Karthala dans la collection *Signes des temps* : Susana Bleil, *Vie et luttes des Sans Terre au sud du Brésil : une occupation au Paraná*, 2012. Et bientôt le témoignage dont l'édition est en préparation dans la même collection de Henri Burin des Roziers, dominicain, trente ans avocat des Sans Terre et des syndicalistes assassinés par les hommes de main des gros propriétaires d'Amazonie.

Histoire politique du Brésil

En 1492, Christophe Colomb découvre, au nom du royaume d'Espagne, ce qu'il croyait être les Indes. Devant l'invasion de ce sous-continent par les conquistadors tant portugais qu'espagnols, par sa bulle *Inter caetera* de 1493, le pape Alexandre VI répartit la responsabilité de l'évangélisation de ce « Nouveau Monde » entre l'Espagne et le Portugal. Le traité de Tordesillas signé par ces deux pays en 1494 complète ce « patronage » religieux de deux zones de mainmise politique et surtout économique : les mines d'or et d'argent.

Depuis ses origines continentales, l'histoire de cet immense pays, étalée sur six siècles, est très difficile à résumer. Notons très succinctement :

a) Sept grandes séquences

La multiplicité des partis politiques sous les Républiques – voir leur nombre dans le tableau ci-dessous – rend impossible leur énumération dans cette brève notice.

1500-1822	Occupation portugaise	
1822-1889	Indépendance et Empire	3 grands partis politiques
1889-1930	Vieille République	17 partis
1930-1945	l'ère Vargas	7 partis
1946-1964	Deuxième République	22 partis
1964-1985	Dictature militaire	2 partis*
1985-	Nouvelle République	Plus de 50 répertoriés**

* Dès 1965, les militaires suppriment par décret tous les partis qui animaient la vie politique de la Deuxième République. Cependant, en 1966, selon la décision des militaires, les parlementaires se regroupent en deux ensembles : un groupe qui soutient le gouvernement, *l'Alliance Rénovatrice Nationale* (l'ARENA) ; et un groupe d'opposition, *le Mouvement Démocratique Brésilien* (MDB). Ce « bipartisme » ne tient pas au-delà de 1979, tandis que le régime militaire ne disparaît qu'en 1985.

** Faute de pouvoir développer davantage, retenons le « Parti des Travailleurs », le « PT », qui a porté Lula à la présidence de la République fédérale du Brésil (2003, réélu 2007-2011), puis Dilma Rousseff (en 2011). Né en 1980 de la résistance à la dictature par des syndicalistes, des intellectuels, des dirigeants de mouvements populaires, des étudiants, etc. Cette fondation du PT fut un défi à toute la politique brésilienne de l'époque. Défi à la dictature militaire et à ses terribles méthodes de répression, défi aux structures conservatrices des partis traditionnels populaires. Face à la situation politique de l'époque, le PT s'est voulu un parti de masse, un parti démocratique et un parti socialiste très marqué par le marxisme.

b) Succession des présidents de la République fédérale depuis 1946

• **Deuxième République : 1946-1964 :**
À noter l'instabilité : 3 présidents sur 9 (en charge que quelques mois)

1946-1951 1951-1954 1954-1955 1955-1956 11 55-01 56 1956-1961 01 61-08 61 08 61-09 61 1961-1964 Avril 1964	Gaspar Dutra, *militaire* Getúli Vargas Carlos Luz João Café Filho Nereu Ramos Juscelino Kubitschek Jãnio Quadros Ranien Mazzilli João Goulart Ramien Mazzilli	Parti Social Démocratique Parti Travailliste Brésilien Parti Social Démocratique Parti Social Démocratique Parti Social Démocratique Parti Social Démocratique Parti Travailliste Brésilien Parti Social Démocratique Parti Travailliste Brésilien Parti Social Démocratique

• **Dictature militaire : 1964-1985**
À compter du coup d'État, tous les présidents Arena sont des militaires.

1964-1967 08 67-10 69 - de août 69 à octobre 69 1969-1974 1974-1979 1979-1985	Humberto Castelo Branco Artur de Costa e Silva 1° Augusto Redemaker 2° Aurélio Lina Tavares 3° Márcio Melo Emilio Medici Ernesto Geisel João Figueiredo	Arena Arena : *déposé* 3 militaires en 2 mois Arena Arena Arena

• Nouvelle République de 1985 à aujourd'hui

1985-	Tancredo Neves †1985	PMDB*
1985-1990	José Sarney	PMDB
1990-1992	Fernando Collor	PRN** *suspendu en octobre 92*
1992-1995	Itamar Franco	PMDB
1995-2003	Fernando H. Cardoso	PSDB***
2003-2011	Luiz Inácio Lula da Sliva	Parti des Travailleurs
2011-	Dilma Russeff	Parti des Travailleurs

* Parti du mouvement démocratique brésilien
** Parti de la reconstruction nationale
*** Parti de la sociale- démocratie brésilienne*

I

Du Laos au Brésil
Un certain jour de juin 1975

Gérard Adam et François Glory se retrouvent ce matin-là après avoir traversé le Mékong, comme à l'accoutumée, au poste de frontière entre le Laos et la Thaïlande. Tous les deux ont en commun d'être prêtres des Missions Étrangères de Paris (Mep). Pas plus d'un an de présence en Asie et les voilà sur la route du retour. Quels chemins vont-ils prendre ? Gérard partira au Japon où il est encore en cette année 2015, François passera trente ans au Brésil avant de repartir en décembre 2014 pour la Thaïlande. La boucle est bouclée.

J'ai donc choisi de relire mon expérience brésilienne et de vous la faire partager. J'ai croisé des saints et des brigands de tout bord et de tout acabit. J'ai mené une vie d'aventures et de pleine liberté, qui exigent aussi leur part de sacrifices. Dans cette société parfois désenchantée, les jeunes, mes neveux et nièces en particulier, doivent savoir que l'appel de l'Évangile ne supporte ni chômage ni lassitude. Tout ce dont je rêvais quand j'étais jeune, j'ai pu en grande partie le réaliser : annoncer comme Paul l'Évangile de la liberté, participer au combat pour la justice avec les petits paysans, risquer ma vie non seulement sur les pistes défoncées, mais surtout par fidélité à *l'option pour les pauvres*[1], être acteur de projets de développement, comprendre la Parole de Dieu à partir de la condition de l'opprimé, et, après autant d'années, parfois de désert, sentir à nouveau le souffle de Vatican II qui renouvelle son Église. À 70 ans, je ne regrette

1. L'expression : *L'option pour les pauvres* est une des caractéristiques fondamentales de la théologie de la libération. Le mot pauvre a en Amérique latine un sens tout autre que celui qu'on lui donne ailleurs. Dans son acception biblique et théologique, il renvoie à l'expression *les Pauvres de Yahvé*, partie du Peuple élu qui fait confiance en son Dieu libérateur. Faire le choix des pauvres signifie ainsi rejoindre Dieu dans son action en leur faveur.

pas cette vie pleine de surprises. Ce récit se veut aussi témoignage de tous ceux que j'ai croisés, aimés et avec qui j'ai partagé les plus belles années de ma vie. Eux ne peuvent écrire, et pourtant ils ont tant à nous apprendre. Ils ne sont pas des héros par accident, ils sont héroïques chaque jour : grâce à eux, nous pouvons croire en l'Homme.

Retournons donc sur les bords du Mékong !

Ô rivages lointains où nous passons d'un fleuve à l'autre
Du Mékong au Tocantins, les eaux deviennent nôtres.
Mon grand-père ne fit-il pas la bataille de Lang Son[2] *?*
Colonisation par le canon rend dramatique la mission.

Debout, au bord de la route, Gérard et moi attendons sous le soleil que les soldats du Pathet-Lao, installés depuis peu au poste frontière, nous laissent passer en Thaïlande. Guitare qui ne me quitte jamais et sac à dos plein à craquer à mes pieds, je ne pars pas en camp scout cette fois.

Derrière moi ce Laos que j'ai à peine connu et devant moi la Thaïlande où je ne pourrai rester. Après les « libérations » du Vietnam et du Cambodge au mois d'avril 1975, voici venir, ironie de l'histoire, le jour de Pentecôte, le tour du Laos et de Paksé en particulier. En ce dimanche après-midi, mes confrères et moi avions vu un char vietnamien, précédé d'un cortège de motos vietnamiennes, entrer en maîtres à Paksé pour prêter main forte à leurs petits frères socialistes. Le soir même, les anciens nous débarrassaient de toute illusion. Pierre Urkia, notre évêque, nous confie :

> C'en est fini de notre présence ici, il faut envisager à plus ou moins long terme une expulsion. Vous les deux jeunes, il vaut mieux que vous partiez les premiers, car ne parlant pas la langue vous êtes plus un poids qu'une aide.

Ce scénario était prévisible. En avril, avaient débarqué à Bangkok, dans notre maison régionale située au 254 du Silom road, un certain nombre de confrères expulsés du Vietnam et du Cambodge, ces derniers ayant souffert plus que tout autre, parcourant les pistes défoncées, entassés à l'arrière de camions de fortune. Leurs récits, pleins de pudeur sur leur calvaire, laissaient à peine deviner l'horreur qu'allaient vivre ceux qui étaient restés.

---

2. Bataille de Lang Son en 1885 sous le gouvernement de Jules Ferry, lors de la conquête du Tonkin, au Nord-Vietnam. Le retour des troupes fut dramatique. Partis à 800 hommes, il n'en revint que quelques 150, la plupart ayant péri noyés dans la traversée du Mékong, selon le témoignage de mon grand-père Emmanuel Glory qui fut le plus jeune décoré de France.

Ainsi prenait fin sans grand drame pour nous, simples oiseaux voyageurs, ce premier envol vers la mission ! Attendre et toujours attendre que ces messieurs veuillent bien nous libérer ! Ceci fait partie de l'apprentissage du missionnaire. Mon visa pour le Brésil s'est fait désirer trois ans. Les militaires, au pouvoir à l'époque, voulant « punir » Paul VI pour avoir nommé des évêques trop marqués *option pour les pauvres*, refusaient d'accorder des visas, particulièrement aux prêtres français, considérés comme atteints du virus de subversion infestée par la *Théologie de la libération*. Les militaires, une fois rentrés dans leurs casernes, seront bientôt relayés par quelques membres couleur rouge écarlate de la Curie romaine.

En ces heures qui s'allongent comme monte la chaleur moite, j'attends toujours de pouvoir franchir le poste et j'ignore tout sur mon avenir. Je reste songeur.

En septembre 1973, après mon ordination le 30 juin, j'avais fait un séjour en Angleterre pour apprendre l'anglais, ce qui me permettrait d'apprendre le thaïlandais afin de m'ouvrir aux secrets du laotien.

Le 17 août 1975, ce fut le départ pour la Thaïlande. Vous imaginez la gymnastique pour quelqu'un qui n'a que son grec et son latin en poche ! Huit mois passés à Bangkok, et tous les trois mois au Laos pour revenir en touriste en Thaïlande, visa oblige. Touriste, oui, je l'étais d'une certaine manière puisque je passais beaucoup de temps à voyager et à découvrir les richesses et mystères d'une autre civilisation. Pour faire sérieux, il y avait les week-ends durant lesquels, avec un collègue belge, Pierre Liesse, nous animions la paroisse francophone de Bangkok. Moi, le jeune missionnaire, j'enviais mes aînés qui avaient franchi la dure barrière de la langue. Dans mes jeunes années, je m'imaginais ayant quarante ans et découvrant alors quelle langue je parlais désormais !

À défaut de franchir la barrière de la langue lao, j'attendais de franchir la route qui séparait maintenant deux mondes. Six ans d'études au séminaire des Missions Étrangères de Paris, deux ans de coopération au Cameroun, comme professeur de latin, de grec et de français pour faire bonne mesure. Sans compter les stages de pastorale tous azimuts : scoutisme à Créteil, catéchèse à Meudon, insertion dans les bidonvilles à Villejuif ! Enfin, peut-être prêt pour la mission.

Mais que faisais-je donc ici avec Gérard ? Nos supérieurs étaient-ils si ingénus pour avoir cru au miracle en nous expédiant dans une région où, après une simple analyse de la conjoncture politique, il était prévisible que les choses pourraient se gâter dans un avenir proche ? La tradition aux Missions Étrangères de Paris (Mep), fortes de leurs 150 martyrs, n'est pas de suivre la mode du temps ou les caprices de la politique mondiale, mais de croire, comme au temps des *Actes des Apôtres*, que la persécution est parfois un des moteurs de la mission ! Or, L'idéal du jeune missionnaire s'alimente à deux sources : en premier lieu à la foi qu'il aura tout le temps d'éprouver au cours de ses expériences, mais aussi à un certain goût de l'aventure sans lequel il vaut mieux rester, au frais, chez soi. Comme au fond c'est le Seigneur qui choisit, m'avait-on appris au petit séminaire, j'avoue qu'en lui faisant confiance, j'allais être bien servi toute ma vie. Ce récit est là pour en donner quelques preuves.

Après quelques heures interminables avec la bureaucratie socialiste, nous passâmes en Thaïlande pour une nouvelle expérience de paperasserie, qui nous parut cette fois plus rapide, plus souriante et tout d'un coup moins pointilleuse.

Arrivés à Bangkok, nous prenons contact avec nos supérieurs de Paris et décidons de visiter la Malaisie et Singapour avant de séparer nos destins : Gérard choisit le Japon et je rejoins la France dans l'attente des collègues qui vivaient leurs derniers mois au Laos.

Transition

Quelques mois après, retrouvailles à notre maison générale de la rue du Bac. Après un paisible débat, le groupe composé d'un ancien du Vietnam et du Cambodge et de neuf missionnaires du Laos décide de tenter l'aventure au Brésil. Pourquoi le Brésil ? Il y a tant d'autres options possibles : l'Indonésie, les Philippines ou encore Madagascar où nous avions un diocèse en charge ?

Deux raisons nous ont fait basculer de l'autre côté de l'océan Atlantique : beaucoup ne désiraient pas repartir dans un pays qui avait été marqué par la colonisation française ; le cri des corvées et bastonnades était trop récent ! D'autre part, depuis plusieurs années nous hébergions, dans nos structures les pères de Saint-Jacques d'Haïti qui avaient connu l'expulsion provoquée par la dynastie Duvalier. Certains d'entre eux avaient fondé une mission au Brésil et ils nous proposaient de les rejoindre. Pierre Urkia notre évêque, Basque infatigable, avait rencontré après le concile Vatican II dom Helder Câmara[3], prophète de l'Amérique latine, qui lui avait proposé à l'époque d'accueillir ceux qui un jour seraient chassés d'Asie. Prophète, il voyait clair !

---

3. Helder Cãmara [1909-1999] : figure exceptionnelle de l'épiscopat brésilien. En 1953, auxiliaire de l'archevêque de Rio. 1964 à 1984, archevêque d'Olinda et Recife, capitale du Nord-Est brésilien.

Ce modèle d'Église engagée auprès des plus pauvres n'était pas pour nous déplaire. Lors de l'exposé d'un père de Saint-Jacques venu nous présenter le mode de fonctionnement des Communautés Ecclésiales de Base (CEBs) dans lequel il expliquait le rôle des ministres laïcs dans tous les secteurs de la vie de la communauté : célébration, catéchèse, administration, animation des réunions… je me souviens de la question d'un confrère : *Mais que fait le prêtre dans tout cela* ? C'était une vraie révolution ecclésiologique. Il nous fallait repenser le rôle du prêtre dans une société de tradition chrétienne et nous préparer à une réalité tout autre que celle que nous avions connue en Asie. Le Brésil se chargera de cette métamorphose.

Accueilli par Mgr Henry L'Heureux, qui m'avait ordonné un an auparavant, je resterai trois ans dans le diocèse de Perpignan. L'évêque m'enverra aux côtés de Jean Pagès, curé d'une paroisse de la périphérie. Le P. Auguste Martinez, curé de la paroisse voisine où j'avais été ordonné un an plus tôt, m'invitera à le seconder dans la pastorale des jeunes aînés. Auguste et Jean avaient un charisme inégalable et, grâce à ce contretemps providentiel, jeune prêtre, j'ai pu expérimenter les joies du sacerdoce en ayant pour modèles deux êtres exceptionnels. Dans le milieu ecclésial, il est commun de croire que nous sommes marqués pour la vie par notre premier curé et, en ce qui me concerne, je l'ai expérimenté. Trois séjours en Nouvelle Calédonie comme animateur des Scouts de France au cours des vacances d'été enrichiront mon expérience pastorale. Je considère ces trois ans passés dans mon diocèse d'origine comme un temps de grâce qui me permettra de partager mon expérience missionnaire avec ceux qui n'ont jamais cessé de me soutenir. Chaque retour était une occasion de partage et de renouer avec mes origines catalanes.

Premiers pas au Brésil

Passons de l'autre côté de l'océan et débarquons dans cet immense Brésil qui fait 16 fois la France.

6 janvier 1979, 5 h. du matin, aéroport international de Rio. En cette fête de l'Épiphanie, *première manifestation de Dieu aux païens*[4], tout un symbole pour nous les Mep, avec Émile[5], mon nouveau collègue, nous

---

4. L'Epiphanie célèbre, par le récit des mages venus d'Orient, l'universalité du salut. Le 6 janvier est la fête par excellence aux Missions Étrangères de Paris qui sont une société missionnaire tournée vers l'Asie et Madagascar.

5. Emile Destombes, mon aîné de dix ans, avait passé dix ans au Cambodge. Il est titulaire d'une maitrise de philosophie en Sorbonne. Après dix ans de Brésil, il repartira en

débarquons au Galeão[6]. Il fait nuit, et une moiteur bien tropicale nous envahit. Premières formalités : un cri retentit de derrière une cloison qui nous sépare du fonctionnaire vérifiant les certificats de santé : *saude* ! Pour entrer au Brésil, il faut être sain. Nous nous levons et présentons nos documents. Ouf ! Tout est en règle. Avec Émile, nous avons attendu trois ans. Il aura fallu que Paul VI en août et Jean-Paul Ier en septembre 78 passent dans l'autre monde en un temps record pour que les militaires veuillent bien libérer les visas[7]. C'est à la fin de mon troisième séjour à Nouméa qu'un télégramme d'Émile Destombes m'informait de la bonne nouvelle. Las d'attendre, j'avais déjà envisagé de partir pour Madagascar ! Je télégraphiai aussitôt à Émile : « Je pars avec toi rejoindre le groupe ».

Enfin nous foulons la terre brésilienne tant désirée. À la sortie, le P. Aristide Camio dit Sto[8] nous attend avec son éternel mégot à la bouche et son sourire malicieusement fraternel. Il a fait près de 2 500 kms pour venir nous attendre.

Il nous invite à prendre un café, enrichissant notre vocabulaire du mot *caféżinho* (petit café), suivi aux heures chaudes du mot *cerveja*, la bière, tradition oblige. Un taxi nous dépose quelques heures plus tard sur les hauteurs de Rio, au lieu-dit : *morro Santa Terezinha*, fameux pour ses favelas alentours, mais aussi quartier résidentiel aux vues imprenables sur Rio, sa baie et son symbole : le *Corcovado*. Nous logeons chez des sœurs dont la maison offre tous les avantages de ce panorama et, la nuit tombant tôt, nous avons droit au spectacle féérique des lumières sur cette ville de rêve.

Une des sœurs qui nous accueille parle bien le français et, dans la discussion à bâtons rompus qui s'engage avec Aristide, nous sentons la révolte sourde d'une Brésilienne consciente d'un pays qui devient de plus en plus dépendant des USA. Bonne introduction à la réalité dès notre

---

Thaïlande et pourra rejoindre son cher Cambodge. Il sera, avec Mgr Yves Ramousse, un des acteurs de la résurrection de l'Église du Cambodge. Il deviendra évêque de Phnom Penh. Nous le retrouverons au cours de ce récit.

6. Aéroport international de Rio.

7. Dans l'avion qui me ramenait de Nouvelle Calédonie en France métropolitaine, j'apprenais, le 17 octobre, à l'escale de Francfort, que Wojtila était devenu la veille Jean-Paul II.

8. Sto, de son vrai nom Aristide, est un ancien du Laos, parti avec quatre autres confrères trois ans auparavant. Les pp. Alain le Moal, François Gouriou, Clément Montagne et Aristides Camio forment une équipe à Conceição. Deux autres dans le Sud du Brésil, dans le diocèse de Umuarama dans l'État du Parana : Jean Louis Purgy, ancien du Vietnam qui décédera dans un accident de voiture, et Mgr Pierre Urkia, ancien évêque de Paksé. Le P. Geoges Abbalin sans visa permanent ne restera que quelques mois au Brésil.

Sur le diocèse de Conceição do Araguaia, voir le livre des Petites Sœurs de Jésus, *En Amazonie, renaissance de la tribu indienne des Tapirapé* (Éd. Karthala, collection *Signes des temps,* 2011), implantées dans cet immense diocèse depuis 1952

arrivée. Nous ne pouvons encore imaginer qu'un jour une ancienne révolutionnaire deviendra présidente du Brésil !

Nous quittons Rio pour le Nord du Brésil et nous découvrons un autre monde. Devant nous, coule majestueusement le fleuve Araguaia. Nous logeons à l'évêché de Conceição do Araguaia. L'évêque, dom Estevão, est un dominicain brésilien et, avec trois autres de ses frères, il a la charge de cette immense région[9] : dom Alano à Marabá, à la croisée du Tocantins et de l'Araguaia, dom Celso plus au sud, dans le Goiás, à Porto Nacional sur les bords du Tocantins, et, plus bas, dom Tomas Balduino, un des fondateurs du Conseil Indigéniste Missionnaire (CIMI) et de la Commission pastorale de la Terre (CPT)[10]. Ces dominicains, sont très engagés auprès des petits paysans. Ils développent une pastorale dans le sillage de Medellin en Colombie où se déroula en 1968, suite au concile Vatican II, la fameuse conférence du CELAM[11]. Les épiscopats d'Amérique latine, en esprit de fidélité au Concile, firent preuve d'audace prophétique en reprenant à leur compte l'esprit de Vatican II. Si les Pères conciliaires ne surent franchir le Rubicon, les évêques à Medellin n'hésitèrent pas à poursuivre jusqu'au bout cette logique en proclamant l'*option préférentielle pour les pauvres*[12], provoquant une secousse tellurique pour toute l'Église d'Amérique latine et ses peuples opprimés par cinq cents ans de structures féodales. Cette option sera combattue durant des décennies, preuve de son prophétisme qui incommode, mais elle verra son couronnement en 2007 à Aparecida[13] quand Benoît XVI déclarera que

9. Nous rencontrerons une année plus tard à Porto Nacional dom Alano de Noder, vieil évêque français dominicain qui, avant la création des diocèses du Nord, parcourait à cheval l'immensité de ces territoires.

10. CIMI : Commission Indigéniste Missionnaire ; CPT : et Commission Pastorale de la Terre. Les deux dépendent de la Conférence Nationale des Évêques du Brésil (CNBB).

11. CELAM : « Conférence Épiscopal Latino-Américaine ». Créée sous Pie XII à l'instigation de dom Helder Câmara qui en sera le premier secrétaire et de Mgr Montini. Elle regroupe 22 conférences épiscopales nationales et organisera cinq conférences : Rio de Janeiro (Brésil) en 1955 ; Medellin (Colombie) 26 août au 6 septembre 1968 ; Puebla (Mexique) du 27 janvier au 12 février 1979 ; Saint Domingue (1992) ; Aparecida (Brésil) 2007.

12. L'*Option préférentielle pour les pauvres* a été retenue en 1968 au cours de conférence de Medellin. Elle sera confirmée en 2007 lors de la conférence d'Aparecida. L'expression *Option préférentielle* devrait se traduire de l'espagnol ou du portugais par : *choix prioritaire des pauvres.*

Cf. *: Les Pauvres, choix prioritaire* de Jorge Pixley et Clodovis M. Boff. Traduit du portugais par Charles Antoine, Cerf, 1990. L'option préférentielle pour les pauvres constitue le cœur de l'action pastorale en Amérique latine. Ce livre donne tous les éléments bibliques, philosophiques, sociologiques et surtout théologiques pour expliquer les raisons de ce choix pour un développement spirituel et économique solidaire.

13. Aparecida, sanctuaire de la patronne du Brésil où eut lieu en 2007 la 5e et pour le moment la dernière conférence du CELAM et dont le document final fut rédigé par Jorge Mario Bergoglio, futur pape François.

l'option pour les pauvres est profondément évangélique[14]. Depuis l'élection du pape François, c'est toute l'Église universelle qui reçoit les fruits de cette option renouvelée et renforcée à Aparecida.

L'esprit de Medellin souffla si fort qu'il déclencha un véritable tsunami ecclésiologique. Les Communautés Ecclésiales de Base se répandirent alors, dans toute l'Amérique latine, comme une trainée de poudre. Ce phénomène puisait ses sources pourtant bien loin de l'Amérique latine. Après l'appel lancé par Pie XII le 21 avril 1957 dans sa lettre intitulée *Fidei donum*[15] envoyée à tous les évêques du monde, et avant que ne sorte durant le Concile le décret *Ad Gentes* (7 décembre 1965), Jean XXIII écrivit, le 25 septembre 1961, une lettre au cardinal Liénart[16], évêque de Lille et président de l'assemblée des cardinaux et archevêques de France. Il sollicitait l'Église de France pour qu'elle envoie des *Fidei donum* en Amérique latine et subvienne au manque crucial de prêtres et ainsi la protéger du soi-disant danger marxiste, virus qui se répandait avec la révolution cubaine au pouvoir depuis 1959. Le contexte historique de la guerre froide favorisait les scénarios catastrophes. Certains imaginaient que le Sud du continent pouvait basculer dans le socialisme dont Fidel et Che Guevara étaient les symboles. Le danger n'était pas le marxisme, mais bien le fossé entre une minorité de privilégiés et une grande masse réduite à l'extrême pauvreté. Lutter contre l'injustice était bien la meilleure façon de se protéger du virus socialiste !

L'Église de France répondit généreusement à l'appel du pape et envoya ce qu'elle avait de meilleur, des prêtres pour beaucoup issus de l'Action Catholique Ouvrière, JOC et JAC[17]. Citons à titre d'exemple le P. Dominique Barbé, de la mission ouvrière, qui travailla longtemps

---

14. « En ce sens, l'option préférentielle pour les pauvres est implicite dans la foi christologique en ce Dieu qui s'est fait pauvre pour nous, pour nous enrichir de sa pauvreté » (cf. 2 *Co* 8, 9). Discours de Benoît XVI à la Ve conférence du CELAM, le 13 mai 2007 à Aparecida. Le sens qu'en donne Benoît XVI est strictement théologique et ne fait aucune référence à un engagement politique comme le prétend la théologie de la libération. Ceci admis, l'option pour les pauvres refait son apparition en entrant par le portique théologique !

15. Pie XII demandait aux Eglises surtout d'Europe, d'envoyer des prêtres pour subvenir aux besoin des nombreuses communautés africaines. Ils seront désignés ainsi par le nom de *Fidei donum* (le don de la foi). Ils partaient en général pour trois ans, mais la plupart ont renouvelé leur contrat et prolongé leur séjour.

16. Le cardinal Lienart sera évêque de Lille durant quarante ans (1928-1968). Connu pour avoir favorisé l'expansion de l'Action catholique, pour ses prises de positions en faveur de la classe ouvrière et surtout pour sa défense des prêtres ouvriers. Il sera accusé à tort de dérive marxisante. Il est donc tentant de lui attribuer les futures dérives de la théologie de la libération.

17. JOC : Jeunesse ouvrière chrétienne, JAC qui deviendra le MRJC : Jeunesse agricole chrétienne et Mouvement rural de la jeunesse chrétienne.

comme prêtre ouvrier à São Paulo. Il se fit connaître par son livre : *Demain les communautés de base*[18]. La liste serait longue[19].

Ironie de l'Histoire, la fameuse formule considérée subversive par les adversaires de la théologie de la libération : *Voir, Juger, Agir,* est celle des mouvements d'action catholique énoncée par le fondateur de la Jeunesse Ouvrière Chrétienne (JOC), le cardinal belge, Joseph Cardijn[20]. Elle fut à son époque le meilleur vecteur d'évangélisation de la jeunesse ouvrière. Il est notoire que dom Helder Câmara, apôtre des pauvres, fut un de ceux qui favorisèrent l'arrivée de ces prêtres formés par l'Action catholique en prise avec la réalité sociale. Le but étant non seulement d'évangéliser, mais aussi de former des militants qui pourraient lutter pour une société plus juste.

Nous croiserons au cours de notre pérégrination dans le nord et le Nordeste du Brésil ces communautés pleines de vie, célébrant la parole dans des chapelles édifiées avec les moyens du bord ou dans de petits locaux de fortune au cœur des favelas. En l'absence, la plupart du temps, de prêtres, une équipe de laïcs rassemble autour de la Parole de Dieu une communauté surtout de femmes et d'enfants. La participation des hommes est plus difficile à cause des horaires de travail. Se développera ainsi une lecture de la Bible, assez simplifiée, à partir du *peuple*[21] qui découvre en Jésus de Nazareth, le frère universel, venu partager la condition des hommes pour les libérer de toutes formes d'injustice. Un mouvement biblique s'organisera dans toute l'Amérique latine.

Il sera freiné et combattu parfois par ceux qui, dans l'Église, craignaient que les communautés ne se confondent avec les groupes évangéliques et que ceux-ci, acquérant une certaine autonomie, favorisent une forme d'Église populaire qui puisse élire ses pasteurs. Cette réaction provoquera l'arrivée en force des mouvements charismatiques, un anti-

---

18. Dominique Barbé : *Demain, les communautés de base*, Cerf, 1972, préface de Jacques Loew.

Depuis l'appel de Jean XXIII, ce sont plus de 320 prêtres français qui sont partis en Amérique latine et centrale sous l'égide du CEFAL. Voir la note 26.

19. Charles Antoine, prêtre expulsé du Brésil par la dictature militaire, a créé l'agence d'information Dial : *Diffusion de l'information sur l'Amérique latine*. Une équipe a pris le relais et continue à travers le site : http://www.dial-infos.org/.

20. Joseph Cardijn, [1882-1967] prêtre belge, crée en 1919 la jeunesse syndicaliste, puis la JOC en 1925 avec F. Tonnet, P. Garcet, et J. Meert. Invente la formule : « Un travailleur vaut plus que tout l'or du monde » et la méthode « Voir, juger, agir » qui fut répandue mondialement. Cette méthode consiste à se baser sur les faits : enquêter sur les situations, se sensibiliser à la dignité de l'ouvrier-fils de Dieu, transformer les conditions de vie ou de travail injustes. Il est créé cardinal en 1965 par le pape Paul VI.

21. À partir du peuple, du pauvre : deux expressions courantes en Amérique latine pour désigner la masse des gens marginalisés, vivant dans les grandes périphéries des mégapoles sud-américaines.

dote aux protestants évangéliques, jouant comme eux sur l'émotion et le contact direct avec le divin. Puis s'ajouteront à la panoplie des mouvements plus centrés sur la présence eucharistique au détriment de la Parole de Dieu. En conséquence les communautés se retrouveront divisées en groupes d'affinités. Pour les uns, cette diversité était signe de vitalité, pour d'autres, facteur de division.

C'est à cette époque que des contingents entiers de religieux et religieuses abandonneront le confort de leurs couvents et de leurs grands collèges, remplis de jeunes des classes privilégiées, pour aller vivre en petites communautés dans les périphéries et favelas des mégapoles brésiliennes.

Conceição do Araguaia en est un exemple où nous avons rencontré deux jeunes Brésiliens issus des classes aisées. Heloisa et Ricardo[22] travaillent pour le Mouvement d'Éducation de Base (Meb)[23]. Ils ont quitté leur ville et leur belle université de Belo Horizonte, capitale du Minas Gerais, pour se consacrer à la communauté, dans des conditions précaires, comme laïcs au service de la mission. Aristide, qui est arrivé dans le diocèse il y a bientôt deux ans, n'a pas hésité à faire équipe avec eux.

Pour compléter ce tableau, apparaît un autre personnage venu rejoindre ses frères dominicains : Henri Burin des Roziers. Il est arrivé en décembre 1978, un mois avant nous, et visite la région en attendant de rejoindre l'école de langue à Brasilia où nous nous retrouverons durant quatre mois. Avocat de formation, il renforcera la Commission pastorale de la terre dans le diocèse de Porto Nacional où nous travaillerons ensemble durant plusieurs années. De sensibilités et d'affinités communes, ce n'est pas le hasard qui nous a réunis. Henri, pendant plus de trente ans, sera de tous les combats pour défendre les petits paysans au risque de sa vie. Il ne montrera jamais de peur ou d'appréhension. D'un

---

22. Ricardo Rezende deviendra prêtre dans le diocèse de Conceição do Araguaia. Intellectuel de haut niveau, il défendra les petits paysans au risque de sa vie, jusqu'à être remplacé par le F. Henri Burin des Roziers. Il est actuellement professeur de sociologie dans une université de Rio.

23. Meb : Mouvement d'éducation de base. Organisation créée par l'Église pour promouvoir l'alphabétisation en milieu populaire, inspirée de la méthode de Paulo Freire, grand pédagogue brésilien. À travers l'apprentissage de la langue, le pauvre prend conscience des raisons, des racines et des mécanismes qui le maintiennent dans cette situation d'exclusion.

Paulo Freire [1921-1997] : Brésilien, initie une pédagogie en direction des populations illettrées, conçues comme moyen de lutte contre l'oppression, en partant de leur vocabulaire et des objets connus d'eux. Il sera l'instigateur auprès de dom Helder Câmara de la conscientisation par la Radio. Sous la dictature brésilienne, après son arrestation, il sera contraint de s'exiler de 1970 à 1980 à Genève avec sa famille. Il publie en particulier en 1969 *Pédagogie des opprimés*, traduit en français aux Editions Maspero en 1974.

courage et d'une détermination dignes d'un Bartolomé de la Casas[24], modèle et figure emblématique pour Henri, il ne laissera transparaître que son humour, régal pour ses amis, désarmant et déstabilisant pour ses détracteurs. Nous reviendrons à ce personnage hors du commun[25].

Tel était le contexte dans lequel nous débarquions. Il fallait maintenant nous plonger dans la réalité de cette Église brésilienne, forte de plus de trois cents évêques dont une centaine étaient considérés comme des adeptes de la théologie de la libération. De nombreuses figures prophétiques en faisaient partie. L'une d'elles et non des moindres : dom Luciano Mendes de Almeida, qui fut secrétaire général puis président de la Conférence nationale des évêques du Brésil durant deux mandats, nous expliqua au cours d'une rencontre du CEFAL[26] à Brasilia, les raisons de cette métamorphose.

Vatican II fut pour la plupart des Églises européennes un point d'aboutissement, fruit d'un long et laborieux parcours théologique et pastoral. L'*aggiornamento* était déjà en route quand le concile eut lieu, ce qui avait permis de pressentir les réformes à venir[27]. Le Concile fut accueilli avec

---

24. Bartolomé de Las Casas [1474-1566], dominicain qui défendit les Indiens du Mexique. Homme de foi et de convictions, ce religieux a proclamé pour la première fois, il y a un demi-millénaire, l'universalité des droits de l'Homme. Il sortit vainqueur de la fameuse controverse de Valladolid, en 1550-51, à propos de la conversion des Indiens.

25. Henri Burin des Roziers fut aumônier d'étudiants à Paris en 68 avec Jean Raguénès, dominicain comme lui. Il gardera des contacts précieux avec ses anciens étudiants qui constitueront tout un réseau pour soutenir son action en faveur des droits humains. Il sera un temps prêtre ouvrier à Besançon avec Jean Raguénès qui deviendra un des mentors de la lutte chez Lip. Henri continuera son action à Annecy durant sept ans pour défendre les immigrés, puis il partira au Brésil pour travailler, comme avocat, à la défense des petits paysans.

Sont en préparation deux livres d'Henri Burin des Roziers : L'un constitué de sa parole vivante à travers des interviews et qui sera publié aux Éd. du Cerf ; l'autre du recueil de ses écrits, prévu chez Karthala dans la collection *Signes des Temps*.

Sur Jean Raguénès, voir son livre : *De Mai 68 à LIP. Un dominicain au cœur des luttes* (Éd. Karthala, collection *Signes des Temps*, 2008).

26. CEFAL, « Conseil Épiscopal France-Amérique Latine » — devenu en 2007 le PAL, « Pôle Amérique Latine » — dont la responsabilité consiste en la mise en rapport de l'évêque du diocèse d'accueil en Amérique latine avec l'évêque de France qui accepte que l'un de ses prêtres parte au titre de *Fidei donum*. Tous les deux ans le CFAL réunit l'ensemble des missionnaires français dans un lieu déterminé du Brésil : rencontre à laquelle le secrétaire et parfois le président (un évêque français) participent. Rappelons que la première appellation était « Comité d'aide pour l'Amérique latine ». Le père Michel Quoist, un de ses fondateurs, a enlevé « aide » et a mis en égalité « France et Amérique latine » afin d'éviter toute attitude de condescendance.

27. Il suffit de se souvenir de l'Action catholique qui révéla le rôle des laïcs, la bataille pour les prêtres ouvriers, la création de la Mission de France par le cardinal Emmanuel Suhard, archevêque de Paris, et la longue liste des théologiens ou liturgistes : Congar, Chenu, Daniélou, Schillebeeckx, Rahner, Gélineau qui verront leur œuvres consacrées par le concile Vatican II.

grande satisfaction, il suffisait de mettre en pratique les décrets et autres orientations. En Amérique latine, rien n'avait bougé pendant des siècles. C'était souvent *l'alliance du trône et de l'autel.* Même le concile de Trente avait encore de la peine à être appliqué dans certaines régions. Or, durant le Concile, les évêques latino-américains dont les Brésiliens, sous l'impulsion de dom Helder, avaient fait leur recyclage théologique, profitant de la présence des grands théologiens[28].

Medellin sera l'occasion providentielle pour l'Église d'Amérique latine de se saisir des intuitions de Vatican II et de les adapter à la situation locale. Dans un continent qui se définissait comme chrétien, que faire avec les pauvres qui représentaient presque 90 % de la population ? Pouvait-on accepter que les élites vivent, la conscience tranquille, dans la plus ostentatoire opulence sans que l'Église apparaisse comme le soutien idéologique d'un système peccamineux ? Aider les pauvres en continuant les œuvres caritatives ou travailler avec eux à leur libération en les rejoignant ? Tel était le dilemme. Il ne s'agissait pas de faire quelques retouches à la liturgie pour se donner un air moderne. Le CELAM entendit *le cri des pauvres* et y répondit de façon prophétique[29]. Seul un choix radical en faveur des pauvres était capable dans ce contexte de conduire l'Église à retrouver la face du Christ dans les traits des visages des Noirs, des Indiens, des *campesinos* et autres exclus de la société. L'Église revenait à l'exemple de Moïse à la rencontre du Peuple de Dieu pour chercher avec lui les chemins de sa libération.

Medellin eut ses théologiens, comme Vatican II eut les siens. La théologie de la libération naquit avant Medellin, ainsi elle en sera l'interprétation théologique. Son parcours sera l'inverse de la théologie classique. Partir non du haut de l'échelle d'où tout semble clair et organisé, mais de l'opacité du bas où se rencontrent les « déchets de l'humanité[30] » pour remonter avec le Christ crucifié dans les pauvres jusqu'au mystère de la gloire du Ressuscité : Christ et Seigneur. Il s'agit bien d'annoncer le mystère pascal à des gens qui ne connaissent que le chemin de croix. Vont naître de cette intuition des centaines de milliers de petits groupes

---

28. Cf. Paulo Sérgio Lopes Gonçalves, *Concílio Vaticano II Análise e prospectivas*, Paulinas, 2004. Le Cardinal Aloísio Lorscheider écrit dans l'introduction : « Vatican II nous fait passer d'une Église-Pouvoir à une Église-Pauvre, Dépouillée, Pèlerine ; d'une Église-Autorité à une Église-Servante, Ministérielle ; d'une Église Pyramidale à une Église-Peuple… » (p. 7).

29. *Entendre le cris des pauvres et y répondre* a une résonance biblique (Ex 3, 9) que nous reverrons tout au cours de cet ouvrage.

30. Cette expression scandaleuse avait été employée par un des patrons français qui invitait à investir dans les terres du Brésil. Il considérait les petits paysans comme les déchets de l'humanité dont il ne fallait pas tenir compte sur le plan économique. L'article qui citait ses paroles m'avait été transmis par le Fr. H. Burin des Roziers.

bibliques qui se reconnaîtront dans la figure d'Abraham, migrant d'une terre à l'autre, et de Moïse devenant à son tour le modèle du libérateur qui délivre son peuple de la servitude. Jésus de Nazareth prendra les traits du Frère des hommes en proclamant la Bonne Nouvelle aux pauvres[31] et en rassasiant le peuple au désert.

Certains ne manqueront pas de dénoncer l'horizontalisme qui ignore la verticalité de la dimension divine. Ils oublient que, pendant des siècles, les tenants de la verticalité ont laissé dans l'ombre leurs frères qui étaient la présence cachée du Christ souffrant. Alors que nous nous battions pour défendre nos vérités, les Églises dites évangéliques n'ont pas perdu de temps. Elles sont allées glaner là où notre audace évangélique se heurta à la nouvelle mode d'un spiritualisme qui cache mal le retour d'un cléricalisme affiché. La mode actuelle préfère un clergé chanteur et enchanteur à la présence et au témoignage de petites communautés insérées dans les périphéries, réunies autour de la Parole.

Ces considérations préliminaires nous permettront de comprendre ce qui va suivre.

Février- mai 79 : l'école de langue

Nous voici maintenant arrivés à Brasilia pour l'école de langue où Émile et moi-même retrouvons le Fr. Henri Burin des Roziers. Ce centre de formation (CENFI) qui accueille les nouveaux missionnaires venus de tous les horizons est une création de la Conférence nationale des évêques du Brésil (CNBB). Outre l'apprentissage de la langue, il donne une solide introduction à la réalité complexe de cet immense pays. Le piège est de penser que la compréhension de la culture brésilienne est aussi rapide que l'apprentissage de la langue. Après tout, ne sommes-nous pas dans une culture latine ? Le métissage est si fort qu'à la différence de l'Asie, nous avons l'impression de ne pas être si étrangers. Et voilà le missionnaire parlant la langue et s'imaginant qu'il n'y a plus d'obstacles majeurs à la rencontre de l'autre.

---

31. Le frère Carlos Mesters, carme, Hollandais d'origine, sera par la création des cercles bibliques (Cebi) ce que Paulo Freire, toutes proportions gardées, fut pour l'alphabétisation. Lui aussi sera persécuté et suspecté par notre mère l'Église. Sa méthode fait découvrir aux pauvres qu'ils sont tout proches des personnages bibliques. Les rencontres très pédagogiques les aident à analyser leur propre situation pour les inviter à devenir les nouveaux acteurs de cette histoire de libération. C. Mesters avait coutume de dire : *Si nous rentrons dans la Bible avec la tête, les pauvres y entrent avec les pieds.*

Certains se dispensaient de cet apprentissage, le considérant comme du temps perdu. Le cardinal Aloisio Lorscheider, président de la CNBB à l'époque et en visite au CENFI, nous avait rappelé que bien parler la langue est une marque de respect envers les personnes vers qui nous sommes envoyés. Travaillant dans un autre contexte, il était important de se mettre au diapason de l'Église que nous venions servir. Nous n'étions pas venus pour importer ou réaliser nos projets pastoraux. Nous suivions les orientations de l'Église du Brésil. Certains d'entre nous furent considérés comme subversifs par l'évêque de Viana, dom Adalberto, qui dénoncera ses prêtres, *Fidei donum* italiens, à la sécurité et expulsera les autres de son diocèse[32].

Le premier conflit fut surtout interculturel. Nous venions de pays et d'horizons théologiques très variés. Les Polonais ayant un contingent de sept missionnaires, fiers et forts de l'élection d'un pape polonais, ne rataient aucune occasion pour insinuer que nous les Français en particulier, suivis des Belges et des Québécois, n'étions pas fidèles aux enseignements de Rome. Les débats étant assez animés et la tension montant, l'incident était prévisible. Ayant été désigné pour présider une de nos célébrations eucharistiques, ne vis-je pas, au moment où j'entrais dans la chapelle, la moitié des Polonais quitter les lieux ? N'avions-nous pas avec Henri tourné en dérision les enseignements d'*Humanae Vitae*[33] au cours d'une soirée culturelle de détente[34] ! Quelques-uns poussèrent le zèle jusqu'à nous dénoncer à la nonciature pour attitude anti-romaine. Le directeur du centre, très diplomate, se fit notre avocat. Le temps passa et nous apprîmes à nous connaître. Finalement, un des prêtres, au cours d'une réunion, me fit ses excuses publiquement, reconnaissant qu'il y avait eu des malentendus sur notre conception de la liturgie. J'en retrouverai un, deux ans plus tard dans le Nord, je lui rendais visite, alors que

---

32. Dom Adalberto Paulo da Silva, évêque de Viana dans le Maranhão (1975-1995). Rome le transféra à Fortaleza comme évêque auxiliaire. « Ces prêtres disait-il, viennent faire la révolution qu'ils n'ont pas réussie chez eux ». Il considérait Aristide Camio et François Gouriou comme deux agents marxistes qui méritaient l'expulsion. Cf. : Monographie de Maria Idêne. São Luis, Iesma, juin 2014.

33. *Humanae Vitae*, lettre encyclique « sur le mariage et la régulation des naissances » promulguée par le pape Paul VI le 25 juillet 1968. Ce titre correspond aux deux premiers mots de la version latine du texte, qui commence ainsi : « *Humanae vitae tradendae munus gravissimum* », c'est-à-dire « Le très grave devoir de transmettre la vie humaine ». À l'époque, l'encyclique causa la surprise, car elle déclarait « intrinsèquement déshonnête » toute méthode artificielle de régulation des naissances, réaffirmant ainsi la position traditionnelle de l'Église à l'encontre d'une opinion publique très largement favorable à un assouplissement de la doctrine catholique. Cette prise de position déclencha une profonde crise d'autorité dans l'Église.

34. Cela s'accompagnait d'une représentation humoristique qui avait pour but de développer l'apprentissage de la langue.

sa paroisse avait souffert de la violence de *pistoleiros*[35] au service des *latifundiaires* (gros propriétaires fonciers). Comme me le fit remarquer Henri avec son humour habituel, il n'a fait aucune allusion aux petits paysans qui étaient restés couchés sur le sol de la chapelle pour échapper aux balles. Sa protestation visait à dénoncer uniquement le sacrilège perpétré contre les statues de saints et d'anges, les seules ayant reçu du plomb dans l'aile.

Quatre sur les sept quittèrent le sacerdoce, comme quoi la rigidité des positions ne protège pas toujours de l'amollissement qui nous guette à la première ou deuxième tentation. Chez les Français, 40 % des *Fidei donum* firent le choix du mariage, ce qui ne les empêcha pas de poursuivre leur combat pour la justice. Le célibat fut toujours un sujet délicat dans l'Église. Les défis d'aujourd'hui sont ceux posés par un changement de culture et de société. Après un synode sur la famille, souhaitons un synode sur l'état du clergé après une large enquête dans toutes les parties du monde ! Nous reprendrons ce sujet brûlant.

Le CENFI nous fit entrevoir la complexité de la mission qui nous attendait. La diversité des origines était flagrante : un était prêtre, médecin allemand, l'autre prêtre ouvrier de la Mission de France, certains venaient de l'Inde, destinés pour le Sud, plusieurs partiraient dans le Nord, en Amazonie. Que connaissions-nous des religions afro-brésiliennes comme le *candomblé*[36] ? L'illusion était de voir dans le Brésil un géant de la chrétienté malgré le syncrétisme religieux. Qu'y a-t-il dans la tête d'un Brésilien qui accomplit au cours d'un pèlerinage une promesse en faisant sept fois le tour de la basilique, à genoux, avec un caillou sur la tête ? Merveille d'une foi simple et humble ou mystère qui m'échappe ? Quel ne fut pas le choc pour Émile et moi-même, quand nous rencontrâmes dans son fief le P. François de l'Espinay[37] à Salvador da Bahia ? Il avait été aumônier général durant la guerre d'Algérie et Émile, alors lieutenant, en avait gardé un excellent souvenir. Il était devenu « *pai de santos»*[38]. Sacrée inculturation !

Son jugement sur l'Église était sans appel : l'évangélisation s'était soldée par un échec. Le christianisme n'était qu'un pur vernis et beaucoup de clercs ne pensaient qu'à leur promotion. Il fallait tout reprendre à la base et commencer par tenir compte de l'importance des croyances

35. *Pistoleiros* : hommes de main, armés, au service des *fazendeiros*..

36. *Candomblé* : Religion afro-brésilienne.

37. François de L'Espinay, dit « le Baron » [1918-] : délégué du CEFAL pour le Brésil de 1963 à août 1971. Pour l'histoire du CEFAL et des évêques et secrétaires qui l'ont animé, voir la « Notice 3 » dans Pierre Dubois, *Un prêtre français au Chili*, Kartala, 2012, pages 311-315.

38. *Pai de santos* : personnage qui dans le *candomblé* a des fonctions sacrales. Il est prêtre ou chef de *terreiro* c'est-à-dire de l'espace sacré.

afro-brésiliennes, ce qui de fait n'avait jamais effleuré la pensée des missionnaires sinon pour les combattre ou n'y voir que des actes de sorcellerie. Le modèle européen régnait en maître, souvent dans sa splendeur baroque, vu le nombre d'églises rutilantes d'or, édifiées avec la sueur et le sang des esclaves. Vestiges de la splendeur de l'Empire portugais qui s'éloignaient chaque jour un peu plus des traditions nègres ou indiennes métissées.

Ainsi se déroulèrent nos quatre mois d'école de langue, bien logés, entassés même dans des chambres à trois, et surtout bien nourris, en comparaison du régime riz et haricots secs, qui nous attendait dans un proche avenir. Au-delà de nos différences, nous sentions une vraie fraternité missionnaire. Ce métissage international était une excellente préparation à la diversité qui faisait le charme du Brésil. Sur le plan culturel, nous pouvions goûter à l'incroyable richesse de la musique populaire du Brésil (MPB). Les plus grands devenaient les figures emblématiques[39] de la résistance au régime dictatorial. L'exil sera le prix qu'ils paieront à des militaires incapables d'apprécier les virtuosités et subtilités de leur musique. La censure aidant l'aliénation, je constaterai au cours de mes pérégrinations qu'une bonne partie de la jeunesse ignorait son propre patrimoine musical. Radio et télévision aux mains du pouvoir ne diffusaient que les musiques à l'eau de rose dont Roberto Carlos[40] fut le champion !

L'heure des choix arriva enfin et, sur les conseils d'Henri, nous rencontrâmes dans son diocèse de Goiás Velho, dom Tomás Balduino, dominicain, considéré comme un des évêques prophétiques[41] du Brésil. Fraîchement arrivés et ne voulant pas nous concentrer dans le seul diocèse où nos collègues travaillaient, le Sud étant exclu, considéré comme trop européen, Émile et moi-même voulions une orientation sur une possible implantation. Dom Tomás, pragmatique et visionnaire, nous orienta vers le diocèse de Porto-National, à huit cents kilomètres de Brasilia. Son frère dominicain, dom Celso, avait besoin d'un renfort dans cet immense diocèse en proie aux conflits de terre. Notre arrivée contrebalancerait un clergé trop conciliant dans sa majorité avec l'oligarchie locale.

---

39. Chico Buarque de Hollanda, Gilberto Gil, Caetano Veloso, Maria Bethânia sa sœur, Geraldo Vandré dont la chanson *Para não dizer que eu não falei des flores* devint l'hymne repris à toutes les manifestations de protestation anti-régime, sans parler des grands du Nordeste comme Dorival Caymmi ou Luis Gonzaga.

40. Roberto Carlos fut propulsé par les militaires pour combler le vide culturel. Il devint ainsi, en passant à la télévision Globo, chaîne la plus importante du pays, un des chanteurs les plus populaires et aimés du peuple brésilien. La propagande plus que la qualité crée la nouvelle vague.

41. Prophétique ne signifie pas qu'il fait de bonnes révélations, mais qu'il suit les orientations de Medellin.

Nous contactâmes dom Celso qui se montra enchanté de notre venue. Il nous demanda cependant d'aller faire un stage d'un an à João Pessoa, capitale de la Paraiba dans le Nordeste, chez son ami, dom José Maria Pires, voisin de dom Helder Câmara, et surnommé dom Pelé pour être, à l'époque, le seul évêque noir du Brésil. Nous partîmes en bus rejoindre notre lieu d'apprentissage pastoral : un périple de plus de quarante heures de route. Dom Celso tenait à ce que nous ayons, en plus de la maîtrise de la langue, l'expérience d'une Église qui avait mis en route les communautés de base dans l'esprit de Medellin.

Quelques jours avant notre arrivée, en bons pasteurs, dom Helder accompagné de dom Pelé étaient allés, armés de bâtons de berger, chasser, sous les yeux médusés des policiers qui protégeaient les biens des *fazendeiros*[42], un troupeau de bétail qui avait envahi les terres des petits paysans. Le rapport de force étant toujours inégal, ces deux archevêques avaient posé un acte que n'auraient pas renié leurs ancêtres Amos[43] ou Osée. Nous avions la chance de faire nos premiers pas avec un des grands prophètes du Brésil.

Dom José Maria Pires nous reçut avec son large sourire fraternel puis nous répartit ainsi : Émile resterait dans la capitale avec la communauté franciscaine. Un des leurs accompagnait les coupeurs de canne à sucre qui travaillaient dans des conditions de quasi-esclavage, les enfants astreints aux mêmes tâches que les adultes. Nous étions encore loin des lois travaillistes, fruits du gouvernement de Lula[44] qui protègeront travailleurs et enfants. Quant à moi, je partais vers les hauteurs, dans la ville de Guarabira, chez son évêque auxiliaire, dom Marcello, à quelques dizaines de kilomètres de João Pessoa. La rencontre fut brève car le lendemain il partait pour l'Europe et voulait profiter de son voyage pour faire escale à Rome afin de rencontrer Jean-Paul II en prévision de son premier voyage au Brésil. Il lui semblait important que le Pape puisse écouter un autre son de cloche, depuis que les conservateurs, dom Eugenio Salles, cardinal de Rio en tête, l'inondaient de rapports alarmants sur les dérives gauchisantes de l'Église. Certaines déclarations, mal interprétées, pouvaient jeter le discrédit sur une Église qui avait fait le

42. Les *fazendeiros* sont les gros propriétaires terriens qui possèdent à eux seuls 90 % des terres arables. Ils forment une classe politique forte et organisée jouissant de toute impunité.

43. Amos étant le prophète le plus virulent contre l'injustice. Raison pour laquelle il est si peu connu !

44. Lula, diminutif de Luis Inãcio da Silva [1945], syndicaliste, député fédéral du Brésil (1986-1991), président du Parti des travailleurs (1980-1994), plusieurs fois candidat à présidence de la République fédérale du Brésil, élu en 2003, réélu en 2007-2011. Dilma Rousseff, du même parti des travailleurs, lui succédera à la présidence de la République fédérale.

choix des pauvres. À l'évidence, dom Marcello ne put rencontrer le pape que furtivement. Je me retrouvais ainsi pour six mois au cœur d'une Église qui n'avait pas peur de montrer les options qu'elle défendait. Du côté de Rome, nous allions à pas cadencé vers *Le retour à la Grande discipline,* selon le titre du livre de João Batista Libanio, jésuite et théologien brésilien. En décembre 1979, Le théologien suisse allemand Hans Küng devenait la première cible de la Congrégation pour la doctrine de la foi. Premier coup de sifflet, prélude aux difficultés que nous allions rencontrer plus tard.

Je logeais dans la maison toute simple de l'évêque, une chambre obscure qui avait pour avantage de protéger du soleil, mais pour inconvénient d'attirer des myriades de moustiques dont la moustiquaire n'arrivait pas à me protéger totalement. Le jour suivant, je fis la connaissance d'une sœur brésilienne qui coordonnait, à la demande de dom Marcello, un projet de développement. Cela consistait à construire, pour et avec eux, des petites maisons en dur afin que les gens qui habitaient dans des taudis puissent avoir accès à un logement plus confortable et surtout plus salubre[45]. Des maçons professionnels, payés par le projet, conduisaient les travaux et des volontaires, futurs bénéficiaires du projet, servaient de main-d'œuvre. Parfois le week-end, était organisé un chantier en *mutirão*, c'est-à-dire avec la participation de la communauté. Bonne pédagogie pour construire et les murs et les relations entre les personnes. Du lundi au vendredi, je travaillais donc comme assistant maçon. Le soir, je présidais une célébration ou je partais avec quelqu'un en visite dans les familles. Les samedis et dimanches étaient consacrés à la paroisse tenue par un *Fidei donum* italien, le père Marcello, aussi dynamique que fraternel.

Les gens de ces communautés de base étaient profondément religieux et très accueillants pour le prêtre. Jouant de la guitare à temps et à contretemps, adaptant mes chansons scoutes, j'avais mon petit succès sans trop de frais auprès de ribambelles de gamins qui me couraient après, lorsque le chantier s'achevait. Nous déferlions dans les ruelles en dansant et chantant à tue-tête. Ainsi fut ma première expérience du peuple brésilien : joyeux, accueillant, profondément religieux, pauvre oui, mais qui survit grâce à la solidarité. Un Brésilien ne désespère jamais. Même dans le malheur, il arrive à imaginer que demain sera peut-être meilleur, si Dieu le veut. Première leçon, la deuxième allait suivre.

---

45. Trente ans après, le gouvernement du Parti des Travailleurs de Lula (PT) créera un vaste programme de maisons populaires appelé, *Minha casa, minha vida* (ma maison, ma vie). Même si l'on peut contester la forme, l'emplacement et le mode parfois d'attribution des maisons, il est indéniable que des centaines de milliers de *favelados* en ont profité.

Petrolãndia dans l'État du Pernambouco (Capitale Recife)

Deux mois passèrent, calmes et sereins pour ma première immersion, quand un prêtre de la région me sollicita pour un remplacement d'un mois dans un autre diocèse. Je partis donc à cinq cents kilomètres, plein sud, vers Petrolãndia, petite ville de dix mille habitants, condamnée à disparaître sous les eaux du futur barrage hydroélectrique sur le rio São Francisco. Il couvrira la superficie d'un département français et chassera de chez eux environ cent cinquante mille habitants. Le Brésil, sous les militaires, appliquant la devise nationale *Ordre et progrès*[46], se développait. Et, de concert avec les multinationales, le progrès avançait au rythme des bulldozers qui ne devait pas être entravé par une poignée de gens que le sort avait placés au mauvais endroit. Le pouvoir avait décidé, il fallait appliquer. En trente-six ans de présence au Brésil, j'ai assisté à la construction d'immenses barrages, l'eau étant une des plus grandes richesses du pays. Entre l'urgence pour répondre aux besoins de la croissance, le respect de l'environnement et des droits des populations qui vivent sur les berges des fleuves depuis des siècles, le parcours sans faute est un exploit. Où trouver l'énergie nécessaire aux grandes métropoles en pleine expansion ? En 2013, plusieurs capitales ont dû faire face à des blackouts durant de longues heures, signes avant-coureurs pour certains de la crise énergétique qui menace ce géant.

Après Itaipu[47] dont j'ai pu admirer la puissance, j'ai vu l'angoisse des habitants devant le projet d'Itaparica[48]. Vers la fin de mon séjour sur la Transamazonienne, où j'ai vécu vingt ans, l'annonce du projet gigantesque de Belo Monte[49] sur le fleuve Xingu éclata et eut pour conséquence immédiate de séparer ceux qui voyaient tomber une pluie de bénéfices économiques pour la région et les défenseurs de l'environnement des populations riveraines : petits paysans, pêcheurs et Indiens. La

---

46. Phrase tirée du philosophe positiviste français Auguste Comte qui figure sur tous les drapeaux brésiliens.

47. Le barrage d'Itaipu correspond à la centrale hydroélectrique d'Itaipu ; il est situé sur le rio Paraná, à la frontière entre le Brésil et le Paraguay, construit par les deux pays entre 1975 et 1982. La centrale est aujourd'hui la seconde au monde en puissance installée et reste la première en quantité cumulée d'énergie produite.

48. La ville de Petrolãndia a disparu sous les eaux dans les années 80 en conséquence de la construction de l'usine hydroélectrique de Itaparica. Une nouvelle ville fut édifiée et les habitants transférés en 1988.

49. Le barrage de Belo Monte est un important projet du Programme Brésilien d'Accélération de la Croissance du gouvernement du PT. L'énergie hydroélectrique produite devrait pouvoir atteindre une puissance de 11 233 mégawatts crête (MWc) via 27 turbines, ce qui en ferait par la puissance, le deuxième plus grand barrage du Brésil, et le troisième dans le monde derrière le barrage des Trois-Gorges, en Chine, et celui d'Itaipu.

figure de proue de ces derniers en était dom Erwin Krauthler, évêque de la prélature du Xingu[50], président du Conseil Indigéniste Missionnaire (Cimi), expert en questions indigénistes. Ses prises de position lui ont valu de voir sa tête mise à prix. Il ne circulait que sous protection policière. Les différents procès, les embargos de la justice ont bien freiné la construction mais, après quelques concessions, elle se poursuit à un rythme effréné. Les milliers d'ouvriers qui ont débarqué ont désorganisé l'économie locale et les populations n'en voient, en guise de bénéfice, que l'augmentation du coût de la vie.

J'arrivais donc à Petrolãndia sans préparation, sur une autre planète, interloqué par l'ampleur des problèmes sociaux. De la construction artisanale, je passais aux chantiers pharaoniques d'un Brésil en plein développement. Pour l'heure, j'entrais dans ce monde qui pour les uns offrait le progrès et pour les autres promettait la misère. En 1980, j'écrivais dans ma lettre aux amis :

> Les grandes sociétés qui construisent le barrage achètent les alentours du futur lac pour planter ensuite de la canne à sucre afin de profiter de l'aubaine du projet Pro-alcool qui doit remédier au manque de pétrole. Les paysans qui ne possèdent pas de titre de terre, expulsés donc sans être indemnisés, se retrouveront bientôt coupeurs de canne, victimes du progrès.

Mon arrivée le 4 octobre, fête de saint François, coïncidait avec la fête de la paroisse. Je flairais une ambiance différente. L'évêque, un Allemand, que je n'eus point l'opportunité de rencontrer, avait déplacé l'ancien curé trop engagé à son goût avec les organisations qui combattaient le projet du barrage et protestaient contre le non-respect des droits des habitants menacés d'expulsion. Un pasteur ne supportait pas de voir ses brebis tondues et l'autre fuyait l'odeur de la souffrance. La raison en était évidente : l'évêque avait financé la construction de sa cathédrale, dont il devait retirer une certaine fierté, avec les largesses de la Compagnie Hydroélectrique du São Francisco (CHESF). Je touchais du doigt les contradictions au sein d'une Église qui ne manqueront pas de surgir par la suite. Les tentations de l'avoir et du pouvoir sont permanentes et se cachent derrière leurs soi-disant bonnes intentions.

Ma lettre poursuivait :

> En juillet (trois mois avant que je n'arrive), des paysans vivant sur les rives du fleuve ont eu leurs maisons détruites par les bulldozers. Ils ont tout perdu : jardin, arbres fruitiers et petit élevage, le tout en présence de la police qui assure l'ordre. (Ils n'avaient pas été indemnisés à l'heure où

50. La prélature du Xingu (diocèse) fait la superficie de l'Italie et de la Suisse réunies.

j'écrivais, en attendant, ils vivaient de la solidarité). Pas loin, la CHESF a construit une petite ville avec club, piscine et collège pour ses cadres et leurs familles (quelques centaines) et à quelques kilomètres de là, il y a un petit bourg de cinq cents habitants sans école, sans eau, sans électricité. Les enfants n'ont pas le droit d'aller étudier au collège de la Compagnie, et les gens doivent faire cinq kilomètres à pied pour avoir de l'eau. Interdiction leur est faite de laver le linge à la fontaine où ils remplissent leurs seaux.

Pingus est un lieu-dit regroupant trois petits villages à soixante kilomètres de Petrolãndia, en plein *sertão*[51]. Un gros propriétaire tentait d'accaparer (*grilar*[52]) les terres situées sur un haut plateau pour y faire paître son bétail. Après la célébration, l'équipe pastorale chargée du secteur provoqua un débat à l'issue duquel la communauté fut conviée à se rendre sur le plateau voir de près ce qui se passait réellement. Hommes, femmes, enfants, nous partîmes en suivant un sentier rocailleux par un après-midi torride. Je revoyais mes balades dans les garrigues du pays catalan, lorsque j'étais enfant. Pour se donner du courage, les cantiques caractéristiques des CEBs étaient repris en chœur:

> Nous sommes missionnaires de la libération,
> Dieu dit à Adam : la terre est à tous, c'est ma création.
> Dieu dit à Moïse : libère mon peuple de l'oppression
> Des Égyptiens et de la main oppressive du pharaon.

Les quelques hommes qui se trouvaient là au service du *grileiro,* n'étant pas armés, cachaient mal leur gêne. Ils alléguèrent qu'ils traçaient, tout bonnement, un chemin. La conversation dura deux heures, menée par les représentants de la communauté. Finalement sans pouvoir négocier une solution satisfaisante, l'assemblée décida d'inviter les deux autres villages menacés à rencontrer le juge de la ville. Huit jours après, nous nous retrouvions avec les petits paysans et l'avocat de leur syndicat pour une manifestation, afin d'obtenir une audience avec le représentant de la justice. Les juges, plus par habitude que par principe, sont au service de la grande propriété et les *grileiros* peuvent dormir tranquilles ; l'impunité règne sous un régime militaire. Il ne faudrait pas donner de mauvaises idées aux petits paysans.

---

51. *Sertão :* Région semi-aride du Nordeste qui signifie aussi arrière-pays.

52. *Grilagem* : nom du verbe *grilar* : appropriation illégale de terres qui appartiennent à l'État ou à un propriétaire particulier en falsifiant les titres de propriété. *Grilagem* vient du mot portugais *grilo*, grillon. Les faux documents étaient déposés dans une boite pleine de *grilos* qui, en tachant le document, le faisaient passer pour ancien. D'où l'expression de *grileiro* pour désigner celui qui s'approprie, par la falsification accompagnée souvent de violences, les terres des petits paysans souvent analphabètes et sans défense.

Voilà un extrait du texte qui fut remis au juge :

> La montagne est la mère de la pauvreté, notre mère qui donne le lait.
>
> Nous la montons en pleurant et la descendons en chantant, nous la montons ayant faim et la descendons rassasiés.
>
> D'elle vient la farine de manioc, le maïs, le haricot, la patate douce, la courge, la pastèque et le sésame.
>
> Du champ où nous avons planté des racines, nous tirons le bois, la latte, la solive, la laine, le charbon. Dans la montagne nous trouvons la chasse, le miel, les fruits et la paille pour couvrir nos maisons…
>
> Nous ici, nous sommes réunis pour ce combat : nous savons que c'est le combat de Dieu. Dieu a fait les personnes pour qu'elles soient libres et non esclaves.
>
> Dieu a fait la terre pour tous et non pour quelques-uns seulement. Nous savons que notre principale protection est notre union. Nous sommes unis pour défendre notre droit à la vie et ce qui nous appartient...

Suivent cent soixante-quinze signatures de pères de famille.

Ce texte rédigé avec l'aide de l'équipe pastorale symbolise les revendications de la communauté. Il situe le contexte de ce conflit en décrivant les moyens de subsistance des petits paysans descendant des Indiens et des Noirs. Malgré des siècles de domination, ils se sont transmis, de génération en génération, le respect de la terre mère et nourricière. Elle n'est pas objet de lucre, mais bien communautaire, elle garde sa dimension mystique et providentielle pour la survie de la communauté. Ainsi la forêt pour les Indiens d'Amazonie. Ce conflit agraire est révélateur des deux sociétés qui s'affrontent : l'une traditionnelle où la terre revêt un caractère communautaire et nourricier. L'autre aussi traditionnelle, car elle est le substrat de cette société féodale, qui fait de la terre un objet de profit en feignant un aspect de modernité. Structures archaïques de ceux qui se prévalent d'apporter le progrès, et qui regroupent, en fait, les pires résistances à la réforme agraire et à la modernisation du Brésil. Celui-ci souffre encore de son passé colonial et, si l'esclavage a été supprimé, il n'en reste pas moins que les réflexes et mentalités hérités de l'époque des *coroneis*[53] n'ont pas disparu, mais se perpétuent sous des formes plus pernicieuses. Cet épisode nous le confirme. Dans ce cas présent, le moderne est celui qui préserve la tradition et l'archaïque est celui qui concentre les terre comme aux temps coloniaux.

---

53. *Le Coronelismo*, « Colonélisme » en français, était le système politique du Brésil sous la Vieille République (1889-1930). Le pouvoir local était confié à des propriétaires fidèles au gouvernement brésilien, les *coroneis*. Voir le livre d'un bon spécialiste : Hervé Théry, *Le Brésil, pays émergé,* Armand Colin, 2014.

Le far West !

À la fin de mon séjour à Petrolãndia, j'eus droit à une expérience plus éprouvante ! La revue pour les jeunes, *Formule I*, des éditions *Bayard* voulant réaliser un reportage sur le Nordeste, avait dépêché dans la région un journaliste et son photographe. Ils allaient être servis. Pour répondre à leur désir de connaître les difficultés des habitants de la région, nous nous mettons donc d'accord avec la jeune Margarida de la direction du syndicat sur un tour en voiture dans les alentours. Je servirai d'interprète. Margarida nous explique durant le trajet la situation. Un *grileiro*, un de plus, a interdit, avec des barbelés, le chemin qui donne accès à une source, prétextant qu'il traverse ses terres. Les habitants doivent faire un détour de cinq kilomètres pour accéder à l'eau potable ! La venue des Français est une bonne occasion pour dénoncer ce genre d'abus. Arrivés sur les lieux, nous constatons les faits. Les journalistes ont un malin plaisir à prendre des photos sous tous les angles. Margarida expose le plan de bataille de la communauté appuyée par le syndicat des petits paysans. Demain, ils viendront faire un chemin de croix et en profiteront pour couper les barbelés, symboles de l'oppression. Subitement, à une centaine de mètres, des hommes peu amènes sortent de la maison d'en face en vociférant. Le mot « communistes », qui nous désigne, signe notre condamnation ! Les journalistes n'ont pas l'air de mesurer la tension qui monte ; ils sont tout à leur reportage. Voyant que l'ambiance tourne à l'aigre, je les presse tous de monter aussitôt dans la *Coccinelle* qui démarre au quart de tour. Avec Margarida, un peu nerveuse et inquiète, nous nous réfugions chez des petits paysans habitant tout près. Alors qu'elle entre dans la maison, j'explique à nos visiteurs les raisons de notre départ précipité : la présence de *pistoleiros* qui n'avaient rien de pacifiques. À notre vue, ils ont vu rouge, au deux sens du mot. Nous étions encore sur la véranda à bavarder, quand surgit subitement, dans la cour de la maison, une camionnette remplie des hommes que nous voulions fuir !

L'ambiance est à la fête ! Ils tirent en l'air pour nous effrayer en descendant de voiture et envahissent la maison. Heureusement, notre syndicaliste, qui connait les lieux comme sa poche, réussit à s'enfuir par l'arrière qui donne sur un petit lac, et au moyen d'une barque de pêcheur, disparaît. Enrageant de n'avoir pu attraper leur proie, ils font retomber leur fureur sur nous. Ils s'en donnent à cœur joie et frappent les journalistes. L'un d'entre eux veut, de toute évidence, me taper dessus. Ma présence a l'air de l'intriguer. Avec dérision, il me traite de chauve. Je comprends vite qu'il est inutile de se défendre ou de vouloir discuter, il faut trouver une solution dans la seconde. À cet âge, encore sportif, profitant de la confusion générale, je me dégage en force, saute de la véranda, réussis à m'échapper de leurs griffes et fonce me cacher dans les buissons environnants. Une course poursuite s'ensuit, heureusement la broussaille me sert de cache. Je les entends crier : « Toi le chauve on t'aura » ! En bon scout qui a pratiqué les grands jeux, je cours en rampant durant plus de cinq kilomètres, je vois les phares de leur voiture passer non loin de moi, car la nuit tombe. Ouf, Ils ne m'ont pas repéré. Il faut que je parvienne rapidement en ville pour alerter le syndicat et envoyer des secours aux deux Français. J'arrive enfin sur la grand-route et je fais signe aux voitures qui passent. Quelqu'un s'arrête et me transporte jusqu'à la ville. Par prudence, je ne lui commente point l'incident au cas où il aurait des liens avec nos agresseurs. À la paroisse, je retrouve Margarida en réunion d'urgence avec un avocat. Ils ont déjà dépêché un transport pour récupérer nos deux journalistes qui, peu après, arrivent profondément choqués. L'un a les lunettes cassées, l'autre a des hématomes sur le visage et leurs appareils photos sont abimés. Ils rejoindront Recife le lendemain. Traumatisés, ils s'enfermeront dans leur hôtel pour n'en sortir que le jour de leur retour en France. Nous aurons droit à un article dans le journal local, objectif atteint au moins pour dénoncer les abus perpétrés par les *fazendeiros* ! Une plainte sera déposée, mais je n'ai jamais su si on y a donné suite. Les journalistes, eux, voulaient surtout se faire oublier, ce qui est fort compréhensible. Ils n'étaient pas venus pour entrer dans les combats des petits paysans, surtout par temps de régime militaire.

Ainsi fut mon premier baptême du feu.

Ma vie au Brésil m'offrira d'autres épisodes plus corsés. Heureusement, j'échappais à la liste des héros par accident[54]. Une balle perdue aurait pu rendre la situation dramatique. J'apprendrai par la suite le sens de l'expression : *cutucar a onça com vara curta*[55]. Les *pistoleiros* sont comme les animaux sauvages ; notre présence peut les faire réagir méchamment. Certains assassinats de personnes que nous considérons comme des martyrs auraient certainement pu être évités avec un minimum de précautions préliminaires. L'ambiance, la pression, l'urgence sont des facteurs qui brouillent les décisions à prendre. Nous le verrons plus loin dans le cas dit d'Anapu et de la sœur Dorothée Stang. Je me souviendrai de cet épisode. J'ai côtoyé dans ma vie brésilienne des personnes d'exception régulièrement menacées. J'ai toujours été frappé par leur calme et leur détermination devant le danger, mais je ne les ai jamais vues courir gratuitement au-devant du danger. Un militant est toujours plus efficace vivant que mort.

---

54. Allusion au film américain *Héros malgré lui*, par Stephen Frears, sorti en 1992.

55. « Titiller une panthère avec une baguette courte ». Il ne faut pas s'amuser à aller voir de trop près des *pistoleiros*, leur instinct sauvage peut se réveiller tout d'un coup.

Le lendemain, dimanche, je recevais beaucoup de manifestations de soutien de la part de la communauté de Petrolãndia. Je retrouvais avec plaisir le groupe de jeunes dont la coordinatrice, Mirtes Medeiros, qui avait 18 ans. En 2011, à São Luis, je reçus un coup de fil, elle m'avait retrouvé grâce à internet plus de trente ans après ! Elle habitait désormais la nouvelle ville de Petrolina sur les bords du rio São Francisco, Petrolãndia étant sous les eaux. Elle avait poursuivi ses études en faculté, et s'était mariée. Elle avait monté un commerce et continuait à fréquenter l'église. Elle trouvait son jeune curé peu enclin à laisser des responsabilités aux laïcs ; les temps avaient changé. Les autres membres du groupe de jeunes avaient disparu dans la nature. Je la reverrai brièvement lors d'un de mes passages à Recife.

Je repartis donc vers João Pessoa dans la semaine qui suivit. Je retrouvais avec plaisir Émile, qui me fit rencontrer dom José[56] à qui je fis le récit des derniers événements. Il sourit, compatissant ; il en avait vu d'autres et de bien pires. Il fit une note de protestation dans la presse.

Je suis resté jusqu'en décembre à Guarabira pour terminer mon stage puis, toujours avec Émile, nous avons pris le chemin du retour. Nous en avons profité pour faire une escale à Salvador pour y rencontrer François de l'Epinay qui nous invita à une séance du *Candomblé*. Plongeon non dans les eaux toutes proches de l'océan si bleu d'où débarquèrent des centaines de milliers d'esclaves, mais immersion dans ce monde venu d'Afrique trois siècles auparavant. Nous retrouverons dans nos communautés les traces de ce métissage. Autre visite marquante chez les jésuites qui publient la revue du CEAS[57]. Nous rencontrâmes son directeur, le P. Claudio Perani, que nous retrouverons plus tard au cours de sessions de formation sur la réalité socio-politique du Brésil. Je m'abonnai à sa revue. Elle sera avec *Lumière et Vie*[58], des dominicains de Lyon, une nourriture stimulante pour ma réflexion théologique et sociale durant toutes ces années au Brésil. Après quarante heures de bus, nous ferons escale à Brasilia et, de là, nous rejoindrons notre affectation dans le diocèse de Porto Nacional, à quelque 800 kilomètres. Commence alors un nouveau chapitre.

---

56. J'ai revu dom José à l'occasion d'une de ses visites à São Luis. Il avait été invité par dom Belisario à donner son témoignage sur ce que fut Vatican II. À plus de 90 ans, il était un des rares évêques brésiliens encore vivants à avoir participé au Concile. Il avait gardé toute sa vigueur prophétique et son humour.

57. Les *Cadernos do CEAS* sont une revue bimestrielle du Centre d'Études et d'Action sociale qui présente, analyse et commente la réalité brésilienne, en dénonçant les formes d'oppression et d'inégalité sociales et en suggérant des initiatives prises par les classes populaires comme chemins pour vaincre la misère et l'exploitation, en direction d'une société plus juste et plus humaine, de réelle participation démocratique.

58. Revue qui, malheureusement, s'est arrêtée en décembre 2013. Elle m'aura suivi et conseillé depuis mon départ en mission en 73 jusqu'à mon retour du Brésil. Quelle coïncidence !

Carte du Brésil

2

Natividade
décembre 1979 – novembre 1982

Arrivée à Porto Nacional

Nous arrivons enfin à Porto Nacional où dom Celso nous attend pour nous annoncer notre future destination. Devant nous, s'écoule paisiblement le Tocantins qui, à la saison des pluies, inonde généreusement les quartiers riverains. À la saison sèche, ses plages sauvages font le bonheur des habitants. Ses eaux bleues et tranquilles, grouillantes de poissons, laissent entrevoir la puissance de ses courants. Les couleurs changent au gré des heures et les nuits de pleine lune envoûtent ceux qui se risquent sur ses rives. L'immense pont qui relie les deux rives depuis peu impressionne le visiteur. Construit dans les années 70, il a présenté rapidement des fissures qui en ont réduit la capacité. Les exigences des agendas politiques sont rattrapées par les règles de la pesanteur ! Cet ouvrage gigantesque qui tirait la ville de son isolement est bien à l'image d'un certain Brésil qui, parti à la conquête de l'Amazonie, souffrait chroniquement d'une inadéquation entre le rêve et sa réalisation. Je le vérifierai sur la Transamazonienne trois ans plus tard. Bientôt, la culture du soja révolutionnera toute la région. Les Brésiliens du Sud en occupant le Nord, si peu exploité, selon leurs critères, agiront envers les natifs comme de nouveaux colonisateurs. Avec eux le désert refleurit. À ces nouveaux arrivants du sud et à leur production ne manqueront ni routes ni ponts dans le nouvel État du Tocantins. Les petits paysans s'exileront chassés par le lobby agricole des grands projets de production qui modernisent le pays. Ils offriront leurs bras à la construction de la nouvelle capitale Palmas plantée en plein désert, réplique de la Brasilia mythique.

Le centre-ville de Porto Nacional est calme et agréable. Il a gardé son style colonial. Nous y rejoignons dom Celso qui habite, derrière la belle cathédrale, une immense bâtisse vétuste, séminaire et résidence épiscopale à la fois. Nous déposons nos bagages dans un dortoir et entrons dans le bureau, hérité du vieil évêque émérite dom Alano de Noday[1] résidant aussi dans le bâtiment. Tout semble s'être figé à une époque antérieure. Au passage, nous avons salué le *padre* Luzo qui, malgré son grand âge, passe ses journées à recevoir toutes sortes de gens à qui il donne bénédictions, conseils ou parfois un peu d'argent en fonction des besoins : il est tenu pour le saint du coin. Entre ces deux monuments historiques et un clergé local un peu hétéroclite, notre cher évêque a de quoi exercer sa patience et son art du compromis. Celso est un modèle de simplicité et d'humilité, parfois plein d'humour, il se fait passer pour un petit paysan de la région, il en a le physique. C'est tout le contraire du prince épiscopal ! En revanche, c'est un orateur qui peut faire vibrer les foules. Dominicain, il a l'art de rendre la figure de Jésus vivante et proche des petits.

Liant amabilité et simplicité, il nous fait part de sa décision : Émile, mon aîné de dix ans, et donc plus expérimenté, ira au fin fond du diocèse à Palméropolis, ville située à une distance de 370 kms de Porto Nacional. Avec une équipe de sœurs, pendant dix ans, ils transformeront la paroisse et deviendront un modèle pastoral pour la région[2]. Son départ non programmé et subit sera douloureusement ressenti par ceux avec qui il fit équipe durant ces dix années. Émile fut un travailleur acharné et déterminé, merveilleusement immergé dans cette réalité des communautés de base dont il s'est inspiré plus tard quand il rejoignit le Cambodge. Il deviendra rapidement notre responsable de groupe Mep et jouera un rôle déterminant vis-à-vis de la CNBB lors de l'arrestation de nos deux confrères Aristide et François. Il eut aussi sa part d'aventures sur les pistes où il roulait à tombeau ouvert. Il faillit bien y laisser la vie, une fois, en franchissant un pont, sa jeep Toyota les jeta, lui et la sœur Maria, dans la rivière. Côte à côte dans l'eau, il n'eut la vie sauve que grâce à la main providentielle de la sœur qui lui maintint la tête hors de l'eau jusqu'à l'arrivée des secours.

Une autre fois, après un voyage de plus de 800 kms, alors que nous étions réunis à Fortaleza, heureux de nous retrouver pour notre réunion annuelle, l'apéritif terminé, tout le monde se leva de son fauteuil, sauf Émile, qui hurlait de douleurs. Il fallut appeler une ambulance. Hospitalisé et bien soigné, il resta toute la durée de notre rencontre immobile et allongé. Le dernier jour, il put se lever et repartit en avion vers Goiãnia. Les examens ne révélèrent rien de sérieux. Peu après, il reprenait avec la même fougue ses activités pastorales, sans ménagement.

---

1. Alano de Noday, dominicain français, deuxième prélat du diocèse de 1936 à 1976, décédé en 1985.

2. Émile Destombes repartira au Cambodge au service de la Caritas internationale. Il réussira avec Mgr Ramousse, ancien évêque de Phnom-Penh à faire renaître de ses cendres l'Eglise martyre de ce pays décimée par les Khmers rouges. Il deviendra le nouveau vicaire apostolique de la capitale cambodgienne.

Combien de fois l'ai-je surpris qui disait : *le Mékong* quand il regardait le Tocantins ! Authentique missionnaire, il ne reculera pas devant un autre déchirement : quitter à nouveau le peuple qui l'aimait tant et repartir sur les cendres du Kampuchéa démocratique des Khmers rouges ! Son sacrifice portera ses fruits et grâce à lui, en partie, l'Église renaîtra au Cambodge. Je le reverrai à Phnom-Penh des années plus tard, déjà atteint, hélas, par la maladie. C'était bien lui, plein d'humour, toujours aussi chaleureux et accueillant. Grande et généreuse figure missionnaire !

Quant à moi, Celso me proposa la petite ville de Natividade à 120 kilomètres de Porto-National. Le vieux curé, Faustino, y résidait avec sa sœur depuis plus de vingt ans. Il faudrait donc user de diplomatie pour ne pas le heurter et assumer peu à peu en douceur la tâche de curé.

Après ces bonnes nouvelles, en somme, il ne nous restait plus qu'à passer à l'action.

La *Comsaude* Eduardo, Eloisa, Marcos, Edith et les autres...

À deux cents mètres de la résidence épiscopale, habitait un couple que nous allions découvrir sans tarder. Le soir tombé, et il tombe tôt, avec Émile, nous nous dirigeâmes vers ce que tout le quartier appelle la *Comsaude* (Communauté de santé). Dans une immense bâtisse surmontant le fleuve, résidaient Marcos, Brésilien de São Paulo et sa femme Edith, Allemande. Marc avait rencontré son épouse en Allemagne, où il faisait des études d'art graphique. De retour au pays, ils choisirent de travailler dans le Nord pour mettre leurs compétences au service de la *Comsaude* dont les locaux étaient attenants à leur logement. Alors que nous faisions plus ample connaissance, arrivèrent la sœur de Marcos, Eloisa, et son mari Eduardo, tous les deux médecins. Ce soir-là fut le début d'une relation qui nous permettra de réaliser bien des choses en commun. Au cours de mes trente ans au Brésil, nous ne nous sommes jamais perdus de vue. Nous faisions, Émile et moi, la découverte de ce Brésil riche en surprises où l'on croise parfois des gens hors du commun.

L'ambiance aidant, l'heure des confidences arriva : Eduardo et Eloisa, jeunes médecins, avaient décidé alors de quitter São Paulo, pour venir servir les populations du Nord que le Brésil du Sud commençait à découvrir. Ils avaient entendu parler de la lointaine Amazonie et de la route Belém-Brasilia, ouvrant ses 2 000 kilomètres de pistes à travers des régions inaccessibles. À l'époque, Eduardo faisait partie de la JUC (Jeunesse Universitaire Catholique) et Eloisa de la JUP (Jeunesse Universitaire Protestante). Le futur dom Tomás, frère dominicain, accompagnait ces mouvements étudiants. Etant en relation avec les dominicains du Nord du Brésil, il savait que l'hôpital de Porto Nacional n'avait aucun médecin, aussi il invita ce jeune couple généreux à s'y risquer. Et voilà nos deux jeunes mariés débarquant du petit avion de dom Tomás Balduino sur la piste de Porto Nacional, seul transport à l'époque pour atteindre la région. Désormais, l'hôpital allait pouvoir fonctionner. Commençait ainsi une longue histoire qui fut loin d'être un long fleuve tranquille. Engagés contre la misère, il fallait aussi, pensaient-ils, s'attaquer à l'injustice, première cause des inégalités. Combien de fois ne seront-ils pas marginalisés par les caciques locaux, démis de leurs fonctions, réintégrés, puis persécutés à nouveau ! Contre vents et marées, ils tiendront.

Le combat contre la misère et l'analphabétisme devait d'abord partir de la communauté et faire en sorte que les pauvres passent de l'état d'assistés à celui de protagonistes, devenant ainsi les acteurs de leur propre histoire. La *Comsaude* peu à peu prenait corps, son originalité étant de susciter des leaders qui en composaient le conseil administratif pour mener à bien les projets de développement. Dans les quartiers les plus démunis, elle promut l'implantation de jardins communautaires où plantes médicinales, légumes et fruits amélioraient la qualité de l'alimentation ; un petit dispensaire fut construit où Eloisa, pédiatre, donnait des consultations. Aux adultes étaient offerts des cours d'alphabétisation, s'inspirant de la méthode de Paulo Freire. L'ensemble était coordonné par Maizé dont l'histoire en dit long. Enfant, elle avait été adoptée par une famille traditionnelle de la ville. Ses frères et sa sœur avaient souffert durant la dictature ; Athos et sa sœur Daguimar durent s'exiler en Belgique, Hamilton, poète contestataire, fut emprisonné durant cinq ans à Carandiru, pénitencier de São Paulo de triste mémoire et devenu fameux après le massacre de 111 détenus le 2 octobre 1992. Un seul réussit à échapper aux griffes des militaires : Airton, frère dominicain.

Marcos et Edith[3] viendront renforcer de leurs talents et de leur générosité la *Comsaude* qui atteindra alors sa vitesse de croisière. Les activités et les initiatives se multiplieront : poterie, broderies et autres objets artisanaux qui trouveront des acquéreurs à São Paulo, Goiãnia, et jusqu'en Allemagne. Le commerce équitable faisait déjà son apparition. Puis suivirent des ateliers culturels, de *capoeira*[4], de musique, de journalisme et d'art photographique avec Iramar. Ce dernier, chanteur et metteur en scène, lancera une forme de théâtre de rue[5] pour plus de 50 gamins qui

---

3. Marcos et Edith ont aussi quatre enfants : David, André, Gabriel et Julia. Nous reviendrons sur cette famille hors pair.

4. *Capoeira* : danse qui imite la lutte des esclaves du Brésil.

5. Le théâtre de rue est né dans les grandes villes du Brésil. Il consiste à improviser avec un petit groupe un court spectacle qui invite les passants à participer.

fabriquaient leurs tambours avec du matériel de récupération et organisaient leurs shows sur les bords du Tocantins.

Toutes ces activités regroupaient des centaines de personnes qui s'autogéraient dans un climat œcuménique inspiré par Marcos et Eloisa, protestants, et Eduardo et Edith, catholiques. Leur esprit de solidarité servait de catalyseur aux petites communautés de base qui fleurissaient dans la ville depuis que dom Celso en était le pasteur. Le clergé local restait indifférent ou méfiant, surtout devant des activités qui lui échappaient ou qui avaient une couleur trop socialisante. La ville étant dominée par l'oligarchie locale ; trône et autel faisant bon ménage depuis des siècles, les habitudes et les mentalités ne pouvaient pas changer du jour au lendemain. Ces deux couples nous disaient leur enchantement de rencontrer deux prêtres français si différents du clergé local que nous ne connaissions pas encore. Quand Henri nous rejoindra pour renforcer la CPT[6] dans le diocèse, nous passerons pour le trio infernal venu troubler les eaux tranquilles d'une pastorale très classique.

La présence de ces deux couples sera une immense chance pour mes débuts de mission ! Avec eux, je prendrai la mesure de la patience qu'il faut avoir pour espérer un résultat. Médecins, ils étaient confrontés quotidiennement à la souffrance. Là où certains baissaient les bras, eux arrivaient à aimer tout être humain bafoué par la violence sous toutes ses formes et gardaient leur capacité à croire contre toute espérance qu'un autre modèle de société était possible. Leur quotidien se vivait dans la simplicité et le partage, prônant la non-violence en toutes situations. Ils seront la contre-preuve du cliché facile : les amitiés brésiliennes se délient aussi vite qu'elles se lient ! Notre amitié résistera au temps.

Grace à eux, mon cercle de connaissances s'élargissait au-delà du monde ecclésial, car de divers horizons, on venait voir ce qu'il en était de cette expérience exemplaire. Dans cette société apparemment archaïque, *Comsaude* fut un ballon d'oxygène et un élément moteur de créativité pour comprendre le peuple auprès duquel j'étais envoyé. Il n'y avait pas que l'Église officielle pour m'accueillir, une autre forme de *faire Église* s'inventait[7] !

Une Église qui n'avait pas peur d'aller dans les périphéries au risque d'être persécutée et qui devenait ferment de libération en donnant aux

6. La CPT locale : Maria José dite Maizé étant secrétaire, dom Celso Président et Marcos vice-président. Le secrétariat fonctionnait dans les locaux de la *Comsaude*. Dom Tomás Balduino en avait été l'instigateur.

7. Je repasserai dans ces lieux vingt-six ans après pour revoir mes anciennes communautés. Eduardo me confiera avec une certaine tristesse que le nouvel évêque, dom Romualdo Kujawski, un Polonais, deuxième successeur de dom Celso, demandait que la petite école cédée à la *Comsaude* dans une des périphéries soit réintégrée au diocèse. La raison avancée en était que le temps de l'œcuménisme était révolu et il ne fallait accepter que des enfants de familles catholiques !

pauvres le droit de s'organiser, ce que leur refusait la société. Chacun avait un rôle à jouer, une mission à accomplir. Être chrétien ne pouvait se résumer à baptiser ses enfants, il fallait désormais assumer cette nouvelle vie en Christ en devenant un membre actif de la communauté qui exigeait aussi de lutter pour la justice. La voie était ouverte pour passer du caritatif engagé au militantisme politique[8].

Ainsi, quand à Porto Nacional, vint l'heure de créer le Parti des Travailleurs de Lula (PT)[9], Eduardo, Eloisa, Marcos et Edith en furent les principaux acteurs. Cependant, la *Comsaude* ne devint jamais une succursale du PT. Tous les participants n'avaient pas la carte du parti.

Après avoir souffert sous la dictature militaire, ils prenaient une voie ardue. La misère ne pouvait être éradiquée que par un changement politique radical. Le pouvoir était entre les mains d'une élite qui possédait tout et manœuvrait les classes défavorisées en leur agitant l'épouvantail du communisme, seul fléau à combattre. Il était désespérant d'entendre ceux qui étaient les premières victimes du système défendre *l'ordre établi* ou comme le disaient certains évêques à la suite de dom Helder Câmara, défendre *le désordre établi*. Lula perdra trois fois les élections présidentielles, attaqué et dénigré par les mass médias. Il aura fallu attendre que les classes moyennes de l'époque, nouvelle réalité du Brésil, lasses d'attendre plus de justice sociale, fassent basculer le système, pour que Lula arrive au pouvoir et sorte enfin 22 millions de Brésiliens de la misère et le Brésil de la dépendance au FMI. Quatre ans après l'arrivée du PT au pouvoir, n'ayant plus peur du communisme, les pauvres ne voteront pas en faveur des élites. La droite, non contente d'avoir perdu, accusera le PT d'avoir acheté les voix des classes assistées[10] !

Ces deux couples sont l'exemple d'une certaine classe moyenne érudite qui a fait bouger le Brésil, certains, au risque de leur situation quand ce n'était pas de leur vie ! Leurs fréquentations n'étaient point les soirées mondaines ou les banquets de l'élite locale. Chez eux, les pauvres, qui formaient plus de 80 % de la population, entraient sans crainte et se sentaient accueillis.

Militants, ils l'étaient, et le resteront. Eduardo deviendra, entre temps, un spécialiste du combat contre la lèpre, plusieurs fois invité en Europe à

8. Certains accuseront le PT d'avoir pillé les animateurs des CEBs pour en faire ses militants. Mais que peut faire un militant sans sa communauté ?

9. Lula,.voir Ch. 1, note 44 : il sera élu pour la première fois le 27 octobre 2002 et une deuxième fois en octobre 2006

10. À l'exemple de ce qui se fait en France, le gouvernement de Lula a créé la *Bolsa Familia,* sorte d'allocation familiale pour sortir les enfants de la rue afin qu'ils puissent aller à l'école, au lieu de travailler pour subvenir aux besoins de leur famille. Les dépenses engagées sont certainement inférieures au pourcentage de ce que peut rapporter la corruption généralisée.

des congrès internationaux de médecine. Cela n'empêcha pas que, sur place, il a dû faire face à un ostracisme chronique comme nous l'avons relaté plus haut. Candidat malheureux à chaque élection, il sera élu conseiller du maire de Porto Nacional en octobre 2012. Maigre récompense pour un combat de tant d'années ! Il aura droit avec Eloisa à un reportage par le plus gros canal de télévision du pays : La *Globo*[11] retracera en quelques minutes émouvantes le parcours de ce couple, dans l'émission intitulée « Ceux qui font le Brésil ». Ils eurent trois enfants[12] : Eduardo, Alvaro et Eliane, et José qui fut adopté tout petit.

Pindorama

Natividade n'ayant pas encore de structure pour m'accueillir et la Nativité approchant, sur les conseils de dom Celso, je me préparai à partir à Pindorama, sur le territoire de ma nouvelle paroisse, une petite localité perdue dans les collines, à 150 kms de Porto-National. Sac au dos et guitare à la main, elle ne me quittait jamais à l'époque et c'était un excellent moyen pour tisser des liens et favoriser le contact, surtout avec les enfants, je me dirigeai vers la gare routière.

Je pris un vieux bus qui s'arrêtait très souvent, au gré des voyageurs qui montaient ou descendaient. Le passage des ponts était toujours un exploit. Nous attaquions les montées avec une certaine appréhension et le trajet semblait ne jamais devoir se terminer. Prêt pour l'aventure, je me faisais à tout. Huit heures de route tout de même ! En débarquant, Florentina, la responsable de la communauté, m'accueillit. Veuve, elle avait quatre enfants en bas âge, trois filles et un garçon : Mônica, Magali, Ivana et Robledo le plus jeune. Je n'imaginais pas encore l'impact qui se produirait durant ces quelques jours et combien ces gamins et gamines entreraient dans ma vie[13].

Avant de raconter ma semaine à Pindorama, voici le mot que je reçus de Mônica en 2014, le jour de mes soixante-neuf ans :

---

11. La *Globo* est le principal canal de télévision.

12. Eduardo, architecte, fera les plans de deux de mes églises sur la Transamazonienne, Alvaro deviendra un des procureurs de la République, en poste à Palmas et Eliana choisira la psychologie. Ils adoptèrent José, devenu agronome au service des *sans-terre*. Eloisa le recueillit encore bébé, après qu'il eut perdu sa mère.

13. En 83 j'ai dû quitter Natividade précipitamment sans pouvoir faire mes adieux. Mônica n'avait que 10 ans quand je suis arrivé à Pindorama. Ce n'est que 26 ans après que Magali m'a retrouvé et j'ai eu la joie de retrouver une quinzaine de ces enfants qui avaient grandi. Elba, alors directrice de l'école, me confessa avoir découvert le Christ grâce à moi. C'est le plus beau cadeau que l'on puisse recevoir dans la vie d'un missionnaire.

> Bonjour, padre Chico[14]. Je vous ai connu il y a trente ans, lors de votre arrivée à Pindorama do Norte. Vous aviez secoué la ville et renouvelé notre foi à travers l'annonce du Christ ressuscité durant les messes du dimanche. Homme bon, prêtre exemplaire, ami et compagnon des nécessiteux. Combien avez-vous aidé les personnes de ce lieu et de tant d'autres ! Votre vie est mission. Je saisissais cela depuis mon enfance. Je perçois que votre intimité est avec Dieu et avec les personnes et que l'Église est un temple qui nous réunit en communion. Aujourd'hui le monde vous embrasse avec les bras du Père...

Donc, avec Florentina et une bande de garçons et de filles, nous partîmes vers la petite maison qui abritait le curé quand il venait, une fois l'an. Ni toilettes, ni sanitaires ; pour le bain, il y avait le ruisseau voisin. Pas de courant non plus, une bougie et ma torche pour m'éclairer. Pour dormir, le hamac, plus sûr contre les araignées, les cafards, les serpents et autres bestioles peu sympathiques. Le matin, il valait mieux secouer ses souliers, au cas où un scorpion aurait eu la mauvaise idée d'en faire son gîte nocturne.

Bref, installé, baigné et rassasié, guitare dans une main et lampe de poche dans l'autre, je me dirigeai vers la chapelle, avec la petite bande d'enfants amusés par l'étranger parlant un portugais qui les faisait éclater de rire. Comme j'aimais bien faire mon petit effet, j'en rajoutais à l'envi. Bien escorté, j'entrai dans l'église où je retrouvais quelques personnes de la communauté. Avant le début de la réunion, j'appelai les enfants autour de moi et ils reprenaient en chœur mes vieilles rengaines scoutes. À la musique, nous joignions le mime. Certains devaient se demander si l'évêque avait envoyé un prêtre ou un clown ? Je saurai des années plus tard, par les confidences des enfants devenus grands, que certains avaient reçu un choc plus que culturel en me voyant pour la première fois, peu habitués à ce genre de pasteur.

Jour après jour, je découvrais Pindorama. Un séminariste en vacances me guidait dans la journée et nous occupions notre temps à aller de famille en famille. À chaque fois, un *cafezinho* (petit café) nous était servi, ce qui, des années plus tard, me coûtera cher : sucre ajouté au sucre n'adoucit pas les vieilles années ! Mais pouvait-on refuser au risque de peiner ces familles si heureuses de recevoir leur prêtre dans leur humble maison ? Un jour nous partîmes à dos de mulet dans les petites fazendas alentour. J'avoue que je préférais marcher à pied, n'est pas cavalier qui veut. Mais cela avait le charme de renouer avec les missionnaires d'antan qui parcouraient le *sertão* des mois entiers ! Je pouvais ainsi, au fil des jours, me faire une idée plus juste de la condition dans laquelle vivaient

14. *Chico* est le diminutif de Francisco (François).

ces populations : précarité du transport, éloignement qui, en cas d'urgence, multipliait les difficultés, pauvreté et parfois misère, fléaux inhérents au modèle de cette société. Une petite classe de privilégiés exploitait les petits paysans ! Alcoolisme, prostitution et maladie de Chagas[15] complétaient le tableau. Je resterai marqué par ce premier contact. La gentillesse et la noblesse de ces familles de paysans qui s'exprimaient dans leur accueil sincère et spontané m'ont permis de redécouvrir ce mode de relations que nos sociétés modernes ont perdu. Combien de veillées devant la porte de la maison à bavarder, de marches sur les pistes brûlées par le soleil et d'étapes dans une maison pour se désaltérer ! Toujours quelqu'un qui trouvait le temps pour vous guider, vous conseiller ou vous faire goûter aux fruits qu'il venait de cueillir ! Quel choc lorsqu'on rentrait en Europe où plus personne n'avait le temps ! Notre société qui s'est équipée de tous les moyens de communication doit inventer la fête des voisins pour que les habitants d'un même immeuble fassent connaissance !

Pindorama restera donc une de mes expériences les plus enthousiasmantes. Je le dois, en partie, à deux personnes qui furent mes guides, l'*Allemand* pour le terrain politique toujours miné et Florentine avec qui j'allais découvrir les traditions religieuses de la région. Silvino surnommé l'Allemand[16], dont le physique trahissait son origine du Sud du Brésil, était venu de Santa Catarina travailler pour une entreprise de bois qui l'avait abandonné après quelques mois. Il décida de rester dans la région et, comme il était ingénieux en tout, il vivait de petits boulots allant de la mécanique à la production agricole.

Le 24 décembre arriva et Noël avec lui. Florentina organisa une crèche vivante qui débuta sur la place de l'église. Perpétua, une des catéchistes, au faciès indien, aussi fragile de santé qu'elle pouvait être sainte, figurait Marie, montée sur un petit âne, conduit par un jeune paysan, Salviano, dans le rôle de Joseph[17]. L'arrivée dans l'église se fit dans la joie et le bruit, les chants et les cris. Les fillettes habillées en anges s'en donnaient à cœur joie. Nous restâmes plus de trois heures dans cette chapelle sans voir passer le temps. La teneur de mon homélie ne plut guère à un certain Benedito Oliveira qui se déclara mon adversaire dès mon arrivée. Et pour cause : au temps du coup d'État, les militaires

15. *Chagas* : La maladie de Chagas est une forme de trypanosomiase, une maladie parasitaire qui sévit dans les régions tropicales d'Amérique du Sud et centrale. Elle est provoquée par une piqure d'insecte. Elle fut décrite par le médecin brésilien Carlos Chagas.

16. De son vrai nom : Silvino Werneke. Il devint maire de Pindorama en 1982 et exerça son mandat durant six ans.

17. Perpétua était très liée à Florentina. Elle mourra à 30 ans d'un cancer fulgurant. Salviano aussi atteint d'un cancer est mort en 2013.

substituèrent les maires élus démocratiquement par des gens à leur solde. Benedito fut l'un d'eux et devint ainsi *prefeito*[18] de Pindorama. Il était à l'affût de tout ce qui sentait le rouge ! Il s'enquit, sans tarder, des tendances politiques du nouveau pasteur. Dans mon homélie, j'avais insisté évidemment sur la situation d'abandon et de pauvreté que j'avais constatée durant la semaine. Noël ne rappelait-il pas une incarnation réelle dans des situations de dénuement que Jésus avait assumées dès son entrée dans le monde ? En ce temps de Noël, il était difficile de cacher le message de solidarité avec les plus démunis et de ne pas en souligner les raisons. L'Évangile dans sa radicalité fait toujours crisper ceux qui s'accommodent de l'injustice et les Hérode modernes ne manquent pas ! Comme me le rapportèrent, des années plus tard, mes amies devenues grandes, certaines personnes se demandaient vraiment à quel type de curé elles avaient à faire ? Serait-il un subversif déguisé en clown pour attirer par ses mimiques les enfants en jouant de la guitare jusque dans le chœur de l'église ? Les cantiques ne changeaient-ils pas ? Les paroles paraissaient étranges, jamais entendues et pourtant les enfants les entonnaient avec tant d'ardeur ! En voici un petit extrait :

Son nom est Jésus Christ et il a faim,
il crie par la bouche des affamés,
et nous, quand nous le voyons, nous l'évitons,
parfois pour arriver plus vite à l'église.
Son nom est Jésus Christ et il n'a pas de maison,
il dort sur les trottoirs, et quand nous le voyons,
nous accélérons le pas et disons : il dormait saoul.

Refrain *:*
Il est au milieu de nous et nous ne le connaissons pas.
Il est au milieu de nous et nous le méprisons !

J'ai bien vu l'ancien cardinal de Salvador da Bahia, dom Lucas Moreira, dominicain, dans les années 90, président de la CNBB, alors qu'il participait à notre rencontre des missionnaires français au Brésil, s'abstenir de chanter, les paroles étant pour lui trop marquées par la théologie de la libération. Si un cardinal s'indigne, imaginez ce que peut en penser monsieur Benedito, rempart contre la subversion ! L'action de ce cardinal fut si peu appréciée que Rome le rappela à la Curie romaine.

Nous étions encore loin du pape François qui déclarait dans une de ses homélies :

---

18. *Prefeito* est le nom donné au maire.

> Nous ne pouvons pas devenir des chrétiens amidonnés qui parlent de théologie en prenant tranquillement leur thé. Nous devons aller chercher ceux qui sont la chair du Christ, à savoir les pauvres[19].

Ingénu, je ne savais pas que cette petite semence évangéliquement subversive venait d'être plantée dans le cœur de ces enfants. J'en veux pour preuve le témoignage suivant : n'ayant pas à l'époque de livres de chants pour la paroisse, François Gouriou, un de mes confrères Mep, m'avait offert quelques exemplaires de celui qu'il utilisait dans le diocèse de Conceição. Inutile d'ajouter que le recueil puisait abondamment dans le répertoire des Communautés ecclésiales de base (CEBs). Lorsque je revins donc pour des retrouvailles 26 ans après, Elba, qui à l'époque était une enfant de neuf ans, devenue directrice du collège, prit la parole à la fin de la messe. Elle avait gardé précieusement le livre de chants depuis cette époque. Elle l'ouvrit et entonna un des refrains qui l'avaient le plus marquée :

Notre espérance est de savoir qu'un jour
tout ce peuple se délivrera,
car Jésus Christ est le Seigneur du monde,
notre espérance se réalisera !

Et elle commenta :

> Enfants, nous avons reçu cette semence de liberté que planta le *padre* Chico et jusqu'à aujourd'hui nous l'avons gardée et fait fructifier.

Pendant toutes ces années, ces enfants avaient conservé le message dans leur cœur.

Florentina, qui fut forcée de laisser son poste de directrice de l'école, persécutée par le maire Zeca qui ne voulait que des gens soumis au service de ses intérêts politiques, n'était plus là. Un cancer l'avait emportée. Ses trois filles étaient présentes. L'Allemand, qui fut maire un temps, lui aussi terrassé par la maladie, était absent, mais sa femme et Pascoal[20], qui fut son maire adjoint, étaient aussi présents. Moment unique qui nous permettait de savourer ensemble les fruits que nous récoltions après ces années où la foi avait résisté !

J'étais, à l'époque, jeune prêtre, plus préoccupé, peut-être, de faire quelques exploits, tentation du paraître. Il y avait, cependant, autour de

---

19. 18 mai 2014, veillée de prière avec les mouvements ecclésiaux.
20. Lui aussi mourra d'un cancer fulgurant.

moi des personnes exceptionnelles qui avaient préparé le terrain. J'ai conscience, 36 ans après, d'avoir semé quelque chose qui ne m'appartenait pas et dont je ne pouvais mesurer la puissance cachée. J'avais été envoyé et j'apportais une bonne nouvelle. Les enfants et les pauvres l'accueillaient à bras ouverts, même si elle était enjolivée avec ma guitare, non pour séduire comme dans l'histoire du joueur de flûte (Lc 7, 32), mais pour faciliter le contact. Elle compensait ce qui manquait à mon portugais balbutiant. N'était-ce pas l'effet de la grâce ? Comme le dit saint Paul, il faut quelqu'un qui annonce (Rm 10, 14-15), le Seigneur fait le reste (Co 3, 6-9). Je profitais d'une bonne saison : la pluie serait abondante et la terre pourrait donner son fruit.

Pour mieux comprendre comment fonctionnent les communautés en Amérique latine et en particulier au Brésil, il faut saisir l'importance du lieu central tant géographique que culturel que représente la chapelle locale[21]. Elle était un lieu de rencontre et de célébration. Dans cet univers où la presse écrite n'existait pas et où la télévision ne sévissait pas encore avec ses *novelas*[22], l'espace du culte restait un lieu d'échange et de diffusion, un acteur d'opinion non négligeable. Il était compréhensible que les politiques surveillassent de près ce qui se disait dans les homélies. C'est autour de ce centre que, durant trois années, j'allais peu à peu contribuer à fortifier la communauté. Un an plus tard, l'Allemand, ingénieux en tout, entreprit avec la communauté, de reconstruire la chapelle locale. Les célébrations se faisaient alors à ciel ouvert, jusqu'à l'achèvement des travaux. Une jeune architecte, originaire du sud, de passage dans la région, nous fit gracieusement les plans. Elle entra plus tard dans la communauté des Focolari[23] à São Paulo.

Tout était en chantier, l'église et la communauté. Certains accuseront l'Allemand d'avoir profité de la restauration de l'église pour se lancer comme candidat à la mairie, qu'il gagna largement en octobre 1982. Là aussi, Pindorama vivait un tournant qui, comme dans beaucoup de cas, ne sera que provisoire. La réaction ne se fera pas attendre. Une victoire politique ne fait jamais à elle seule les réformes et les transformations nécessaires qui permettraient un changement de modèle de société. Les imbrications de la politique et du religieux étaient plus qu'évidentes. Nous étions à mille lieues de la séparation de l'Église et de l'État. L'élite brésilienne avait toujours eu l'Église comme alliée dans les siècles passés, elle

21. Dans les villages toute la vie sociale tourne autour de la place de l'église ; les familles parties en ville ne retrouvent plus les mêmes points de référence et, en changeant de vie, elles changent de religion, adhérant à celles qui se présentent, les évangéliques les attendant à bras ouverts.

22. Feuilletons brésiliens de grande audience.

23. Mouvement chrétien d'origine italienne à caractère œcuménique.

sera intransigeante quand l'Église s'engagera pour défendre le droit des plus pauvres. Elle l'accusera d'entrer sur un terrain qui ne lui appartenait pas. Les prêtres à leur liturgie ! Or la liturgie est le lieu privilégié de la catéchèse et il y a deux manières de l'envisager : la plus classique qui consiste à enseigner, avant tout, une bonne morale respectueuse de l'autorité, d'apprendre un catalogue de bonne conduite, le plus sûr moyen pour se préparer à l'éternité. Puis celle qui naît d'une catéchèse rénovée, s'inspirant de la Parole de Dieu et non d'un code ou d'idées abstraites. Avec les Communautés ecclésiales de base, la catéchèse devient un moyen d'éveiller les consciences à regarder au-delà du simple champ du salut personnel. La Bible faisait son entrée et, avec elle, l'histoire du Peuple de Dieu. Histoire d'un Dieu qui, ayant entendu le cri de son peuple, était descendu pour le libérer ;

> Yahvé dit : « J'ai vu la misère de mon peuple… J'ai entendu son cri devant ses oppresseurs… Je suis descendu pour le délivrer de la main des Égyptiens ». (Ex. 3, 7-10).

Ces quelques versets bibliques seront évoqués périodiquement par plusieurs évêques du Brésil pour justifier leur engagement auprès des pauvres. L'histoire biblique lue à la lumière de la théologie de la libération n'était pas et ne pouvait être neutre. Elle levait le voile qui cachait la réalité. À l'instar de Paulo Freire qui, par ses cours d'alphabétisation, démontait les mécanismes de la misère, ainsi la catéchèse, qui s'inspirait d'une certaine interprétation de l'histoire du Peuple de Dieu, permettait aux communautés de s'identifier aux « pauvres de Yahvé » dont Dieu prenait la défense.

Toute l'action liturgique est mystagogique[24]. Elba l'avait bien compris en se souvenant des premiers chants tant de fois repris. Ils lui avaient permis de percevoir un Dieu libérateur et miséricordieux qui se rapproche des hommes et choisit un peuple errant pour l'installer sur une terre. Ce long parcours préparait l'arrivée de son Fils qui donnera sa vie pour la multitude. Cette histoire, elle l'avait apprise en chantant, en jouant, en allant à l'église avec ses petites amies. Nous savons tous par expérience que ce que nous avons vécu à l'âge de l'enfance nous suit toute la vie. Un événement négatif peut devenir destructeur et parfois ravageur, comme un positif peut aider à notre épanouissement ; l'un et l'autre s'inscrivent dans les cœurs. La responsabilité du prêtre est donc immense, surtout

---

24. Mystagogique, de mystagogie : mot formé de deux racines : *misterion*, mystère et ἄγεῖν, conduire. C'est la démarche qui permet au néophyte d'entrer progressivement dans le mystère chrétien, mystère, c'est-à-dire que ce qui était caché est peu à peu révélé. (Cf. Ep 3, 5).

avec les petits. Il doit témoigner de la joie qui l'habite, et cette joie doit être contagieuse. Seul le contact avec des témoins d'une bonne nouvelle peut faire croître la foi chez les enfants.

C'est ainsi que toutes les fois où je quittais Natividade pour aller à Pindorama, j'avais l'impression de partir en vacances. Je retrouvais une famille, des jeunes, des enfants, une communauté qui attendaient ma visite. Ma Toyota, acquise un an plus tard, avait un certain succès. Elle avait reçu le surnom de *Dona Toyota*[25]. Les enfants de Florentine et leurs amies, le jour de mon arrivée, guettaient anxieusement le bruit encore lointain du moteur. Ils cueillaient des fleurs pour en faire un bouquet, qu'ils m'offraient, à mon arrivée comme à l'ami qui revient faire la fête. En récompense, ils avaient le droit de monter à une dizaine dans la jeep, et nous faisions le tour du village. C'était un peu le cirque et son attraction qui débarquaient. Les gens savaient que le *padre* Chico était arrivé : la fête pouvait commencer, pour les enfants au moins. Le soir, tout ce petit monde se retrouvait à l'église pour chanter, jouer et prier.

Au rythme d'une fois par mois, je viendrai passer une semaine à Pindorama. La catéchèse, la pastorale des jeunes seront les éléments dynamiques de la rénovation de la communauté. En réalité, je restais un élément hexogène malgré tous les efforts que je pouvais faire. La difficulté ne venait pas uniquement du langage, mais de son interprétation. Si j'avais, de fait, plus de facilité à travailler avec l'Allemand, c'est que nous étions tous les deux des étrangers par notre mode de penser et de travailler. Projeté dans un autre univers où les notions de temps, de travail et d'espace répondaient à d'autres critères, nos plans et projets restaient du domaine folklorique au sens de superficiel ou passager, pour la majorité des gens. Ces populations étaient le résultat d'un métissage qui puisait ses racines dans l'univers africain et amérindien. La culture portugaise ou latine brouillait les cartes. Tout le monde parlait portugais, mais personne ne raisonnait comme un Européen, même du sud de l'Europe. Les constructions du langage étaient différentes. J'ai en mémoire la scène où une sœur du Sud du Brésil, Assunta, visitant une communauté, avait parfois du mal à se faire comprendre !

L'illusion était de penser que nous modifions quelque chose à la réalité quand nous réalisions nos plans, même évangéliques. Un début de transformation pouvait être détecté quand l'étranger que nous étions commençait lui-même à changer ses habitudes, son rythme de vie, ses critères ou ses paradigmes d'analyse de la réalité. L'adoption de nos modes de penser, de juger, de prier, de se comporter n'était pas la preuve de l'adhésion à l'Évangile. Nous devions annoncer une personne, non une culture ou un art de vivre prétendument supérieur !

---

25. Voir explication p. 66.

Prenons un exemple : toute communauté chrétienne catholique au Brésil est sous le patronage d'un saint ou d'une sainte, le plus souvent la Vierge, ce qui était le cas pour Pindorama qui fêtait chaque année le 11 juin *Nossa Senhora Aparecida*, patronne aussi du Brésil. Deux personnes étaient désignées pour remplir l'une, le rôle de l'empereur et l'autre, celui de l'impératrice, vestiges du temps colonial. Apparemment rien à voir avec une dévotion religieuse. Pendant un an, il leur incombait de préparer les festivités qui se déroulaient durant neuf jours. Chaque soir, après la célébration à l'église, sur la place décorée à cet effet, les gens pouvaient acheter des mets de toutes sortes, des lots étaient mis en vente que le plus offrant emportait chez lui. Des spectacles folkloriques faisaient partie de l'animation. Etait-ce une fête religieuse avec des relents de fête païenne ? Elle exigeait une intense préparation. C'était le moment du grand rendez-vous qui resserrait les liens et les racines culturelles. Les familles dispersées en profitaient pour se retrouver. Fête religieuse oui, mais aussi sociale, culturelle et politique, car le maire ou les futurs candidats aux élections ne manquaient pas une telle opportunité pour renforcer leur influence. Tout se passait dans un esprit bon enfant, surtout quand la *cachaça*, cet alcool fait avec la canne à sucre, apparaissait au milieu de la nuit. Le dernier jour, c'était la grande festivité : un mât aux couleurs multiples était élevé au centre de la place. Exercice impressionnant de prouesse qui mobilisait un bon groupe d'hommes. Tout un symbole dans cette démonstration d'agilité et de performance physique. Puis venait la procession de ceux qui composaient le cortège impérial, les princesses ayant des robes rutilantes, volonté sans doute de valoriser la beauté de la femme, dans un monde rude et machiste. L'empereur et l'impératrice fermaient le cortège et allaient s'asseoir aux places d'honneur pour la célébration qui commençait en la présence du prêtre si possible. À la fin, un nouveau couple était désigné qui avait pour mission de conduire à bon port la prochaine fête. Cet événement était un exemple de dévotion et de religiosité populaire. Il fut de mode de déprécier ce genre de manifestions qui à première vue n'avait pas grand-chose à voir avec la liturgie romaine. Ces fêtes étaient une initiative de laïcs qui en l'absence de clergé avaient créé leurs rites. Les litanies chantées tous les soirs en latin par quelques femmes, sans qu'elles en comprennent la plupart des mots, venaient tout droit du temps colonial et esclavagiste.

Un soir dans une communauté, en majorité noire, alors que je venais pour la première fois, le responsable, déjà âgé, m'avisa en souriant :

> Ce soir la prière appartient à la communauté, demain, ce sera votre tour, avec votre messe.

De fait ce soir-là, je ne fis rien si ce n'est d'être avec les fidèles. Chacun dans son rôle et dans son rituel ! On respecte le prêtre, mais on attend de lui la même attitude. Il était remarquable que les communautés qui surent garder leurs traditions festives, dont la préparation du *festejo* (fête de la communauté) s'étalant sur une année, souffrirent moins de l'évasion de leurs fidèles vers les autres églises protestantes. Ces dernières supprimaient toutes ces manifestations considérées comme idolâtres. Le fidèle devenu infidèle, passait d'un extrême à l'autre. On brûlait ce que l'on adorait, et on adorait ce que l'on rejetait.

Le pape François a rappelé l'importance de la religiosité populaire comme expression de foi. À Belém, capitale du Pará, chaque année a lieu le *Cirio*[26] de Nazaré, immense procession à travers la ville, où les fidèles s'amoncellent en grappes humaines poussant une corde de plus de 400 mètres et pesant 700 kilos. La procession avoisine les deux millions de personnes, de toutes catégories, âges et conditions ! Elle est considérée comme une des manifestations catholiques les plus importantes au monde. Or, l'arrivée de la modernité dans une société archaïque la condamne à l'éclatement. L'Amérique latine est née de ce traumatisme provoqué par le choc de deux cultures, l'une voulant supprimer l'autre, et comme les secousses telluriques, ce phénomène aurait tendance à se répéter. Après avoir fait disparaître des civilisations entières, faut-il s'attendre à l'extinction des traditions populaires, âme du peuple brésilien ? L'universalité de l'Église est tout le contraire de l'imposition d'un modèle unique. L'unité n'est possible que sous le mode de la diversité.

Après Noël, le cœur gros, je revins à Porto Nacional. Je partis tôt le matin, par un jour de pluie abondante, avec un vieil autobus. Il était plein à craquer, j'étais debout, accroché comme je pouvais au porte-bagage intérieur. Ça balançait dans tous les sens. Après quatre heures de supplice, le bus s'embourba. Nous attendîmes les secours. Nous reprenions la route avec la peur au ventre au passage de chaque pont. Douze heures après, j'arrivais enfin à Porto Nacional. Douché, je courus chez Marcos et Édith raconter mes premières aventures. Après cet interlude de fin d'année, il était temps maintenant de partir pour Natividade et faire mon trou dans la paroisse où je ne resterai que trois ans et demi !

26. *Cirio* de Nazaré : le voile de Notre Dame de Nazareth, fête célébrée depuis 1793 à Belém.

Arrivée à Natividade

Quelques jours après, dom Celso me conduisit dans sa coccinelle Volkswagen vers mon nouveau poste, Natividade à quelque 120 kms de Porto Nacional. La piste était bonne malgré le début de la saison des pluies qui durait six mois. Le paysage était typique de cette région du Nord : petits arbustes clairsemés dans une végétation qui rappelait la savane, quelques collines en rompaient la monotonie. Au bout de deux heures de piste, après un long virage, je découvrais Natividade au pied d'une belle élévation baptisée *serra.* Je rêvais déjà d'aller à sa découverte. Nous débarquâmes chez la communauté des sœurs qui nous accueillirent pour le repas. Elles étaient trois, l'une d'elles, infirmière, travaillait avec le docteur Uldorico qui se disposait à m'accueillir chez lui. Nous rendîmes visite ensuite au curé, le *padre* Faustino, qui était en poste depuis plus de vingt ans. Il vivait avec sa sœur dans le presbytère assez délabré avec les moyens du bord. Il n'était pas question que je loge chez lui, cela serait trop contraignant pour ce vieux prêtre qui avait l'air de se demander quel était celui qui arrivait sur son territoire. Je savais qu'il faudrait user souvent de diplomatie, ce qui n'était pas mon fort. Dom Celso repartit après cette courte présentation. Je restais dans un flou artistique et loin d'être certain de ce qui m'attendait. Jeune missionnaire, étranger, je ne pouvais être qu'un élément perturbateur de cette société où l'ordre ne régnait que si l'on respectait l'équilibre établi par une minorité de privilégiés.

Je m'installai dans la petite maison où nous logions avec Uldorico. Je changerai quatre fois de lieu d'hébergement en trois ans avant de faire construire une maison, toute simple, dans un quartier de la périphérie appelé *tucuns,* du nom d'un palmier riche en épines qui pousse à profusion.

Natividade était une petite ville historique qui était fière de ses trois cents ans d'existence. Au temps de sa splendeur, jusqu'à 40 000 esclaves y travaillaient à l'extraction de l'or. Une chapelle en ruine, *Igreja do Rosario dos Pretos*[27] qui ne fut jamais terminée, se dressait comme une cicatrice de cette époque qui ne fut glorieuse que pour une minorité. Le centre de la ville, qui datait de l'époque impériale, avait été restauré, puis classé comme site historique. Lieu certainement privilégié pour un anthropologue qui retrouverait les racines africaines d'une grande partie de la population et pour un sociologue qui pourrait étudier les mécanismes d'une société structurée par son passé. Tout semblait figé : la ville et son architecture, les structures politiques et sociales. Les traditions religieuses avec leurs six fêtes en rythmaient l'année qui défilait comme une

27. Eglise du rosaire des Nègres.

horloge d'un temps révolu. La plus importante avait lieu à 24 kms de la ville, dans le sanctuaire du *Senhor do Bonfim*, et drainait plus de 15 000 pèlerins venus de tout l'État du Goiás et du Tocantins, certains faisant les derniers kilomètres à pied ou à genoux ! La religion servait de support idéologique qui préservait et perpétuait cette société où chacun avait une place définie par son rang social. Les rites des fêtes, telles celle du *Divino,*[28] à la Pentecôte avec la figure de l'*empereur*[29] qui, en tant qu'amphitryon de la fête rassasiait le peuple en lui offrant un banquet de viandes grasses et du riz à volonté, ne pouvaient que renforcer le mythe d'une société protégée par le Tout Puissant. Malheur à celui qui s'amuserait à jouer les prophètes en questionnant le système.

Pour le moment, tout nouveau, tout beau ! Je m'adaptais à ma nouvelle vie. J'achetai un vélo pour circuler dans les environs et avec la sœur Assunta, originaire du Sud comme ses trois consœurs, je partis à la découverte des familles et de la réalité de ma nouvelle paroisse, à pied toutefois.

Désireux de pourvoir à ma subsistance, nous visitâmes le *senhor Donzinho*, artisan maçon. Il accepta de m'embaucher comme manœuvre plus pour me faire plaisir certainement que par nécessité. Cette expérience, je ne la poursuivrai pas longtemps car elle se révélera très vite peu compatible avec mon emploi du temps. Je ne pouvais visiter les communautés et jouer au manœuvre quand bon me semblait, d'autres manœuvres m'attendaient ! Je garderai cependant tout au long de mes années à Natividade un lien étroit avec Donzinho et sa famille. Aux heures difficiles, ils seront parmi ceux qui ne craindront pas de me défendre.

Cohabitant avec le docteur Uldorico, je découvrais ce personnage atypique. Originaire de la ville touristique de Nanuque, au sud de Bahia, issu d'une famille aisée de *fazendeiros*, avec son frère Beto, éleveur de bétail dans une *fazenda* de la région, ils militaient pour le changement de régime politique. Les tracts qui étaient dans le coffre de sa voiture et qu'il distribuait dans la région en étaient la preuve. En période de dictature militaire, c'était courageux et un peu risqué. Il était membre d'un de ces nombreux groupes révolutionnaires qui parfois trouvaient refuge dans les structures de l'Église, le seul espace de liberté. Nous habiterons ensemble quelque deux ans, puis il repartira dans sa Bahia natale. Je le retrouverai quelques années plus tard à Brasilia siégeant comme député fédéral. Puis, j'irai le voir à Porto Seguro, ville historique au bord de l'océan, où il sera maire et ensuite secrétaire à la Santé. Je le perdrai de vue jusqu'au jour où, regardant le *Journal national* du soir, je le vis entamant une grève de la faim pour protester contre une accusation de corruption dans laquelle il

28. *Divino Espirito Santo* : désigne la fête de l'Esprit Saint le jour de la Pentecôte.
29. *O Imperador :* l'empereur. Voir, ci-dessus, la fête à Pindorama.

aurait, disait-on, trempé. Aux dernières nouvelles, il serait passible de cinq ans de prison et inéligible jusqu'en 2019 pour avoir détourné des fonds publics pour une somme de 50 millions de réais. Il est évident que, dans mes rencontres, j'ai eu droit à la diversité. De fait Eduardo et Uldorico étaient bien différents. J'ai perdu l'un de vue et gardé contact avec l'autre. Qu'il ait détourné des fonds, ce n'est pas impossible, puisque c'est une pratique courante. Celui qui s'allie à l'oligarchie locale ne risque rien, il trouve toujours le moyen de faire trainer son procès avec un juge complaisant qui recevra une récompense pour ses bons et loyaux services. Ce que je sais en revanche, sans vouloir innocenter Uldorico, c'est qu'il était dans l'opposition aux caciques de Bahia et que s'opposer à Antonio Carlos Magalhães et à son clan revenait à signer son arrêt de mort politique. Les exemples ne manquent pas. La fameuse histoire du procès dit du *Mensalão*[30] est éloquente. À ce sujet Antônio Carlos Magalhães[31], ancien gouverneur de l'État de Bahia, Jader Barbalho du Pará et Roseana Sarney du Maranhão furent aussi accusés de détournement de fonds publics et, jusqu'à ce jour, malgré les charges qui pèsent sur eux, ils restent toujours en liberté.

Dona Didi

Mon expérience à Natividade sera marquée par une figure hors du commun : Dona Didi. Quel âge avait-t-elle ? Je ne saurais le dire ! Elle habitait avec son mari une immense maison à l'entrée du centre de la ville. Combien d'enfants ?, je ne les compte plus[32]. Un des ses fils, Osman, deviendra prêtre. Sa table était toujours pleine d'enfants qu'elle recueillait et accueillait. Puis il y a ceux qui venaient de loin, de l'intérieur comme l'on dit ici, et qui étendaient leur hamac pour la nuit, faisaient leurs courses et repartaient. À sa porte ouverte, s'ajoutait son éternel sourire qui confirmait la largesse de son cœur. Sa simplicité et sa bonté envers tous faisaient oublier la dureté de la vie. À Pindorama, j'ai rencontré Florentina : à Natividade, Dona Didi.

---

30. O *Mensalão* : nom donné au procès au cours duquel plusieurs députés et collaborateurs de Lula furent condamnés par le STF (Suprême Tribunal Fédéral) pour avoir détourné de l'argent afin d'acheter des députés pour faire passer les réformes du gouvernement.

31. Déjà décédé. Son petit-fils a pris la relève comme député fédéral.

32. Dona Didi a eu huit enfants et en a recueilli trois autres, sans compter tous ceux qu'elle a aidés.

Le *padre* Faustino occupant le centre-ville, Dona Didi me conduisait dans les quartiers les plus éloignés qu'elle visitait régulièrement pour animer des groupes de prières. D'une certaine manière, mon choix des pauvres ne partait pas d'une décision élaborée en réunion dite pastorale, il m'était suggéré par Dona Didi. Elle en fut l'instigatrice. C'était elle mon maître et j'étais son disciple. Ainsi, deux ou trois fois par mois, elle, son chapelet et son missel à la main et moi, muni de ma guitare et de la mallette liturgique, nous arpentions les rues de la ville pour aller à la rencontre de ces petites communautés spontanées. Un arbre servait de chapelle, bancs et chaises en rond, autour d'une simple table en guise d'autel et la fête commençait. Avec ma guitare, j'amusais les enfants qui chantaient en mimant les paroles. La plupart des femmes avaient leurs nouveau-nés dans les bras, souvent leur donnant le sein. La célébration donnait lieu à une longue catéchèse. On ne se quittait jamais sans une nouvelle reprise des chants ! Il était si facile de rendre des enfants heureux : une guitare, une présence et une joie communicative. Les pauvres ne demandaient qu'une chose : être regardés et aimés comme ils sont. La plupart n'étaient ni baptisés ni catéchisés. Quelques-uns venaient le dimanche pour la messe des enfants que je célébrais quand je n'étais pas dans une des douze communautés de la paroisse. Dona Didi, toujours présente avec une nuée de gamins, canalisait leur énergie débordante avec une bonne équipe de catéchistes. Spontanément se créaient des liens. Dans l'avenir nous projetions de créer de nouvelles communautés de quartier.

Un dimanche, alors que nous étions une cinquantaine de participants en assemblée paroissiale dans l'église, Dona Didi m'informa que plusieurs femmes, qui voulaient y venir, avaient été empêchées par la police de sortir de leur domicile. Motif : elles pratiquaient un métier interdit en se prostituant. Belle hypocrisie car parmi ces policiers il y en avait qui étaient leurs clients ! Elles avaient réussi à envoyer un message que me transmettait Dona Didi. Mon ami le docteur Eduardo et son épouse Héloïse étant venus m'aider pour cette grande première qu'était une assemblée paroissiale, je les consultai et décidai de partir chercher ces mères de famille ! Nous étions revenus quelques minutes après sans grands inconvénients, la police ne s'étant pas manifestée. Elles demandèrent la parole et nous expliquèrent leur situation : elles étaient mères célibataires, avec une kyrielle d'enfants à nourrir. La prostitution, qu'elles pratiquaient occasionnellement, permettait d'arrondir les fins de mois. Après les avoir écoutées, je les ramenai chez elles et leur donnai rendez-vous pour la prochaine célébration qui aurait lieu dans leur quartier. J'appris ainsi avec Dona Didi ce qu'est la compassion. Elle connaissait plus que moi les conditions de vie de ces femmes noires rejetées par la société. Après une enfance où elle avait comme unique horizon d'assumer les travaux ménagers dès le plus jeune âge, sans possibilité de loisirs, d'aller à l'école, condamnée à l'analphabétisme, la femme se retrouvait dans une situation de parias. L'héritage de siècles d'esclavage pesait lourd sur leur destin. Comment sortir de ce cercle vicieux ? À l'époque, il n'y avait pas encore le problème de la drogue et de la violence qui l'accompagnait. Ce phénomène ne tardera pas à arriver. Le premier pas était d'aller vers ces personnes, de les écouter avec amour pour leur rendre, si peu que ce fût, leur dignité de femme. En repensant à ces femmes, me revient cette phrase de Makota Valdina[33] :

> Je ne suis pas descendante d'esclave, je descends d'êtres humains qui furent réduits à l'esclavage.

Durant mes trois années passées à Natividade, Dona Didi sera de tous les combats. Elle n'était pourtant pas du genre révolutionnaire mais, respectée par la communauté, elle sera mon ange gardien. Infatigable, elle nous accompagnait quand je partais sur les pentes de la Serra, en pique-nique avec les enfants de la catéchèse, et se réjouissait de me voir jouer à cache-cache avec les ribambelles d'enfants qui s'amusaient à me poursuivre.

Je me souviens d'un dimanche des Rameaux où nous avions organisé une procession dans les rues de la ville. Un jeune, monté sur un âne dans le rôle de Jésus, partait d'un des quartiers de la périphérie, suivi d'une foule hétéroclite d'enfants et de femmes agitant en chantant leurs branches de palmier. Je suivais au milieu de la foule avec ma guitare, accompagné de Dona Didi et des catéchistes. D'un côté, la foule qui acclamait et de l'autre, sans doute, les autorités qui s'inquiétaient d'un mouvement qui leur échappait.

Quand j'aurai à quitter précipitamment la ville à cause des événements qui vont suivre, elle sera accusée d'être l'amie et le défenseur d'un communiste ! Le *padre* Faustino et surtout mon successeur, le *padre* Jonatan, lui retireront toute activité pastorale. Contre vents et marées, elle restera fidèle ; la récitation du chapelet avec son petit groupe de femmes sera son plus fort soutien. Elle accueillera chez elle les petits paysans menacés de mort ; elle fera le relais entre les membres de la CPT, dont Henri Burin des Roziers, et les communautés en conflits avec les gros propriétaires. Elle hébergera les avocats qui viendront suivre les audiences de mon procès en mon absence[34], sans jamais craindre les représailles. Je la reverrai vingt-six ans après lors d'une visite émouvante de retrouvailles. Elle était dans son fauteuil, ne pouvant plus se déplacer, car elle avait subi une attaque cérébrale. Elle me montra les photos de la

---

33. Makota Valdina, Brésilienne de Salvador de Bahia. Éducatrice et leader religieuse.
34. Voir plus loin le compte-rendu de cette histoire.

fête de ses 80 ans. Une messe avait été célébrée chez elle par son fils et deux autres amis prêtres. Le *padre* Jonatan s'était excusé de ne pouvoir être présent, prétextant une visite dans une communauté ! Elle avait gardé son sourire et je compris cette phrase balbutiée :

> Je ne peux plus parler mais j'écoute tout. Un jour la vérité apparaît. Dieu est bon.

Ainsi fut Dona Didi, qui mourut quelque temps après. Nous avions pu nous revoir avant la séparation définitive et c'était l'essentiel. Ceux qui, au cours de ces années, s'étaient réjouis de mon départ, avaient eux-mêmes disparu. J'irai le dimanche matin célébrer une messe dans la chapelle de São Benedito, construite au début du XVIIIe siècle, abandonnée, restaurée puis rendue au culte en 2000. Beaucoup avaient juré que je n'entrerais jamais dans ce monument historique. Vingt-six ans plus tard, en présence de l'assemblée habituelle et surtout de l'épouse de Donzinho[35], devenue entre temps ministre de l'Eucharistie, nous étions heureux de nous retrouver fidèles à notre premier choix.

Cette histoire, qui ressemble à un combat de Don Quichotte, lorsque je la relis, m'a appris quelques leçons essentielles sur la mission du prêtre. Dans ce décor presque théâtral, il y a un mélange de baroque, au sens propre et au sens figuré : personnages d'un temps révolu survivant dans un décor et une société d'un autre âge qui ne résistera pas à l'arrivée des colons du Sud. Natividade, avec eux, passera de l'héritage de l'or des *garimpos*[36] à la course de l'or du soja. Les exclus de cette société archaïque seront les oubliés de cette nouvelle forme de croissance. Le capitalisme, non plus sauvage mais planifié pour un Brésil qui décollait, viendra se substituer au régime des *Coroneis* sans cependant les faire disparaître. Ils survivront dans les arcanes du pouvoir et le centre-ville deviendra un musée à ciel ouvert pour touristes en mal de racines historiques.

Dans cette société apparemment figée, j'étais un facteur de changement. Mais, finalement, Dona Didi l'était bien plus que moi ! Le *padre* Faustino représentait ce que l'Église avait toujours été et ce que la société attendait d'elle : être l'horloge qui sonne, avec régularité, les jours et les heures des fêtes, officialisant un ordre établi par les maîtres et seigneurs. Chacun à sa place rendant grâce à Dieu. Le prêtre, homme du sacré, étant celui qui répand et distribue les bénédictions dans la pérennité du temps et dans l'espace qui lui est consacré.

---

35. Donzinho était décédé quelques années auparavant.

36. *Garimpo* : expression qui désigne les mines d'or à ciel ouvert. Natividade fut un lieu de *garimpo* avec plus de 40 000 esclaves.

De l'autre côté, en marge de cet ordre, apparaissait un élément qui venait gripper cette mécanique si bien structurée. Dona Didi en était la pierre d'achoppement ! N'avait-elle pas préparé le terrain au cours des années précédentes ? Je ne faisais que la suivre dans ses visites des quartiers laissés à l'abandon. Notre présence donnait vie aux marginalisés, nous allions du centre, où nous vivions, vers la périphérie où était la vraie vie et c'est bien ce mouvement qui représentait une nouveauté. Les pauvres n'avaient plus à se déplacer en venant dans l'église des maîtres où leur place était au fond de la nef[37], c'était l'Église qui allait vers eux ! Ainsi faisait Jorge Bergoglio quand il célébrait la messe dans les favelas de Buenos Aires. Bien sûr, la présence de Dona Didi et son action sont devenues plus efficaces à partir du jour où j'ai pu l'accompagner.

Nous sommes en présence de deux modèles de pastorale parallèles qui ne se rencontrent jamais. L'un où le prêtre se fait aider de pieux laïcs tout à son service : sacristain, enfants de chœur, dévots et dévotes et qui n'ont qu'un droit, celui d'obéir au prêtre qui possède seul les pouvoirs d'intercession. L'autre dans lequel le prêtre est avant tout un serviteur qui doit faciliter la mission des baptisés en favorisant leur rôle dans l'Église. Plus l'Église permet aux laïcs d'assumer leur mission, plus les communautés ont des chances de croître. Dans celles-ci, il y a des Dona Didi ou des Florentina parfois encore cachées. Il faut les découvrir et en susciter, et elles ne seront efficaces que si le pasteur du troupeau accepte de marcher avec elles et de se mettre à leur écoute. Leur expérience quotidienne nous enseigne comment aller à la rencontre des plus démunis. Ainsi Jésus qui, délaissant les synagogues, inventait sur les routes de Galilée ou autour du lac de Tibériade de nouvelles assemblées. Le véritable espace sacré étant le cœur des pauvres qui accueillaient sa parole libératrice au grand scandale des scribes et des pharisiens !

Si le Brésil est passé en cinquante ans de 90 % de catholiques[38] à 65 %, laissant les évangéliques frôler les 22 %, la cause en est bien, en grande partie, le retour au modèle de paroisse dans lequel le curé reste le personnage central, homme du sacré et qui se croit indispensable à la vie de l'Église. Tout doit partir de lui. De fait, beaucoup quittent l'Église, ne supportant plus un cléricalisme en contradiction avec l'ecclésiologie de Vatican II, et recherchent des communautés plus accueillantes et plus vivantes. Mais nous reviendrons sur cette histoire au cours de notre récit[39].

---

37. N'ai-je pas scandalisé certains paroissiens en invitant les Noirs qui étaient au fond de l'église à venir s'asseoir devant. J'ignorais la coutume et je ne le saurai que longtemps après.

38. Voir Hervé Théry, *Le Brésil, pays émergé*, Éd. Armand Colin, p. 68 ss.

39. Voir le chapitre 8 intitulé : « Retour au Brésil, mai 2008 ».

Après un an de présence à Natividade et deux au Brésil, je n'en étais qu'au tout début de mon aventure missionnaire. Les surprises n'allaient pas manquer. Quelques événements m'avaient marqué. Le 15 septembre, fête de Notre-Dame des Douleurs, ma sœur Marie succombait à un cancer. Nous étions très liés. Je me trouvais, ce jour-là, dans la petite ville de Gurupi, sur la Belém-Brasilia, avec dom Celso et, comme le téléphone public fonctionnait bien mieux que partout ailleurs, j'en profitai pour appeler ma mère et avoir les dernières nouvelles. Ce fut comme un coup de poing en pleine poitrine, même si nous étions conscients de l'issue à plus ou moins long terme. Ma mère et ma sœur Thérèse avaient insisté pour que je revienne. Qu'allaient devenir Henri, son mari et leurs cinq jeunes enfants ? Encore sous le choc de la nouvelle, je me dirigeai vers l'église et concélébrai avec dom Celso. Je me souviens que pris par l'émotion, je ne pus prononcer une seule parole.

J'avais renoncé à revenir en France : en effet, rentré du Laos au bout d'un an, je ne pouvais en conscience revenir si tôt, quelque grande que fût ma peine. Je ne reviendrai ensuite ni pour les obsèques de mon père ni pour celles de ma mère. Quelques mois après le décès de ma sœur, je perdrai une amie avec laquelle j'étais très lié, Catherine, que j'avais connue lors de mon travail avec les jeunes de Créteil. La vie du missionnaire est à ce prix et j'en faisais l'apprentissage. Nous recevons en compensation de grandes preuves d'amitié que seul ce genre de vie permet. Combien d'amitiés que je croyais perdues restent très vives vingt ou trente ans après ! L'amitié véritable résiste à l'épreuve du temps, comme signe de la tendresse de Dieu à notre égard. Si nous ne pouvons fonder de famille, nous recevons une authentique famille spirituelle qui grandit elle aussi au gré de nos rencontres.

J'apprendrai dans les années d'après à prendre de la distance par rapport à la souffrance. J'ai dû présider tant de cérémonies d'adieux parfois dramatiques que je devais souvent me préparer à maitriser l'émotion qui m'envahissait pour ne pas fondre en larmes devant tant de barbaries ou de souffrances. Je commençais mon apprentissage et, avec le recul, je mesure combien j'étais peu préparé finalement à certaines situations. Ma chance fut comme toujours de trouver, sur ma route, des personnes hors du commun. À ceux qui voyaient en moi un héros que je n'étais point, je répondais avec humour que ma seule qualité était de distribuer les responsabilités aux personnes compétentes ! Continuons à découvrir ces personnes croisées au hasard du temps.

Assunta

La sœur Assunta est un autre cas exemplaire. Elle m'avait convaincu de l'aider à organiser un potager communautaire. La population pauvre n'avait pas l'habitude de manger des légumes. Le repas normal se composait de riz et farine de manioc, agrémenté d'un œuf ou de quelques poissons pêchés dans les rivières avoisinantes. La viande était réservée aux jours de fête.

Elle initia ainsi le projet d'une *horta comunitária*[40]. Il fallait trouver un terrain qui ait accès à l'eau, ensuite convaincre les gens du bienfait de cultiver des légumes et enfin acheter le matériel adéquat.

Assunta avait trouvé le terrain cédé par la mairie, quatre familles tentaient l'expérience et j'avais acheté le matériel ainsi que les semences. Ainsi naquit un petit embryon de communauté que j'accompagnai. Les enfants, très nombreux, y participaient comme à un jeu. L'expérience fut très positive et permit à quelques familles d'améliorer leur menu et aussi leurs revenus. J'avais vu avec la *Comsaude* les bienfaits d'une telle expérience. Je me souviens de Cléri, jeune de quatorze ans. Il était d'une patience d'ange et riait de mon inexpérience d'horticulteur. Le soir, il venait m'aider à canaliser l'eau de la petite retenue que nous avions construite ou à mettre des insecticides pour tuer les fourmis qui ravageaient nos plantations en coupant en une nuit les tiges des carottes[41]. Dans mon enfance, nous avions un jardin à la campagne. Mes frères et mes sœurs étaient de bons jardiniers pleins de patience. J'étais plutôt celui qui débroussaillait, un bon moyen pour dépenser son trop plein d'énergie. Planter n'était pas mon fort. La nature avait sa petite vengeance !

Le jeune Cléri eut une fin tragique. Il travaillait pour subvenir aux besoins de sa famille. Un soir, revenant de son travail, assis sur les troncs d'arbres qu'il avait chargés, le camion se renversa et il fut écrasé par la cargaison de bois. Je ne compte plus le nombre de ceux qui ont eu une fin dramatique. La mort de Cléri fut une perte incommensurable pour sa famille. Le visage de sa mère métissée de noir et d'indien traduisait toute la douleur silencieuse de ces peuples que j'allais croiser durant ces années brésiliennes.

Une bonne nouvelle vint tout de même nous réconforter. En cette fin d'année, nous apprenions que cinquante petits paysans menacés par la société *Agropic*[42] avaient gagné leur procès. C'était une grande victoire

---

40. *Horta comunitária* : potager communautaire.

41. Nous n'étions pas encore à l'âge du bio et nous options inconscients pour la pire des solutions !

42. *Agropic* : Nom d'une compagnie qui faisait dans l'agro-élevage et qui avait acheté, par l'intermédiaire d'un *grileiro,* les terres des petits paysans.

pour dom Celso, qui avait suivi de près l'affaire, et le premier coup d'Henri, qui se voulait un coup de maître. Même s'il n'avait pas prononcé la plaidoirie, il avait comme de coutume préparé tout le dossier ; l'avocat brésilien n'eut plus qu'à suivre son argumentation. Toute sa vie durant, il poursuivra inlassablement *jagunços*[43], et *fazendeiros* pour lutter contre l'impunité de ceux qui se croient au-dessus de la loi. Il gagnera tous ses procès. Coup dur pour cette société qui voulait s'approprier les terres des petits paysans. En conséquence, si les *posseiros*[44] retrouvaient courage, le camp adverse s'organisait et nous déclarait désormais une guerre sans merci.

Dona Toyota

Après que j'eus usé de tous les moyens de locomotion : bus, vélo, mule ou marche à pied, dom Celso avait obtenu d'*Adveniat*[45] une aide pour l'acquisition d'une jeep Toyota ! Tout missionnaire de brousse a dû rêver un jour de faire une telle acquisition. Un de mes amis, plein d'humour, me posait la question suivante : que ferais-tu avec tes quatre évangiles si tu n'avais point les quatre roues motrices de ta jeep ? Dom Celso en rajouta quand, un jour, alors que nous étions dans la chapelle de Pindorama, il annonça que l'épouse du *padre* Chico était restée dehors ! Etonnés les quelques fidèles perplexes regardèrent vers l'entrée et aperçurent la belle Toyota. Depuis, elle fut surnommée Dona Toyota, seconde dame du *municipio*[46], la première étant la femme du maire[47]. Elle sera de toutes les aventures et je m'en séparerai sur la Transamazonienne après qu'elle eut accompli ses 300 000 kms au compteur.

Grâce à elle, je pouvais désormais visiter les douze communautés qui appartenaient à la paroisse. Elles étaient distantes de plus de 100 kms les unes des autres et vivaient en autarcie. Le curé, qui suivait la tradition séculaire, ne passait qu'une fois par an, à l'occasion de la fête patronale dont le rituel se répétait inlassablement selon des règles bien précises. Les

---

43. *Jagunços* : hommes de mains au service des *grileiros* et gros propriétaires.

44. *Posseiros* : nom donné aux petits paysans n'ayant pas encore leur titre de propriété, bien que propriétaires par le statut de la terre établi par les militaires. Statut qui ne fut pratiquement pas appliqué car trop en faveur des petits paysans.

45. *Adveniat* : organisme lié à l'Église catholique allemande qui aide les Églises de mission.

46. *Municipio* :Territoire communal.

47. C'était une façon d'ironiser sur la fonction de la première dame qui devait, selon la tradition, faire œuvre de bienfaisance.

rites romains et les rituels populaires, mélange de traditions afro-brésiliennes, se succédaient, chacun avec son ministre. Aux festivités de la nuit consacrées aux rites, héritiers des cultures africaines, se juxtaposait la tradition *Tridentine*[48], avec la célébration de la messe, des baptêmes, des mariages au cours de la journée. Le prêtre accomplissait ce que l'on appellait la *desobriga*[49]. Durant trois ou quatre jours, le prêtre passait son temps en célébrations entrecoupées de banquets communautaires et de fêtes nocturnes souvent bien arrosées d'alcool de canne[50], produit sur place. Il n'y avait bien sûr aucune préparation ou catéchèse. La tradition se perpétuait ainsi sans aucune remise en cause. La vague évangélique n'avait pas encore atteint ces lieux retirés. La liturgie romaine s'était bien adaptée à ce métissage religieux tout en gardant son autonomie.

J'entrepris de commencer des visites tous les deux mois, à la surprise des communautés qui n'en demandaient pas tant. La venue du prêtre engageait des frais et mobilisait la communauté. Habituées à la visite annuelle, ce changement perturbait les habitudes des populations. La sœur Suely, qui remplaçait désormais sa collègue Assunta, commença à organiser la catéchèse. Ainsi avions-nous une raison de passer de temps en temps, pour aider les catéchistes à s'organiser et à programmer pour les mois à venir la célébration des premières communions ou la préparation au baptême. Les visites étaient bien sûr plus courtes mais plus fréquentes. Cette pastorale paisible et pacifique n'allait pas durer longtemps.

Riachão ou Brevidade : une authentique communauté ecclésiale de base

Pour présenter cette communauté hors norme, je reprends ma lettre aux amis datée du 9 juin 1981 :

> Nous sommes au mois de mars, en pleine saison des pluies qui inondent tout, défoncent les routes et emportent les ponts. En ce lundi à Porto Nacional, j'attends mon ami Henri Burin des Roziers. Nous travaillons de plus en plus ensemble pour la défense des petits paysans menacés de perdre leur terre. Il arrive après avoir fait 180 kms de piste. Détendu,

48. *Tridentine* : tradition issue du concile de Trente qui mit des siècles à être appliquée dans ces territoires oubliés.

49. *Desobriga* : accomplir ses obligations religieuses : se confesser, communier une fois l'an. Le prêtre doit baptiser et marier ceux qui attendent sa venue.

50. Nommée *cachaça.*

souriant et avec la pointe d'humour qui lui est propre, il me demande si la « Dona Toyota » est prête ? Nous partons sous une pluie battante pour parcourir les 70 kms de piste qui nous restent à faire. Trois petits paysans, appelés *posseiros*[51], sont avec nous pour nous guider sur ces chemins accidentés. Je visite cette communauté depuis un an maintenant. Elle regroupe soixante familles dispersées sur un rayon de 15 kms. Chaque dimanche, elle se retrouve pour la célébration de la Parole animée par Almiro et Dona Maria qui ont quitté la ville pour venir vivre avec eux[52]. Certaines familles parcourent jusqu'à 10 ou 15 kms à pied ou à dos de mulet pour participer à la célébration et à la réunion qui suit.

Cette fois-ci, j'ai demandé à Henri de visiter la communauté avec moi en sa qualité de membre de la Commission Pastorale de la Terre. À Brevidade où nous allons, la majorité des familles est là depuis vingt ou trente ans. Elles sont arrivées sur un terrain encore vierge, propriété de l'État. Selon le Statut de la Terre, le *posseiro* peut devenir propriétaire légitime en fournissant les preuves qu'il réside sur sa « *posse* »[53] depuis dix ou vingt ans suivant les cas.

La communauté s'est organisée pour avoir sa petite école dans laquelle un paysan, Cyrilo, fait fonction d'instituteur. Les terres sont devenues objets de spéculations et, comme la plupart des *posseiros* ignorent leurs droits, ils deviennent des proies faciles pour les spéculateurs. Brevidade se trouve dans le collimateur de trois *grileiros*[54] de Natividade qui menacent les paysans d'expulsion tout simplement dans le but de vendre leurs terres. Chassés, ils iront grossir le nombre de chômeurs des villes qui résident dans les favelas ou les périphéries vouées à la violence. Main-d'œuvre exploitée, ballottée sans pitié, ils verront leurs familles détruites par la dispersion imposée. Leurs enfants ne connaîtront plus les chevauchées dans les grands espaces et les nuits où l'on chante et danse au clair de lune autour du feu[55].

Après deux heures de route, nous arrivons à notre lieu de rendez-vous. Quelques paysans manquant, la réunion est repoussée au soir. Domingos un des animateurs de la communauté nous invite à faire un saut chez lui, de l'autre côté de la rivière, pour partager le repas du soir que son épouse a préparé[56]. La pluie

---

51. *Posseiros* : petit paysan qui sans avoir le titre de propriété a le droit de « *posse* » de la terre.

52. Almiro et Dona Maria, venus de la ville, forts de leur expérience vont transformer la communauté.

53. *Posse* : terre qui appartient à un *posseiro*.

54. *Grileiro* : voir Ch. 1, note 52.

55. Trente ans après, vivant à São Luis, une grande ville du Nord du Brésil, j'ai pu constater les conséquences de l'exode rural. Nous y reviendrons dans le dernier chapitre.

56. Domingos perdra son épouse dans des conditions dramatiques lors de l'accouchement de son dernier fils.

qui tombe me fait douter des possibilités d'un retour sans encombre. Invités nous ne pouvons refuser et passons donc la rivière tant qu'il fait jour.

Maintenant la nuit est tombée, la pluie a cessé et il faut rejoindre notre lieu de rendez-vous. Nous n'avons ni lampe de poche, ni vêtement de rechange, tout est resté dans la Toyota. Munis d'une petite torche à pétrole qu'utilisent les paysans pour s'éclairer, nous arrivons au bord de la rivière. L'eau est montée et le courant est fort. Après plusieurs tentatives infructueuses, nous essayons de passer à cheval, mais celui-ci sent le danger et refuse de s'engager. Nous nous résolvons à passer la nuit chez Domingos, remettant la réunion au lendemain, espérant que la décrue ne tardera pas. Malgré la fraîcheur et l'humidité de saison, nous essayons de trouver le sommeil au fond de nos hamacs. La pluie cessera durant la nuit et le lendemain nous passerons la rivière à gué.

Retrouvailles joyeuses avec la communauté et chacun y va de son commentaire sur les aventures de la nuit passée. La réunion peut commencer. Henri, avec beaucoup de patience et de pédagogie, se fait expliquer la situation. Avocat, il devine les tenants et les aboutissants de ce conflit qui se dessine. Un de ses objectifs est que les intéressés prennent conscience du danger qui les menace. Pour y parvenir, il écoute, questionne et arrive peu à peu à reconstituer ce puzzle en remontant à l'arrivée des posseiros. Puis il reprend les premières menaces et suggère quelques solutions. Avec cette réunion, la dynamique est lancée. Ainsi procède la CPT. Il faut respecter la lente prise de conscience des paysans sans défense face à des hommes qui utilisent si nécessaire, combines, menaces et violences, pour chasser ces gêneurs qui font barrage à l'appât du gain.

La première étape consiste à expliquer aux intéressés quels sont leurs droits, qu'ils ignorent pour la plupart ; la seconde est de mettre sur pied la manière dont ils pourraient s'organiser pour se défendre et résister aux menaces. Henri leur fait un petit résumé de la loi brésilienne pour qu'ils soient conscients des moyens de résistance et n'aient pas l'impression d'être des hors-la-loi, lorsqu'ils se défendront. Les petits paysans sont très soucieux de ne pas aller contre la loi.

La deuxième partie de la réunion se passe en célébration que je préside. Nous reprenons un des thèmes bibliques familiers à la théologie de la libération : la Terre Promise que Dieu donna à son Peuple après l'avoir libéré de l'esclavage. Foi et libération sont intimement liées. Ainsi défendre sa terre revient à défendre non seulement le don de Dieu, mais aussi la vie, sa culture, sa famille, sa communauté et sa foi.

Je décrivais ainsi nos premiers pas avec Henri dans cette communauté qui résistera pendant plus de vingt ans[57]. Nous reviendrons souvent à

57. Voir la conclusion.

Brevidade pour ce genre de rencontre qui se terminait toujours par un repas communautaire.

Cette démarche, qui visait la défense des petits paysans trop souvent spoliés de leurs terres, n'avait de chance de porter des fruits que dans une communauté bien soudée. Un des moyens de consolider l'union de ces petits paysans très religieux était de partir d'une relecture de l'histoire du peuple d'Israël libéré de l'esclavage. Cette catéchèse biblique les sortait d'une vision fataliste et leur redonnait confiance. La communauté n'abandonnait pas ses pratiques traditionnelles, parfois coupées de la réalité, mais elle les reliait aux problèmes de la vie quotidienne. La dévotion plus qu'un rite pour temps de fête devenait aussi une boussole qui indiquait la direction à suivre.

Nous entendîmes divers témoignages de petits paysans avouant avoir appris à prier le chapelet différemment :

> Avant nous priions machinalement sans trop comprendre, maintenant la récitation du chapelet nous ouvre les yeux sur la réalité.

Il est évident qu'Almiro et son épouse Maria étaient derrière cette évolution, faisant leur catéchèse aux heures des célébrations. Il n'existe pas de changement sans l'intervention d'un élément étranger quel qu'il soit. Je me souvenais d'une session alors que j'étais séminariste étudiant au Consortium de Chevilly-Larue, regroupant divers instituts missionnaires[58] et au cours de laquelle le conférencier, spécialiste du développement, nous avait provoqué en nous mettant au défi :

> Si vous partez en mission dans l'idée d'aller à la rencontre des peuples pour vivre au milieu d'eux dans le plus profond respect de leurs traditions, vous ne leur apporterez rien et il ne se passera rien[59].

Il allait à contre-courant d'une certaine mode qui prônait avant tout la présence humble à l'exemple de Charles de Foucauld.

Cette attitude se comprend, quand le missionnaire vit dans un monde qui ne connaît pas encore le message de Jésus-Christ. Le bouddhisme, l'hindouisme et l'islam par exemple requièrent de nous une présence discrète et fraternelle pour établir les conditions d'une authentique rencontre.

---

58. Séminaire des pères spiritains qui accueillit dans les années 1970 un consortium d'études et de formation missionnaire regroupant les Missions étrangères de Paris, les pères de Saint-Jacques, les missions africaines de Lyon et les spiritains. Ce furent des années exceptionnelles pour la formation en vue de la Mission.

59. Voir la reprise de cette idée dans le ch. 6I sur Uruará 3.

Au Brésil, nous sommes dans une tout autre réalité. C'est bien l'Église qui a prêché la soumission, la résignation, le sacrifice en vue d'une récompense dans la vie future dite éternelle, à la grande satisfaction des classes dirigeantes ! C'est donc à l'Église qu'il incombe, à travers ses pasteurs, d'annoncer aux pauvres un message qui les libère de toutes formes d'esclavage et d'oppression, n'en déplaise aux tenants de l'ordre qui utilisent la religion comme une sorte de rempart idéologique. La Conférence de Medellin[60] avait lancé le tsunami du *choix prioritaire des pauvres* ; la première vague arrivait à Natividade qui somnolait sur ses trois cents ans d'histoire.

Brevidade restera l'exemple type de ce que peut produire en efficacité, une vraie communauté ecclésiale de base. Henri, dont on connaît l'exigence pour donner des bonnes notes, la considérera comme la seule communauté authentique du secteur ! L'abandon de ce modèle d'Église se paiera très cher, nous le verrons au cours de notre récit.

Serrinha

C'était la mi-mars, en pleine saison des pluies. Henri et moi-même, partis tôt de Porto Nacional, arrivions sur le coup de midi à Natividade où quatre petits paysans de Brevidade nous attendaient pour nous accompagner dans une nouvelle mission qui comportait des risques sérieux.

Je consultai le courrier avant de repartir et je tombai sur la lettre du père d'une de mes amies. La nouvelle m'atteignit en plein cœur, Catherine n'était plus de ce monde. Elle n'avait pu terminer ses études de médecine et la longue course à l'Internat, entre autres, avait eu raison d'elle. J'envisageais de la faire venir à Porto Nacional, un temps, comme volontaire, pour qu'elle connaisse mes amis de la *Comsaude*. J'informai Henri qui partagea ma peine, puis nous partîmes pour parcourir les 80 kms qui nous séparaient de Serrinha.

Cette fois la situation était plus complexe. Les *posseiros* de Brevidade nous en brossèrent le tableau durant le voyage : Serrinha[61], perché sur une chaîne de montagne, était un petit village qui existait depuis bientôt dix ans. Les habitants, une dizaine de familles, avaient construit leur petite école et la chapelle. Au mois d'août précédent, un *fazendeiro* arriva sur les lieux, acheta 10 hectares et, en bon *grileiro* qui connaissait son métier, en clôtura 1 000 ! Pratique courante comme nous l'avons déjà vu. Le

60. Conférence en 1968. Voir ch. I, les notes 11 et 12, p. 21.
61. *Serrinha* : petite chaîne de montagne.

village s'était retrouvé du jour au lendemain entouré par des barbelés, le *fazendeiro* décrétant que désormais Serrinha faisait partie de sa propriété. La stupeur fut grande et les habitants réagirent. Bien mal leur en prit ; le *grileiro* envoya ses hommes de main, qui durant une nuit, incendièrent quatre maisons, tirant des coup de feu en l'air pour semer la terreur. Vraies scènes de western, mais ici nous ne sommes pas au cinéma. Pour clôturer le tout, dans un village déjà encerclé de barbelés, il lâcha son bétail au milieu de la place centrale, bétail qui à ses yeux, avait plus de valeur que ces « misérables paysans » ! Les enfants désertèrent l'école. La frayeur fut si grande que le maire de Natividade, dont dépendait ce petit hameau, malgré de multiples promesses de venir en aide aux habitants, s'arrangea pour ne pas se mêler de cette affaire. Il ne restait aux petits paysans que le recours à leur pasteur. Le *padre* Faustino, qui avait promis de m'indiquer au moins la route que je ne connaissais pas, trouva lui aussi une excuse pour ne pas se rendre sur les lieux. Cela sentait la poudre. Henri, qui n'était pas du genre à se laisser intimider, accepta de nous accompagner dans notre première visite.

Avec *Dona Toyota* qui nous surprenait par ses possibilités, sur une route qui se transformait en ruisseau, à cause des pluies torrentielles, nous arrivâmes, après quatre heures de piste, devant un pont. Le problème n'était pas le pont de fortune, mais bien l'énorme trou qui se trouvait après et avait l'air de nous narguer comme s'il fût le mauvais génie du *fazendeiro* nous tendant un piège. Il était 18 h et il faisait déjà bien sombre. Trois heures durant, nous attendîmes que l'eau baisse. À chaque demi-heure, Domingos qui était de l'expédition, entrait dans l'eau pour en mesurer la profondeur. À 9 heures du soir, l'eau arrivant à la taille, tous passèrent à pied et je lançai la jeep dans la rivière en espérant qu'elle ne calerait pas au milieu des eaux. *Dona Toyota* franchit l'obstacle, ses quatre roues motrices enclenchées. Mon ami, Ode, mécanicien expérimenté, me conseillera, au retour à Natividade, de ne pas jouer à ce genre de sport, un fort courant pouvant déporter la jeep, même *Dona Toyota*. Une heure plus tard, nous avions une autre surprise : une clôture en fer barbelé fermait l'entrée du village. Nous décidâmes de ne pas nous attarder. Était-ce un piège ? Et je fonçai sur la clôture qui ne résista pas à la puissance de notre petit char[62] !

Dans le village, tout semblait désert. Nous frappâmes à une porte, des gens sortirent, et aussitôt des torches s'allumèrent dans les autres cases, tous réveillés par notre tapage. Quelques instants plus tard, des fusées

62. Ode, le mécanicien, m'avait montré les possibilités de la Toyota, au cours de nos voyages nocturnes, quand il allait réparer le moteur de l'usine hydroélectrique perdu dans la montagne à 30 km de Natividade. Ma Toyota était la seule voiture à pouvoir passer par temps pluvieux. Le générateur tombait parfois en panne et seul Ode savait le réparer !

furent tirées pour donner l'alerte : ils sont arrivés ! Le repas du soir fut simple et frugal : un café, de la farine de manioc et des œufs au plat, le tout arrosé d'un petit alcool de canne pour nous réchauffer.

Le lendemain matin, nous nous rendîmes à la chapelle pour la célébration qui rassembla tout le village. La guitare, mon arme en quelque sorte contre la peur et la barbarie, me permit de faire chanter et jouer les enfants. Un bon moyen pour dédramatiser l'ambiance. Nous ne prêchions pas l'insoumission, le *padre* jouait avec les enfants...

Nous constatâmes, en faisant le tour de la place, les restes calcinés des maisons brulées par le *grileiro*. Spectacle désolant. Nous prîmes assez de photos pour fournir des preuves au dossier d'accusation. Henri, qui sillonnera tout le Nord de l'État du Goiás[63], verra pire dans ce qu'on appelait le *Bico do papagaio*[64].

Au cours de la célébration, je fis le lien entre le carême, temps de préparation à Pâques, et leur combat, vrai chemin de croix, en souhaitant que le village que le *grileiro* « crucifiait », puisse ressusciter ! Après la célébration, Henri coordonna la réunion. Il étudiait les conséquences juridiques des deux parties en conflit et nous découvrîmes, au fil des explications, combien ces pauvres gens s'étaient laissé abuser encore une fois. Le retour à la réalité fut cruel pour quelques-uns.

Un mois plus tard, nous repassâmes à Serrinha, non sans aventures et menaces préalables en guise d'intimidation. Nous connaissions le refrain de ce chantage dans lequel Henri ne tombait jamais, trop habitué de cette stratégie. Il savait, je ne sais par quel flair, évaluer la crédibilité des menaces. La rencontre se poursuivit selon le même schéma : célébrer dans la foi l'union des pauvres, seule chance pour eux de s'en sortir. Il n'y avait pas encore de syndicats pour les petits paysans dans cette région. Ils naîtront très vite sous l'impulsion de la CPT qui fournira une assistance juridique et parfois matérielle. La dictature militaire contrôlant tout afin que rien ne lui échappe, il était très difficile de trouver des syndicats indépendants. Lula, futur président du Brésil, était encore inconnu. Il profitera de cette vague de fond qui transformera plus tard le Brésil, et sa ténacité rassemblera au moment voulu toutes les forces du renouveau.

Notre présence montrait que l'Église, longtemps absente de leurs souffrances, désirait désormais accompagner les petits paysans dans leur

---

63. L'État du Goiás sera divisé en deux : le Nord deviendra le Tocantins, capitale Palmas et le Sud restera le Goiás, capitale Goiânia.

64. *Bico do Papagaio* : région en forme de bec de perroquet. Elle sera célèbre par le nombre de conflits de terre. Une sœur française infirmière de métier, Nicole Combes, y passera plusieurs années au service des communautés de petits paysans. Elle sera persécutée et objet de diffamations de la part des *fazendeiros*. Henri organisera avec elle la CPT, souvent en prenant de gros risques, comme le *padre* Josimo qui sera assassiné. Voir son histoire dans mes débuts sur la Transamazonienne.

combat, mais aussi que rien ne pouvait changer s'ils ne prenaient pas leur destin en main en s'organisant. Le risque serait que, trop confiants en nous, ils attendent que la CPT, en l'occurrence, résolve le conflit. La libération du peuple ne pouvait se faire que par le peuple, selon un axiome bien connu. Même si la figure de Moïse était exemplaire, plus pour nous que pour eux, il était urgent qu'ils s'entrainent à ne pas attendre la venue d'un nouveau libérateur. Ils nous disaient souvent : « Nous attendons vos conseils pour obéir et agir ». Les *fazendeiros* savaient eux aussi que les petits paysans ne réagissaient que sous l'influence de nos orientations ! Pour arrêter le processus, il leur suffisait de neutraliser l'instigateur. Ils ne s'en priveront pas.

Imperatriz

Imperatriz était une ville du sud de l'État du Maranhão en pleine expansion. En cinq ans, elle était passée de 50 000 habitants à 100 000 en raison de l'exode rural et aussi de la venue de Brésiliens originaires du Sud, attirés par ce que semblait être l'Eldorado du Nord. L'ouverture de la Transamazonienne, appuyée par une forte propagande du gouvernement militaire qui voulait peupler l'Amazonie, en faisait rêver plus d'un. Imperatriz était aux portes de cette route mythique qui attirait *fazendeiros*, commerçants, exploitants de bois et autres *desesperados* en quête d'aventures.

Après avoir parcouru les 700 kms qui me séparaient d'Imperatriz pour faire la révision de la Toyota, je rejoignis Henri qui participait à une manifestation de petits paysans. La CPT, très présente dans cette région, donnait tout son soutien à ces revendications, et ses agents de la région Nord étaient présents à ce grand rassemblement. Ils avaient contribué à la réalisation de cette vaste mobilisation qui marquait un pas de plus dans le combat pour la Réforme agraire.

La situation locale était explosive : quinze hameaux étaient menacés de disparition. L'un d'entre eux était encerclé par des *pistoleiros* qui interdisaient aux petits paysans d'aller récolter le riz et les haricots qu'ils avaient plantés pour leur subsistance. Une manière de faire pression pour les forcer à partir et « nettoyer le terrain »[65]. Quelque temps auparavant, dom Celso, président de la CPT pour la région du Nord du Goiás, était allé jusqu'à Brasilia et avait rencontré le ministre de la Justice, l'Église

65. *Limpar a área* : nettoyer le terrain, expression consacrée pour désigner l'action violente des *pistoleiros* qui font évacuer les terres que vont s'approprier leurs maîtres.

étant la seule organisation qui pût, en ces temps de régime militaire, servir d'intermédiaire entre le gouvernement et les petits paysans. Son intervention ne se comprenait que dans ce contexte précis[66]. Un mois après ce déplacement à Brasilia et malgré les promesses habituelles de résoudre le conflit, rien n'avait bougé. Cette fois, mille manifestants étaient mobilisés. Concentrés sur la place de l'église, durant six heures, sous un soleil tropical, supportant la faim et la soif, ils écoutaient attentifs les orateurs qui dénonçaient les sévices perpétrés par les hommes de main des gros propriétaires. Quelques slogans étaient repris avec force par une foule compacte, entrecoupés de chants propres aux communautés de base, tel celui-ci :

> Maintenant nous allons lutter
> Et la terre qui est nôtre, occuper.
> La terre est pour celui qui travaille,
> L'Histoire ne peut se tromper,
> Dans la loi ou sans elle, nous allons gagner.

À 15 h, la foule s'ébranla dans l'avenue principale. Une banderole ouvrait la marche, sur laquelle on lisait :

> Nous voulons vivre sur nos terres, nous aussi sommes Brésiliens.

Un kilomètre nous séparait de l'édifice de l'INCRA[67], organisme qui représentait le gouvernement fédéral pour toutes les questions agraires. Le visage de ces hommes et femmes, qui luttaient pour leur survie, était grave. Ils avançaient mains nues, la tête couverte du traditionnel chapeau de paille qui les protégeait du soleil. En face, à 100 mètres, menaçante, la police militaire, casquée, bouclier dans une main, grenade ou matraque dans l'autre, barrait la route. En ordre, la foule poursuivait sa marche, en chantant pour vaincre la peur. Le moment arriva où les deux camps adverses se firent face.

Le silence se fit, comme le calme avant la tempête. Puis, fendant la foule, Oswaldo[68], avocat, député de l'opposition, se présenta, avec un comité de petits paysans, à l'officier qui commandait la troupe. Il voulait remettre une pétition au colonel retiré en lieu sûr, dans l'édifice. Après quelques minutes de tractations lourdes d'anxiété, l'officier laissa passer

---

66. Voir les ouvrages de José de Souza Martins, sociologue, qui fut longtemps conseiller de la CPT. Nous signalons : *O Cativeiro da Terra* et *A militarização da Questão Agrária no Brasil*. Il développe toute une théorie sur le rôle des intermédiaires à propos des conflits de terre.

67. INCRA : Institut National de Colonisation et de Réforme Agraire.

68. Oswaldo deviendra un des grands avocats de la CPT, faisant partie de l'équipe formée par Henri pour lutter contre l'impunité.

le comité. Deux heures d'attente, deux heures de prières et de chants. Les délégués revinrent enfin. Déception : Le colonel[69] n'avait fait que des promesses, à l'instar du ministre de la Justice. Cependant la confrontation était évitée, la tension baissait, et ainsi tout le monde pouvait rentrer chez soi, les militaires dans leur caserne et les manifestants reprendre la piste, juchés sur des camions de fortune, semblables au bétail qui envahit leurs terres.

Depuis quelque temps, si la résistance des petits paysans s'amplifiait dans cette région du Nord sous haute surveillance, la répression se faisait aussi plus cruelle, les *fazendeiros* jouissant de la plus grande impunité. La mobilisation de ce jour était le prélude à des années de résistance dont le prix serait lourd à payer : c'est à Marabá, le 18 juillet 1982, pas loin d'Imperatriz, que le jeune avocat de la CPT, Gabriel Pimenta, sera assassiné par des tueurs[70] ; que le 10 mai 1986, le *padre* Josimo, qui était curé dans le *Bico do Papagaio*[71], sera abattu, en plein midi, au siège de la CPT, à Imperatriz, s'ajoutant à la liste commencée par le responsable syndical, Raimundo Costa, dit le *Gringo*[72], assassiné lui aussi en pleine rue dans la ville voisine d'Araguaina. Cette région était à feu et à sang[73]. De temps à autre, le lobby des *fazendeiros* publiait une liste de personnes à abattre. Prêtres et avocats en tête, suivis des syndicalistes. Pour chacun était mentionné le prix de l'exécution. Pour les missionnaires étrangers comme Henri, les prix étaient fort élevés !

Comment comprendre le rôle de l'Église qui, par la CPT, se mettait du côté des petits paysans, épousait leur cause et leur donnait souvent les moyens de résister ? Cette question divisera l'Église et tracera la frontière entre ceux qui étaient du côté des persécutés et ceux qui n'y voyaient qu'une source supplémentaire de tracasseries et de conflits inutiles. Que

69. Ce fameux colonel, je le retrouverai en 2008 lorsque je serai envoyé à São Luis du Maranhão dans la paroisse de la Sagrada Familia. Retraité, il était animateur de communauté. Après quelques années d'apprivoisement, nous devînmes amis.

70. Gabriel qui travailla un temps avec Henri, avait gagné un procès de réintégration de *posse* en faveur de 158 familles expulsées de leur terre. Le *latifundio* ne l'a pas supporté et l'a abattu. Il est un des premiers martyrs de la cause des petits paysans.

71. *Bico do Papagaio* : cf. Nicole Arpone, laïc missionnaire italien et agent de la CPT, sera kidnappé en 1980 par les forces militaires, transporté en hélicoptère en pleine forêt, attaché à un arbre. L'armée simulera son exécution. En réponse, la CPT sera renforcée par la venue d'Henri, puis par deux sœurs alsaciennes, Béatrice, infirmière, et Madeleine. Elles sont encore dans un nouveau *acampamento de sem terra* dans l'État du Tocantins. Avant elles, la sœur Nicole, aussi infirmière, vivait avec les petits paysans.

72. Le syndicaliste Raimundo Ferreira Lima, surnommé *Gringo* a été assassiné le 29 mai 1980. Président du Syndicat des Travailleurs ruraux de Conceição do Araguaia (Etat du Pará), il était membre de la CPT et très lié aux pères Aristide Camio et Alain le Moal.

73. Nous ne mentionnons pas les dizaines de petits paysans assassinés. La CPT nationale édite chaque année un cahier relatant le nombre de conflits et de paysans assassinés.

penser, de fait, de ces religieuses qui ont laissé leur couvent, son confort et sa sécurité, pour être en cohérence avec leur choix en faveur des pauvres ? Elles ne vivaient pas leur vœu de pauvreté protégées dans de confortables couvents. Ayant adopté la condition de ces populations, elles habitaient une maison de paille et de terre battue, se nourrissaient frugalement et marchaient à pied pour visiter les familles. Elles prenaient au sérieux le mystère de l'Incarnation : être semblable en tout à l'humanité dans laquelle elles étaient insérées. Seul le célibat les distinguait, signe qu'elles appartenaient à quelqu'un d'autre qui leur donnait la force de vivre en solidarité avec les pauvres, comme lui-même l'avait fait deux mille ans auparavant. Madeleine et Beatrice ne faisaient pas cela par mode passagère ; elles vivent ainsi depuis plus de quarante ans. Henri lui aussi partageait ce choix radical, en sillonnant les pistes. Son couvent, ses frères, il les trouvait dans les communautés qu'il défendait au risque de sa vie. Cette option de vie questionnait et déstabilisait la mondanité de certains. Prendre parti pour les pauvres provoquait souvent une réaction de défense de l'ordre établi, surtout quand celui-ci était remis en cause par ceux ou celles qui, de par leur mission religieuse, auraient dû le garantir. Certains ont posé la question : si tous ces agents de pastorale[74] étaient restés chez eux[75] et n'avaient pas suscité chez les petits paysans une volonté de résistance, seul moyen pour eux de défendre leurs droits, les conflits auraient-ils surgi avec la même violence ? Ce dont on peut être sûr, c'est que sans la présence de la CPT, massacres et expulsions auraient eu lieu dans la plus totale indifférence. Être du côté des pauvres ne se résume pas à pleurer avec eux ou à partager leurs souffrances, c'est aussi participer à leur libération en cherchant des solutions avec eux.

À l'époque, j'écrivais dans mon cahier de notes cette réflexion :

> Il faut éviter de prendre la place qui revient au peuple. La tentation du pouvoir est celle qui nous guette constamment. Elle est une compensation à nos frustrations cachées. La réalité culturelle fait que le prêtre de par sa fonction est comme investi de pouvoirs : pouvoir sacré, pouvoir économique, pouvoir politique ou de leadership. Souvent porté par son aura d'homme du sacré, il s'approprie les deux autres. S'il aide les gens et en devient le défenseur, ces derniers à leur tour seront tentés de s'en remettre à son pouvoir, à son autorité. Il s'en trouve alors grandi et peut se croire plus utile qu'il n'est, s'imaginant peu à peu indispensable. Il n'y a plus de libération possible des pauvres quand ils attendent le sauveur pour réaliser ce qu'ils espèrent. C'est une autre forme de soumission pernicieuse car

74. Agent de pastorale : nom donné pour désigner ceux qui exercent des responsabilités dans la pastorale de l'Église : religieux ou laïcs.

75. La majorité d'entre eux étant des étrangers.

elle se déguise en bienfaitrice. Il faut revenir à la figure de Jésus de Nazareth, serviteur humble et pauvre qui repoussa la tentation de tout résoudre par son pouvoir divin. Il n'offrit aux disciples que de le suivre, en portant chacun sa croix. La libération par l'Évangile et certainement toute libération authentique sont à ce prix. Combien de soi-disant libérations ont-elles engendrées des sociétés qui n'ont plus rien à voir avec les idéaux qu'elles défendaient. Le pouvoir et l'appât du gain ont tout détruit.

Facile à dire, pas facile à tenir ! Au cours de mes trente ans de Brésil, je n'ai jamais vu Henri tomber dans ce genre de travers, je ne peux en dire autant de moi. Je comprends pourquoi certains prêtres s'y complaisent en faisant le saut dans le monde politique, se présentant aux élections en tentant de devenir maire ou député pour le bien du Peuple !

Traditions populaires

Un jour de Toussaint, je fus invité à me rendre dans une communauté que je ne connaissais pas encore. Elle était située sur la piste qui reliait Porto Nacional à Natividade, pas loin du lieu-dit Santa Rosa qui deviendra des années plus tard une municipalité. Tous les ans, à la Toussaint, avait lieu une célébration originale organisée selon une tradition qui remontait à l'époque de l'esclavage. Les organisateurs avaient entendu parler, par des gens de Brevidade, de ce nouveau curé de Natividade qui accepterait, sans doute, de venir célébrer la mémoire de leurs morts. Le *padre* Faustino n'avait jamais été sollicité. Formé à l'ancienne école, il avait, tout Brésilien qu'il était, quelques difficultés à s'adapter à ce genre inusité de rites trop imprégnés pour lui de folklore issu du paganisme. Averti par mes amis de la communauté de Brevidade, distante de quelques dizaines de kilomètres, et accompagné de quelques-uns d'entre eux, je me rendis donc, au jour dit, sur les lieux en début de matinée, muni de ma petite valise-chapelle. La communauté vivait sur un ancien *engenho de açucar*[76]. Celui-ci avait fonctionné durant et après l'époque esclavagiste. Les maîtres ayant disparu, les descendants d'esclaves étaient restés sur les lieux. Conscient de leur passé, je les abordais avec mille précautions, sans savoir ce qu'ils attendaient de moi exactement. Je m'informai aussitôt du programme de la journée. Celui qui me recevait, dans sa demeure, me répondit avec un large sourire de ne pas me tracasser car tout était prévu. Une des nombreuses femmes qui s'acti-

76. *Engenho de açucar* : usine où se fabriquait le sucre de canne.

vaient à la cuisine, où mijotaient sur le feu de bois plusieurs marmites, me servit un bon café au lait accompagné de gâteaux et biscuits locaux.

Je découvrais un autre univers. Je faisais encore partie de la catégorie des personnes qui pensent en fonction du déroulement du temps sur un cadran d'horloge et se préoccupent plus du futur que de l'instant présent. Ceux qui me recevaient avaient une autre philosophie qui leur avait permis de survivre au cours des siècles et de conserver leur culture. Il ne s'agissait pas de suivre un programme, j'étais invité à entrer dans leur monde. Le prêtre qui passe, toujours pressé d'aller ailleurs, est comme la pluie qui tombe drue quelques minutes, inonde tout, ravage les plantations et ne pénètre pas. Inutile de chercher alors les traces d'une quelconque évangélisation !

Peu de temps après, arriva toute une troupe d'hommes revêtus de leurs parements de fête, couronne de plumes sur la tête et rythmant les chants avec leurs tambours[77]. Ils m'invitèrent à les suivre et, sans contester, je m'exécutai. Nous nous dirigeâmes alors vers le *campo santo*[78], lieu où étaient enterrés les ancêtres de la communauté. Avant d'arriver dans ce lieu, il y eut une première pause chez l'habitant. Dans la maison, telle une ruche, certains s'affairaient à la cuisine, d'autres sortaient de leurs bains dans la rivière. Dans la salle principale de leur vaste maison en torchis, je vis un petit groupe vêtu de ses plus beaux habits. Je compris qu'il s'agissait des parrains et marraines qui m'attendaient. Sans tarder, on m'invita à baptiser quelques nouveau-nés. Docile, je remplissais mes fiches d'inscription au baptême, aidé par moments d'un de mes accompagnateurs de Brevidade qui devinait mieux que moi les noms à inscrire. La célébration fut suivie d'un nouveau café plus que copieux. Vers midi, heureusement sous les arbres, accompagnés de toute la communauté, nous atteignîmes le fameux *campo santo*. La procession s'était enrichie, entre temps, de l'empereur et de l'impératrice, les organisateurs de la fête. Après un moment de danses et chants rituels, l'on me pria de « dire la messe ». N'ayant ni table ni autel, avec ma valise chapelle, j'improvisai un autel sur un morceau de tronc. Autant dire qu'il me fallut adapter la liturgie au cadre et encore plus le sermon pour que je ne paraisse pas un élément hétérogène. Nous étions dans l'espace sacré des ancêtres. J'ignorais la cosmogonie qui régissait leur relation aux morts. Je l'appris après : les défunts sont partis dans l'autre monde, mais les vivants restent en communion profonde avec eux. Les morts ont besoin de nous pour être sauvés, sauf ceux qui sont déjà dans le ciel et qui, en revanche, contribuent à notre salut. Il n'y a donc pas de séparation entre les vivants et les

77. Voir photo dite danse du *congo*, dans le cahier hors texte.
78. *Campo santo* : cimetière.

morts, selon leur conception[79]. Le spiritisme d'Allan Kardec[80] séduisait facilement ces milieux. Je rencontrais des adeptes qui se disaient catholiques, spirites et encore bien immergés dans leurs traditions afro-brésiliennes. Un syncrétisme harmonieusement vécu.

Nous reprîmes notre marche après la célébration au son du tambour et des chants incompréhensibles pour le non-initié. Ils étaient l'écho de la lointaine Afrique. Quel champ à explorer pour un linguiste et un anthropologue ! Je partirai trop tôt de cette région pour avoir le temps d'en étudier sinon tous ses mystères, du moins une partie. J'y enverrai un de mes amis de Belém qui faisait son doctorat d'anthropologie[81].

Nous arrivâmes en milieu d'après-midi à la dernière maison à visiter. Quelle ne fut pas ma surprise : cette fois, j'avais, devant moi, un couple qui ne demandait que la bénédiction pour se marier ! Je sortis donc de ma valise la fiche d'enregistrement du mariage que je remplis consciencieusement. À l'époque, il n'y avait pas de préparation au mariage. Comme nous l'avons expliqué plus haut, le curé passait une fois l'an pour la *desobriga*[82]. Je célébrai donc le mariage, en ce jour de Toussaint, en conclusion de ce parcours religieux qui nous avait occupés toute la journée.

C'était la première fois que cette communauté survivante de l'époque esclavagiste avait pu célébrer comme elle l'entendait son jour en l'honneur des morts et des vivants. Il n'y avait pas, cette fois, deux rites qui se succédaient chacun avec ses propres ministres. Le rythme de la communauté avait parfaitement intégré la liturgie catholique, religion de laquelle les participants se réclamaient. Les évangéliques n'auraient vu en cela qu'idolâtrie et superstitions.

Si je cite cet exemple, ce n'est pas innocemment. Il ne me revient pas de porter un jugement sur cette manière de procéder. Les liturgistes et les théologiens peuvent se poser des questions et chercher les réponses. Il m'incombait cependant comme pasteur d'aller au devant du troupeau abandonné, d'être attentif et respectueux de leurs traditions. Il s'agissait de donner valeur à l'expression de leur foi, ces traditions qui leur avaient permis de traverser les années de désert. Les formes de religiosité populaire peuvent servir d'éléments qui enracinent la foi chrétienne dans la culture des peuples. Les communautés ont un potentiel de créativité qu'il faut valoriser. Chacun doit pouvoir rencontrer Dieu sans renoncer à ses racines qui façonnent l'âme de sa culture. Comment concilier le religieux

79. Lire l'ouvrage de référence sur ce sujet de Carlos Rodrigues Brandão, *Os deuses do povo,* éd. Brasiliense, 1980.

80. De son vrai nom Hippolyte Léon Denizard Rivail, né le 3 octobre 1804 et mort le 31 mars 1869, pédagogue français, fondateur de la philosophie spirite ou spiritisme. Peu connu en France, mais très fameux au Brésil !

81. Il s'agit de Roberto Araujo, cité dans le chapitre V sur Uruará.

82. Voir p. 67, note 49.

qui prend ses racines dans les traditions afro-brésiliennes avec la symbolique chrétienne ? Les traditions d'Israël se construisirent au cours des siècles en puisant dans les mythes et récits fondateurs des religions du Moyen-Orient. Au départ il est plus probable que ce soit Israël qui ait choisi Yahvé que l'inverse. Une réinterprétation présente un Dieu qui descend et prend parti pour son Peuple[83]. Plus tard, le christianisme fut le fruit de la synthèse de plusieurs traditions, autant juives que gréco-romaines. La majorité des religions se forment souvent à partir d'un ensemble de croyances qui se développent au cours des âges autour d'un axe central. Le christianisme qui est né et se développe autour de la Méditerranée, s'il veut rester universel comme il le prétend, doit maintenant greffer d'autres cultures et traditions étrangères à la matrice chrétienne. Ces traditions ne restent vivantes qu'en leur état de construction et de transformation. Il nous faut avoir le courage d'avancer dans d'autres eaux, d'aller au large. Saint Paul a ouvert l'Évangile aux nations, rompant avec l'éphémère pour sauver l'essentiel, à savoir l'annonce de Jésus- Christ. Il est temps de l'imiter.

Ainsi, le temps d'une journée, je fis l'expérience d'un autre univers, porté par une communauté d'un autre âge et qui ne demandait qu'une chose, que je les rejoigne dans leur histoire.

83. Lire Thomas Römer, *L'invention de Dieu*, Éd. du Seuil, 2014.

Carte de l'Amazonie brésilienne

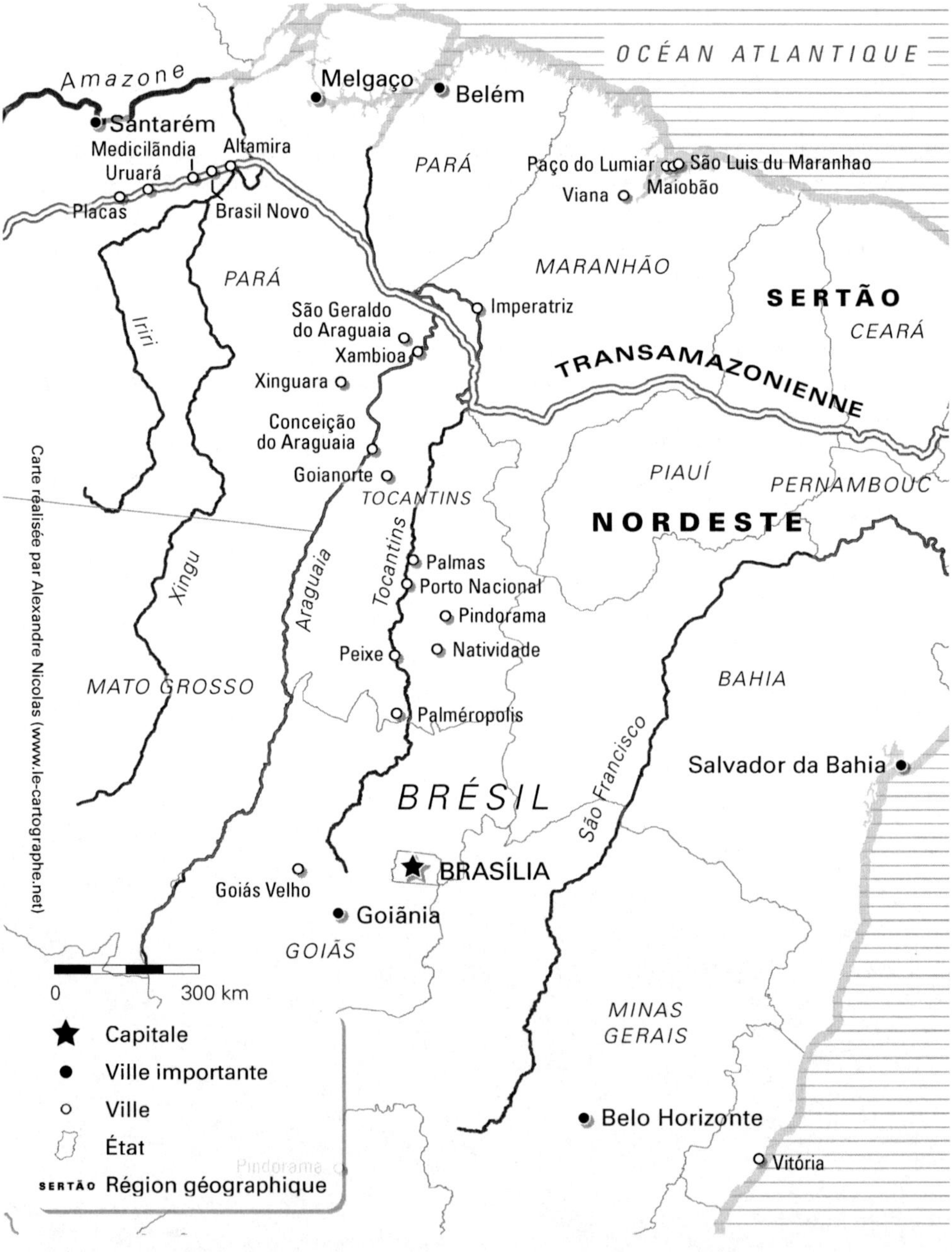

3

Et la guerre éclata

São Geraldo ou la prison d'Aristide, de Francois et de treize *posseiros*

L'événement que je relate ici doit-être replacé dans le contexte de l'époque pour en saisir l'enjeu. Pourquoi deux prêtres français des Misions Etrangères de Paris, Aristide Camio et François Gouriou, ont-ils été arrêtés le 31 août 1981 à São Geraldo do Araguaia ? Avant de rapporter les faits dont j'ai été témoin, regardons la situation sociale de cette région du Pará à l'époque, en reprenant un dossier du Dial[1] de 1979.

« Retour sur l'histoire »

La municipalité de Conceição do Araguaia est située dans le sud de l'État du Pará. Région des Indiens Kaiapós et Karajás, elle a été intégrée à la société brésilienne quand, à la fin XIXe siècle ; Frère Gil de Vila Nova, prêtre dominicain, fonda la localité du même nom, sur les bords du fleuve. À cette époque, dans l'isolement le plus complet, le voyage par le fleuve jusqu'à Belém durait trois mois. La région avait connu un grand mouvement économique au moment du *boom* du caoutchouc avec l'exploitation de l'hévéa. Avec la crise du caoutchouc, vint une longue période de stagnation et même de récession économique, sa population passant de 11 000 à 3 450 habitants. Avec la construction, vers la fin des années cinquante, de la route Belém-Brasília passant à 130 kms, Conceição do Araguaia rompit son isole-

1. Dial : *Diffusion de l'information sur l'Amérique latine*. N° 576, 22 novembre 1979. Son directeur, le P. Charles Antoine [1929-2002], du diocèse de Belfort-Monbéliard, prêtre *Fidei donum* à São Paulo à partir de 1964, quitta précipitamment le Brésil en 1969, risquant d'être assassiné. À son retour en France, il fonda le Dial.

ment séculaire pour s'intégrer définitivement au processus économique brésilien. C'est alors que commença une grande tragédie[2].

À partir des années soixante, des milliers de paysans sont venus par vagues s'installer dans les plaines fertiles de la région à la recherche de terres disponibles. La population s'accrut de façon vertigineuse : 4 944 habitants en 1954 ; 11 283 en 1960 ; 28 953 en 1970. Et, en 1979, les estimations se situent de 120 à 140 000 habitants.

La structure foncière, déjà dominée par le *latifundium*, s'est concentrée davantage encore, suivant la tendance générale de la mauvaise distribution de la terre. Les petits paysans ont perdu année après année la possession de leurs terres. En 1960, ils détenaient 70 % de la superficie occupée ; en 1970, 44 % ; en 1972, 39 % seulement. Inversement le *latifundium* improductif a augmenté aux dépens des petits paysans.

La politique officielle

La politique officielle du gouvernement dans la région a été la grande responsable de cette contradiction manifeste entre l'augmentation de la population et la diminution des terres occupées par les paysans. On se fût attendu à une situation inverse en toute logique démographique ! En fait, suite à la politique de dégrèvements fiscaux[3] qui a joué uniquement en faveur des grands projets agro-pastoraux, s'est développé dans le Sud du Pará, le processus le plus tragique, en termes de courtage véreux, de spéculation et de destruction organisée de petits cultivateurs que le Brésil ait jamais connu dans son histoire. Dans le but essentiel d'obtenir des crédits bon marché, rendus possibles grâce à la propriété de grandes superficies, arrivèrent dans la région des petits, moyens et surtout grands groupes économiques, nationaux et étrangers, parmi lesquels Bradesco (banque brésilienne), Volkswagen, Nixdorf, Amerindus, Aciers Villares...

Cela s'est traduit par :

– Le remplacement d'une agriculture de subsistance par des pâturages et la *juquira*[4] qui rendait la terre impropre à la culture.

– L'attribution extrêmement rapide de titres de propriété pour les terres vierges.

---

2. Il est notoire que tout « soi-disant » progrès économique dans ces régions éloignées du Nord ne se fit pas sans tragédies humaines. Les premiers à en souffrir furent, et sont encore, les peuples indigènes. Au nom du progrès, des peuples entiers furent sacrifiés. Cf. Eduardo Galeano, *Les veines ouvertes de l'Amérique Latine*, Éd. Plon, collection Terre humaine 1971, en Pocket, 2001.

3. Beaucoup d'entreprises ou de gros propriétaires furent séduits par le Nord, le gouvernement accordant des exemptions fiscales pour favoriser l'investissement, exemptions auxquelles les petits agriculteurs n'avaient pas droit.

4. *Juquira,* végétation qui naît en région abandonnée.

– La dégradation de la forêt amazonienne avec la destruction intensive des grandes formations d'acajou qui s'y trouvaient.

La confrontation était inévitable. D'un côté, une politique officielle, favorisant les grandes concentrations latifundiaires pour la production de viande à destination des marchés étrangers. De l'autre, une population migrante expulsée du Sud ou du Nordeste, attirée par l'espoir de posséder une terre et sous le charme des paroles du président Médici : « *L'Amazonie, une terre sans homme, pour des hommes sans terre* ».

D'un côté, un pouvoir économique fort, organisé, méthodique, disposant de la force des grands capitaux. De l'autre, des masses importantes et désorganisées, ne disposant pour travailler que de la force de leurs bras. D'un côté, un appareil répressif particulièrement visible dans cette région et caractérisé par des opérations sauvages et arbitraires contre la population. De l'autre, le fait que tout effort de résistance finissait derrière les barreaux des postes de police, quand ce n'est pas à la prison centrale de Belém. Sans parler de la lenteur des démarches et de leur complexité juridique inaccessible aux gens de la campagne. En face du profit facile, de l'argent des dégrèvements fiscaux, de l'abattage anarchique de l'acajou, de la spéculation, des opérations foncières véreuses, du vol, de l'assassinat et des exactions des hommes de main, le besoin de manger, de travailler, de se loger et de vivre.

L'explosion du conflit

Ce contexte tendu faisait que Conceição do Araguaia se trouvait à la veille d'une conflagration généralisée. On comptabilisait plus de soixante conflits de terre en phase aiguë dans la région, impliquant des milliers de petits cultivateurs.

Pour mener à bien l'expropriation des paysans, dans leur grande majorité sans titres de propriété, le *latifundium* utilisait toutes les armes disponibles : la calomnie, l'injustice, la presse, la police, les organismes gouvernementaux (L'Institut national de colonisation et de réforme agraire, ou INCRA, et l'Institut des terres du Pará, ITERPA) et, surtout, les hommes de main. L'appareil judiciaire, pour sa part, avait commis les pires absurdités : demandes ineptes, procès frappés de nullité, préavis illégaux, mandats malhonnêtes, huissiers opérant le pistolet 38 à la main et menottes dans la musette, contre les petits cultivateurs désarmés.

Ces derniers étaient réduits au désespoir. Expulsés continuellement de leurs terres, sans savoir où aller ni où travailler, sans autre moyen de subsistance que la terre, ils se retrouvaient en position d'accusés. Affamés, leurs enfants tombaient comme des mouches. Leurs femmes étaient désespérées. Leur patience était à bout. Ils ont commencé à réagir d'une manière désorganisée, mais violente. Au cours des quarante jours précédant la crise, cinq conflits armés avaient eu lieu dans la région, causant la mort de plusieurs tueurs à gages.

En réaction, le *latifundium* réclama l'appui de l'appareil répressif de l'État pour écraser la résistance des paysans. Les grands propriétaires organisèrent une vaste campagne insidieuse, utilisant l'argument facile de « l'infiltration subversive » dans la région, de façon à discréditer leur combat. Cette accusation de subversion pouvait cependant trouver un écho en raison du souvenir de la guérilla de l'Araguaia de 1972-1974[5], toujours présent dans les têtes. Rappelons que le 23 juillet 1979, après avoir arrêté l'agent de pastorale Nicole Arpone[6], des policiers avaient lancé depuis leur hélicoptère des grenades sur la communauté de Sampaio, dans le *Bico do Papagaio*, au Nord du Goiás, faisant plusieurs morts parmi la population.

Mandatée par la justice, la police militaire intervint de plus en plus souvent en faveur des grands propriétaires. Enfin, ces derniers, tout comme les spéculateurs, disposaient de véritables milices privées d'où le risque d'une confrontation armée et généralisée dans l'ouest du Maranhão et le nord du Goiás.

Telle était, selon Charles Antoine, la situation dans la région fin 79. Il concluait sa sombre analyse en indiquant que seule une réforme agraire, pensée et faite par le peuple, et non par un État incompétent, pouvait éviter un conflit généralisé. Le souhait des paysans était légitime, mais irréaliste bien sûr. Les militaires avaient la possibilité de le mener à bien. Ils ont laissé passer leur chance, ce qui pouvait se comprendre car sa réalisation aurait exigé qu'ils changent de camp. Voyons pourquoi.

La réforme agraire, hélas, n'aura pas lieu. Répartir équitablement la terre équivalait à s'attaquer aux oligarchies au pouvoir et remettre en cause un modèle hérité de l'empire colonial portugais, dans lequel posséder de la terre était un symbole de pouvoir. Or, le pouvoir ne se partageait pas dans un tel système, et celui qui s'y serait risqué aurait été inexorablement éliminé[7]. Une fois au pouvoir, Lula facilitera l'attribution de crédits à la petite agriculture familiale, mettra en route une série de mesures pour sortir de la misère plus de 20 millions de Brésiliens. Mais, sans appui parlementaire suffisant, son gouvernement n'osera pas s'atta-

---

5. La guérilla de l'Araguaia fut menée par des opposants communistes au régime militaire qui dirigeait le Brésil depuis le putsch de 1964. Ils se proclamaient révolutionnaires, mais étaient considérés comme terroristes par le pouvoir militaire. Cette action se situait géographiquement dans la région frontière des États du Pará, du Maranhão et du Goiás (aujourd'hui, du Tocantins), donc sur les rives du rio Araguaia, d'où son nom.

6. Cf. ch. 2, note 74, p. 77 : *Agent de pastorale :* terme qui désigne, en Amérique latine, indistinctement les laïcs, prêtres, religieux et religieuses engagés dans une mission d'Église.

7. L'histoire du président João Goulart dit « Jango » en est l'illustration. Il fut accusé de communisme et renversé par le coup d'État militaire de mars 1964.

quer à la mise en route d'une réforme agraire tant attendue[8]. Ce que les mouvements sociaux, tel le « Mouvement des sans-terre », ressentiront comme une trahison. En conséquence, les conflits se sont multipliés dans tout le Nord, et en particulier dans le Sud du Pará.

À cette époque, le Brésil avait pourtant la situation en main, car seul un régime fort pouvait imposer une telle réforme structurelle[9]. S'il avait été appliqué, *le Statut de la Terre*[10] aurait évité bien des tragédies. Mais c'est la loi du plus fort qui a prévalu sur le droit.

La pierre d'achoppement

Le cas d'Aristide Camio et de François Gouriou, arrêtés et condamnés avec treize *posseiros,* est un exemple parmi tant d'autres des contradictions de cette société en pleine expansion et à la recherche d'un nouvel Eldorado : l'Amazonie. Indiens et petits paysans ont été balayés à l'image de ce qui se passa dans le Far-West nord-américain lors de la conquête de l'Ouest ! Oubliées les leçons d'une histoire pourtant bien proche ! Le Brésil colonial, que l'on croyait révolu, continuait son expansion. L'Histoire semblait se répéter, mais elle pouvait réserver des surprises.

Inattendue, une pierre d'achoppement avait échappé à la stratégie rodée de ces militaires alors au pouvoir, même s'ils observaient attentivement depuis 1968, année de la Conférence de Medellin, les changements pastoraux de l'Église. *L'option préférentielle pour les pauvres* et son corollaire, la théologie de la libération qu'ils avaient en sainte horreur, avait fait des émules. Ses partisans allaient s'attacher à gripper la machine du pouvoir. La répression s'étendra et prendra des formes inattendues. Tous ces faits sont à replacer dans le contexte mondial de l'époque, celui de la Guerre froide. Théorie des dominos ou puzzle, en politique tout était imbriqué et ses conséquences pouvaient être ressenties jusqu'aux confins de l'Amazonie.

---

8. La présidente Dilma, du Parti des Travailleurs (PT), n'a-t-elle pas nommé la présidente de l'association des gros producteurs ruraux ministre de l'Agriculture dans son dernier gouvernement de janvier 2015, au grand scandale des militants de son propre parti ?

9. Pour illustrer cette thèse qui va à contre courant de la plus part des analyses des sociologues brésiliens, comme Fernando Henrique Cardoso, on peut se référer à l'ouvrage de Georges-André Fiechter : *La modernisation du Brésil, 1964-1972, Étude sur les interactions politico-économiques dans un régime militaire contemporain,* Genève, Institut Universitaire des hautes études internationales, 1976.

10. *O Estatuto da Terra,* créé en 1964, établissait que l'Etat avait l'obligation de garantir le droit de l'accès à la terre à ceux qui y vivaient et y travaillaient. Ce statut n'a finalement pas été mis en pratique par les militaires, qui en étaient pourtant les auteurs !

Le contexte mondial

À l'époque, Solidarnosc, syndicat ouvrier créé en août 1980 avec Lech Walesa, avait le vent en poupe. Jean-Paul II, nouvelle figure montante sur l'échiquier mondial, semblait jouer un rôle essentiel dans le combat contre le Bloc communiste dont il avait souffert et contre lequel il était parti en croisade. Un vent de liberté se levait dans la Pologne du pape Wojtyla. De son côté, le président américain Ronald Reagan voulait éradiquer tout foyer de subversion en Amérique latine au nom d'une autre liberté, la sienne. Cuba inspirait trop les mouvements révolutionnaires qui foisonnaient. L'Amérique latine restait la chasse gardée des États-Unis, qui savaient combien l'Église catholique y était influente. Son engagement aux côtés des plus pauvres, la défense des droits humains, la critique du modèle économique étaient perçus comme facteurs de déstabilisation pour l'emprise économique et stratégique de Washington. Les sympathisants de la théologie de la libération, nombreux dans l'épiscopat, se virent accusés de protéger certains militants marxistes qui luttaient pour renverser les régimes militaires pro-américains. Finie l'époque de Paul VI, qui nommait des évêques engagés contre l'injustice au péril de leur vie. Il ne fut pas difficile de trouver des membres de la hiérarchie catholique locale pour former un front anti-communiste opposé aux adeptes de la théologie de la libération. Citons à titre d'exemple l'ancien archevêque de Medellin, Alfonso Lopez Trujillo, qui s'emploiera à faire supprimer toute référence à l'option préférentielle pour les pauvres, ou son mentor, le cardinal Angelo Sodano, qui fut nonce au Chili (1977-1988) avant de prendre les hautes fonctions de Secrétaire d'État à la Curie romaine[11].

Au Brésil, les délateurs ne manquèrent pas. Influencé par son entourage conservateur et peu sensible à une théologie qui plaçait les pauvres comme protagonistes de leur libération, Jean-Paul II donnera le coup de frein fatal à une Église qui renaissait à partir de ses communautés de base, en plein essor dans les milieux populaires. Un mur d'incompréhension s'établira de fait entre le Vatican et l'Église des pauvres. Rome vivra dans la hantise de voir surgir une Église populaire qui s'éloignait de son influence pour accorder trop de responsabilités aux laïcs. Le rôle du prêtre sera à nouveau mis en avant, appuyé par les campagnes en faveur

11. Angelo Sodano [1927]. Cardinal, il restera quatorze ans secrétaire d'État sous Jean-Paul II, de 1990 à la mort de ce pape en 2006. Il l'accompagna dans son voyage au Chili. Ce fut grâce à son intervention que le général Pinochet eut droit à une bénédiction papale. En Argentine, il réussit à dissuader Jean- Paul II de recevoir « *les Mères de la place de Mai* », mères et grands-mères des disparus sous la dictature militaire.

des vocations sacerdotales[12]. La plupart des grandes figures prophétiques de l'épiscopat furent remplacées par des hommes qui, systématiquement, prendront le contre-pied de leur prédécesseur, sans aucun respect pour ce que l'on appelle le Peuple de Dieu. Les exemples les plus connus furent ceux de dom Helder Camáara[13] à Recife et de Dom Oscar Romero[14] à San Salvador, assassiné par les milices militaires en 1980. Ronald Reagan aurait, affirment certains, proposé au Vatican de soutenir financièrement Lech Walesa[15] en échange d'une mise au pas des tenants de la théologie de la libération. Intoxication ou pas, la stratégie a bien fonctionné. L'Amérique latine a vu déferler en prime une avalanche d'Églises évangéliques qui ont inondé les espaces laissés vacants par le repli pastoral de l'Église catholique. Les Communautés ecclésiales de base (CEBs) n'étant plus une priorité, il fallait revenir au modèle de la paroisse dirigée par le curé. Il devenait impossible matériellement d'avoir un prêtre partout où les évangéliques plaçaient leurs innombrables pasteurs[16]. Les groupes bibliques qui permettaient aux gens de se retrouver, dans les maisons ou un simple garage, disparurent peu à peu du paysage des paroisses des périphéries. On délaissa les cercles bibliques de quartier au profit d'une dévotion plus traditionnelle, en multipliant les vigiles de prières dans lesquelles l'adoration au Saint Sacrement était le centre et le cœur de la rencontre avec Jésus[17]. La Bible

---

12. Depuis, nous sommes revenus à grands pas vers un nouveau cléricalisme, avec ses liturgies théâtrales de masse et un remplissage peu sélectif des séminaires, les nouvelles générations se distinguant par une volonté identitaire dont le retour des cols romains et parfois des soutanes est l'un des signes, celui d'une volonté de se distinguer du commun des mortels, baptisés ou pas.

13. Dom Helder fut remplacé par dom José Sobrinho, qui démonta toutes les œuvres sociales, pastorales et d'enseignement de son prédécesseur. Il expulsa un certain nombre de prêtres français *Fidéi donum, c*e que la junte militaire n'avait pu réaliser !

14. Óscar Romero [1917-1980]. Considéré comme conservateur, il devient l'archevêque de San Salvador, capitale du Salvador. L'assassinat le 12 mars 1977, d'un prêtre de son diocèse (et ami personnel) le jésuite Rudio Grande avec deux compagnons de voyage par un escadron de la mort va tout changer : « La mort de Grande l'avait converti ». Les prises de position de l'archevêque, sa dénonciation des crimes, enlèvements et assassinats menés par l'armée salvadorienne et les escadrons de la mort, le faisaient redouter par le pouvoir. Il meurt assassiné à son tour pour avoir été le défenseur des droits de l'Homme et particulièrement des paysans de son diocèse. Reconnu comme martyr le 9 janvier 2015 par une commission de théologiens du Vatican, il fut béatifié le 23 mai 2015. Le pape François œuvre pour sa sanctification.

15. Lech Walesa, [1943) à Popowo (Pologne), est un syndicaliste au chantier naval de Gdansk, président-co-fondateur du mouvement *Solidarność* et homme d'État polonais, président de la République [1990-1995], prix Nobel de la paix en 1983.

16. Cf. l'article *Les évangélistes à la conquête du Brésil*, de Lamia Oualalou, *Le Monde diplomatique*, Octobre 2014.

17. Voir ch. 1, p. 27, note 31. Au Brésil, un grand bibliste, le Frère carme Carlos Mesters, créa, en lien avec les Églises protestantes, le Centre d'étude biblique (Cebi). Une rencontre biblique hebdomadaire y est proposée. La démarche s'inspire de la théologie

redevint l'emblème des évangéliques, que l'on croisait dans les rues, bible sous le bras, alors que les catholiques devaient parcourir de longues distances pour trouver leur lieu de culte et rencontrer la « présence réelle » du Seigneur ! Le pouvoir sacré ne se partage pas et le retour du cléricalisme sonna la mort du prophétisme[18].

Ce rappel du contexte international, avec ses incidences sur la vie des communautés, permet de mieux saisir la complexité de conflits qui ne se réduisaient pas à une lutte pour la terre. Celle-ci n'étant d'ailleurs que l'épiphénomène des intérêts en conflit sur une tout autre échelle.

Pour ne pas oublier l'histoire. Retour sur certains faits

Ayant été un témoin parmi bien d'autres, je vais décrire, dans ce qui suit, les faits tels que j'ai pu les observer. Si la situation n'avait pas été dramatique, nous aurions pu la qualifier de tragi-comique.

Un paradoxe sautait aux yeux. Les militaires en place prétendaient mettre de l'ordre pour faire progresser le pays[19]. Or, dans le cas bien précis de la terre, ils étaient les premiers à ne pas respecter les lois qu'ils avaient eux-mêmes édictées. Aristide, considéré comme un subversif, connaissait bien son sujet. Il ne faisait, en somme, que révéler aux petits paysans leurs droits qu'ils ignoraient. Henri Burin des Roziers mènera le même combat en tant qu'avocat, ce qui permet de comprendre pourquoi il gagna tous ses procès : il avait le droit avec lui. Le problème restait l'exécution des sentences, ce qui se révéla plus complexe !

Nous sommes donc en août 1981. J'ai déjà décrit notre arrivée avec Émile et notre visite à Conceição do Araguaia où nous avons retrouvé en janvier 1979 nos confrères des Missions Etrangères[20].

---

de la libération. L'objectif est de relire l'histoire du Peuple de Dieu en l'interprétant à partir de la réalité vécue par chacun, par le groupe et aussi la société. Réalité marquée souvent par l'oppression, mais faite d'espérance. En reliant la vie et la foi, les participants trouvent dans l'histoire du Peuple de Dieu et la vie de Jésus les motifs pour s'unir en communauté et chercher des solutions aux problèmes de la vie quotidienne.

18. Cf. Homélie du pape François le 16 12 2013. Ceci sera repris dans la conclusion.

19. La devise écrite sur le drapeau brésilien est : *Ordre et progrès*, inspirée du positivisme d'Auguste Comte.

20. Travaillent dans le diocèse de Conceição à cette époque : Clément Montagne et Jean-Louis Purguy à Xinguara ; François Gouriou à Conceição, et Aristide Camio et Alain Le Moal à São Geraldo do Araguaia. Alain Le Moal partira travailler sur la Transamazonienne dans les années 80 où je le rejoindrai en 84.

À ce moment-là, Aristide Camio est responsable de la paroisse de São Geraldo depuis bientôt quatre ans. Son évêque[21] ayant vite vu en lui l'homme qu'il lui fallait pour les missions périlleuses, l'a envoyé dans cette région. Son prédécesseur a souffert de la répression. Malade, il était reparti dans le Sud du Brésil où il s'est ensuite marié. Le secteur n'est pas pour déplaire à Aristide qui commence sa mission avec Alain Le Moal[22] et Inès, jeune Brésilienne, professeur du Meb[23]. Une guérilla dirigée par 69 militants[24] du PCdB (Parti Communiste du Brésil) y avait été réprimée par quelque 10 000 hommes dans les années 70. Aristide sait qu'il marche sur une poudrière. Il prend des risques calculés et échappera plusieurs fois, par flair ou miracle, à des embuscades que monteront ses adversaires. Ses proches, avec un humour teinté d'admiration, parlent de la « République libre de São Geraldo ». Sto, son nom de guerre, diminutif d'Aristide, même s'il aime bien la CPT, n'a pas de temps à perdre en réunions. Il a sa méthode propre pour faire avancer les choses ; il va droit à l'essentiel sans s'embarrasser des sinuosités du parcours. Dans une région où les gens vivent dans des maisons de torchis, il se lance dans la construction en briques et monte lui-même sa briqueterie avec quelques ouvriers. Il fait apparemment du développement. Son objectif est de trouver des solutions simples et concrètes pour résoudre les problèmes basiques. Il initiera aussi un programme de construction de puits en fabriquant les buses. Il évite d'être dépendant des commerçants locaux, crée de l'emploi et améliore la vie de la communauté. Il devient, sans le chercher, célèbre aux alentours. La police fédérale et les services secrets, qui ont la région à l'œil, s'intéressent à ce personnage atypique. S'il fait du développement, il sait surtout repérer les leaders paysans ou ceux qui en ont l'étoffe. Il a accueilli près de chez lui Oneide et ses six enfants, la veuve du Gringo, leader syndical de Conceição, assassiné par des tueurs à gage[25] en mai 80. Il vit dans cette ambiance, conscient des risques qu'il court. C'est un choix. C'est lui le capitaine et il affronte la tempête en vrai Breton.

Nous nous attendons tous les jours, Émile et moi, à ce que la radio annonce sa mort ou son arrestation. Comme chaque année, notre petite équipe Mep doit se réunir dans les mois à venir. J'entends encore Émile me dire : « Cette fois, Chico, je veux débattre avec Sto de ses méthodes avec les paysans ! ». La rencontre n'aura jamais lieu et pour cause !

---

21. Dom Estevão Cardoso de Avelar, dominicain, remplacé en 1978 par un Irlandais, dom Patricio José Hanrahan.

22. Alain Le Moal, prêtre des Missions Étrangères de Paris, ancien du Laos et qui, une fois marié avec Inês, continua à servir la cause des petits paysans comme responsable de la CPT (Commission Pastorale de la Terre). Rentré en France, il rejoignit le CCFD. Une vie de service.

23. Meb : Mouvement d'éducation de base. Voir ch. 1, p. 24, note 23.

24. Entre autres : José Genoíno, qui devint président du Parti des Travailleurs en 1980.

25. Voir chapitre antérieur le paragraphe sur *Imperatriz*.

Aristide était-il un dangereux révolutionnaire qui écoutait Radio La Havane tous les soirs, comme me l'affirmera un agent de la police fédérale en me montrant le poste radio rutilant que lui avaient offert des amis pour qu'il puisse écouter RFI ou de la belle musique ? Ou tout simplement un pasteur qui avait su détecter dans la bergerie les loups qui tuaient son troupeau et enseignait aux brebis à ne pas tomber dans les pièges semés sur leur chemin ?

En 1980, les élections syndicales furent annulées à la suite de l'assassinat de *Gringo*, candidat de l'opposition[26]. Un second tour était prévu pour mai 1981. Quelques semaines auparavant, la police fédérale faisait fermer la radio du diocèse[27] et envoyait ses émissaires dans toute la région pour annoncer que :

> Celui qui ne votait pas pour la liste syndicale liée au gouvernement n'obtiendrait pas de titre de terre.

Les paysans, bien sûr, prirent peur. Or, l'opposition l'emporta dans la région de São Geraldo, malgré la propagande du pouvoir en place. Aristide était de plus en plus menacé : des enquêtes étaient en cours contre lui[28]. À plusieurs reprises la police lui rendit visite, cherchant visiblement à percer le mystère Sto qui les dépassait !

François Gouriou, Breton lui aussi, un des seuls à pouvoir s'adapter au rythme « *Stoïque* », ira lui prêter main forte. Les deux s'entendaient à merveille. Gouriou était l'homme qui adorait résoudre tout ce qui est d'ordre matériel, de l'horloge de la cathédrale au moteur de la Toyota.

En ce mois d'août de 1981, des *posseiros* étaient menacés par des *pistoleiros*. Malgré les menaces habituelles d'intimidation, Aristide alla, avec François Gouriou, célébrer à l'invitation de la communauté une messe[29] toujours précédée d'un échange. Cinq jours après, la police fédérale et des *pistoleiros,* amalgame bien étrange, firent une incursion dans la région à bord d'une jeep. Pure coïncidence ou provocation ? Les *posseiros,* vivant sans cesse sous la menace, pensaient avoir affaire à une

---

26. Le président à l'époque étant un ancien sergent de l'aéronautique, ce qui en dit long sur la représentativité des petits paysans !

27. Pour pallier le manque d'information, il était courant que des diocèses aient des radios locales qui retransmettaient les messes ou des prières comme le rosaire. Les communautés pouvaient ainsi profiter de ce lien qui donnait aussi quelques bulletins d'informations locales.

Dom José Patricio restera planté devant la porte de la radio en signe de protestation.

28. Le 7 mai il fut convoqué dans le bureau du procureur de Conceição qui, gêné, lui signifia, en présence de son évêque, de *Monseñor,* grande figure ecclésiastique de la ville, et de François Gouriou, qu'un procès était ouvert contre lui.

29. Dans les actes du procès, ils seront accusés d'avoir utilisé la messe pour inciter les *posseiros* au crime.

équipe de *pistoleiros* venus les expulser, menace proférée quelques jours auparavant. Ils tendirent une embuscade. Résultat, un *pistoleiro* fut tué et quatre policiers blessés. São Geraldo était en émoi. Les treize paysans ayant fait le coup se livrèrent sans tarder à la police. Tactique bien réfléchie car, d'une part, elle évitait un acte de vengeance et la répression aveugle et, de l'autre, compliquait l'enquête en vue d'un procès qui ne pouvait condamner que ceux qui avaient tiré et tué, ce qu'il fallait encore prouver. Un casse-tête pour les juges. Aristide qui se trouvait, ces jours-là, dans un autre secteur, revint sans tarder pour suivre de près la situation.

Samedi 29 août 1981. L'armée, après avoir raflé plus de mille armes de chasse aux paysans, survola la ville de São Geraldo en hélicoptère durant plus de deux heures, pour commencer sa campagne d'intimidation et jeta, dans un geste de démonstration de pouvoir, les armes dans le fleuve Araguaia. Pour augmenter la pression, des policiers en armes patrouillaient dans les rues de la ville.

Dimanche 30 août. Participant avec François Gouriou à une rencontre régionale, je fis avec lui un saut jusqu'à São Geraldo. Le soir, Aristide célébrait la messe, sa dernière en public à São Geraldo. La police était là, enregistrant tout ce qu'il disait. Il prêcha sur la croix, symbole de victoire. Le chant final : « Victoire tu régneras, ô Croix tu nous sauveras » devait paraître subversif pour les membres de la police qui lui reprocheront plus tard d'avoir célébré une messe sans *Ave Maria*, oubliant que le *Magnificat* l'était plus encore[30] !

Lundi 31 août. L'ambiance devint plus lourde. Cela n'empêcha pas Aristide de programmer une petite fête[31] pour le soir à laquelle il m'invita. Je devais cependant revenir à Porto Nacional qui se trouvait à 900 kms. Il m'accompagna jusqu'au bord du fleuve où je pris une barque pour rejoindre Xambioa, de l'autre côté. Il me reprocha gentiment de ne pas rester plus longtemps et ajouta, avec une pointe de malice :

> Si je suis mis en cabane, tu sais ce qui est écrit dans l'évangile de Matthieu : j'étais prisonnier et vous m'avez visité.

Il m'indiqua qu'il devait partir le lendemain à Belém pour participer à une formation biblique. Il passerait par la paroisse d'Araguaina. Détail

---

30. Les militaires argentins avaient fait supprimer les versets du *Magnificat* qui proclame : *Le Seigneur a détrôné les puissants de leur trône, et a exalté les humbles. Il a comblé de biens les affamés et renvoyé les riches les mains vides* (Lc 1, 52-53). La référence à la Vierge peut devenir plus subversive qu'il n'y paraît.

31. Il voulait fêter Aristide, son saint patron.

qui nous permettrait de vérifier, en cas d'alerte, s'il avait échappé à la prison. Je le quittai un peu inquiet et lui promis de revenir s'il était mis en prison. Dans la ville, le bruit courait qu'il avait été arrêté le dimanche soir après la messe !

À 16 heures, la police fédérale débarqua devant la maison paroissiale dans un tourbillon de voitures. Dix hommes armés de revolvers et de mitraillettes entrèrent sans sommations par les fenêtres et les portes. Intimidation ou simulation d'une opération de guerre ? Aristide fut prié, *manu militari*, de les suivre au siège de la police. Il fut enfermé sans ménagement dans les toilettes de l'école attenante au GETAT[32]. Il passa sa première nuit à exiger de troquer un lit inconfortable contre des planches sur lesquelles il poserait son matelas qui, comme lui, ne se pliait pas devant l'adversité. À minuit, face à son entêtement et excédés par tant de témérité, ils cédèrent à sa requête. Ignoraient-ils la personnalité de l'homme qu'ils venaient d'arrêter ?

Quant à François Gouriou, nouveau dans le secteur, il fut gardé jusqu'à 20 heures. La police n'avait pas son nom car son arrestation n'avait pas été prévue. Autant dire que je l'avais échappé belle ! Il fut mis dans les locaux de la caserne avant qu'on ne lui construise une baraque de planches trois jours plus tard au siège de la police.

Oneide, la veuve du Gringo, fut à son tour assignée à résidence. Insultée et maltraitée par les policiers qui jusqu'à 1 heure du matin se livreront à des actes de vandalisme dans la maison paroissiale, emportant livres, revues, machines à écrire, appareil photos, cassettes, radio en guise de pièces à conviction, diront-ils, pour justifier leur sauvagerie. Ils n'oublieront pas, une fois totalement saouls, de prendre les quelques souvenirs qu'Oneide avait gardés de son époux, prenant un malin plaisir à humilier leur victime.

En ville, la terreur régnait. Un paysan, qui sera ensuite interrogé par la police, réussit à téléphoner à Conceição do Araguaia. Quand la nouvelle arriva à Porto National, je me trouvais dans le bureau de dom Celso, prêt à rejoindre Natividade. Celui-ci téléphona aussitôt à Brasília pour informer la CNBB (Conférence Nationale des Évêques du Brésil), à la CPT nationale (Commission Pastorale de la Terre) à Goiãnia et à l'ambassade de France qui réagit rapidement. Devant la gravité de la situation, nous décidâmes de partir pour São Geraldo. Nous passâmes la nuit à rouler, seulement interrompus par une crevaison et, après 600 kms de route, Ricardo[33], venu de Conceição, se joignit à nous à Guarai, sur la Belém-Brasilia, pour parcourir les 300 kms qui nous restaient.

32. GETAT : Groupe exécutif des terres de l'Araguaia et du Tocantins. Cf. Le *Dial* n° 657, novembre 1980.

33. Ricardo Rezende, dont nous avons parlé lors de notre arrivée à Conceição. Il avait entre temps été ordonné prêtre et coordonnait la CPT locale.

Le mardi 1er septembre, à 10 h du matin, nous arrivions sur les bords de l'Araguaia. São Geraldo se trouvait de l'autre côté, perdu dans la fumée, provoquée par des feux qui embrasaient les pâturages à cette époque de l'année. Nous franchîmes les deux kilomètres en barque et nous dirigeâmes vers la maison d'Aristide. C'était la consternation. Oneide nous accueillit, visiblement émue. La police faisait sentir sa présence par ses va-et-vient continuels. En entrant, nous constatâmes le pillage ; tout était sens dessus dessous. Par précaution, Oneide n'avait rien touché au désordre causé par la police. Elle nous fit, dans le détail, le récit des événements. Dehors, ses enfants jouaient, semblant ignorer la gravité du moment ou, peut-être, parce qu'ils étaient déjà habitués aux situations douloureuses. Tout un symbole : désolation d'un côté et vie qui résistait de l'autre.

Quelques instants plus tard, nous prenions la Toyota de la paroisse pour nous rendre chez le commandant du bataillon du Génie militaire. Celui-ci nous reçut très poliment. Il passait plus de temps à faire des routes dans la forêt, œuvre de pacification, qu'à poursuivre les subversifs. Il nous dit :

> François, relevait de la loi de sécurité nationale et il était mis en isolement pendant huit jours.

Quant à Aristide, il refusait de dire où il se trouvait. Les militaires n'étant pas les mandataires de la prison, la responsabilité en incombait à la police fédérale qui dépendait elle-même du ministère de la Justice[34].

Dans l'après-midi, nous nous rendîmes au siège de la police fédérale. Le « délégué[35] » nous reçut sur le pas de la porte, visiblement tendu, entouré d'une vingtaine de policiers aux mines patibulaires, comme l'exigeait leur fonction. Ils étaient, il est vrai, les professionnels de *l'insécurité nationale*, qualification que leur donnaient ironiquement les opposants au régime.

Nous finirons, tout de même, par savoir qu'Aristide était bien enfermé dans les locaux de la police et que les deux étaient accusés de subversion et d'incitation au crime ! Ils seront jugés selon la loi comme il convenait dans le cas de dangereux subversifs. La conversation ne put que tourner court devant tant d'absurdités, malgré toute la diplomatie de dom Celso, qui insistait sur leur statut de prêtres au service de l'Église et la finesse de Ricardo qui démonta facilement les inepties des accusations. Impuissants,

---

34. Le ministre à l'époque était Ibrahim Abi Akel, issu de l'immigration arabe, ministre de 1980 à 1985 sous le régime du président João Batista Figuereido. Il trempera dans une affaire de trafic de pierres précieuses qui reste assez floue.

35. Délégué : *delegado* en portugais, nom donné au responsable de la police.

nous rejoignîmes la maison paroissiale où nous attendait, anxieuse, Oneide. Nous débattîmes de la marche à suivre.

Dom Celso, président de la CPT régionale et représentant, pour l'heure, dom José Patricio Hanrahan[36], en déplacement à São Paulo pour raison de santé, décida de repartir à Porto Nacional. De là bas, il pourrait coordonner les mesures à prendre. Après avoir récupéré ma Toyota à Xambioa, chez les parents d'Oneide, je reconduisis l'équipe à Araguaina, à quelque 200 kms de là, et revins sur São Geraldo. Dans l'immédiat, il n'y avait pas le choix, j'étais le seul à pouvoir rester pour suivre de près la situation et pour éviter aussi à Oneide de rester seule face à l'adversité.

Je resterai deux mois, aux premières loges. Conseillé par Oneide, pragmatique, formée à l'école de Sto, nous mîmes en place la stratégie à suivre : observation et divulgation. Il fallait à tout prix passer le maximum d'informations à l'extérieur pour sensibiliser l'opinion publique, la seule arme défensive dont nous disposions pour protéger nos amis prisonniers. La presse sera notre grande alliée. Chaque jour, seul ou accompagné, je traversais le fleuve pour me rendre à Xambioa, petite ville équipée d'une agence téléphonique. Ainsi, j'entrais quotidiennement en contact avec la CPT régionale de Belém. Là, Alain Le Moal, ancien collègue d'Aristide et excellent connaisseur de la région[37], recueillait mes informations, les transmettait à la presse de Belém, repassait sa synthèse à Brasília, au siège de la CNBB, et, à Goiãnia, au secrétariat général de la CPT. Notre réseau était bien organisé. Il nous donna parfois quelques satisfactions, surtout quand nous arrivions à déjouer les plans de nos espions, sans cesse aux aguets, intrigués par nos va-et-vient entre les deux rives. J'étais observé dans mes moindres mouvements. Oneide, qui repérait nos pisteurs, m'accompagnait parfois et, moqueuse, me montrait ceux qui nous observaient de loin, à la jumelle ! À l'arrivée sur l'autre rive, un *agent secret* nous suivait jusqu'à l'agence des télécommunications. Quelle ne devait pas être sa frustration de ne pouvoir déchiffrer la conversation, agrémentée d'argot et de mots codés, que seul un Français comme Alain pouvait comprendre. Le lendemain, les agents de la Police fédérale avaient la satisfaction de lire la presse qui relatait la situation dans la région, avec commentaires sur leurs agissements. Ils s'empressaient d'acheter tous les exemplaires qui arrivaient de Belém ! L'intox devait avoir le monopole de l'information.

---

36. Dom José Patricio, évêque de Conceição et responsable d'Aristide et de François.

37. Après avoir laissé la région, Alain Le Moal partit travailler avec Inès sur la Transamazonienne. À l'occasion de la prison de ses amis, il se déplaça à Belém où, appuyé par la CPT, il assuma l'importance tâche de l'information, participant ainsi à la mobilisation tant de l'Église comme des mouvements sociaux très actifs à Belém.

Aristide et François resteront ainsi onze jours prisonniers avant d'être transférés à Belém. Ces événements qui préparaient la grande farce du procès sont peu connus. Je les relate. Ils montrent comment la mobilisation s'organisa rapidement et combien certaines personnes furent des éléments clés dans ce processus.

L'arrivée de nouveaux acteurs

Le jeudi 3 septembre, Egydio Salles, jeune avocat de Belém, fils d'un grand avocat de la même ville, indiqué par la CPT régionale, arriva en avion. La police lui refusa, malgré son droit, toute visite. Il ne pourra s'entretenir, seul à seul, avec ses clients qu'un mois plus tard, à Belém, et après toute une série de tractations. Hébergé chez nous, il recueillit les informations que lui fournit Oneide. Dans cette ambiance pesante, son humour nous permit de prendre un peu de distance.

Le vendredi 4 septembre, nous attendions le consul de France, Alphonse David, que nous avions connu lorsqu'il était en poste à Bangkok. Son avion, annoncé pour la soirée, tardait. Pris et perdu dans une tempête, l'équipage réussit un atterrissage d'urgence à Marabá, plus au nord. Nous avons vécu quelques heures d'inquiétude en attendant les nouvelles.

Le lendemain, à 9 heures, il atterrit sur la piste de Xambioa. Je l'accueillis et nous traversâmes le fleuve. Une chaîne de télévision brésilienne l'attendait, signe que l'événement prenait de l'ampleur. Le consul se rendit aussitôt dans les locaux de la police, avec Egydio, nous l'accompagnâmes. Le *delegado* accorda au Consul une entrevue, seul avec les détenus et en présence de policiers. Egydio et moi-même ne pûmes que les entrevoir et échanger furtivement un sourire complice. Ce fut tout. À 10 heures, le consul repartit avec Egydio, l'avocat, qui profita du transport. Les visites firent retomber la tension pour quelques jours. Au Brésil, il existe ce qui s'appelle avec humour, le *jeitinho*[38]. C'est tout l'art de trouver un accord qui débloque une situation dans l'impasse. En voici une illustration : nous pouvions désormais apporter aux prisonniers les repas préparés par Oneide, ce qui avait pour effet de remonter et notre moral et celui de ceux qui étaient enfermés. Le consul ayant laissé une aide financière,

---

38. *Jeitinho* : correspond à ce que nous désignons comme le système D. Trouver une solution qui contourne l'obstacle.

j'expliquais au délégué, avec un certain *jeitinho*, mon obligation de l'utiliser au profit des deux prisonniers. Plus détendu, il accepta qu'une bouteille de bière accompagne les repas ! Cette faveur qui va à l'encontre du règlement sera supprimée chez les militaires à Belém. Je fournis une Bible à Aristide, dans laquelle je glissai un mot, écrit en lettres grecques, donnant quelques nouvelles. Il ne l'aura jamais. Le gardien de service dut suspecter un message codé qu'il subtilisa.

Les deux prêtres furent soumis à des entretiens plus que prolongés[39]. Le *delegado,* qui les interrogeait, cherchant à rassembler les preuves de leur action subversive, avait fort à faire. Aristide démontait toutes les accusations. Comment pouvait-on le prendre pour un agent subversif, lui qui avait été chassé du Laos, comme suppôt de l'impérialisme américain ? Les arguments, qui se voulaient subtils, allèrent jusqu'à insinuer que, faisant partie d'une fraction communiste rivale, c'était l'autre courant qui l'en avait chassé. Vu du Brésil, différencier les influences opposées de la Chine de Mao et du grand frère russe, en passant par le Kampuchéa des Khmers rouges n'était pas évident pour tout le monde. L'Albanie étant le modèle pour certains groupuscules, il était facile de mélanger les idéologies socialistes, sans parler de l'attraction de Fidel Castro, le plus dangereux de tous !

Le délégué tombait sur un os dur à ronger. Aristide connaissait son « catéchisme ». Tout missionnaire des Missions Étrangères, fidèle à la tradition de la maison, sait qu'un Mep ne fléchit pas. Combien de nos prédécesseurs ont connu la persécution ! Le résultat, c'est cent cinquante martyrs en Asie. Mep et Breton de surcroît, il était trop coriace pour un petit délégué de police, même fédéral. Certains finiront même par développer une certaine admiration pour leur prisonnier[40] !

Revenons à São Geraldo

Le lundi 7 septembre, dom Patricio José Hanrahan, qui se remettait d'un infarctus, arriva à son tour.

---

39. Aristide me confia avoir été interrogé pendant plus de soixante heures, en additionnant les différents interrogatoires.

40. Quelques années plus tard, à Redenção, lors d'une prise d'otages dans une banque, Aristide s'offrira en échange. Il restera seul aux mains des braqueurs. La police militaire voulait donner l'assaut et exécuter tout le monde, arguant que « les bandits vont en enfer et le curé au paradis ». Il dut la vie sauve à un ex-agent de la Police fédérale qui le connaissait. Il put sortir et s'envoler avec les truands. Ils firent un atterrissage acrobatique sur une route du Goiás avant qu'il ne soit libéré.

Le mardi 8, après huit jours d'isolement, enfin nous eûmes droit à la première visite. Elle eut lieu dans la cour, en présence du *delegado* et de trois policiers armés. Chacun fut amené séparément et les conversations furent enregistrées. Nous étions pris en photos sous tous les angles. Tous les deux semblaient avoir bon moral. François, ne perdant pas son sens pratique, me donna quelques conseils techniques pour l'entretien de la maison.

L'accalmie dura peu. Après deux jours de répit, la police fédérale reprit sa guerre psychologique. Dans l'intention de nous isoler, des menaces furent proférées à l'encontre de ceux qui participaient aux célébrations dans la chapelle du haut[41] ou de ceux qui nous rendaient visite.

L'intox allait battre son plein. Dom Patricio José, qui avait protesté contre les agissements de la police, était à son tour l'objet de diverses accusations dans le but de le discréditer auprès de la population. La police renforçait la vigilance autour de notre demeure et ne manquait aucune messe du soir, afin surtout d'enregistrer les sermons. Quel zèle ! Elle passa à un cran supérieur, en envahissant la vieille église de São Geraldo, désaffectée en raison des inondations. Avec l'aide de l'armée, la police fit repeindre l'église, organisa des simulacres de célébrations au cours desquelles Aristide et François étaient accusés d'être des faux pasteurs qui semaient la terreur et la haine en faisant de la subversion. Auraient-ils pris des leçons avec les commissaires politiques des régimes communistes qu'ils prétendaient combattre ? La ressemblance des méthodes était plus que singulière. Il est vrai que le mensonge, quelle que soit la dictature, utilise les mêmes paradigmes. Toujours est-il qu'ils prétendaient s'ériger en défenseurs de la véritable doctrine de l'Église !

La plaisanterie ira plus loin. La police coupa le courant dans la chapelle du haut que nous rétablîmes aussitôt à l'aide d'un petit générateur. François Gouriou ne m'avait pas donné ses conseils pour le plaisir. Nous renforçâmes aussi notre vigilance contre le danger de sabotages. C'était un peu un jeu de cache-cache permanent qui n'était pas pour me déplaire, je l'avoue.

---

41. São Geraldo fut plusieurs fois inondée. La ville se construisit dans sa partie la plus élevée et l'église du bas fut désaffectée. Aristide utilisait un hangar ouvert aux quatre vents dans le haut de la ville. Il servait aux célébrations en attendant que soit édifiée sur ce lieu même l'église du Christ Libérateur. Une fois terminée, elle fut inaugurée et consacrée par le cardinal dom Aloísio Lorscheider, le 18 décembre 1983, en présence de treize évêques et cinquante prêtres. Le père Mario Aldighieri, *Fidei donum,* Italien expulsé du diocèse de Viana, dans le Maranhão, par son évêque lié au régime militaire et alors secrétaire national de la CPT, avait réalisé une fresque sur le mur derrière l'autel, représentant la lutte d'Aristide et de François et la souffrance des *posseiros*. La fresque fut enlevée quelques années plus tard par un des successeurs d'Aristide !

Le vendredi 11 septembre, à 10 h 30, Aristide et François, menottes aux mains, interdits de communiquer entre eux, quittaient São Geraldo avec les treize *posseiros* à bord d'un avion militaire. Ignorant la direction qu'ils prenaient, j'en informai aussitôt par téléphone Alain Le Moal. Nous apprendrons qu'ils avaient atterri à Belém dans l'après-midi. Nous espérions une libération proche. Elle ne viendra pas.

Si, à Belém, les mouvements en leur faveur s'organisaient autour d'un excellent réseau de communautés paroissiales, à São Geraldo, la guerre des nerfs montait d'un cran.

Nous eûmes droit, cependant, à une bonne surprise : un reporter et un cameraman, envoyés par TFI, arrivèrent en cette fin de journée pour réaliser un reportage sur le cas des prêtres français. Comme ils semblaient très coopératifs et qu'ils appréciaient bien l'imprévu, je les invitai à me suivre pour une petite expérience. À la tombée de la nuit, nous partîmes en Toyota vers l'église du bas où la police organisait, de sa propre initiative, des simulacres de célébrations. Un agent fédéral tenait lieu de célébrant, véritable usurpation de la fonction sacrée ! Barbu et chauve, on eût cru un frère capucin ! Je demandai aux journalistes d'attendre discrètement dehors dans la nuit, pendant que je constatais rapidement ce qui se tramait à l'intérieur. La célébration commença avec une assemblée assez clairsemée. Je fis signe aux journalistes de venir, ils entrèrent et filmèrent. À leur vue, le « célébrant », déstabilisé, quitta précipitamment l'autel et se réfugia dans la sacristie. Il s'ensuivit une confusion tragi-comique. Ce petit jeu se répétera encore une fois. La situation ayant atteint son maximum de ridicule, par prudence, nous quittâmes sans tarder les lieux et rejoignîmes, assez fiers de notre coup, la maison paroissiale. Nous relatâmes, en détails, la pagaille que nous avions provoquée. Le reportage passera au journal de 20 h en France dès le retour des journalistes. Les Français découvraient les plages de l'Araguaia, après la plage de Copacabana[42] !

À Belém, de jour comme de nuit, une équipe se relayait devant le siège de la police fédérale où étaient retenus avec les treize paysans, Aristide et François. Chants, prières, débats se succédaient sous leurs fenêtres. Un samedi soir de septembre, en signe de solidarité, les quatorze évêques de l'État du Pará, réunis en assemblée annuelle, célébrèrent une messe dans la rue, face à la prison. Dans un pays qui se disait chrétien, l'impact était fort. En cette heure, c'était toute l'Église qui se sentait accusée. « Le choix prioritaire en faveur des pauvres » affirmée à la Conférence de Medellin n'était pas un vain mot. La théologie de la libération n'enfermait pas ses acteurs dans des bureaux ou des bibliothèques, mais elle les conduisait dans les prisons des dictatures militaires qui bafouaient les droits les plus élémentaires de leurs citoyens, toujours

42. La plage de Copacabana est l'immense plage (de luxe !) de Rio de Janeiro.

considérés comme des parias ! Ce geste rappelait à quel point l'Église savait poser des gestes prophétiques qui contestaient l'ordre établi. L'adversaire n'était pas l'expansion des Églises évangéliques, mais l'injustice. Les stratèges d'Amérique du Nord sauront utiliser, avec astuce, les évangéliques pour diviser les chrétiens, dans le but de préserver leurs intérêts sous couvert de lutte contre le marxisme. Une des solutions offerte désormais pour sortir de la misère sera d'en appeler à Jésus. Après « *le miracle brésilien* », si cher aux militaires pour qualifier le Brésil moderne dans sa course vers le progrès, apparaîtront les marchands de miracles et guérisseurs en tout genre, au nom du Seigneur Jésus !

À São Geraldo, la police cherchait certainement sa petite vengeance. Comme chaque jour, après avoir téléphoné de Xambioa, je m'apprêtais à monter avec Oneide, dans la Toyota, laissée, pendant deux heures, sur les bords du fleuve. J'avais comme un pressentiment, en notant que deux hommes suspects m'observaient à quelques dizaines de mètres, avant de descendre vers l'embarcation qui les attendait. Je soulevai le capot et ne notais rien d'anormal. Oneide, elle, remarqua, à son tour, une espèce de mélasse à la hauteur du réservoir. J'enlevai le couvercle et j'aperçus deux petits morceaux de bois, pris dans le sucre, qui n'avaient pas réussi à descendre dans le réservoir. Le sabotage était découvert à temps. Partie ratée pour nos flibustiers. Un peu de sucre dans le diesel et votre moteur meurt en douceur ! Furieux, je me dirigeai vers les policiers et je leur criai pour être compris, de m'apporter du sucre le lendemain pour le café, la réserve étant épuisée ! Puis j'allai chercher le mécano d'Aristide, qui vida le réservoir et le nettoya. Le désastre avait été évité. Passé le moment de colère, nous rîmes de la mauvaise farce avortée.

La radio qui émettait depuis Brasilia pour l'Amazonie, contrôlée par le pouvoir, commença à faire de l'intox à grande échelle. Tous les matins, elle présentait sa version sur la prison des deux *padres*, signe que l'affaire avait des répercussions qui n'étaient pas forcément en faveur du régime, puisqu'il lui fallait déployer la grosse artillerie. Cela débuta par une semaine entière d'attaques calomnieuses contre l'évêque catalan, dom Pedro Casaldaliga[43]. Ce dernier avait déjà perdu deux proches collaborateurs : le père Burnier[44], assassiné sous ses yeux en 1976 ; puis le père François Jentel qui, après avoir été torturé, fut expulsé vers la

---

43. Pedro Casaldáliga [1928], figure exemplaire de l'épiscopat brésilien. Né en Catalogne et naturalisé Brésilien : membre de la congrégation du Cœur Immaculé de Marie (les « Clarétains ») : écrivain, poète et adepte de la théologie de la libération : évêque de São Félix do Araguaia en Amazonie de 1971 à 2005 : prend sa retraite sur place.

44. Père Burniern que le policier auteur du crime a pris pour l'évêque à cause de sa prestance !

France, sa terre natale. Moins célèbre, dom Celso n'aura droit qu'à une matinée. Puis ce fut le tour de la CNBB, peu en odeur de sainteté pour le régime, qui trouva pourtant quelques évêques prêts à lui donner leur bénédiction au nom de la défense des valeurs traditionnelles[45]. Une bonne aubaine pour les militaires que de diviser l'épiscopat brésilien. Le speaker revint, après ce détour, à sa cible privilégiée : les prisonniers de São Geraldo étaient bien les preuves irréfutables des dérives d'une Église qui se fourvoyait, sortant de son rôle en parlant de politique et non de Dieu. Ce n'était pas tout. Pour l'intox, il faut ce qu'il faut et ils surent y mettre le prix.

Le samedi 19 septembre, à l'heure du café matinal, un monomoteur survola São Geraldo, passa en rase-mottes au-dessus de notre demeure, avant de répandre des milliers de tracts sur lesquels Oneide apparaissait en photo[46]. Le texte du pamphlet l'accusait de gaspiller l'argent des pauvres avec Aristide[47]. Autant dire que les arguments volaient bas !

Une heure plus tard, un nouvel avion, plus gros cette fois, atterrit à Xambioa. Nous étions honorés de la visite du sénateur Teotônio Vilela. Il appartenait à une des grandes familles du Nordeste, gros propriétaires et producteurs de sucre de canne. Sénateur pour l'État de l'Alagoas, il était vice-président du PMDB[48], seul parti d'opposition, fondé par le régime pour donner un semblant de démocratie. Il était accompagné de deux députés et d'une équipe de journalistes venus enquêter sur les événements. Nous reçûmes la confirmation que les treize *posseiros* qui, de leur prison, accusaient Aristide, avaient été torturés, certains à l'électricité. D'autres étaient restés attachés pendant huit jours, pieds et mains liés à l'arrière d'une jeep. Le sénateur, qui préparait un rapport pour Brasília, était outré. Le soir, à la célébration, il prononça un discours véhément en faveur de la démocratie et de la liberté. Le cardinal Avelar Brandão Vilela, archevêque de Salvador da Bahia et primat du Brésil, n'était autre que son frère. Leur appui était donc précieux pour entraîner l'aile plus traditionnelle de l'Église à se joindre aux défenseurs des prisonniers. Si le geste fut noble, il resta sans grande conséquence dans l'immédiat, les militaires se montrant aussi intransigeants que droits dans leurs bottes. Politiquement, c'était important. L'affaire sortait du cercle de l'Église et trouvait des échos au Congrès.

---

45. Relents du mouvement « *Intégraliste brésilien* », d'inspiration fasciste qui défendait la Famille, la Tradition et la Patrie.

46. La photo avait été dérobée par la horde de policiers fédéraux, le 31 août, jour de l'arrestation.

47. Cette technique de démoralisation était devenue courante dans les méthodes de la police. La sœur Nicole, du Bico do Papagaio, aura droit à une bande dessinée la présentant dans des positions choquantes. Tout est fait pour salir la réputation morale des personnes.

48. PMDB : Parti du Mouvement Démocratique du Brésil.

Quelques jours plus tard, Oneide ne tenant plus en place, nous partîmes à Belém. Nous roulions à la faveur de la nuit pour ne pas être pistés par la police, trois paysans assurant notre sécurité. Les 1 000 kms parcourus, j'arrivai à destination tel un automate. Oneide m'orienta jusqu'à notre arrivée vers les locaux de la CPT. Elle fut aussitôt l'objet d'une attention toute spéciale. Femme persécutée, elle devenait chaque jour un peu plus le symbole et le modèle de la résistance. Ses adversaires, d'ailleurs, contribuaient à sa renommée en lui faisant une large publicité ! Ils annonçaient, sans le savoir, les temps nouveaux où les femmes, dans un pays à dominante machiste, seraient les protagonistes des changements de la société brésilienne.

Les paysans venus avec nous décrivaient à la presse en quête d'informations, les menaces et pressions qu'ils subissaient, parfois jusqu'à la torture, pour le simple fait d'être suspectés d'entretenir des liens avec Aristide et son équipe. Le souvenir de la guérilla était très présent et pouvait expliquer, mais non excuser, ce genre de comportement policier. Nous pûmes rendre visite à Aristide et François, qui nous parurent avoir le moral suffisant pour affronter leurs épreuves. Sto restait toujours égal à lui-même, son mégot à la Lucky Luke ne le quittant pas.

Le soir, nous participâmes à une des veillées qui avaient lieu chaque nuit devant le siège de la police fédérale. La constance et la ténacité des militants, toutes tendances confondues, impressionnait le visiteur. Cela allait des dévotes des équipes de prières qui, en chrétiennes fidèles, désiraient défendre leur Église persécutée, aux militants anarchistes, cheveux longs, chemises du Che et autres signes distinctifs, en passant par l'équipe de la CPT régionale qui, avec Alain Le Moal, essayait de coordonner les initiatives.

La tension monta d'un cran encore. Les politiques s'agitaient d'un côté comme de l'autre. Dans la nuit du 8 octobre, à 3 h du matin, Aristide et François furent transférés par avion militaire à Brasilia. Une nouvelle étape commençait. Tout le monde s'attendait à une expulsion imminente.

À São Geraldo, la police fédérale redoublait d'ardeur et organisa, suprême abomination, la fête du *padroeiro*[49]. Tous les soirs, avaient lieu des simulacres de célébrations à l'église, suivies d'une ambiance de kermesse comme dans tous les *festejos*[50] paroissiaux du Brésil. La police avait dû mobiliser quelques paroissiens désireux de se faire bien voir. M'était interdite, ce qui est un comble, l'entrée de l'église du bas où se déroulait cette farce. Le bruit courut qu'un prêtre à la solde de la police était sur le point d'arriver. J'en informai l'évêque qui décida de dépêcher son secrétaire.

---

49. La fête du *padroeiro* est la fête paroissiale en l'honneur du saint patron. Elle dure neuf jours et nuits comme nous l'avons vu à propos de Pindorama.

50. *Festejo :* fête paroissiale.

Le 13 octobre, je partis en grand secret pour Brasilia avec Oneide et un paysan. Nous faisions une course contre la montre. Dans la Toyota, les valises de François et Aristide avec des documents importants, comme leurs passeports, qui avaient échappé à la police fédérale et que nous devions remettre aux avocats qui ne disposaient que de trois jours pour préparer leur défense. Le voyage de 1 200 kms fut exténuant.

La fête à São Geraldo battait son plein. Le jour qui suivit notre départ, le père Alfredo, invité par la police fédérale, arriva à São Geraldo et célébra une « vraie messe » ! Des sœurs de la congrégation de Jésus Crucifié, arrivées depuis peu pour prêter main forte à l'équipe paroissiale, reçurent des menaces. Brésiliennes, elles étaient présentes dans les régions les plus éloignées du Nord. Ce qui exigeait souvent des personnalités bien trempées.

Le jeudi 15, le père Peter, secrétaire de dom José Patricio, Irlandais lui aussi, vint, au nom de l'évêque, se rendre compte de la situation. Par courtoisie et par souci de limiter la confusion régnante, il passa par l'église du bas et invita le *padre* Alfredo à le suivre à la maison paroissiale. La police lui en donna l'autorisation. Celui-ci s'évanouit dès son arrivée. Réanimé par une des sœurs de l'équipe, il se remit peu à peu et raconta qu'il était menacé de mort. Il prit connaissance de la lettre de l'évêque qui lui signifiait qu'il ne pouvait célébrer la messe sans la permission de l'évêque ! À la surprise générale, il sauta par la fenêtre et, profitant de l'obscurité, s'enfuit. Nous apprendrons par la suite qu'il s'agissait d'une personne vulnérable, manœuvrée par la police.

Soudain, à 11 heures du soir, la police débarqua. Les quatre religieuses présentes ainsi que le père Peter furent arrêtés sans explication. Ce dernier aura droit à un traitement de choix, battu toute la nuit à coups de poing dans les côtes et de crosse de revolver sur la tête. Tous reçurent des menaces de mort. Les quatre religieuses, confinées dans une salle de la police, mains au dos, tête contre le mur, revolver sur la nuque, subissaient menaces et injures grossières. La veulerie n'a pas de limite. L'homme, retournant à son état primitif, tente d'assouvir ses pulsions par un surcroît de haine dont il accable ses victimes. Le père Alfredo, récupéré par la police, visiblement drogué, gisait sur le sol dans la salle principale. À cinq heures du matin, il se remit doucement, et l'équipe fut libérée. La version, donnée par la police, aux incidents de la nuit, valait son pesant d'or :

> Le père Peter et les sœurs ont torturé le père Alfredo dans la maison paroissiale dans l'intention de saboter la fête paroissiale !

Tout le monde n'était pas à la fête, semble-t-il. Le mensonge s'était répandu. Mais il y avait pire : j'ai pu constater à mon retour que certains donnaient foi à la version de la police ! Ce phénomène, qui consiste à avaler sans esprit critique les informations données par l'autorité, est malheureusement assez répandu. Le peuple mal informé est toujours trompé par la propagande officielle. Cela se vérifie à chaque élection.

Pour la petite histoire, j'apprendrai ensuite que cette mise en scène de terreur m'était destinée. La police ne pouvait pas savoir que j'étais parti à Brasília. Elle cherchait le *curé*. C'est malheureusement retombé sur celui qui était là. Une fois de plus, je l'avais échappé belle. Le martyre est parfois un mauvais concours de circonstances !

Après Belém, Brasília, où les mouvements de solidarité s'organisaient. Une veillée de prière eut lieu dans tout le pays. Aristide et François, d'autre part, reçurent en un mois plus de huit cent visites. Une longue file de visiteurs venus de partout se tenait devant le siège de la Police fédérale, plusieurs fois par semaine. La prison stimulait les militants, redonnait du courage aux organisations qui trouvaient une caisse de résonance au sein de l'Église. Et, pour les militaires, le temps pressait.

Après les divers interrogatoires, les griefs de l'accusation devenaient plus évidents : ils étaient accusés d'avoir conscientisé les paysans, de les avoir incités à l'usage de la violence et à l'insoumission à la loi. Ce qui pouvait se traduire aussi ainsi : leur crime était d'avoir appris aux paysans leur droit à la terre inscrit dans le *Statut de la Terre*. Droit qui reconnaissait leur dignité jusqu'alors bafouée. Droit qu'ils avaient de se défendre légitimement contre la violence quotidienne des *grileiros* qui pillaient, brûlaient et tuaient sans être inquiétés et accusaient les paysans d'être des hors-la-loi !

L'aile conservatrice de l'Église, qui appuyait le régime militaire en croisade contre le péril marxiste, avec ses défenseurs de la Famille et de la Patrie, n'a jamais fait entendre sa voix pour défendre le droit à la vie des milliers de petits paysans en exil permanent ! Pour eux, seuls quelques-uns avaient droit au bien-être ! Cette frange était minoritaire à l'époque.

Il faut souligner, et c'est à l'honneur de l'Église du Brésil, que l'on assistait alors à un formidable mouvement de solidarité dans tout le pays. La question de la prison ne fut que l'étincelle qui embrasa toute la société et poussa d'une certaine manière la CNBB à se prononcer sur la question agraire. Medellin avait préparé le terrain. Les CEBs, bien vivantes à cette époque, et le « *choix prioritaire des pauvres* » avaient le vent en poupe. Ainsi, l'Église engagée dans sa lutte contre l'injustice devenait un ferment transformateur et préparait le terrain pour une société civile qui n'allait pas tarder à prendre le relais. Elle bénéficiait notamment, comme nous l'avons vu plus haut, de figures exceptionnelles. Celle, aussi charismatique du pape François, ne peut que rappeler celles qui l'ont précédée et qui furent dans leur temps critiquées et marginalisées par le même courant conservateur. Ce courant conservateur qui, aujourd'hui comme hier, se gausse du haut de son trône d'être le gardien de la Tradition et de la Vérité, contre les imprévus de la mission dont nous comble l'Esprit.

La rencontre qui fit basculer les forces en présence

Émile Destombes, notre responsable du groupe MEP, était venu à Brasília[51] où se jouait une partie importante. Il rencontra dom Luciano, alors secrétaire général de la CNBB, et ils passèrent une bonne partie de la nuit à discuter. Cette entrevue discrète fut, à mon avis, décisive. Avec dom Luciano[52], qui jouissait d'une aura qui ne faiblira jamais, c'est toute l'Église du Brésil qui allait épouser la cause des prisonniers de l'Araguaia.

Émile n'est pas né de la dernière pluie. Il a, à son avantage, dix ans de vie au Cambodge. Il a souffert. Beaucoup même. Il rêve de son Mékong chaque fois qu'il contemple le fleuve Tocantins. Il a connu l'expulsion par les Khmers Rouges. La pire de toutes. Il a toute l'estime de dom Celso, son évêque. Il sait s'enflammer quand il le faut et avec les mots qu'il faut. Posé et calme, il plaide avec passion la cause qui lui tient à cœur. Avec son inséparable pipe de broussard, à défaut d'encens, un petit sourire qui pétille de vivacité et qui n'enlève rien à son sérieux, il inspire confiance. Maintenant, il joue gros. Il défend, point par point, ses confrères soupçonnés de toutes sortes de crimes. Il en va de leur réputation et de la crédibilité d'une Église qui se bat aux côtés des petits paysans. Dom Luciano fait preuve, face à son interlocuteur, d'une grande capacité d'écoute. Il est en outre un connaisseur averti des problèmes liés à la question de la terre qui, pour l'heure, est un sujet explosif et piégé.

Les interventions de dom José Patricio et de dom Celso viennent corroborer la position défendue par Émile. Ces prêtres ne sont coupables que d'une chose : avoir choisi de risquer leur vie pour l'Évangile. En quelques instants, dom Luciano a compris l'enjeu. Sa décision est prise. Il ne reviendra jamais en arrière et s'investira corps et âme dans ce combat pour la justice. La puissante machine de la CNBB, seule organisation à l'époque capable de résister au régime, se met en marche. Il informe aussitôt le président de la CNBB, dom Ivo Lorscheiter[53] qui, dans son

---

51. Alain à Belém, Émile à Brasília, deux endroits stratégiques. Cette connexion Mep, si l'on peut dire, qui se mit en place spontanément, aura une influence capitale dans la conduite des événements en cours.

52. Dom Luciano était évêque auxiliaire de São Paulo, proche du défenseur des prisonniers politiques dom Evaristo Arns. Jésuite, parlant un français parfait, il était docteur en philosophie de l'Université grégorienne de Rome. Décédé le 27 08 2006 des suites d'une hépatite contractée après un terrible accident de voiture. Il fut avec dom Helder Câmara parmi les évêques brésiliens les plus engagés contre l'injustice et la misère. Son procès de béatification est en bonne voie. Dom Luciano et dom Helder sont ceux qui ont ouvert les chemins d'humilité et de service qu'a empruntés François, redonnant à l'Église sa crédibilité.

53. Dom Ivo Lorscheiter, fut président de la CNBB après le cardinal dom Aloisio Lorscheider, son cousin, autre grande figure franciscaine. Suite aux nominations post-conciliaires de Paul VI, le Brésil avait, à l'époque, des personnalités hors du commun qui

diocèse de Santa Maria, au fin fond du Sud du Brésil, pouvait difficilement suivre le cours des événements.

Du côté des militaires, le coup était préparé. Il était urgent d'expulser les missionnaires français afin d'éviter que l'affaire ne prenne un cours défavorable au régime. Il y avait un précédent : un an auparavant, en septembre 1980, le père Vito Maracapilla[54] avait refusé de célébrer une messe pour le jour de l'Indépendance du Brésil, alléguant que le pays n'était pas indépendant tant qu'il vivait sous la férule des militaires. Dénoncé par le maire de sa localité, affilié au parti au pouvoir (PDS[55]), il fut accusé dans le cadre de la loi de sécurité nationale et expulsé vers l'Italie[56]. L'affaire empoisonna les relations entre le régime et l'Église. Dans le cas présent, il s'agissait d'en expulser deux, et sans tarder, pour prendre l'Église au dépourvu. Mais voilà, l'imprévu attendait les militaires. La meilleure des stratégies peut, un jour, achopper sur une pierre. Et la pierre était là.

Le président, João Batista Figueiredo, général qui affirmait, en bon cavalier sans complexe, préférer l'odeur des chevaux à celle du peuple, devait se faire opérer du cœur, suite à un infarctus. Il partit pour les États-Unis subir son intervention chirurgicale, laissant sa place à son vice président, un civil, Auréliano Chaves, à qui il confia la mission de débarrasser le Brésil des deux prêtres français. D'une pierre deux coups, pensait-il : *opération du cœur* et *opération expulsion* de laquelle se dispenseraient à peu de frais, en nouveaux Pilate, les militaires. Or, le président par intérim, originaire du Minas Gérais, région traditionnellement catholique, était un chrétien convaincu et soucieux de suivre sa conscience. Pris au piège, il convoqua dom Luciano, qu'il connaissait et appréciait. Il lui expliqua le dilemme dans lequel il se trouvait. Il avait reçu mission d'expulser Aristide et François. Il ne les connaissait que par les accusations contenues dans un dossier de plus de 800 pages qui péchait par l'exagération des charges à leur encontre[57]. Il hésitait à expulser les deux prêtres. Il ne fut pas difficile à dom Luciano, qui avait en tête l'argumentation d'Émile, de démonter les griefs reprochés à Aristide en particulier. Dom Luciano avança :

---

ont marqué l'Église d'Amérique latine. Ils seront les grands acteurs des conférences du CELAM : Puebla et Santo Domingo.

54. Vito Maracapilla : en 2011, plus de trente ans après, la présidente Dilma Roussef lui redonnera son visa permanent, réparant l'injustice qui lui avait été faite.

55. PDS : Parti démocrate social. Parti officiel lié au régime militaire.

56. Le ministre de la Justice étant Ibrahim Abi Ackel. Le STF (Le Tribunal Fédéral Suprême) vota son expulsion par onze votes à zéro.

57. Nous ne citons pas par pudeur les accusations qui relèvent de la vulgarité et ne font pas honneur à ceux qui les avancent.

> Pensez-vous que des prêtres aussi engagés dans leur mission puissent prêcher de telles inepties, inspirer la haine et le crime à de simples paysans qui ne cherchent qu'à vouloir vivre en paix ?

Anxieux et surtout perplexe, Auréliano rétorqua :

> Mais que veulent ces prêtres ?

Dom Luciano répondit gravement et fermement :

> Avoir un procès équitable et qui fournisse la preuve des accusations dont ils sont l'objet.

Et Auréliano de conclure courageusement :

> Ils auront leur procès !

Cela lui coûtera sa carrière politique. Les militaires, embarrassés par cette décision inattendue, seront obligés de monter un procès de toutes pièces. Ils grilleront politiquement celui qui leur renvoyait la balle[58]. Il leur revenait, maintenant, de prouver, devant toute la société, alertée par la grande presse, qu'ils avaient de justes raisons de s'opposer à l'action de l'Église dans le Sud du Pará, prétendument infestée d'étrangers subversifs.

À partir de ce moment, le conflit du *Baixo Araguaia*[59] prit des dimensions nationales et internationales. Apparemment, la prison était une absurdité ; elle allait pourtant être le catalyseur d'un immense mouvement de solidarité, orchestré par L'Église et relayé par diverses organisations qui vont voir le jour dans tout le pays[60]. Enfin, elle eut pour effet, et non des moindres, de sauver Aristide d'une mort annoncée. Avec Émile nous attendions, non plus l'annonce de l'assassinat de notre héros, mais celui de son procès. Les militaires étaient au bout du rouleau : la clameur des opposants et de l'Église allait se confondre en un seul cri. Ils partiront à la fin rejoindre leurs casernes. David avait battu Goliath.

Fin du premier épisode

Le 7 novembre 1981, coup de théâtre. Le président par intérim Auréliano Chaves, refuse l'expulsion et accepte la solution d'un procès comme il l'avait promis à son ami. On s'attend alors à une mise en liberté provisoire, en l'attente du jugement. Dom Luciano patiente pendant plus

---

58. Aureliano Chaves avait un cousin évêque qui, des années plus tard, passant par la rue du Bac, à Paris, me fit ces confidences sur les conséquences de sa décision.

59. *Baixo Araguaia* : désigne une partie de la région Sud du Pará.

60. Quelques années plus tard la CNBB fit de la Réforme agraire le thème de sa campagne de carême. Les organisations internationales de défense des droits de l'homme comme *Amnesty International,* vont grossir le lot des défenseurs.

de deux heures dans l'antichambre du cabinet du ministre de la Justice, Ibrahim Abi Ackel. Celui-ci lui remet un ordre de libération provisoire, aussitôt annulé et remplacé par un ordre de prison préventive signé par le juge militaire de Belém. L'indignation est générale et ne fait qu'augmenter la révolte contre ce régime arbitraire. Il s'agit bien d'humilier l'Église trop engagée contre la dictature.

Le lendemain, 8 novembre, Aristide et François repartaient pour Belém, enfermés cette fois dans la caserne d'un bataillon de choc mobilisé en permanence à cause de leur présence. Il aurait fallu plus d'un bataillon pour protéger le régime des chocs à venir.

Un premier procès aura lieu à Belém puis un second, en appel, à Brasilia. Aristide sera condamné à quinze ans de prison, François à dix et les paysans à huit et neuf ans. Ils seront tous libérés deux ans et demi après.

Que s'est-il passé avant leur remise en liberté ?

Le 8 novembre, je revenais à Natividade. La situation était tendue. Mes adversaires avaient profité de mon absence pour lancer une campagne de diffamation. Certains annonceront mon arrestation, confondant, sciemment, mon nom avec celui de François Gouriou. Ce ne sera pas la dernière fois que ce genre de confusion aura lieu. Le *padre* Faustino, jusqu'alors curé en titre, n'avait-il pas affirmé publiquement que j'étais communiste ! Quelle ne fut pas la surprise, désagréable pour mes adversaires et inespérée pour les autres, quand ils me virent revenir, qui plus est, avec le titre de curé ? Je repris sans tarder mes visites aux communautés, redonnant confiance aux petits paysans. À Porto National, le syndicat des petits paysans fêtait sa fondation. Cette victoire était le fruit d'un travail conjugué entre l'Église qui donnait tout son appui à la CPT et le travail de base long et patient de la *Comsaude*. L'emprisonnement de deux prêtres ne freinait pas la dynamique ; au contraire, elle mobilisait et unifiait ceux qui luttaient pour un changement. L'oligarchie de la région avait de justes raisons de s'inquiéter. Là où la CPT était présente, renforcée par une pastorale favorable aux Communautés ecclésiales de base, les syndicats aux mains des caciques locaux disparaissaient au profit des organisations paysannes. D'une discrétion et d'une subtilité sans égales, Henri accomplissait des prodiges. Il voyait loin.

À Belém, les prisonniers recevaient toujours autant de visites, ce qui devenait insupportable pour le bataillon de choc, peu spécialisé dans ce genre d'activité. Pour décourager les visiteurs, le commandement renforçait les contrôles et paraissait faire la grève du zèle. Tout le monde était soumis à une inspection pointilleuse. Chacun devait se dévêtir totalement dans une tente devant le soldat de service. Cela ne découragea ni l'archevêque de Belém, dom Zico, ni dom Luciano en personne et bien d'autres encore, qui ne manquaient pas de prendre cette humiliation avec un certain humour. L'opinion publique n'en était que plus remontée contre une armée qui osait humilier ses pasteurs. Ces derniers n'étaient pas seulement catholiques. Parmi les Églises protestantes de Belém, il y avait une femme, pasteur d'origine hollandaise, membre actif du comité de défense des prisonniers et qui, dans un élan de générosité, priva, avec leur accord, ses enfants de télévision pour l'offrir aux pères en prison. L'œcuménisme tant religieux que politique se renforça durant cette période où il était facile de parvenir à un consensus sur le danger commun ! La démocratie revenue, ce fut plus complexe, du moins en ce qui touche à la politique.

Les audiences se succèdent

Depuis janvier 1982, le procès avance lentement, mais il progresse. Une nouvelle audience a lieu fin avril. Le tribunal militaire est protégé dès 6 heures du matin par plusieurs cordons de soldats et de policiers en armes. Nous entrons dans la salle d'audience après avoir été minutieusement identifiés et fouillés. Prennent place les cinq juges militaires dans leur uniformes d'officiers dépersonnalisés. Au milieu de cette panoplie, un civil, le juge auditeur, donne un semblant de justice démocratique !

Premier témoin, une femme, encore jeune, les traits tirés, avance à pas fragiles et lents vers la barre. C'est la fille de Matias, le *posseiro* qui dirigea l'embuscade. Il est aussi le principal accusateur d'Aristide et de François. Les avocats et le procureur la mitraillent de questions. Toutes ses réponses tombent, limpides, sans aucune astuce. Sa simplicité, son innocence mettent à mal les accusateurs. Elle fait le récit de ce qu'elle a vu à São Geraldo, au siège de la police : son père isolé, attaché, pieds et poings liés, nuits et jours, pendant plus de cinq jours à l'arrière d'une jeep. Elle lui apportait ses repas, le policier de garde détachait alors une main. Puis, calme et courageuse, en paysanne qui reprend le combat contre la barbarie, elle affirme :

> Si mon père accuse les prêtres, c'est qu'il a été torturé et qu'en échange on lui a promis la liberté.

La mascarade est dénoncée. L'avocat des paysans, désigné par les militaires et dont le rôle consiste plus à trouver des preuves d'accusations qu'à défendre les paysans, tente désespérément de tourner en ridicule le témoin en lui demandant si elle n'a pas de problèmes avec son père ? Ni bon avocat, ni fin psychologue, ce policier déguisé en médiocre accusateur, reçoit un camouflet :

> J'aime mon père, je sais ce qu'il a souffert.

répond-elle. Et de conclure :

> Mais je dois dire la vérité !

Grand moment du procès où les faibles résistent aux puissants. C'est la première leçon de la journée : les menaces, la torture, l'usage de la force pour intimider n'arriveront pas à faire plier ceux qui ont décidé de résister. Ils tiendront jusqu'au bout. Les militaires et leurs comparses seront les grands perdants. La liberté est toujours au bout d'un long chemin.

Nouveau témoin : encore une femme. C'est l'épouse d'un *posseiro* qui avait été convoqué mais qui, suite aux tortures qu'il a subies, n'a pu venir de São Geraldo. Dans une salle suspendue à ses paroles, elle se tient debout, face au tribunal, les yeux pétillants de simplicité et de courage, arrosant de son regard les cinq juges au visage impassible. Les masques tombent pour la deuxième fois. Jeanne d'Arc est-elle de retour ? Elle raconte :

> Mon époux Alfredo a été arrêté dans notre maison par des agents de la police fédérale. Ils l'ont jeté à terre, piétiné et, durant une semaine, ses selles étaient mêlées de sang. Ils sont partis, puis revenus quelques jours plus tard, et en présence de ma fille de sept ans, ils l'ont attaché et battu pour l'obliger à accuser les pères Aristide et François. Découvrant qu'il n'avait pas participé à l'embuscade, ils l'ont relâché. C'était un témoin inutile.

À chacune de ses paroles, tombent de graves accusations mettant en cause les actions arbitraires de la police à l'encontre des petits paysans. L'absurdité du procès apparaît plus évidente à l'écoute des témoignages qui auraient normalement dû incriminer les accusés. Les militaires qui jugent deviennent les vrais assassins et les accusés deviennent les juges. Suspendu au mur, le crucifix doit se sentir mal à l'aise, comme le fera remarquer dom Luciano. Sa présence nous rappelle un procès qui n'en fut pas un. Condamné hier, demain il viendra juger les hommes.

Le procureur et le soi-disant avocat des paysans s'emportent inutilement. Ils ressemblent à des fantoches pris dans les marécages du mensonge. Plus ils gesticulent et plus ils s'enfoncent. Ils accusent le témoin d'inventer des histoires et d'avoir appris sa leçon ! La méthode qu'ils pratiquent se retourne-t-elle contre eux ? La réponse de notre *Jeanne,* aussi limpide qu'innocente, les renverse un instant sur le sol mouvant de leurs astuces :

> Si mon époux n'est pas ici, c'est qu'il a été torturé et qu'il est terrorisé. Je suis ici pour le dire…

… lance-t-elle. Difficile de contester une telle évidence. Heureux les doux et simples de cœur !

L'audience terminée, les témoins repartent vers São Geraldo. En route, ils sont l'objet de nouvelles menaces et d'intimidations de toutes sortes. Comment ces femmes peuvent-elles tenir tête à la justice du régime ? Quelle humiliation ! Une armée qui épuise sa puissance de tir face à la résistance de ces humbles paysannes qui tiendront jusqu'au bout, à l'exemple d'Oneide. La vérité les a rendues libres et fortes. Le procès fait par des hommes, contre d'autres hommes, a son côté féminin. Tendresse et fidélité, contre machisme et trahison. Ne l'oublions pas, à l'heure de la Passion, seules des femmes, de loin ou de près, vont suivre le Seigneur. Les seules, selon les évangiles synoptiques, à ne pas rompre la chaîne des témoins, de la Passion à la Résurrection, en passant par la mise au tombeau. Et certains se demandent où est la place de la femme dans l'Église ? Pas aux tâches auxiliaires, comme Marthe, mais aux pieds de Jésus, de la maison à la Croix. Autre leçon de ce procès.

Lundi 22 et mardi 23 juin 1982

Belém est en état de siège depuis vingt-quatre heures. La police militaire occupe les points stratégiques. Un hélicoptère survole la ville en permanence. Toute manifestation est bien sûr interdite. Dans la salle du procès, treize évêques sont présents ; ils y passeront vingt heures !

Avec dom Celso, nous allons dans l'église de la Sainte Trinité, non loin du tribunal. C'est le lieu choisi par les organisateurs où confluent peu à peu ceux qui veulent suivre le procès. L'église, qui ne peut contenir qu'un millier de personnes, est remplie. La foule chante, prie, écoute divers témoignages. Problème : la police a fait couper l'eau, l'accès aux toilettes publiques et l'approvisionnement. C'est le siège qui commence. Peu coopératif et soucieux de préserver son patrimoine, le curé a interdit de son côté les toilettes de la sacristie ! Il faudra trouver toute une batterie de récipients pour contourner le problème. Je revois encore dom Celso transportant avec moi une poubelle plastique de plus de 30 litres du précieux liquide jusqu'aux commodités voisines, après en avoir arraché la permission au redoutable curé ! Petit détail significatif : il suffit parfois d'un ignorant patenté pour pourrir la vie de centaines de personnes.

La tension monte, les nouvelles du tribunal sont rares. Vers 15 h, toute entrée et sortie de l'église est interdite. Dom Celso parlemente avec le commandant. Les ordres sont les ordres ! Arguant d'être le secrétaire de l'évêque, je réussis à sortir pour rejoindre le tribunal. Le bruit court que Lula, dont l'étoile ne cesse de monter, est à Belém pour assister au procès. Par bonheur, je le retrouve devant le tribunal et lui explique la situation de siège qui peut exploser à tout moment.

Dans la voiture qui nous ramène à l'église, il me répond de sa voix rauque :

> É a luta companheiro, vamos lá resolver o problema[61] !

À notre arrivée peu de temps après, il va droit vers le commandant. Il en a vu d'autres à São Paulo. Aujourd'hui, notre futur président[62] démontre son art de négociateur en obtenant rapidement un déblocage de la situation. Alors que le cercle menaçant de la troupe se retire de l'autre côté de la place, une marée humaine sort de l'église et se répand dans le quartier.

Nous nous séparons pour la nuit, vers l'église Notre-Dame de la Miséricorde, dans le centre historique de Belém. Édifice baroque, il faut bien un tel symbole pour ne pas oublier que nous ne sommes pas encore sortis d'un régime d'un autre temps. Nous nous installons, Henri et moi, dans une chapelle pour y trouver un peu de calme. Au fond de l'allée centrale, guitare en main, des jeunes animent la veillée en puisant dans le beau répertoire de la MPB (Musique Populaire Brésilienne) : Chico Buarque, Maria Betãnia, Vandré[63] défilent, puis un duo de voix suaves caresse nos oreilles en chantant : *amigo é coisa para se guardar*[64], de Milton Nascimento. Un peu de poésie dans ce monde si brutal nous humanise.

Il est 1 heure du matin. Non loin, au tribunal, la défense a pris la parole. Elle la gardera jusqu'à 3 heures du matin. Ils sont cinq avocats[65]. Démonstration d'intelligence, finesse des arguments contre l'obscurantisme, une symphonie fantastique jouée pour une bande de sourds, une fresque saisissante de vie et de noblesse présentée à des aveugles ! Malgré l'heure tardive, l'auditoire est captivé, en haleine, devant ce marathon qui

---

61. « C'est la lutte compagnon, allons résoudre le problème ».

62. Accompagnant une délégation d'associations de la Transamazonienne, je reverrai Lula à Brasília, dans son palais présidentiel. À cette occasion, Lula se souvint de cet épisode et j'eus droit à une photo souvenir avec le *companheiro* !

63. Sans oublier que la plupart de ces musiciens furent poursuivis par le régime militaire, certains torturés comme Vandré, d'autres forcés à l'exil.

64. Ami, c'est chose qu'il faut garder…

65. Heleno Cláudio Fragoso, Luis Eduardo Greenhalgh, EgÍdio Sales Filho, José Carlos Castro et Luis Carlos Sigmaringa Seixas.

avance à contre-courant d'un immobilisme militaire pétrifié. Dom Luciano, qui assiste à tout, parfois les yeux fermés pour mieux se concentrer, prie certainement en renforçant son attention. Il est ce pasteur, précurseur de François, saint sans aucun doute, selon la renommée qui l'entoure. Il garde en toute circonstance la sérénité qu'il puise dans sa relation intime et continue avec Dieu.

À l'aurore, le verdict tombe, lourd, absurde mais prévisible pour ceux qui connaissent l'appareil : quinze ans de réclusion pour Aristide, dix pour François, neuf et huit pour les paysans. Debout, Aristide et François sourient, dignement, à leurs accusateurs ! Le procureur crie au blasphème ! Se prend-il pour le Grand-Prêtre qui condamna Jésus pour blasphème ? Le tribunal pensait les démoraliser, les voir supplier à genoux la clémence et, pourquoi pas, se délivrer de la croix. C'est l'Église qui est visée pour son action en faveur des pauvres. La salle le sait. Treize évêques sont témoins et aussi, le vicaire général des MEP, le père Raymond Rossignol[66], accompagné d'Émile, notre responsable de groupe. L'Église dont ils sont le symbole, qu'ils ont la grâce de représenter, ne plie pas devant ses juges. La défense des pauvres est toujours un honneur. Pour ceux qui sont en face, c'est insupportable ! Dom Luciano est exaucé.

Dom Alano Penha, évêque de Marabá, dominicain, arrive peu après dans l'église de N.D. de la Miséricorde. Il prend le microphone ; l'assemblée consternée écoute la sentence. Que pouvait-on attendre de ce régime ? Il n'allait pas faire marche arrière. Accepter son erreur aurait signifié ébranler l'idéologie qui le porte. *Errare humanum est.* Oui, mais le régime est inhumain. Nul n'a le droit de se dresser contre lui. La machine obéit aveuglement aux ordres. Les juges savent que la discipline fait la force des armées. Un pion au service du système, le tribunal n'est qu'une façade. Aristide et François n'étaient pas dupes, ils n'en attendaient pas moins. Le génie d'Aristide fut de les prendre à leur propre logique et de se montrer plus intransigeant qu'eux. Il refusera tout accord, toute amnistie en échange d'une quelconque reconnaissance de culpabilité. Il ira jusqu'au bout et, à la fin, les militaires devront plier… bagage !

À 19 h de ce même jour, sur l'avenue Almirante Barroso, dix-neuf évêques se retrouvent entourés de plus de cent prêtres dans l'église de la Sainte Croix, pleine à craquer. La célébration, avec la participation d'Églises protestantes, est la réponse que donne le Peuple de Dieu à la farce du procès.

L'archevêque de Belém, dom Zico, un lazariste considéré comme plutôt conservateur, démet le procureur du procès des fonctions qu'il

---

66. Le P. Raymond Rossignol, ancien missionnaire en Inde, représentait au procès la Société des Missions Étrangères de Paris.

occupait dans l'archiconfrérie qui organise, tous les ans, la fête de Notre-Dame de Nazareth, la fête religieuse la plus populaire de tout le Brésil[67], alléguant qu'il n'était pas possible d'être chrétien et de condamner des innocents.

En juillet, Gabriel Pimenta[68], jeune avocat déjà mentionné dans ce récit, sera assassiné à Marabá devant sa maison. Comme je l'ai déjà mentionné, il avait gagné un procès en faveur de petits paysans. Les coupables seront arrêtés et transférés à Belém par peur de représailles, puis remis en liberté. Dans ce grand Nord, rares sont les juges indépendants. Je le vérifierai encore au cours de mes six dernières années dans la capitale du Maranhão, dominée par l'oligarchie du clan des Sarney.

Ma vie à Natividade sera désormais rythmée par des visites à Brasília. Aristide et François, qui avaient mis à mal la patience d'un bataillon entier, y avaient été transférés pour y attendre, dans les locaux de la Police fédérale, leur procès en appel devant le Tribunal militaire Suprême (STM).

Celui-ci rendit sa décision le 3 décembre 1982, confirmant la condamnation antérieure :

> Pour incitation à la lutte par la violence entre les classes sociales et à la désobéissance aux lois[69].

... mais réduite. Aristide prit dix ans et François huit. La décision n'ayant pas été prise à l'unanimité, ils pouvaient encore faire appel devant ce même tribunal avant d'en référer au Tribunal Fédéral Suprême. Ils seront libérés un an plus tard, le 17 décembre 1983. En attendant d'arriver à leur libération, revenons à Natividade.

Natividade : retour et fin

Le 15 août, se termine la grande *romaria do Senhor do Bonfim*[70]. Elle rassemble plus de 15 000 pèlerins venant de toute la région. C'est un capharnaüm sans nom. Sur la place, sont installées toutes sortes de commerces. La nuit, entre le sanctuaire et la grande rivière qui coule

67. Voir dans le premier chapitre le passage sur la religiosité populaire. En 2014, elle rassembla pas moins de deux millions de pèlerins.

68. Cf Ch. 2, p. 76, note 70.

69. En fonction de l'Article 36, paragraphes II et IV de la loi n° 6.620/78, de la Loi de sécurité nationale. Cf. Rapport d'*Amnesty International,* décembre 82

70. *Romaria* : pèlerinage.

paisiblement à quelques centaines de mètres, la fête continue pour une autre catégorie de pèlerins. Alcool et prostitution prennent le relais des activités. Prières, offrandes, promesses au saint le jour, réjouissances, soûleries et débauches la nuit.

La sœur Suely, à l'entrée du sanctuaire, enregistre les quelque trois cent baptêmes que nous allons célébrer peu après selon un rituel bien rôdé. Dom Celso, pasteur infatigable, se joint à nous pour les derniers jours. Cette année, la liturgie doit sembler peu orthodoxe aux politiques présents et à la nébuleuse qui les suit. Nous sommes en pleine campagne électorale et tout est bon pour gagner la faveur du peuple. Comme j'avais refusé la demande d'un candidat politique[71], qui désirait changer le vieil autel du sanctuaire, il prit l'initiative d'inaugurer une croix sur la place du sanctuaire. Il est difficile de contrôler les initiatives, même avec la présence de l'évêque. Pour éviter que la *romaria* ne soit récupérée par l'oligarchie locale, avec dom Celso nous replaçons cet élan religieux dans la perspective de l'option pour les pauvres. Des milliers de petits paysans sont présents pour les célébrations finales. Le dernier soir, un groupe de paysans de Brevidade, pioche et faucille en mains, chapeau de paille sur la tête, entourent dom Celso qui préside. Son homélie relie la souffrance des paysans, expulsés, maltraités par les *grileiros*, et il y en a dans l'assemblée, à l'image du crucifix sur lequel est suspendu le *Senhor do Bonfim*[72], objet de tant de dévotions. Le lendemain, grand jour final, messe en plein air suivie d'une bénédiction solennelle des camions, camionnettes et autres moyens de locomotion, auxquels s'agrippent les pèlerins qui repartent. La place vidée, un excité s'approche, m'insulte, couteau en main. C'est un boucher. Je lui avais demandé de se retirer de l'aire de la place réservée aux pèlerins. Excité et bien imbibé de *cachaça*, il me menace, spectacle choquant pour toute l'équipe.

La scène se répétera, peu de jours après, à Natividade, chez moi. Un *fazendeiro* stationnera sa camionnette, frappera à ma porte et, avec une rare superbe, m'intimera l'ordre d'arrêter de me mêler de ce qui ne me regarde pas, sinon je devrai m'attendre à recevoir le plomb qu'il me destine ! Quel bel aplomb ! Le climat devenait assez festif !

Ne logeant plus chez Uldorico, mon ami médecin qui avait rejoint sa Bahia natale, je louai l'une des maisons d'un des avocats de Natividade[73]. Sur les conseils de dona Didi, toujours elle, je rachetai une maison minuscule dans un des quartiers à l'entrée de la ville et je quittai le centre pour m'installer dans la périphérie. Sur le terrain attenant, que j'avais acquis avec la maison, Donzinho et son équipe de maçons bâtirent un nouveau

---

71. Il s'agissait d'un des candidats au poste de gouverneur de l'État du Goiás.
72. *Senhor do Bonfim* : le Seigneur de la bonne fin.
73. Heraldo de son nom, qui sera le grand articulateur du procès intenté contre moi.

bâtiment plus spacieux, avec l'aide de la *Comsaude* qui céda camion et chauffeur pour le transport du matériel.

Le couple Almiro et dona Maria quitta la communauté de Brevidade et vint loger dans la maison. Ils m'aideront dans l'organisation des communautés et commenceront à jeter les bases de la fondation du syndicat. Henri et son équipe s'y employaient déjà dans toute la région. Une grande salle servait pour nos célébrations et réunions de quartier. Cette maison communautaire, si l'on peut dire, fonctionna à merveille. Lorsque je dus quitter Natividade précipitamment, Henri veilla à ce que celle-ci serve comme siège du nouveau syndicat. Le curé qui me succéda, *padre* Jonatan, avait une autre vision des choses. Il récupéra la maison, mit à la porte le syndicat et loua le bâtiment à un organisme d'État. Henri, outré, me pria d'écrire à dom Celso pour protester contre cette décision arbitraire, la maison n'appartenant pas au curé[74].

La lettre eut malheureusement pour résultat de rompre les relations très amicales que j'avais avec dom Celso. Et Jonatan continua à gérer la maison comme il l'entendait, seul maître et seigneur !

Début octobre, Pindorama est en fête

Après une belle campagne à laquelle j'avais participé à ma manière, mon ami Alemão fut élu maire. Il mit fin pour un temps à la domination d'un gros propriétaire de Porto Nacional. Pour la petite localité c'était une révolution. Alemão ne faisait pas partie des groupes de politiques locaux. C'était un migrant du Sud qui s'était intégré à la vie de la région. Quelques jours avant les élections, il sauva une vie. Il accepta de partir en Toyota avec moi, en pleine nuit, jusqu'à Porto Nacional — à 135 kms de piste accidentée — pour transporter une femme souffrant d'une hémorragie. L'hôpital appela le docteur Eduardo, qui vint aussitôt. La femme ayant besoin de sang, ce fut encore Alemão qui, étant du même groupe sanguin, se dévoua. Cela n'empêcha pas celle-ci de voter pour le candidat indiqué par son pasteur, me confia Alemão plus tard ! Rien n'est plus docile qu'une évangélique !

Le dépouillement des élections ayant lieu à Natividade, nous nous sommes retrouvés chez moi après l'annonce des résultats pour célébrer l'événement tant attendu, avant de partir pour Pindorama où la population attendait. Quelle arrivée ! Une foule en liesse au clair de lune, des

74. Cette maison fut bâtie avec une subvention donnée par la société des Missions Étrangères de Paris à laquelle j'appartiens.

embrassades sans fin, des larmes d'émotion qui rendent ce peuple si attachant. Puis les pétards, car rien d'important ne se passe sans des fusées tirées en l'air, au risque de mettre le feu, si ce n'est aux poudres, du moins aux cœurs des adversaires humiliés par tant de démonstration exubérante. Florentine savourait avec toute sa tribu cette grande victoire. Elle était directrice de l'école. Elle perdra sa place après les élections suivantes. L'ancien maire était revenu au pouvoir !

Les « *pois é* » !

En ce mois d'octobre tout s'accélère. Par une belle journée balayée par le vent et baignée de soleil, comme il y en a souvent dans la région, des paysans que nous appellerons les « *pois é* »[75], car ils ponctuaient toutes leurs phrases de cette exclamation, débarquèrent chez moi. Je ne les avais jamais vus, ils avaient eu vent de l'action de la CPT. Ils formaient une immense famille vivant sur la même propriété et, selon leurs dires, ils étaient menacés de perdre leurs terres. Ils m'invitèrent à constater, *de visu*, ce qu'Izambert Camelo, l'ancien maire de Natividade, tramait contre eux. Je m'y rendis : ce dernier s'était attribué, ni plus ni moins, les terres des petits paysans en question. Passant par Natividade quelques jours plus tard, dom Celso m'accompagna et leur conseilla, sans autre forme de procès, de défoncer la clôture posée par ce *grileiro* sur la terre qu'ils habitaient depuis plus de trente-cinq ans. Trois jours plus tard, forts des paroles de leur évêque, les « *pois é* », s'exécutaient et, dans un geste audacieux, renversaient poteaux et fils de fer barbelés. Des paysans qui osaient s'opposer aux autorités locales, c'était du jamais vu en cette terre de descendants d'esclaves ! J'étais, quant à moi, à Brasília pour suivre le procès en appel de mes confrères. De retour à Natividade, le bruit courait qu'Izambert promettait de se venger en me tirant quelques balles de 38 dans la cervelle ! J'étais pour lui l'instigateur de l'action criminelle. Je le croisai dans la rue le jour suivant. Il soutenait avec véhémence que ces paysans ne possédaient que 15 hectares. Je lui demandai de le prouver. Sur ce, nous nous rendîmes au *cartório*[76] tenu par le vieil Alarico, une des figures du trafic de titres de propriétés foncières. Le document ne pouvant être retiré le jour-même, je passai seul le lende-

75. *Pois é :* expression qui signifie *: N'est-ce pas ?*

76. *Cartorio* : bureau du cadastre. Trop souvent spécialisé dans la falsification des documents.

main, en l'absence d'Izambert, qui avait prétexté un voyage urgent. Ma surprise fut de la taille de la supercherie : les paysans étaient bien propriétaires, mais de 1 500 hectares !

Le samedi 19 novembre, la CPT organisait une réunion avec une cinquantaine de paysans du secteur. Le frère Domingos, jeune dominicain arrivé récemment à Porto National, et le docteur Oswaldo, avocat recruté par Henri, étaient venus spécialement pour orienter les « *pois é* ». Les conflits naissant aux quatre coins de la paroisse, je craignais le pire. J'avais peu d'expérience, mais je savais qu'il n'était pas conseillé de laisser allumer des feux un peu partout sans en avoir le contrôle. Conscients de leurs droits, les paysans étaient bien décidés à se défendre. Il en allait de leur survie. La communauté de Brevidade devenait l'exemple à suivre et ses meilleurs éléments m'accompagnaient parfois dans certaines communautés pour amorcer une prise de conscience sur l'importance d'une articulation syndicale. En face, l'adversaire était coriace. La terre devenait un moyen de s'enrichir. La demande était grande et un véritable marché s'organisait entre les propriétaires de Natividade, le *cartório* qu'ils contrôlaient et les acquéreurs potentiels du Sud. Soutenus par la CPT, les petits paysans étaient de plus en plus décidés à ne pas se laisser spolier et reprenaient confiance en eux-mêmes. Henri n'avait-il pas gagné un premier procès dans la ville de Peixe, toute proche, en faveur de dizaines de familles[77] ? La résistance était possible. Le rapport de forces était engagé.

La réunion eut lieu jusque tard dans la soirée. Et, pendant ce temps, comme par hasard, mon adversaire Izambert se trouvait dans la localité toute proche de Goianorte[78], buvant et distribuant de la *cachaça*, cet alcool de canne, pour exciter les *pistoleiros* à accomplir leur tâche le lendemain.

Le dimanche 20 novembre, à 10 h du matin, je me séparai du groupe pour aller célébrer la messe de la fête du Christ-Roi à Goianorte. Prétextant des achats à faire, Honorato, un des participants, voulut m'accompagner. Quelques jours auparavant, alors qu'il travaillait son champ, il avait échappé à une tentative d'assassinat. « Après toi, ce sera le curé, » lui avait crié le *pistoleiro* de fonction qui, heureusement, n'avait pas réussi son coup. Ce n'était que partie remise ! Je comprendrai plus tard que, conscient du danger, il tenait à me protéger.

Après une célébration un peu tendue, nous partîmes prendre notre repas. Honorato m'informa que les hommes de main qui avaient essayé de le supprimer étaient dans le village, ainsi qu'Izambert. Ce que me confirma, préoccupée, la sœur Sueli qui avait passé la nuit à Goianorte.

---

77. Cf. note 15, chapitre sur Natividade.
78. Goianorte, qui deviendra municipalité plus tard et portera le nom de São Valério.

Conscients du danger, nous prîmes la décision de ne pas partir précipitamment. Il fallait éviter de fuir et de tomber dans le piège de ceux qui voulaient semer la terreur. Honorato ne me suivit pas jusqu'à la maison du responsable de la communauté, un exploitant agricole récemment arrivé du Sud avec sa famille. Il s'arrêta dans le petit bar, juste avant. Les pauvres ne se mélangent pas facilement avec les classes moyennes. Quelle erreur ! Alors que nous étions à table dans la maison toute proche, soudain, des tirs se firent entendre. Inquiet, je demandai : « Des coups de feu ? Non, Padre Chico, ce ne sont que des pétards » ! me répondit notre hôte, certainement pour me rassurer. Un des *pistoleiros* qui avait attenté à la vie d'Honorato venait d'entrer dans le petit bar pour l'éliminer. Mais, plus rapide que le tueur, Honorato l'envoya illico dans l'autre monde. Et, me dira-t-il plus tard, il n'avait jamais utilisé une arme.

Saisis de crainte, nous sortîmes sur le pas de la porte pour savoir ce qu'il en était. Je vis alors Honorato courir pour échapper aux tirs de deux tueurs, et disparaître, blessé, dans les taillis avoisinants. Les deux hommes étaient les fils de la victime. Entrant dans le bar, ô stupeur, ils avaient découvert leur père gisant sur le sol dans une mare de sang. Ils entrèrent dans une violente fureur et se lancèrent désespérément à la poursuite de l'auteur du crime qui, encore une fois plus rapide, échappa à leurs griffes.

Les affaires allaient sans tarder se gâter pour moi. De là à en déduire que j'étais l'auteur de l'embuscade, il n'y avait qu'un pas qu'ils franchirent sans hésiter. Ayant fait volte-face, ils foncèrent vers nous en criant : « C'est le tour du padre » ! À cet instant, hébété par ce que j'avais bu à l'apéritif et secoué par ce que je voyais arriver sur moi, je ne dus mon salut qu'à la présence d'esprit de la sœur Sueli qui me poussa de toute son autorité « spirituelle » dans la maison où nous déjeunions.

> Surtout pas question de parlementer avec les tueurs, cachez-vous…

… me dit-elle, tout en m'introduisant dans une chambre. Le propriétaire de la maison prit son fusil et avisa les tueurs qu'ils n'entreraient pas chez lui. « Le padre, leur dit-il, est sorti par la porte du fond » ! Je restai seul durant des heures sous un lit, pour éviter d'éventuels coups de feu, en attendant la police ; mes hôtes étant restés dehors pour éviter toute intrusion dans leur domicile.

Les tueurs, qui ne croyaient pas un instant à ma fuite, restèrent plantés devant la maison et crevèrent, méthodiquement, un par un, au cours de ces heures lourdes, les quatre pneus de ma pauvre Toyota, jurant par tous les diables que je ne sortirais pas vivant de ma cachette. J'implorai le Seigneur de m'épargner cette fin si peu glorieuse, ne me sentant pas préparé à le rencontrer, si vite et si tôt ! Il fallait bien que je récupère tous mes esprits. Je fus exaucé.

L'embuscade montée par Izambert, qui dirigeait de près les opérations, certainement déjà bien imbibé de *cachaça*, échoua donc lamentablement. Le nouveau maire, Fernando, fils d'Alarico, avec qui j'avais de bonnes relations et qui se voulait un homme de dialogue, arriva enfin vers minuit avec la police. Je sortis de la maison entre deux rangées de policiers armés. Nous embarquâmes, dans la camionnette avec Sueli, protégés par les policiers, rentrant songeurs chez nous. Une page venait dramatiquement de se tourner.

Le lendemain, à Natividade, le délégué de police s'empressa de m'apprendre, avec une certaine morgue, que j'étais accusé d'être *l'auteur intellectuel* du crime ! Avec Heraldo, leur avocat, le camp adverse ne perdait pas de temps. De victime, je devenais accusé. Je partis sans tarder sur Porto National voir dom Celso et nous décidâmes d'aller à Goiãnia, la capitale de l'État, à plus de 800 kms au sud, rencontrer le secrétaire d'État à la sécurité. Celui-ci, nous connaissant, nous reçut avec déférence. Il dépêcha aussitôt sur les lieux, en avion, un colonel qu'il me proposa d'accompagner. Ce que je refusai. Un face à face avec Izambert et ses sbires ne me semblait pas conseillé. Le colonel revint horrifié de la situation qui régnait à Natividade. Son rapport m'était favorable, mais il me conseillait de ne pas revenir sur place, les *pistoleiros* faisant la loi ! Il avait le courage de reconnaître l'impuissance de l'État et la corruption du délégué de police qui, dans l'enquête préliminaire, orientait les témoignages contre moi. Si la *cachaça* était abondante, les pots de vin ne manquaient pas non plus !

Dom Celso, préoccupé, me fit rencontrer au cours d'une soirée, l'archevêque de Goiãnia, dom Fernando[79], ainsi que dom Pedro Casaldaliga, de passage dans la capitale. Tous les trois m'invitèrent à m'éloigner pour un temps de la paroisse. Il s'agissait, dans ce cas, non seulement d'un conflit de terre, mais surtout d'une vengeance de sang. Les tueurs avaient perdu leur père dans la bataille. Dans ce milieu, la vendetta était aussi une question d'honneur. Puis, de Brasília, vint un souhait, diplomatiquement expressif. L'Ambassade de France, avec laquelle, grâce à Henri et surtout au consul Françoise Bezen[80], nous avions de bonnes relations, nous laissait entendre que nos deux confrères emprisonnés leur donnaient déjà bien assez de soucis. Des tractations étant en cours ; il était préférable que d'autres Français n'en rajoutent

79. Dom Fernando Gomes, alors archevêque de Goiãnia, était très engagé contre le régime et réputé pour ses prises de position en faveur de la réforme agraire. Il abritait le siège de la CPT nationale.

80. En ce qui concerne la prison de nos deux confrères, il faudrait relater tout le soutien donné par l'Ambassade de France. Une vraie amitié s'établit entre le consul général, Françoise Bezène, et nos deux amis prêtres. Elle ne manqua aucune opportunité pour leur rendre visite.

point en jouant aux héros ! Seul Émile s'étonnait de la passivité des communautés. Et pour cause ! L'évêque ferma la paroisse de Natividade, espérant une réaction qui ne vint pas et ne pouvait pas venir. Personne ne savait ce qui s'était passé au juste. Les moyens de communication n'étaient pas entre les mains des paysans. Je rencontrai à Porto Nacional Domingos de Brevidade et quelques autres paysans dont j'étais très proche. Ils me demandèrent de m'éloigner, argumentant qu'ils préféraient me savoir vivant que mort. Ma présence pouvait aussi les mettre en danger ou gêner leur travail. Ils avaient compris le message. En réponse à ceux qui désiraient ma fin, ils montreraient qu'ils étaient capables de créer par eux-mêmes leur syndicat. C'est d'ailleurs ce qu'ils firent avec l'aide de la CPT. Ce n'était pas une victoire due au *padre*, comme cela pouvait paraître à Pindorama ; mais celle-ci leur revenait de plein droit. Ils en payaient le prix par de lourds sacrifices. Ils poursuivirent leur objectif, en fondant le Parti des Travailleurs dans la ville de Natividade et créèrent ensuite une coopérative de production pour les petits agriculteurs[81].

À Goiãnia, mon ami Alemão essaya bien de me défendre, mais il n'était que l'humble maire d'une petite ville perdue dans cet immense Goiás. Il donna des interviews en ma faveur et me proposa de me réfugier à Pindorama où, selon lui, je ne risquais rien. L'invitation était généreuse mais pas réaliste, bien sûr. Je me séparai donc de lui la mort dans l'âme.

Une nuit, le plus discrètement possible, je fis un saut à Natividade avec mon ami Sandoval, le chauffeur de la *Comsaude,* pour récupérer quelques affaires et surtout mes livres. Sandoval, parti faire le plein, fut abordé au poste d'essence par les tueurs qui, voyant la Toyota, s'enquirent de ma personne. Il valait mieux rester invisible. Nous partîmes avant l'aurore, après avoir chargé la jeep. Je ne reviendrai que vingt-six ans plus tard.

La fuite

Après avoir laissé Natividade et sa région, je me réfugiai à Goiãnia chez la sœur Paula Niglis, qui avait travaillé à Porto National. Je reçus la visite de l'un de nos assistants des MEP, le père Jean-Michel Cuny, qui visitait les confrères dans leurs postes respectifs. Il partait le lendemain, en avion, pour Conceição do Araguaia. Le père Jean-Louis Purguy, curé de Xinguara, dans ce même diocèse, attendait la fin de la révision de sa Toyota pour parcourir les 1 000 kms qui le séparait de sa paroisse. Sur les conseils de la sœur Paula, je renonçai à l'accompagner pour me joindre à

81. Voir la conclusion du livre.

la réunion des quelques confrères MEP. Ce fut triste. Il prit la route de bon matin et, après avoir roulé une cinquantaine de kilomètres, au sommet d'une côte, dans un virage, il perdit le contrôle de sa Toyota et fit une chute mortelle dans le fossé. Quelle en fut la raison ? Fatigue, problème mécanique ? Nul ne le sut. Jean-Louis était un missionnaire acharné à la tâche, toujours souriant, jamais fatigué. Il sera enterré dans l'église qu'il avait construite. Expulsé du Vietnam, il sera le seul MEP à rester dans cette terre brésilienne, témoin de cette aventure commune.

Fin de la guerre : la libération

En ce matin du 17 décembre, la nouvelle que tout le monde attendait, arriva, subite, joyeuse, comme un cadeau de Noël. Le cardinal dom Aloisio Lorscheider[82] venait en personne annoncer à Aristide et François leur libération. La journaliste brésilienne Memélia, qui avait accompagné tout le procès pour la *Folha de São Paulo* était dehors, sous une fenêtre, criant sa joie. Elle représentait cette génération de journalistes qui s'étaient fortement impliqués dans la défense des prisonniers de l'Araguaia.

En vertu d'une révision de la loi sur la sécurité nationale, Aristide et François ainsi que les paysans étaient désormais libres. D'une pierre deux coups : avec leur libération, les militaires en finissaient avec les prisonniers politiques. Le général Figueiredo, proposera bien à Aristide de l'amnistier, à condition qu'il reconnaisse sa culpabilité. Ainsi, les militaires auraient eu raison et, cléments, ils les auraient graciés de leur crime. Aristide, plus dérterminé qu'ils ne le pensaient, n'entra pas dans ce petit jeu. En fonction de cette nouvelle loi, ayant accompli leur peine, ils retrouvaient leur liberté après deux ans et demi de prison[83]. Ils quitteront le Brésil quelques années après, à la demande de leurs supérieurs. François assumera les fonctions importantes d'économe général de notre société

---

82. Aloisio Lorscheiderest, [1924-2007], franciscain, consacré évêque à 37 ans, il participa à Vatican II. Élu à 44 ans secrétaire général de la CNBB et plus tard président, il participa aux conférences de Medellín, de Puebla et de Saint Domingue du CELAM, dont il fut un temps président. Théologien reconnu, il fut le défenseur sans concession du choix prioritaire pour les pauvres et, avec le cardinal Evaristo Arns, il soutint le théologien Leonardo Boff à Rome qui lui avait imposé le silence.

83. Il est clair qu'ils ne furent jamais expulsés. Comment cette histoire a-t-elle fini ? Voici l'explication que m'en donna Aristide : « *Dans leur sagesse, les juges du Suprême Tribunal Fédéral laissèrent le dossier "de molho (Mijoter jusqu'à être bien cuit). Puis quand ils le reprirent, ils constatèrent qu'il y avait prescription. Une aubaine, ils n'eurent pas à choisir entre l'Église et les militaires. Ils ont shooté en touche* ».

missionnaire à Paris, et Aristide partira dans une des régions les plus dures de Madagascar où il restera dix ans. Puis il reviendra en Thaïlande dans la ville d'Ubon d'où il pourra rejoindre souvent le Laos, son rêve.

Nous étions déjà fin décembre

Noël arrivait et aussi la fin de l'année. Ils furent invités dans divers diocèses à la demande des communautés qui les avaient soutenus. Ce fut le retour triomphal. Dom Luciano, évêque auxiliaire de la région de *Belém*, dans la grande São Paulo, les invita à célébrer la fin de l'année dans son diocèse. Je pus m'y joindre par bonheur. Dom Luciano m'attendait à la gare routière. Nous fîmes ensemble, à pied, le trajet jusqu'à sa demeure. En route, il s'arrêtait pour saluer l'un ou l'autre qui vivait dans la rue et qu'il semblait connaître. Il était authentiquement l'évêque des pauvres. Arrivé chez lui, il monta à l'étage me montrer ma chambre et, en toute simplicité, malgré mes protestations, il voulut faire mon lit ! Puis le 31, il nous invita à le suivre pour visiter une dizaine de communautés qui célébraient la fin d'année. C'était un vrai marathon : dom Luciano arrivait, interrompait quelques instants la célébration, présentait nos héros, fortement applaudis à chaque fois, et nous repartions voir la suivante. Le jour de l'an, au cours d'une célébration qu'il présidait, il prit dans ses bras un enfant pour le consoler et poursuivit en toute simplicité. Cette attitude était naturelle chez lui. À croire que François, jésuite lui aussi, qui prête sa calotte aux enfants, s'inspire des gestes de tendresse de ce pasteur exceptionnel. À la fin de la messe, il prit sa mitre et la posa délicatement, en souriant, sur la tête d'un des enfants qui l'entouraient. Il y a trop de connivences entre ces deux jésuites pour ne pas le souligner. L'Église que nous contemplions dans la figure de dom Luciano est enfin arrivée au cœur du pouvoir romain pour le transformer en service authentique de l'Évangile. Elle revêt la figure d'une mère qui prend ses enfants dans les bras. François embrasse, avec tendresse, hommes et femmes qu'il rencontre. Geste spontané, héritage de cette Église latino-américaine, proche des pauvres et des faibles, qui allait au plus près des plus éloignés. Ainsi firent Aristide et François.

Conscient désormais qu'il ne m'était plus possible de revenir à Natividade et désirant m'éloigner des fantômes qui rôdaient dans ma tête et mes rêves, je décidai de partir le plus loin possible ! Pas vers le Sud que je venais de visiter et qui ressemblait trop à l'Europe, mais plus au nord.

Belle motivation missionnaire : fuir la peur, sa propre peur, et découvrir d'autres horizons. Je n'allais pas être déçu.

4

Uruará 1

Vingt ans sur la Transamazonienne

Las de faire le tour de quelques diocèses du Sud du Brésil, tous trop bien structurés, avec des plans de pastorale laissant peu de marge à l'imagination, je me souvins alors d'Alain, parti avec Inès sur la Transamazonienne. J'imaginais que, dans cette immense Amazonie, il devait bien exister un espace de liberté. Pourquoi n'y avais-je point pensé plus tôt ? J'avais revu Alain à Belém au cours du procès et nous avions beaucoup communiqué par téléphone depuis Xambioa[1]. Perdu dans une petite ville de la Transamazonienne, il restait injoignable dans l'immédiat, ce qui n'était peut-être pas le cas de son évêque qui l'appréciait fort. De Goiãnia où nous étions, dom Celso téléphona à dom Erwin[2]. Comme son diocèse équivalait à la superficie de l'Italie et de la Suisse réunies, un missionnaire de plus n'était pas pour lui déplaire.

Récemment nommé évêque, le plus jeune du Brésil à l'époque, il avait fait la manchette des journaux. Alors qu'il se trouvait, par solidarité, avec des ouvriers et des coupeurs de canne de l'usine de sucre de Medicilãndia, la police militaire du gouverneur Jader Barbalho[3] l'avait agressé et retenu

1. La ville sur la rive opposée à São Geraldo d'où je téléphonais durant l'emprisonnement d'Aristide et François.

2. Dom Erwin Kräuthler, Autrichien naturalisé Brésilien, a été nommé évêque coadjuteur de son oncle Éric Kräutler en novembre 1980. Son diocèse, le siège étant à Altamira, était le plus grand du Brésil. Il était président du Conseil Indigéniste Missionnaire (CIMI). Menacé de mort pour sa défense de l'environnement, son combat pour la démarcation des terres indigènes et son opposition au barrage de Belo Monte, il vivait sous protection policière permanente. Le cardinal, Brésilien Claudio Humes l'a présenté au pape François pour qu'il contribue, par sa connaissance de l'Amazonie, à l'élaboration de l'encyclique sur l'environnement.

3. Jader Barbalho fut élu gouverneur du Pará en 1982. Il fit une visite à São Geraldo avec le sénateur Téotonio Villela, lors de l'emprisonnement d'Aristide et François, dans le but de préparer sa campagne électorale. Élu gouverneur, il se révéla un des plus grands corrompus de la classe politique, mais réussira à échapper à la justice malgré les nombreux procès intentés contre lui.

plusieurs heures avec les meneurs. Elle voulait ainsi démoraliser les manifestants qui bloquaient le pont du km 90, sur la Transamazonienne. Il faisait partie du groupe d'évêques qui avaient accompagné, avec attention, le procès d'Aristide et de François. Il fit part à dom Celso de la satisfaction qu'il aurait à m'accueillir, en attendant que la situation se normalise à mon sujet et que je puisse envisager un retour à Porto Nacional. Une nouvelle aventure commençait, elle allait durer vingt ans !

Début mars 84

2 000 kms me séparaient d'Altamira, petite ville du Pará, juchée sur les bords du Xingu, un des plus beaux fleuves du Brésil. En cette veille de départ, au coucher du soleil, avec les amis de la *Comsaude*, nous partagions au son de la guitare, outre le repas d'adieux, nos rêves et nos utopies, sur les rives du Tocantins, célébrant le passage d'un fleuve à l'autre. Aux aurores, avec Sandoval au volant, nous partîmes cap plein nord. Sonnés par plus de douze heures de route, nous débarquâmes à l'évêché de Marabá où dom Alano, l'évêque du diocèse, nous reçut chaleureusement pour la nuit. Avec tact, il nous alerta, sans vouloir nous décourager, sur le mauvais état de la Transamazonienne, en cette saison des pluies. Je pensais :

> N'avons-nous pas un 4x4 et Sandoval n'est-il pas un excellent chauffeur ?

Laissant les premières lueurs du lever de soleil derrière nous, nous voilà repartis, plein ouest cette fois, pour nos derniers 500 kms. La piste présentait quelques difficultés, mais rien de très sérieux. Nous étions loin de pouvoir mesurer les obstacles à venir. Après une bonne centaine de kilomètres, la surprise était au rendez-vous ! Devant nous s'ouvrait un gigantesque bourbier sur plus de 200 mètres. Un bus émergeait, en partie, au milieu d'un fleuve de boue rouge. Il était treuillé par un énorme tracteur jusqu'à l'autre bout de la crevasse. Stupéfaits, nous doutions quelque peu de nos capacités à franchir l'obstacle. Or, il n'y avait pas d'autre issue. Ironie du sort, dans le bus qui nous précédait, je ne le saurai que quelques mois après, voyageaient deux Françaises, des petites sœurs de Charles de Foucauld qui vivaient au milieu des indiens Assurinis, sur les bords du Xingú. Elles étaient sans Toyota et passeraient ! Comme quoi, quand on s'abandonne au Seigneur les chances sont parfois plus grandes ! Sandoval fit encore des prouesses, il s'élança moteur à plein régime, des vagues de boue giclaient de toutes parts à son passage, ça patinait, ça résistait, mais une 4x4 reste une 4x4 et nous passâmes, *in extremis*, sous les regards médusés de ceux qui espéraient leur tour. Belle victoire qui nous encouragea à persévérer.

Douze heures après notre départ, nous avions parcouru 200 kms ! Il était quatre heures de l'après-midi, le soleil n'allait pas tarder à décliner quand un autre obstacle se présenta : une mare d'eau boueuse de plus de vingt mètres de longueur nous arrêtait. Quelle profondeur ? Personne ne le savait ou n'osait l'avouer. Une baraque était installée sur le côté où l'on vendait du café avec des produits locaux pour ceux qui attendaient de pouvoir poursuivre leur pérégrination. Il fallait se décider. Passer ou attendre ? Plutôt gouailleurs, des hommes nous conseillèrent de tenter notre chance. Ils nous désembourberaient s'il le fallait, disaient-ils ! Sur ce genre de piste, nous n'étions que des novices, sans grande expérience. Comme partout, les vétérans ont un malin plaisir à tester les inexpérimentés. Nous allions leur donner pleine satisfaction. Les pistes du Goiás n'avaient pas la perversité de la glaise rouge de cette région de l'Amazonie qui en fait sa richesse pour la culture du cacao. Sandoval, perplexe et flairant le piège, me laissa décider de notre sort. Déterminé, je me lançai et, sans coup férir, je me retrouvai, aussi sec, dans la mare, les quatre roues dans le vide, humilié par ce cuisant échec. La Toyota était assise sur la bande de terre médiane, le moteur ronflant dans le vide. Impossible d'aller de l'avant ou de faire marche arrière. Regards moqueurs alentour, petits sourires compassés pour celui qui s'était laissé prendre au piège ! Après quelques tentatives infructueuses pour sortir de ce bourbier, aucun tracteur ou camionnette n'étant apparu pour nous tirer de là, il ne restait plus qu'à attendre que la chance apparaisse. Première leçon difficile à accepter et pourtant si sage : savoir attendre.

Sandoval, calme et résigné, tira son hamac et s'installa dans la cabane d'à-côté. Inquiet de laisser seul mon patrimoine intellectuel et matériel, je campais pour la nuit sur le siège avant. Un peu de maïs, quelques patates douces et une tasse de café nous servirent de dîner. Puis vint l'angoisse avec la pluie qui reprenait doucement mais sournoisement. De nuit, je ne voyais rien, quand je sentis soudain l'eau monter, petit à petit, au niveau du plancher de la jeep. Préoccupé, j'appelai Sandoval au secours. Que pouvait-il faire sinon constater et compatir ? Je tentais désespérément de sauver ma bibliothèque, abritée dans une malle en fer, peu étanche, à l'arrière de la voiture. Des sueurs froides me traversèrent à l'idée que le moteur pourrait prendre l'eau ! Comme à Goianorte, j'implorai le Seigneur. Ne m'avait-il pas sorti de la fosse aux lions plusieurs fois ? Allait-il m'abandonner à mon triste sort dans la traversée de cette nouvelle mer Rouge ? C'est lui qui m'envoyait après tout vers l'inconnu. Ma Toyota devenait-elle un monstre aquatique à l'exemple du prophète Jonas qu'une baleine vomit sur la terre ferme ? Puis, comme il n'y a jamais eu de tempête qui ne se calme, la pluie cessa peu à peu et j'attendis les pieds sur le volant, jusqu'au matin.

Vers sept heures, le salut apparut sous la forme d'une Toyota luisante de boue, mais équipée d'un treuil ! De retour de mission, des fonctionnaires en uniforme en descendirent et acceptèrent de nous tirer de là. Le cauchemar était passé. Avant de repartir, par prudence, nous fîmes une vidange pour le cas où le moteur aurait pris l'eau. Prévoyants, nous avions avec nous un bidon d'huile pour cette vie d'enfer ! Sur les conseils de nos sauveteurs, nous rebrousserons chemin pour emprunter une autre piste, peu fréquentée et donc peu détériorée par les camions. Sans état d'âme, nous rejoignîmes Marabá.

Dom Alano me proposa, tout simplement, de rester dans son diocèse. Je le priai, un peu incrédule, de s'expliquer avec celui qui m'attendait 500 kms plus loin ! Erwin refusa catégoriquement :

> Qu'il laisse la Toyota, prenne l'avion pour Belém et de là pour Altamira, je l'attends…

...répliqua-t-il avec son accent autrichien qui ne laissait aucun doute sur ses intentions. Le lendemain, il fallut nous séparer. Sandoval repartit avec la Toyota à Porto Nacional. Quant à moi, je laissai ma cantine à Marabá et je pris l'avion pour Belém. J'y retrouvai Alain, venu pour une réunion de la CPT. Le vol inaugural Belém-Altamira nous réserva aussi ses surprises. L'appareil étant de fabrication anglaise récente, nous attendîmes amusés, avec Alain et les passagers, que l'équipage trouve le secret de la fermeture des portes ! Une heure après nous décollions.

Altamira, la ville baignée par le Xingú

Du hublot je découvris, enchanté, le bleu lumineux du Xingú, ses affluents, ses dizaines d'îles, la blancheur des plages, et l'insolente Transamazonienne, immense blessure rouge, taillée dans le vert de la forêt.

Un employé de la prélature du Xingú[4] nous emmena de l'aéroport à l'évêché, un immense bâtiment qui jouissait d'une vue imprenable sur le

4. Prélature (Prelazia do Xingú). Nom pour désigner un territoire ecclésiastique qui n'a pas encore été élevé au rang de diocèse et qui, entre autres, ne peut se suffire à lui-même en bien des domaines. À ce titre, une prélature reste sous la dépendance directe de Rome. La prélature du Xingú fait 310 000 Km^2 soit la superficie de l'Italie et de la Suisse réunies.

fleuve toujours aussi lumineux. Peu après, dom Erwin vint à notre rencontre : regard vif derrière ses lunettes, jeans, tennis et chemise de sport, rien qui rappelle l'onctuosité de la fonction. Chaleureux mais pressé, c'est son rythme *ad vitam*, il m'accueillit dans le couloir, m'invita à prendre un café qu'il n'eut pas le temps de partager et m'affecta la chambre du *padre* Oscar qui travaillait à Uruará, à 200 kms de là. Etait-ce une prémonition ? C'est là que j'irai m'installer six mois plus tard. Pour le moment, je ressentais une certaine improvisation. Mes dernières 48 heures étant pleines d'imprévus, je me demandais où j'atterrissais.

Quelques jours après, assis dans son bureau où s'entassaient, sur une table, ses dossiers de comptabilité[5], dom Erwin me proposa de rejoindre deux prêtres *gauchos*[6] qui sillonnaient la Transamazonienne. « *Enfin au boulot* » pensais-je. Sans tarder, je partis en bus jusqu'à Medicilândia[7], la localité d'Alain et Inès. Arrivé sans encombre, sac au dos et guitare à la main, je rejoignais leur demeure. Une glaise rouge me collait si fortement aux souliers que j'avais des difficultés à avancer, obligé de me délester plusieurs fois de cette boue gluante. En saison sèche, elle devenait une poussière aussi fine qu'insupportable. Comment avait-on pu établir une ville dans un enfer pareil ? Pire, il n'y avait pas d'eau courante. Alain, qui cherchait toujours la bonne solution, avait fait venir un géologue, puis un sourcier. Résultat : il y avait bien de l'eau abondante sous la roche, mais à plus de 80 mètres de profondeur ! Le rêve d'un puits artésien s'était évanoui. Il fallait donc s'astreindre à la corvée d'eau plusieurs fois par jour en descendant, par un petit sentier, jusqu'à une source située 200 mètres plus bas. Je ne pouvais m'empêcher, encore une fois, de me demander où j'étais tombé ? Inès, qui devinait à ma tête ma perplexité, m'invita avec humour à me conformer à ma nouvelle condition de missionnaire : « *Bienvenue dans l'enfer vert* ! » Alain chercha à me consoler en me rassurant sur mon sort :

> Dom Erwin est un évêque très dynamique. Il t'envoie travailler avec les deux prêtres les plus ouverts et les plus engagés de la Prélazie.

J'allais, sans tarder, m'en apercevoir à mes dépens !

Le *padre* Alirio, curé de Medicilândia, avait averti Alain qu'il passerait, le jour même. Nous devions nous rendre à Uruará où avait lieu le lendemain une rencontre des équipes de pastorale des deux paroisses. La

---

5. Dom Erwin passait souvent ses nuits à mettre à jour la comptabilité de la prélature.

6. *Gauchos* : personnes originaires de Rio Grande do Sul, l'État le plus au sud et qui fait frontière avec l'Argentine.

7. Medicilândia : nom donné en l'honneur du président Médicis qui fit ouvrir sous le régime militaire la Transamazonienne. Ville située entre le Brasil Novo et Uruará.

journée se passa et Alirio ne vint pas. Nous dinâmes à la lueur d'une lampe à gaz et, vers 21 h 30, ce fut l'extinction des feux. Le calme et le silence régnaient. Sur le coup de 22 heures, un bruit de moteur suivi d'une voix rocailleuse se fit entendre : « *Où est le nouveau padre* ? Aveuglé par la lueur des phares, je devinais le personnage : barbu, casquette sur la tête, un vrai *Che*. M'apercevant, Alirio me salua d'un retentissant éclat de rire qui en disait long. Pas pressé, toujours maître de son temps, il était accompagné de deux séminaristes *gauchos*, eux aussi, en stage dans la paroisse.

Prenez vos affaires, *padre* Chico, nous partons pour Uruará !...

me lança-t-il, avec bonhomie. Pas question, bien sûr, de remettre à plus tard, nous étions attendus ! Nous quittâmes aussitôt le havre de paix d'Alain et d'Inès, parcourant les 90 kms jusqu'à Uruará dans la Coccinelle d'Alirio, surprenante par les prouesses que lui faisait faire son chauffeur. Serait-elle plus performante que ma Toyota ? Durant les trois heures de piste, tout en prêtant une oreille attentive à mon guide, le diagnostic sévère mais réaliste d'Alain me revenait :

> Des technocrates à Brasilia ont tracé une ligne droite d'ouest en est dans la forêt, sans tenir compte du terrain accidenté et des innombrables cours d'eau qu'il faut franchir. Tous les dix kilomètres, ils ont ouvert deux transversales, une au Nord, l'autre au Sud sur une distance de 10 à 15 kms[8]. Certains colons du Sud sont arrivés en avion, après avoir vendu leur lopin de terre à de gros propriétaires. Quelle ne fut pas leur déception quand ils découvrirent la triste réalité. Ils étaient laissés à eux-mêmes, au bout d'une piste, loin de tout commerce, sans ressources médicales, terrassés par le paludisme ou d'autres fièvres, tout cela pour réaliser le rêve d'avoir une terre pour vivre ! Treize ans après, seulement 15 % de ces pionniers, venus surtout du Sud, sont encore là. Des vingt-sept petits villages bâtis par le gouvernement, treize ont disparu, et quatorze sont dans un état plus que précaire. Seulement 10 % des paysans qui y survivent arrivent à s'en sortir : ils plantent du cacao, du poivre et du café, les autres sont dans la misère.

Et Alirio de m'expliquer les raisons de sa présence dans cette région avec Oscar, envoyés tous les deux par le diocèse de Porto Alegre[9], la

---

8. Au cours des années, les distances vont augmenter au rythme de la colonisation atteignant jusqu'à 50 à 100 km suivant les endroits.

9. Porto Alegre, capitale de Rio Grande do Sul, l'État le plus au Sud du Brésil, frontière avec l'Argentine. Le diocèse de Porto Alegre avait un projet pour aider les diocèses du Nord appelé *Igrejas Irmãs,* Eglises sœurs. Il envoyait des prêtres et des religieux en Amazonie. C'est une forme adaptée de *Fidei donum.* Une Église prête ses prêtres à une autre qui en manque cruellement.

majorité de la population étant originaire du Sud. Alirio et Oscar d'origine allemande, parlant encore un des dialectes d'Allemagne, se sentaient comme des poissons dans l'eau avec les colons de même origine qu'eux ! Je pensais rencontrer dans cette région les hommes de la forêt : Indiens, *seringueiros* et autres *caboclos*[10] perdus dans cette immense Amazonie. Je n'avais croisé pour l'instant qu'un évêque autrichien, des prêtres d'origine allemande, et surtout des colons descendants de Polonais, d'Allemands et d'Italiens. Où étaient mes amis noirs du Goiás ? Je ne voyais que des petits blondinets tombés d'une autre planète ! Je n'étais pas au bout de mes surprises. Le Brésil faisant seize fois la France, d'une région à l'autre tout peut changer. Perdues mes références du Nordeste, trop loin mon petit monde de Natividade et mes amis de la *Comsaude*.

Uruará au cœur de la forêt

Nous arrivâmes vers minuit passé à Uruará, dans l'obscurité totale. Le presbytère était une grande maison en bois construite sur pilotis, en bordure de la piste. Nous entrâmes discrètement et installâmes nos hamacs pour la nuit. Vers 6 heures du matin, alors que le coq avait déjà chanté plusieurs fois, la maison s'agitait. J'entendis des voix chuchoter, puis le *padre* Oscar, l'homme de la maison, me salua fraternellement et m'invita à le suivre. Je traversai la grande maison et tombai dans une cuisine que toute présence féminine semblait avoir désertée, vu l'état des lieux. J'y découvris pourtant toute la joyeuse équipe qui m'observait malicieusement. Alirio et les deux séminaristes prenaient leur maté[11] comme le font les *gauchos*, tout en riant de leurs dernières aventures. Je me réfugiai instinctivement vers les sœurs qui prenaient un consistant café au lait, avec crème locale. Quel luxe ! Vives et pleines d'humour, elles étaient trois : Adeline la plus âgée qui ne dépassait pas les 35 ans, et deux novices : Neide et Roza, toutes trois originaires du Sud avec une ascendance italienne. Peu après, avec regret, car elle riait tout le temps, je vis partir Roza, en bermuda, sac au dos qui se hissa à l'arrière d'un camion. Elle rejoignait *Placas*[12], une petite ville plus à l'ouest, où les

---

10. *Caboclos :* métis descendants d'Européens blancs et d'Amérindiens.

11. Le maté ou chimarrão (au Brésil) est une infusion traditionnelle issue de la culture des Indiens Guaranis.

12. *Placas* : plaques en français à cause de grands panneaux du gouvernement à l'entrée de la localité. Mille habitants à l'époque, à 60 km d'Uruará.

sœurs avaient leur résidence. La jupe et le voile exigés par la congrégation, m'expliqua Adeline avec une pointe d'humour, n'étaient plus de mise dans le secteur. On comprend facilement pourquoi. L'habit ne faisant pas le moine ni le voile, la religieuse, elles avaient opté pour un style de vie qui allait à contre-courant du confort douillet des maisons religieuses. Aux *Placas*, elles vivaient dans une baraque au milieu d'une humble communauté de colons. Leur congrégation[13], spécialisée dans l'enseignement, avait fondé quelques missions dans le Nord, espérant aussi glaner quelques vocations sur ces immenses territoires.

Je continuais à m'étonner de tout. La forêt omniprésente donnait une impression d'étouffement, il me manquait les horizons du *sertão* se perdant à l'infini. Le climat, la nourriture, l'habitat, le transport, la population à l'accent du Sud, les habitudes, tout était différent de ce que j'avais connu jusqu'à présent. Pour une expérience de déracinement, c'était original et comme apprentissage de la vie missionnaire, on ne pouvait rêver mieux. Je désirais, cependant, que l'apprentissage prît fin rapidement car cela faisait des années que je vivais dans le provisoire.

Totalement dévoués à leur peuple, Alirio et Oscar vont devenir mes maîtres. Ce modèle de prêtres ou cette race sacerdotale, fruits du Concile et des choix fait à Medellin[14] en 1968, a bien existé[15] même si elle est en voie de disparition. Alirio deviendra, un ami et un confident et quand je serai, trente ans après, à São Luis, il viendra assumer la paroisse durant mon congé de maladie en France. Il m'a aidé à comprendre les difficultés de la vie des prêtres brésiliens souvent laissés à eux-mêmes et à admirer ceux qui étaient, comme lui, cohérents entre leur discours et leur vie quotidienne[16].

La chance me sourit donc encore une fois. Ces deux personnages de la « Transa[17] » avaient en charge, pour l'heure, plus de cent cinquante communautés éparpillées sur 250 kms de piste. Ils y circulaient avec leurs Coccinelles ou à pied.

Oscar avait déjà passé dix ans dans la région d'Uruará. Il roulait ses cigarettes qu'il tenait avec une pincette de fil de fer de sa fabrication pour ne pas se jaunir davantage les doigts. La dernière allumant la suivante. C'était son unique vice et il en était satisfait. Malheureusement, il en

---

13. Franciscaines d'Ingolstadt, fondation allemande.

14. Medellin, *l'option préférentielle pour les pauvres* : voir ch. I, les notes 12 et 13, p. 21.

15. Elle s'éteindra, en partie, suite aux transformations et autres options qui suivront dans l'Église. Elle ne peut être oubliée surtout à l'heure où François a béatifié dom Oscar Romero, symbole de tant de martyrs de l'Amérique latine.

16. Alirio sera un des animateurs nationaux de l'association du clergé brésilien. Il parcourra le pays à la rencontre de ses confrères pour les sensibiliser à la dimension fraternelle du sacerdoce.

17. *Transa :* diminutif familier pour désigner la Transamazonienne.

mourra, atteint d'une pneumonie aiguë quelque vingt ans plus tard. Pour rejoindre cette région peu hospitalière, il avait laissé son diocèse de Porto Alegre où il travaillait avec la jeunesse ouvrière. Accusé de subversion, il sera, un temps, persécuté et arrêté par le régime. Ici, il faisait figure de héros. Toujours sur les pistes, par tous les temps, aussi radical dans ses options politiques que dans son style de vie. Il ne possédait rien ou si peu. Il vivait surtout dans sa Coccinelle, laissant sa vaste demeure au syndicat des petits paysans qui l'occupait amplement avec l'organisation des professeurs que coordonnait Renato Thiel, frère des écoles chrétiennes, originaire du Sud.

Dans cette même grande maison, le secrétariat de la paroisse était tenu par Benilda Gring, secrétaire aussi du mouvement des professeurs. Ici, il n'existait pas de séparation entre l'Église et les organisations syndicales. Les militants profitaient du même toit pour un unique combat. Tant et si bien que je me demandais :

> Est-ce Oscar qui oriente l'action pastorale ou est-ce que ce sont les mouvements sociaux qui déterminent les priorités de la paroisse ?

Toujours sans argent, la paroisse était dans le rouge. L'option radicale pour les pauvres, agrémentée d'un discours simplificateur sur le capitalisme et sur le rôle du FMI source de tous les maux, n'attiraient pas ceux qui avaient quelque revenu et qui auraient pu ainsi subvenir aux frais de la paroisse. Les colons qui cultivaient du cacao ou du poivre étaient considérés comme des suppôts du capitalisme mondial ! Un des arguments avancés était que les commerçants exploitaient au maximum les petits producteurs. Le prix du produit, toujours au-dessous du cours mondial à l'achat, augmentait considérablement à la vente, profitant aux intermédiaires. Ceux qui plantaient des cultures vivrières tels le riz, les haricots ou le maïs ne renforçaient donc pas ce système pervers qui visait le profit avant tout, mais participaient au combat contre la misère et la faim en développant en même tant le commerce intérieur. Même si mes connaissances en économie étaient limitées, je restais songeur devant ces théories trop caricaturales. J'avais même trouvé un tract, édité par le syndicat, qui faisait la liste des nouveaux péchés ! Etait-ce une invention d'Oscar pour adapter la théologie de la libération aux visions utopistes du syndicat ? Ses adversaires ne l'épargnèrent pas l'accusant de pratiquer *la théologie de la misère !* Un article virulent fut publié contre lui dans le grand quotidien de Belém *O Liberal*. L'auteur était visiblement bien informé. Par chance, la capitale étant éloignée, ne nous arrivaient que de rares photocopies du journal ! Bref, j'écoutais et j'enregistrais. Oscar avoua avoir déjà eu à souffrir de la faim, je comprenais pourquoi, tout en souhaitant ne pas avoir à faire la même expérience. Sans partager son radicalisme, il faut lui reconnaître la paternité de la plupart des vingt-cinq communautés existantes à cette époque[18]. Ce qui était admirable étant donné les conditions.

Il a donné aux *Placas* son appui à la création de *commerces communautaires*[19] qui fonctionnaient ainsi : les produits de première nécessité étaient achetés à Santarém, ville éloignée de plus de 300 kms, puis revendus aux colons à prix coûtant. Un camion, propriété de l'association communautaire, transportait marchandises et passagers. Ce réseau commercial qui s'articulait avec les communautés de base et le mouvement syndical, très actif dans toute la région, se présenta comme une alternative économique et politique au modèle imposé et prépara le terrain au projet d'une nouvelle société que proposera plus tard le futur Parti des Travailleurs de Lula (PT). La solidarité et l'esprit communautaire étaient un antidote contre l'idéologie ambiante qui prônait la réussite pour les plus débrouillards. Cette région deviendra une pépinière pour le syndicat de Santarém[20] auquel appartenaient en tant que sympathisants de nombreux responsables des communautés ecclésiales. Le cas de la famille Ganzer ne s'explique que par l'articulation entre la praxis, vécue dans le microcosme que sont les communautés ecclésiales, et l'engagement dans la militance syndicale qui en découle[21]. Les commerçants locaux, toujours avides de profits, ne voyaient évidemment pas d'un bon œil cette concurrence qui les privait d'une partie substantielle de leur clientèle.

Abilio Perusato est un autre cas exemplaire qui se doit d'être rapporté. Plus « *homme à tout faire que paysan* », père de six enfants, venu avec les migrants du Sud, tous vivaient durement dans leur *traversão*[22] près des

18. Vingt ans plus tard la paroisse aura quatre-vingt-huit communautés et *Placas* deviendra paroisse.

19. Sorte de petite épicerie qui faisait aussi droguerie et mercerie. On y trouvait les produits de première nécessité comme des bouteilles de gaz par exemple, un luxe pour celui qui pouvait se la payer, la cuisine étant faite au feu de bois ou charbon de bois.

20. Le syndicat de Santarém aura une forte influence sur toute la région et canalisera les énergies des migrants du Sud déjà rompus à la lutte syndicale. Tous les leaders syndicaux de la *Transa* y recevront leur formation idéologique, ce qui explique les discours anti-capitalistes des militants locaux, souvent trop simplificateurs.

21. Les *Ganzer* étaient des petits paysans venus du Sud comme la majorité des colons de cette région. D'abord responsable de la communauté puis cofondateur du syndicat de Santarém, Valdir sera élu député pour l'État du Pará puis député fédéral. Avelino, l'aîné de cette fratrie, deviendra un des cadres nationaux de la CUT (Centrale Unique des Travailleurs), une des forces syndicales qui porteront Lula à la présidence. Des *Placas* était sorti un autre député du PT du Pará : Airton Faleiro. D'Uruará sortira Sebastião Sibá Machado qui travaillera dans l'État de l'Acre. Vice de la Sénatrice Marina Silva, il l'a remplacera quand elle deviendra ministre de l'environnement. Il est actuellement député fédéral pour l'Acre. Dans le secteur d'Alirio, Zé Geraldo, lui aussi formé à l'école des communautés de base, fera plusieurs mandats comme député fédéral. Ceci démontre le potentiel de dynamisme qu'ont produit les communautés de la région.

22. *Traversão* : piste qui s'enfonce dans la direction nord ou sud le long de la piste principale.

Placas. Il avait concédé un morceau de son lot à la communauté des sœurs qui étaient ses voisines. Lui et son épouse adopteront une petite fille atteinte de maladie grave et abandonnée par sa famille[23]. Il faisait partie de cette longue liste des héros inconnus de la *Transa*. Las des promesses du gouvernement jamais tenues, il prit la tête de revendications. Après d'âpres jours de manifestations avec sa communauté, il obtint de l'INCRA[24] 5 kms de piste carrossable, tirant ainsi une quinzaine de familles de l'isolement. Chauffeur du camion communautaire, leader de sa communauté, il dérangeait les rares privilégiés du système. Il fut dénoncé comme subversif et donc arrêté, attaché sous son camion[25] par les militaires, qui voyaient en toute expérience communautaire un embryon de socialisme à la Cubaine.

Oscar était de toutes ces luttes car il connaissait trop le drame de ces familles abandonnées en pleine nature hostile, sans aucun recours, et il l'expérimentait quotidiennement. Les Indiens qui vivaient dans ce « *paradis vert* » avaient été abattus comme du gibier par ceux qui ne pouvaient y voir qu'un « *enfer vert* ». Quelques rares colons, parmi les vétérans, acceptaient parfois de livrer des bribes d'histoires rapportées par ceux qui avaient percé la forêt pour le passage de la *Transa*. Les récits de conquête empruntent aux légendes et aux mythes et les pages glorieuses se mélangent aux plus sombres. Toujours le même scénario, un peuple en chasse un autre pour s'établir sur une terre rougie par le sang de ceux que l'on a exterminés ! Le bruit des arbres abattus étouffe la clameur des Indiens que l'on tue ! Trompées par la propagande officielle[26], ces familles, abandonnées à leur propre sort, venaient prendre possession de terres indigènes. Plus tard, elles seront les victimes de la même logique implacable, leurs enfants partiront vers d'autres horizons plus cléments et laisseront le champ libre aux exploitants de bois et gros propriétaires qui transformeront les lopins de terre cultivable en pâturages pour le bétail ! Les Dorothy, Josimo, et autres Chico Mendes seront éliminés pour avoir tenté de freiner l'avancée de cette machination infernale conduite par le lobby ruraliste et la course effrénée à l'extraction illégale du bois. Après la vague des chercheurs d'or, polluant les rivières avec le mercure, la ruée vers le commerce du bois envahit l'Amazonie.

---

23. Abilio devra abandonner son lopin et vivra de petits travaux aux *Placas*. Il perdra sa femme et continuera lui-même à lutter contre la maladie. Il aura manqué de chance, et trop de souffrances épuiseront son budget. Il n'en sera pas moins le meilleur président de la communauté catholique des *Placas* durant des années.

24. INCRA : Institut National de Colonisation et de Réforme Agraire.

25. Cette histoire est rapportée dans *Uma chama na Amazônia, une flamme en Amazonie*, de Jean Pierre Leroy, Rio de Janeiro, Éd. Vozes/Fase, 1991.

26. Nous rappelons le slogan du régime à l'époque: « *Des hommes sans terre pour une terre sans homme* ».

En dix ans de présence, Oscar avait bien organisé les communautés, facilitant la communication et la solidarité entre celle-ci. Certains, qui ne partageaient pas ses idées, le dénoncèrent à l'évêque comme fauteur de divisions. Soutenu par Alirio, il tenait ferme et souffrait souvent en silence des critiques infondées proférées à son encontre[27].

Comme je n'avais encore aucune charge paroissiale, ils me proposèrent de les accompagner dans leurs visites aux communautés pour me former à ma nouvelle tâche. Nous étions en carême et ma pénitence commençait ! Je passerai six mois à visiter une partie des cent cinquante communautés de cet immense secteur. Je vivais au rythme de l'apprentissage pastoral et, sans Toyota, j'étais sujet aux caprices des transports en commun, véritable aventure à chaque fois.

Après mon expérience à Porto Nacional, j'avais l'impression d'être dans un milieu sympathique mais qui tournait un peu en circuit fermé. Il me manquait les rencontres avec les amis de la *Comsaude*. Pour survivre ici, il fallait passer, comme en montagne, dans les camps de base ! À chaque étape, sur cette Transamazonienne sans fin, un arrêt obligé chez l'équipe paroissiale s'imposait et, à l'arrivée à Altamira, on se dirigeait immanquablement vers l'évêché[28] ! Le soir de la terrasse, face au Xingú, je regardais l'avion qui s'envolait vers Belém avec une certaine nostalgie. Je vivais, toutes proportions gardées, ce que les petits paysans devaient ressentir. Ils avaient tout quitté, et certains se trouvaient à plus de 3 000 kms de leur famille d'origine sans nouvelles la plupart du temps. Quand j'habiterai Uruará, je ne recevrai mon courrier qu'au hasard de celui qui voudra bien me le rapporter d'Altamira, c'est-à-dire une fois par mois ou tous les quinze jours en saison sèche[29]. Dans cet univers, sans télévision, sans téléphone, le courrier toujours en retard, les relations se limitant au couloir que devenait la *Transa*, j'avais heureusement, pour me relier à la planète, la lecture de la « *Sélection du Monde* » et, le dimanche soir entre 21 h et 23 h, une émission de grande qualité sur RFI. Ceux qui ont vécu

27. Notons pour la petite histoire que des évêques furent dénoncés à Rome comme subversifs et semeurs de divisions entre riches et pauvres car trop proches de la théologie de la libération. L'évêque de Rome à l'époque n'était pas encore François et les évêques n'eurent pas la même chance qu'Oscar. À cette époque, le Vatican imposait le silence à Leonardo Boff. Deux cardinaux franciscains, dom Paulo Evaristo Arns et dom Aloisio Lorscheider allèrent à Rome pour plaider en faveur du théologien. Ils ne furent jamais reçus par Sa Sainteté. Les bureaux faisaient le tri. Ils avaient le défaut de ne pas être de l'Opus Dei.

28. Je ne logeais pas à l'évêché les premières années, mais dans une chambre pleine de poussière dans un bâtiment donnant sur une avenue bruyante. Dix ans plus tard, des travaux furent entrepris et j'eus droit à une chambre à l'évêché.

29. Lors du décès de mon père en mai 1988, j'appris la nouvelle quinze jours après. J'avais dû appeler du poste téléphonique d'Uruará qui était resté en panne une semaine. Ne pouvant avoir de liaison directe avec la France, j'entrai en communication avec une sœur québéquoise à Belém qui entra en contact avec la France et m'informa par la suite.

ce genre de situation savent combien un bon article ou une bonne émission donnent un plaisir ineffable et apportent un bol d'air bienfaisant. À l'époque où l'information est saturée de nouvelles technologies que l'on manie parfois avec difficulté Ipad, tablette et autre console, ce temps fait figure de préhistoire. Mais il avait ses avantages : il favorisait la lecture et l'intériorité !

Ayant retrouvé six mois après mon arrivée ma Toyota, que mon collègue François Gouriou m'avait expédiée de Belém par voie fluviale, je décidai de reprendre la route et de faire un saut jusqu'à Marabá pour récupérer ma bibliothèque. Par temps sec, cette fois, je parcourus les 500 kms. En chemin, je retrouvai Aristide Camio qui venait visiter Inès et Alain Le Moal. Nous fîmes le retour de Marabá ensemble, non plus dans la boue, mais dans des nuages de poussière attaquant la gorge et les yeux sans aucune pitié. Je me souviens de la visite d'un ami dominicain[30], historien et aussi infirmier qui s'inquiétait des conséquences que pouvaient provoquer pour mes poumons ces parcours, sans protection quelconque. J'y ai perdu à la longue mon odorat, ne détectant désormais que les odeurs fortes, et j'y ai gagné une hernie discale assortie de trois tassements de vertèbres !

La vie du missionnaire n'est pas sans risque et, encore une fois, je ne pouvais me lamenter sur mon sort. Des cinq prêtres que j'avais connus sur la *Transa*, le décompte était impressionnant : Oscar avait dû partir dans le Sud subir un traitement, il ne revint qu'un an après pour vivre au Brasil Novo, une paroisse d'accès plus facile. Alirio fut nommé recteur du séminaire, il aura une hépatite et le paludisme qui le mettront sur la touche pendant plus d'un an et il s'en sortira avec de graves séquelles. Il faillit y perdre la vie[31]. Valdir, jeune prêtre venu du Sud qui le remplaça à Medicilândia, repartit en catastrophe cinq ans après, en avion, pour une intervention chirurgicale urgente. Paulo, un autre jeune prêtre de São Paulo, prendra le relais ; il tiendra quatre ans, puis fera une dépression[32]. La vie sur la Transamazonienne était rude, rustique, spartiate et ne pardonnait pas les erreurs. L'agression était permanente : le climat, les

30. François Le Prieur accompagné d'un autre frère dominicain, Jean Raguénès, qui viendra ensuite se joindre à l'équipe d'Henri Burin des Roziers au service des petits paysans. Jean Raguénès connut sa renommée, au côté de Piaget, dans le conflit de l'usine Lip à Besançon.

Voir, Jean Raguénès, *De Mai 68 à LIP. Un dominicain au cœur des luttes*, Éd. Karthala, collection *Signes des Temps*, 2008.

31. En 2013, la veille de Noël, il aura un début d'infarctus. Il partit seul de l'évêché voir le spécialiste qui n'en croyait pas ses yeux de le voir encore vivant ! La vie tient parfois du miracle.

32. Je pourrais ajouter le frère franciscain, Top de son surnom, mon voisin de 120 km, il habitait la ville de Ruropolis du diocèse de Santarém. Il fallut l'expédier dans une camisole de force. Surmenage et menaces à son encontre avaient eu raison de lui.

moustiques dit *piouns*[33] et, par-dessus tout, l'isolement qui rendait difficiles les secours en cas d'urgence. Savoir prévoir était une des clés de la survie. Cela allait de la boîte d'allumettes à la bouteille de gaz, en passant par la réserve de combustible pour le générateur et surtout la voiture. Je m'étonne d'être le seul prêtre à y avoir survécu pendant vingt ans. La recette est pourtant simple, il ne faut jamais jouer au héros ! Reconnaissons que je dois avant tout ce record à une bonne santé, mais surtout à la présence de la petite communauté des sœurs qui m'ont accueilli, durant les premières années. Le soir, nous échangions en prenant le repas ensemble[34]. Avec le recul des années, il me paraît parfois irresponsable de laisser un jeune prêtre dans une telle situation. C'est l'exposer à toutes sortes de risques, la suite va le démontrer.

Il est évident que la *Transa* n'est plus ce qu'elle était. La télévision est apparue la première, puis le téléphone, l'électricité permanente a suivi, et l'internet[35] a complété le tableau de la modernité dont le prix à payer fût l'augmentation de la violence, de la pollution, de la drogue et de la prostitution[36]. Avant d'en arriver là, beaucoup sont tombés ou ont disparu, emportant avec eux leur rêve de pionnier. La violence s'est adaptée aux nouveaux modes de vie. Si la piste est mieux entretenue, les accidents mortels ont augmenté. Si le service de santé s'est amélioré, la corruption et ses corollaires ont proliféré. Au début il y avait deux scieries, en quelques années l'exploitation du bois a explosé et la forêt en a été la première victime. Les anciens ne reconnaissent plus le temps de la solidarité. La loi du plus fort a fini par s'imposer partout. L'Église elle-même est tombée dans le piège de la croissance, non en servant les pauvres, mais en s'alliant avec ceux qui possèdent le plus ! Alirio et Oscar ne sont plus qu'un lointain souvenir que la nouvelle génération du clergé s'efforce d'effacer des mémoires.

---

33. *Piouns* : nom donné par les habitants de la Transamazonienne à ce type d'insecte qui pique et suce le sang, pouvant provoquer des hémorragies. Il a la gentillesse d'être agressif le jour, la nuit il est relayé par les autres moustiques vecteurs de paludisme et dingue. Certaines régions sont plus infectées que d'autres. Les populations se protègent en portant manches longues et chaussettes peu adaptées au climat chaud et humide.

34. Durant mes deux premières années je n'avais pas de maison, puisque Oscar avait laissé la sienne aux organisations. Je logerai chez les frères de Jean-Baptiste Lassalle qui me prêteront une chambre. Puis je ferai construire une petite maison : deux petites chambres, une cuisine, une salle de séjour et une salle de bains le tout : 6x8 mètres.

35. Je fus un des membres fondateur du premier serveur local, non à cause de mes compétences mais par mon soutien financier.

36. Un motel à l'entrée et un autre à la sortie furent construits par un ancien paroissien devenu vereador (élu local formant le conseil municipal) par la suite. Témoin d'un mariage religieux, il n'avait pas apprécié mon homélie où je remettais ironiquement en cause les formes d'amour qu'offraient l'entrée et la sortie de la ville.

Septembre 1984 : six mois après mon arrivée

Oscar avait rejoint le Sud pour prendre soin de sa santé bien atteinte ; Alirio donnait un coup de main à la paroisse du Brasil Novo ; quant à moi, je séjournais à Uruará.

C'est à cette époque que le *padre* Valdir nous rejoignit. Son archevêque, réputé conservateur, était sans doute soulagé de le voir partir pour un temps au loin. Ses cheveux longs, ses sandales, son bermuda, sans oublier son inséparable *chimarão*[37], donnaient tout de suite le ton d'un style peu conformiste. Il était lui aussi de cette race de prêtres pour qui l'Évangile valait bien la peine de prendre des risques. Un rien lui suffisait pour vivre. Il déposa ses quelques affaires dans la maison paroissiale peu confortable de Medicilãndia et, avec sa Coccinelle, il entreprit la visite des communautés, relançant la pastorale des jeunes, déjà très dynamique du temps d'Alirio.

Sans tarder, il perçut l'urgence de réorganiser les tâches pastorales et me rendit visite à cet effet. Nous sympathisâmes aussitôt. Il me proposa la répartition suivante : il assumait Medicilãndia, Alirio restait au Brasil Novo et Uruará où j'étais depuis le départ d'Oscar me revenait. Finie la course d'un secteur à l'autre, comme aimaient le faire Oscar et Alirio. Si nous voulions ne pas terminer épuisés, il fallait ménager les déplacements superflus ! Mon apprentissage allait donc prendre fin. Ainsi Valdir proposa cette répartition et l'évêque accepta à ma plus grande satisfaction.

Il est vrai que dom Erwin n'était pas pointilleux sur ce point et, vu l'étendue de la Prélature, il ne tenait pas à entrer dans les méandres de la pastorale de la *Transa*. Son charisme le portait plutôt vers les communautés riveraines, vivant du fleuve et se déplaçant en barque. L'isolement avait son bon côté : Erwin nous laissait donc une grande liberté et faisait confiance en nos capacités pastorales. Il passait une fois par an dans les paroisses et nous le rencontrions deux fois au cours de l'année pour les conseils pastoraux.

Profitant de la présence de Valdir, je l'invitai, en fin de journée à célébrer avec moi. Ce fut une bonne leçon pour mes débuts, comme pseudo-curé, puisque je n'avais pas de nomination officielle[38]. Il est toujours un peu compliqué de prendre la suite d'un collègue. Or, il se trouvait qu'Oscar

37. *Chimarão* (voir plus haut) désigne le maté.

38. Étant dans le provisoire permanent, Je n'ai jamais eu d'installation officielle et de lettre de nomination durant mes vingt ans à Uruará qui n'était pas encore paroisse. Il le deviendra quand la ville passera « municipe », avec maire et conseillers municipaux. Je serai alors le premier curé quasi officiel, sans lettre de nomination, pour un premier maire élu démocratiquement ! Ce qui ne m'empêchera pas de célébrer 600 baptêmes et 100 mariages en moyenne par an durant mes dix dernières années. L'annonce de l'Évangile ne pouvait attendre que la bureaucratie soit à jour, même si elle a sa raison d'être.

n'avait pas baptisé depuis longtemps et, les demandes de baptêmes étant nombreuses, le secrétariat de la paroisse avait ouvert les inscriptions. Évidemment, tous ceux qui attendaient cette opportunité donnèrent leur nom. À l'époque, il n'y avait pas de préparation, il suffisait de participer à la communauté ou d'être membre d'une des organisations appuyées par la paroisse. Je revois ce paysan mécontent, dirigeant de sa communauté, me demandant des éclaircissements sur les nouvelles exigences de l'Église pour accéder au baptême. Une assemblée avait un peu forcé la dose en proposant la participation aux luttes populaires et Oscar, distrait peut-être, avait laissé passer l'empreinte de son petit noyau révolutionnaire ! Je rassurai le brave homme et lui assurai que je n'avais pas lu ces nouveaux commandements ! Pour le moment, il valait mieux s'en tenir aux exigences de toujours, proclamées dans les promesses du baptême !

Ayant la liste des futurs baptisés sous les yeux, Benilda, qui faisait office de secrétaire, m'invita avec une des sœurs à rappeler aux parrains et marraines, dont certains étaient des adversaires déclarés de la théologie d'Oscar, les exigences d'une vie chrétienne authentique. Pour illustrer son propos, elle me rapporta l'histoire d'un paroissien qui avait fait convoquer son voisin chez le délégué de police pour lui faire payer une amende, ce dernier avait accidentellement percuté son chien ! Le soir, dans une chapelle remplie, éclairée et bercée par le bruit du moteur générateur, je présidai, Valdir à mes côtés. Comme par hasard, la liturgie proposait la Première lettre aux Corinthiens dans laquelle Paul s'insurge contre certains qui pensaient pouvoir en appeler aux tribunaux païens pour régler leurs litiges[39] ! Cela ne pouvait pas tomber mieux pour que je glisse sur la pente. Je fis, au cours de l'homélie, quelques remarques pour rappeler que le baptême était le départ pour une vie chrétienne. Jusque-là, pas de gros nuages ! Pour illustrer mon propos, je repris les mots de Paul, soulignant que des cas semblables se produisaient au milieu de nous ! Le commerçant Arns, qui avait déposé plainte au commissariat local contre son voisin, était dans l'assemblée à titre de parrain. Ce soir-là, il avait bu un peu plus que d'habitude. Il se leva, pointa son doigt vers moi et commença à vociférer en me traitant de clown ! Stupeur dans l'assemblée. Imaginant le pire, la foule prit peur, et en un instant la chapelle se vida. Je regardai Valdir, aussi interloqué que moi. Puis, de sa voix apaisante, aux accents *gauchos,* il fit revenir le calme. L'église se remplit peu à peu à nouveau et je baptisai la vingtaine d'enfants, portés par les parrains et marraines jusqu'à l'autel. L'orage était passé. Quelques années plus tard, plein de remords pour son esclandre, monsieur Arns devint un de mes nombreux amis. Il me confessa qu'il avait eu la bouteille facile ce jour-là. La célébra-

---

39. *Quand vous avez des litiges, vous allez prendre pour juges des gens que l'Église méprise ! Je le dis à votre honte* (1 Cor 6, 4).

tion finie, nous partîmes nous réfugier chez les frères des Écoles chrétiennes. Là, je découvris qu'un des pneus de la Toyota avait été crevé au couteau. Etait-ce un hasard ou une vengeance ? Le président du syndicat, un ami à l'époque, m'avisa qu'il y avait un groupe de commerçants qui ne portaient pas Oscar dans leur cœur, et qu'ils pouvaient être dangereux. Par mesure de sécurité, nous partîmes de nuit à Medicilãndia chez Valdir. Une semaine après, je revenais à Uruará, tout était calme.

Cet incident est exemplaire du climat de suspicion qui régnait dans la région. Les militants du syndicat tenaient leur réunion dans la forêt sous couvert de formation biblique pour se cacher d'éventuels espions. Mon sentiment était que certains de ces conflits naissaient d'un manque de dialogue entre les différentes factions. Il fallait trouver comment déminer le terrain.

Seul je ne pouvais rien, si ce n'est me laisser porter par l'ambiance générale. L'idée d'Oscar de faire vivre trois religieuses, isolées dans une communauté de petits paysans, était très généreuse mais, sans doute, pas très réaliste. En pastorale, la générosité seule n'est pas le meilleur des critères. Certains prêtres ont souvent une certaine difficulté à travailler en équipe et la conception qu'ils ont de leur rôle de consacré les pousse naturellement à considérer les laïcs ou les religieux comme de pieux auxiliaires. Formé dans le scoutisme des années 68[40], j'avais appris avec des laïcs ce qu'est la responsabilité partagée en équipe. L'occasion se présentait et je la reçus comme une chance. Je n'étais pas venu dans ce coin perdu avec un projet missionnaire à réaliser, j'étais envoyé pour répondre aux besoins de la communauté et il fallait les répertorier pour commencer à travailler. Une évidence me frappait : une partie des personnes était très active, une autre semblait être mise sur la touche, chacune attendant, ou pas, son tour. Pire, il y avait des divisions au sein de chaque groupe. Je n'avais pas encore beaucoup travaillé Saint Paul, mais le peu que j'en connaissais m'était fort utile. Comme apôtre, prédicateur infatigable, sa préoccupation n'était pas de diriger les communautés, mais de leur rappeler qu'elles devaient articuler harmonieusement les charismes que chacun de leurs membres avait reçus pour ne former qu'un seul corps dans le Christ[41]. Nous étions loin de cet idéal. Une minorité donnait le ton de la musique dont les chefs

40. Dans les années 60, les Scouts de France ont opéré une grande réforme pédagogique en créant les rangers (12-14 ans), les pionniers (14-16) et les Compagnons pour les aînés qui ont succédé aux JEM (Jeunes en Marche). La pédagogie se basait sur un projet à construire et à réaliser en équipe, chacun assumant sa part de responsabilité. La foi se célébrait par la découverte du Dieu qui rejoint son Peuple dans une histoire concrète et nous sauve en Jésus le Christ. Ceux qui refusèrent cette réforme qui leur paraissait trahir l'esprit de Baden Powell, fondèrent les Scouts unitaires, puis on vit plus à droite naître les Scouts d'Europe.

41. Épître aux Romains 12, 3-13.

d'orchestre étaient Antonio et Renato, qui n'arrivaient pas toujours à s'accorder sur la partition !

Je demandai donc aux sœurs de bien vouloir abandonner leur vie exemplaire de simplicité dans la communauté d'Abilio et de me rejoindre à Uruará pour affronter ensemble les défis qui nous attendaient. Ensemble, nous pourrions initier une pastorale différente que celle mise en pratique par Oscar. Elles comprirent mon appel au secours. Ni les sœurs ni moi n'ayant de maison, les frères des Écoles chrétiennes acceptèrent de nous accueillir dans leur centre de formation. Rien de luxueux dans cette vie. J'ai bien trouvé un soir, à la faveur d'une lampe à gaz chancelante, un cafard qui flottait dans ma soupe ! Heureusement, les sœurs possédaient plus d'une recette pour améliorer l'ordinaire. Le matin au lever, il était conseillé de secouer ses souliers pour en chasser les éventuels scorpions qui pouvaient s'y abriter durant la nuit. J'étais toujours muni de ma pierre noire[42] en cas de morsure. Cette vie en communauté improvisée nous permit de partager la même réalité et d'échanger idées, plans et projets pastoraux qui naquirent, non d'une série de réunions ou d'études de laboratoire mais de cette vie fraternelle spontanée. Ce style d'ailleurs frappa plusieurs de nos visiteurs qui admiraient notre joie de vivre malgré les conditions précaires. Nous formions une authentique communauté de foi, de travail et de partage en répartissant les dépenses en fonction de nos revenus. Après ce temps de grâce, nous perdîmes peu à peu cet esprit d'unité et, au gré des changements de personnes et de lieu de vie, les conflits s'immiscèrent dans cette harmonie comme le ver dans le fruit.

La sœur Adeline, qui vivait depuis dix ans dans la région, tout en ayant une grande admiration pour Oscar, tempérait certaines prises de position du syndicat. Les sœurs vivaient mal ces dissensions. Formées à l'école d'Abilio et témoins de son combat, elles ne pouvaient être soupçonnées de ne pas épouser la *« lutte du peuple »*. Roza par exemple, fille d'un petit *fazendeiro* du Paraná, d'une famille de huit enfants, remit vertement en place Antonio Lazarini, président du syndicat qui la classait dans la catégorie des exploiteurs ! Avoir une voiture, du bétail et autres moyens de vivre était toujours suspect !

Il était temps de clarifier ces discours d'une idéologie dépassée et de remettre en cause certains choix plus politiques que pastoraux. En temps de dictature, l'adversaire était plus facilement identifiable et la société pouvait se diviser en deux groupes : ceux qui étaient pour et ceux qui étaient contre le régime ! Or, nous marchions vers la démocratie et la

---

42. Pierre noire, originaire de l'Inde, ramenée par des missionnaires et commercialisée par les Pères Blancs. Elle a l'aspect d'un petit morceau de tibia de vache calciné. Elle a comme faculté de pomper le venin. La pierre est dégorgée dans du lait, puis lavée à l'eau. Elle peut resservir indéfiniment. J'en ai distribué des dizaines dans les communautés.

réalité était plus complexe qu'une simple mise en catalogue séparant déjà les brebis des boucs. Le partage des frontières n'était pas aussi clair que la division des eaux entre le Tapajos et l'Amazone à Santarém[43]. Et pourtant, alors que nous entrions en démocratie au Brésil avec la fin du régime militaire, nous vivions le retour à la grande discipline dans l'Église d'Amérique latine[44].

Après un temps passé chez les frères, nous nous mîmes en quête d'une résidence pour les sœurs. Par chance, sur le terrain de la paroisse, il y avait une maison construite par l'INCRA et datant de l'arrivée des colons. Oscar, dans sa grande générosité, l'avait cédée aux parents d'Antonio Lazarini, président du syndicat des petits paysans. Trois des garçons étudiaient au séminaire interdiocésain de Santarém qui dispensait une formation proche de la théologie de la libération[45]. La famille accepta de céder la maison sans difficulté.

Il fallait ensuite récupérer la maison d'Oscar en demandant à la direction du syndicat et de ses quelques locataires de libérer les lieux. Il n'y resterait qu'un fonctionnaire, surnommé Piaui[46], au service d'Oscar, et le secrétariat de la paroisse. Nous fîmes une réunion avec la direction du syndicat et les membres du conseil paroissial pour rechercher une solution. Les relations entre les deux groupes n'étaient pas toujours faciles. Le frère Renato, membre du conseil pastoral, faisant figure d'idéologue local, avait le don d'en irriter plus d'un. En théorie, tous défendaient une vision unifiée de l'Église et des organisations militantes. Pour eux, il n'y avait qu'une entité, le peuple de Dieu. Les organisations ou mouvements sociaux étaient aussi l'Église puisque la majorité des militants du syndicat étaient issus des communautés de base. Leurs tracts donnaient l'impression d'une mobilisation impressionnante mais, à y regarder de plus près, il s'agissait des mêmes personnes cumulant parfois plusieurs fonctions[47]. La

---

43. À Santarém, on distingue sur plusieurs kilomètres les eaux claires du Tapajos des eaux foncées de l'Amazone avant qu'elles ne se mélangent.

44. En 1981 Leonardo Boff, franciscain, publiait : *Igreja: Carisma e Poder* (Éd. Vozes), traduit en français, *Église, charisme et pouvoir, la théologie de la libération* (Éd. Lieu commun, 1985), dans lequel il critiquait le mode de fonctionnement de l'Église. Il fut convoqué à Rome et reçu par le cardinal Ratzinger, à l'époque préfet de la Congrégation de la doctrine de la foi. En 1983, le jésuite, João Batista Libânio lança son ouvrage intitulé : *A volta da grande disciplina*, Éd. Loyola, « *Le retour de la grande discipline* ».

45. Aucun des trois ne poursuivra d'ailleurs ses études. Oscar avait le défaut d'être fasciné par cette famille. Ses espoirs furent déçus.

46. Il était au service d'Oscar et connu sous le nom de Piaui, car originaire de cet État du Nordeste.

47. Ainsi la liste comptait le syndicat des travailleurs ruraux, le syndicat des professeurs, le mouvement des femmes, la commission justice et paix, les Communautés ecclésiales de base, la paroisse de Uruará, le mouvement de la (Consciencia Negra) conscience noire.

générosité et la foi des militants ne pouvaient être remises en cause. Quelques-uns, bien sûr, n'étaient pas des piliers d'Église et les plus radicaux récitaient leur leçon apprise à Santarém, agrémentée de quelques slogans contre la richesse de l'Église qui devrait être redistribuée aux militants ! Ils avaient appris avec Oscar à relier la foi et la vie, et les réunions syndicales commençaient toujours par une prière ! Dans cette ambiance très militante, il valait mieux avoir ses titres de noblesse. Je fis la proposition de céder une part du vaste terrain de la paroisse au syndicat pour que l'on y construise son futur siège. L'assemblée approuva avec enthousiasme. L'idée qu'un syndicat indépendant serait plus crédible, surtout s'il ne s'abritait plus dans les locaux paroissiaux, faisait son chemin. Il s'agissait non de séparer mais de distinguer[48]. Le syndicat acceptait de couper le cordon ombilical et pratiquait son accouchement symbolique. Le rôle de l'Église était complémentaire, mais ne pouvait se confondre avec une organisation syndicale si juste et si indispensable soit-elle ! Sans séparation, c'était la mort de l'enfant et de la mère. Nous gagnerions en force, expliquais-je, en donnant à chacun son autonomie et sa liberté de manœuvre. Les années à venir prouveront que ce choix fut salutaire. Une autre question pratique ne manquait pas d'intérêt. Beaucoup de fidèles ne payaient plus leur *denier du culte,* pensant qu'il était reversé au syndicat, d'où l'urgence de séparer. Le terrain étant propriété de la prélature, nous consultâmes dom Erwin, qui approuva le projet et *Misereor*[49] accepta de financer la construction. La main-d'œuvre fut assurée par les membres du syndicat qui en firent une démonstration de travail communautaire. Le syndicat, qui avait la réputation de perdre son temps en réunions, prouvait que ses militants savaient aussi mettre la main à la pâte. Jusque-là ce genre d'opération s'était limité à la construction de chapelles dans les communautés.

Nous venions de réaliser, sans en mesurer toutes les conséquences, une petite révolution qui allait se poursuivre. Le syndicat sortait de l'orbite paroissiale, de la tutelle de l'Église et les militants ne se cachaient plus pour leurs réunions. Profitant du courant favorable, son président, dont les ambitions se laissaient deviner, accepta une proposition qui lui permettrait de se projeter sur le devant de la scène politique locale. Uruará devant devenir un jour une municipalité, les candidats à la mairie se préparaient déjà à entrer dans la course. L'histoire qui suit témoigne du contexte de l'époque.

48. « *Naître, c'est se détacher, vivre c'est se relier* », nous avait appris le père Espie, notre professeur de philosophie.

49. *Misereor* : organisation de l'Église allemande qui finance comme le CCFD en France, des projets de développement.

Voulant remédier aux carences de la région, le gouvernement dépêcha en avion une commission pour étudier avec des représentants de la population des projets d'infrastructures prioritaires. Cinq personnes d'Uruará furent conviées à une rencontre, dont le président charismatique du syndicat[50]. La réunion terminée, Ronaldo Barata[51] et un candidat au Sénat, tous deux membres de la délégation, passèrent au secrétariat de la paroisse pour me rencontrer avec Antonio. Ayant eu vent de cette étape imprévue au départ, quelques syndicalistes profitèrent de l'occasion pour bloquer la sortie de la maison, exigeant des politiques des actes et non des promesses. Je dus parlementer et user de mon influence pour sortir de l'impasse. Antonio, lui, n'avait pas perdu de temps. Il pensait déjà au futur et le syndicat n'était pour lui qu'un tremplin. Impressionné par sa verve, le responsable de la commission décida que tout projet concernant Uruará passerait par lui. C'était le préparer à prendre la future mairie dès qu'Uruará deviendrait municipalité. Ce qu'il réussit, sans encombre, aux premières élections, balayant tous ses adversaires, à commencer par ses anciens cãmarades du syndicat qui le considérèrent comme un traitre. L'ancien révolutionnaire se présentait en sauveur n'oubliant pas, au passage, de se servir dans la caisse.

Crises idéologiques ou crises de pouvoir ?

Avant d'en arriver là, il y eut quelques vagues dans le syndicat et dans la paroisse. Comme tout était imbriqué, l'un dans l'autre, les remous de l'un se répercutaient sur l'autre. Au cours de l'entretien, Antonio avait accepté que le syndicat fournisse la main-d'œuvre à la construction d'un hôpital. Avec son bel édifice tout neuf, le syndicat était montré en exemple. Comment réaliser maintenant le même exploit de travail communautaire pour l'hôpital ? Un débat houleux s'ensuivit avec deux positions contradictoires : d'un côté, les militants pouvaient-ils se sacrifier pour l'État qui ne faisait rien pour eux ? De l'autre, l'hôpital n'était-il

---

50. Ses trois frères avaient quitté le séminaire et s'étaient reconvertis dans l'exportation du poivre et du cacao. Seul Antonio se sacrifiait pour le syndicat, laissant souvent ses enfants et son épouse seuls sur leur lopin de terre à 10 km d'Uruará.

51. Ronaldo Barata eut des responsabilités dans les organismes de réforme agraire. Avocat, de formation marxiste, il était comme d'autres militants infiltré dans les organes du pouvoir. Nous sommes devenus proches. Il fut un temps président de l'ITERPA (Institut des terres du Pará). Il recruta l'ancien secrétaire de la CPT régionale (Geronimo Trecani) et Roza qui après plusieurs années à la CPT, mit ses compétences au service de la légalisation de la propriété des terres des descendants d'esclaves, appelées *Quilombolas*.

pas une construction au service de la population ? Grand manipulateur, Antônio réussit à convaincre son auditoire. Il mit toutes ses troupes à l'œuvre. Cela dura des mois et le résultat se révéla finalement désastreux. Les ingénieurs du secrétariat à la Santé venus sur place constatèrent que l'ouvrage ne correspondait pas aux normes exigées ! Il sera réaménagé des années plus tard et inauguré sans aucune mention faite au sacrifice de ceux qui prêtèrent leurs bras. Antonio, toujours plus rapide que les autres, sut profiter de l'adversité apparente. L'erreur ne lui incombait pas, les ingénieurs étaient bien sûr incompétents. Il était sorti de l'ombre et gravissait, en pleine lumière, les marches du pouvoir. Le syndicat lui avait servi de tremplin.

Jusque-là, à l'exemple d'Oscar, je le suivais et je le défendais en toute innocence. Or, il avait un contradicteur redoutable en la personne du frère Renato, qui n'acceptait pas ses manœuvres occultes et ses alliances douteuses. Avec Benilda, il contrôlait le réseau des enseignants présent dans la plupart des communautés. Tous les ans, ils organisaient deux mois de formation accélérée pour les professeurs des écoles de toute la zone rurale. La présence des frères de Saint-Jean-Baptiste Lassalle contribuait au développement de la région. Des centaines d'enfants et de jeunes avaient ainsi accès à une éducation de qualité. En choisissant cette région, les frères désiraient aider ces migrants venus du Sud en partageant leur condition, répondant à leur manière aux exigences de la conférence de Medellin. Leur vie était cohérente avec leur choix ; à la différence de nombreuses congrégations religieuses, ils n'avaient pas ouvert de collège à Uruará comme le faisaient aussi d'autres confessions[52]. Leur objectif n'était pas de former une élite, ils tenaient, avant tout, à mettre leurs compétences au service de tous en s'insérant dans l'enseignement public. Ils offraient généreusement la qualité de leur formation d'éducateurs et de pédagogues. Les résultats scolaires en étaient la preuve. Leur présence sera un des facteurs qui permettra à Uruará de se développer. Nombreux sont les jeunes, fils et filles de familles de toutes conditions qui, en partie grâce à eux, auront accès à l'enseignement supérieur. Totalement dévoués à leur mission, ils n'acceptaient pas, bien sûr, les compromissions. Ils furent pour cette raison souvent persécutés par les politiques locaux qui trempaient trop souvent dans la corruption et plaçaient aux postes de direction de l'enseignement les personnes de leur bord. Plusieurs fois, les parents d'élèves, révoltés par ces décisions arbitraires[53], manifestèrent leur soutien à ces hommes admirables de dévouement.

---

52. Les Adventistes avaient un grand internat agricole.

53. Pour comprendre cette situation, il est bon de rappeler que les postes de direction sont attribués par les maires ou gouverneurs locaux. Le critère n'étant pas la compétence mais la couleur politique.

Je me souviens du frère Anibal, épuisé par une crise de paludisme. Il voulait comme le commun des mortels prendre la route qui, en saison des pluies, était dans un état lamentable. Il ne serait jamais arrivé vivant. J'usai de mes relations et il put partir avec l'avion d'un exploitant de bois. Le médecin[54] d'Altamira me confessa, plus tard, qu'il était arrivé *in extremis*, d'autant que le traitement donné à Uruará était inadapté.

Chez Dorothy Stang, future martyre de l'Amazonie[55]

Les deux événements qui suivent marquèrent notre histoire commune. Un soir Antonio, l'air grave, vint me trouver avec sa garde rapprochée et sollicita mon avis : ils partaient, le lendemain, dans la région de la sœur Dorothée Stang[56] pour prêter main-forte à une action qui devait conduire à l'occupation d'une *fazenda*. La religieuse américaine, récemment arrivée dans la région, avait fait appel aux groupes mieux organisés pour soutenir sa communauté. Le *latifundium* occupait des terres qui étaient destinées en priorité aux petits paysans. Il fallait donc entrer en force pour récupérer ces propriétés, vouées à l'élevage de milliers de bovins. Dans le Goiás, il était question de défendre sa terre ; chez Dorothy, c'était le mythe de la conquête qui mobilisait des milliers de petits paysans dans leur rêve d'avoir enfin un lieu où vivre et planter. Cette stratégie ira en s'amplifiant d'année en année et donnera le jour au Mouvement des Sans-Terre (MST) d'abord dans le Sud mais qui se répandra très vite aussi dans le Nord[57]. Antonio voulait connaître mon opinion sur le point suivant : devaient-ils s'armer, sachant qu'ils auraient à se confronter avec des *pistoleiros* qui n'étaient pas des enfants de chœur ? Un prêtre peut-il conseiller l'usage d'armes à feu ? Piège pour me tester ou crise de conscience ? Je leur répondis :

> Si vous voulez envahir une terre, il faut une action commando et non un groupe de gens sur un camion. Dans ce cas de figure, l'action commando n'est pas une bonne option. Vous êtes des paysans pacifiques et l'expédition me paraît plus que risquée. Essayez une autre solution.

---

54. Docteur Duarte de l'hôpital Geral. Adventiste et excellent chirurgien.

55. Dorothy Stang, *La fin de la forêt est la fin de notre vie*.

56. Religieuse américaine de la congrégation des sœurs de Notre Dame de Namur, Dorothy Stang fut assassinée le 12 février 2005 par deux tueurs à gages

57. Le massacre de Eldorado dos Carajás le 17 avril de 1996 au cours duquel dix-neuf paysans sans-terre furent assassinés par la police militaire sous prétexte de dégager la route. Ce drame eut un fort retentissement et fit connaître la situation dramatique des sans-terre. Sur le MST et la description d'une occupation, voir : Susana Bleil, *Vie et luttes des Sans Terre au sud du Brésil : une occupation au Paraná,* Éd. Karthala, collection Signes des Temps, 2012.

Mes expériences antérieures m'avaient au moins appris qu'il fallait éviter toute action violente, surtout dans un contexte si explosif. Les *pistoleiros* sont des hommes sans loi, et n'est pas Gandhi qui veut. Ils partirent donc pour leur aventure. Le diocèse prêta son camion qui servit pour le transport des cinquante hommes et femmes juchés à l'arrière sans protection. Dorothy et le père Lucas[58], curé de la région, restèrent en vigile au camp de base, attendant le dénouement. Cette troupe hétéroclite, à laquelle s'était joint Alain Le Moal, n'avait pour arme que le chapelet et la litanie des saints et martyrs, ce qui en soi est assez inoffensif. Le camion entra sur la piste tortueuse pour stopper net quelques kilomètres plus loin devant une clôture. Des hommes armés attendaient, ils avaient dû être informés. Un camion ne passe pas inaperçu. Un miracle, à défaut de victoire, évita un drame sanglant et meurtrier. Les *pistoleiros* ouvrirent le feu sans sommations sur le groupe, d'hommes et de femmes, prisonnier de son propre transport. Certains se protégèrent contre la cabine du camion, d'autres se couchèrent pendant que les plus agiles sautaient dans le maquis pour fuir les balles qui sifflaient dans tous les sens. Cela n'empêcha pas Antonio de se prendre une balle dans le fémur et qu'il garde toujours en souvenir, marque indélébile de son héroïsme d'antan. Malheureusement, quelques autres furent plus gravement atteints, dont un des leaders de la communauté de Dorothy. Ils furent transportés dans des conditions plus que précaires à l'hôpital d'Altamira, à plus de 150 kms du lieu du conflit, mettant encore une fois leur vie en danger.

L'événement agita la ville d'Altamira et « *les pour et les contre* » en profitèrent pour creuser un peu plus le fossé de l'incompréhension. L'Église et le syndicat, mis dans le même sac, furent accusés de fomenter les invasions de terres et d'être des fauteurs de troubles. Les participants reconnurent, un peu tard, que l'action avait été mal planifiée. Une occupation de *fazenda* a aussi ses règles de bataille que la bonne volonté ne peut remplacer !

Quelque vingt ans après, la sœur Dorothy sera lâchement assassinée dans la même région par deux *pistoleiros* commandités par un groupe de *fazendeiros* dont elle dénonçait l'occupation abusive de la terre et la destruction de l'environnement. Ce jour-là, elle était partie toute seule, s'enfonçant sur une piste afin de rejoindre un groupe de petits propriétaires menacés. Elle passa la nuit dans la baraque de petits paysans. Le matin, toujours aussi candide que déterminée, elle sortit de la maison et se dirigea vers la clôture qui longeait un chemin. De l'autre côté, deux hommes, ceux qui allaient la tuer, plantaient l'herbe destinée au bétail. Elle les interpella de sa voix douce mais convaincue. Bible en main,

---

58. Un religieux espagnol de la même congrégation que dom Erwin : *le précieux sang du Christ.*

citant un passage de l'évangile de saint Matthieu[59], elle leur expliqua qu'il ne fallait pas semer la mauvaise herbe. Pensait-elle convaincre ses interlocuteurs ? Ils dégainèrent sans pitié leurs armes et vidèrent leurs revolvers sur celle qui allait devenir le symbole de la lutte et de la défense de l'environnement. Son nom fit le tour du monde. La ministre de l'Environnement, Marina Silva, était en visite dans la région, Dorothy était sa protégée et son amie. Elle fit aussitôt le déplacement pour lui rendre hommage et protester contre ce crime odieux qui ne devait pas rester impuni. Nous étions le matin du 12 février 2005. Selon les confidences de certains, ce crime était un avertissement destiné à la ministre, disciple de Chico Mendes, lui aussi assassiné pour les mêmes raisons. La liste des martyrs de la Terre s'allongeait dramatiquement.

Dorothy ne fut pas la première ni la dernière à être sacrifiée dans cette Amazonie meurtrie. Le procès des assassins et des mandataires du crime traîna en longueur. L'un d'eux, Taradão, avait une immense *fazenda* aux *Placas*. Son frère, l'un des plus grands commerçants d'Uruará, se disait convaincu de son innocence. Passé l'émotion, quelques interrogations demeurent.

J'ai côtoyé souvent Dorothy, puisque nous étions dans la même prélature. Comme coordinateur de la CPT régionale, je suis allé plusieurs fois dans son secteur pour animer des rencontres de formation biblique[60]. Les célébrations dans lesquelles les participants prenaient la parole étaient d'une intensité de foi émouvante. Les pauvres étaient les acteurs de leur célébration en authentique peuple sacerdotal, prophétique et royal[61]. Les paroles que j'écoutais en ces heures ne pouvaient être que le fruit d'une longue expérience spirituelle que j'étais moi-même loin de posséder ! Dorothy réalisait un travail exceptionnel et, comme toutes les fortes personnalités, elle avait son rythme qu'elle seule pouvait tenir. Ainsi étaient Alirio et Oscar au milieu de leurs communautés. Dorothy ne donnait de leçons à personne, sa force n'avait pas supprimé sa féminité. Déterminée oui, agréable et pleine d'humour encore plus. Ne se plaignant jamais des conditions précaires qu'elle avait choisies, elle avait un amour sans limite pour les pauvres et ne comprenait pas que l'on puisse les

---

59. Matthieu 5, 9 : « *Heureux les artisans de paix car ils seront appelés fils de Dieu* ».

60. La méthode que je suivais s'inspirait de ce que j'avais vécu au Chatelard, la maison de retraite des jésuites à Lyon : étude de la parole le matin, mise en scène l'après-midi pour en faire une relecture actualisée, le soir nous faisions la synthèse de la tête, du corps et de l'esprit par la célébration qui durait plus de deux heures.

61. « Peuple sacerdotal, prophétique et royal » : ces expressions qualifiaient le Peuple d'Israël. Le concile Vatican II les reprendra pour définir l'Église. Et le sacrement du baptême nous fait membre de ce Peuple sacerdotal qui célèbre son Dieu, prophétique quand il vit dans la fidélité à l'amour de Dieu, royal dans la mesure où il suit l'exemple de son roi qui s'est fait serviteur.

traiter avec mépris et arrogance. À la différence des révolutionnaires de tout poil, elle croyait à la conversion possible des gros et puissants *fazendeiros*. Je ne l'ai jamais entendu proférer des paroles de haine, si ce n'est parfois une pointe d'humour pour décrire ses adversaires. Elle était cohérente et sans malice. C'est ce qui l'a tuée. Ainsi le *Padre* Josimo, déjà cité, assassiné lui aussi en plein midi à Imperatriz. Aristide, Henry, Ricardo ne sont pas tombés sous les balles. Plus chanceux, peut-être. En écrivant ces pages douloureuses, j'essaie d'analyser ce que nous avons vécu durant toute cette période un peu folle, portés par notre enthousiasme de jeunes missionnaires.

En ce qui concerne Dorothy, au risque de déplaire, peut-être, à ceux qui pensent que les martyrs sont un exemple, je m'interroge : sa mort aurait-elle pu être évitée ? Dans le cas de Josimo comme dans celui de Dorothy, nous les savions menacés sérieusement et peu enclins à prendre des mesures pour se protéger. Une semaine avant son assassinat, Josimo avait échappé à un attentat en rentrant le soir en voiture chez lui. Dorothy devait-elle partir seule dans un secteur aussi périlleux ? Dans les deux cas, il y avait des personnes qui auraient pu les accompagner. Dorothy était difficile à contrôler, raison de plus de l'éloigner pour un temps. De telles personnes sont bien plus utiles vivantes que sur les autels, même si l'on célèbre aujourd'hui « *la martyre de la forêt* ». Ces personnes laissent un vide difficile à remplir après leur passage.

« *Um povo unido jamais será vencido* »
« Un peuple uni ne sera jamais vaincu »

Nous étions en 1985, au début du retour de la démocratie. Le ministre de l'Agriculture et de la réforme agraire, Nelson Ribeiro, originaire du Pará, accompagné du gouverneur de ce même État, Jader Barbalho, venait au km 90, au chevet de l'usine de sucre, pour annoncer un plan de relance. C'est à cet endroit que, deux ans auparavant, dom Erwin avait été pris et malmené par la police du gouverneur. Rapidement, les chefs mobilisèrent leurs militants en vue de l'événement. Renato appela ses professeurs et Antonio ses troupes à se joindre à la manifestation de protestation organisée par les syndicats de la région. Tôt le matin, un camion de fortune, surchargé de militants de tout âge, quitta Uruará et, semblable à un train fantôme, perçant le brouillard de la *Transa*, roulait en toute confiance vers son objectif. Arrivé dans une côte, au cœur de la réserve indigène, le chauffeur manqua le changement de vitesse, le camion s'arrêta et sans contrôle repartit en sens inverse. La descente se termina quand il se renversa, jetant dans le bas-côté tous ses passagers. Plusieurs furent grièvement blessés. J'arrivai, peu après, avec une Toyota pleine, constatant impuissant ce spectacle désolant. Antonio, qui était avec moi, prit aussitôt la décision de transporter en Toyota les plus atteints jusqu'au lieu du meeting. Les autres suivirent avec un bus qui passa peu après. Je le revois encore, toujours avec son sens de la mise en scène, les bras chargés d'un des blessés, s'avancer en direction des politiques présents et, s'adressant directement au gouverneur :

> Que dois-je faire de cet homme, monsieur le gouverneur ? Ceci est la conséquence de l'état d'abandon dans lequel les autorités nous ont laissés ?

Peu enclin à la pitié, le gouverneur le rabroua, lui répondant vertement. Le ministre, qui avait de la classe et un grand sens humain, offrit sur le champ son avion pour que les blessés soient transportés à Altamira. Ce qui fut fait.

La manifestation eut lieu. Une jeune enseignante Ampara, alors présidente de l'association des professeurs, mouvement qu'organisait le frère Renato, prononça un discours virulent, dénonçant les conditions de travail. Ceux-ci avaient de quoi se plaindre. Leur situation frôlait l'indécence. Ils touchaient leur salaire misérable avec un retard de plusieurs mois, quand ils n'étaient pas obligés comme Ampara de faire parfois jusqu'à plus de 50 kms à pied en partie dans la boue pour le percevoir. Les organisations démontraient leur capacité de mobilisation après tant d'années de dictature, la démocratie était encore balbutiante, mais elle taillait elle aussi sa place. L'accident de la matinée faisait partie des sacrifices que cette population endurait, et il renforçait la conscience d'appartenir à un mouvement qui grandissait chaque jour un peu plus.

La pastorale s'adapte

Il était temps que notre équipe mette les voiles dans le sens du vent, l'équipage était prêt. Antonio, qui avait été remplacé par Paulo à la tête du syndicat, continuait ses manœuvres en vue de conquérir la mairie d'Uruará. Il lui restait encore du travail pour effacer ses adversaires. Renato avait été remplacé par deux autres frères : Lidio Becker et Anibal Tiele[62]. Avec ces

62. Anibal subira quelques années plus tard un accident. Une jeep percuta sa moto et lui passa dessus. Il mettra des années à se remettre. Il repartira dans le Sud diriger une école agricole. Lidio quittera la congrégation puis épousera Sula, une enseignante noire. Il continuera à enseigner et à aider la paroisse.

deux nouveaux religieux et les trois sœurs, notre équipe en faisait rêver plus d'un. Nous pouvions aussi compter sur quelques laïcs. J'ai toujours été impressionné devant leur qualité et leur dévouement. L'Église n'est pas pour eux un extra dans leur vie quotidienne. Elle est présente à chaque instant et leur amour pour elle ressemble à celle de fils et de filles pour leur mère. Alors même si je n'avais plus dona Didi, je trouvais cependant des laïcs qui étaient l'âme leur communauté, fruits des dix ans de l'obscur et tenace travail d'Oscar.

Une entre autres se détachait : dona Chica. En décembre 1986, j'avais fait son portrait pour mes amis, j'écrivais :

> Dona Chica[63] est noire, venue à Uruará il y a huit ans du Ceará. Elle habite maintenant une baraque à l'entrée de la ville. Elle pourrait s'appeler Maria ou Isabel, habiter Nazareth et partir pour Bethléem. Mais elle n'est pas mariée à Joseph. Son mari, c'est Teófilo, ce qui signifie : « aime Dieu », en fait, il préfère la cachaça. Du matin au soir, le Teófilo boit. Et Chica, jamais révoltée, prend tout avec humour, et beaucoup d'amour surtout. Du Teófilo, elle a gagné neuf enfants et tout le tremblement. Jamais embarrassée, jamais dérangée, elle supporte tout, mais pas résignée. De son emploi, elle est balayeuse du collège, et tous les samedis après-midi de l'église d'Uruará pour la gloire de Dieu !
>
> Elle est membre du conseil paroissial, animatrice du groupe biblique, le seul qui contre vents et marées tient ferme depuis des années. Accusée de subversion par les gens de condition, et de femme à curés par ceux qui se croient libérés. À Noël, elle a représenté Marie à la crèche vivante, et le Vendredi saint la Mère au pied de la croix. Représentation, image pieuse, question de choix. Ou peut-être, portrait vivant de la sainteté au quotidien ? Chica, toi qui as la patience de Dieu et la fermeté des prophètes, je t'ai mise dans mon calendrier pour me protéger.

Par où commencer ?

Pour commencer, car il fallait bien nous mettre en chantier aussi, nous définîmes trois priorités : la plus évidente restait les visites aux communautés que nous voulions mieux connaître pour les renforcer et susciter la création de nouvelles dans le fond des *traversões*, où de plus en plus de colons s'enfonçaient. La demande était grande. Le travail auprès des organisations avait parfois négligé le quotidien des communautés.

---

63. Chica est le diminutif de Francisca (Françoise)

Il fallait ensuite organiser la catéchèse, qui était un des piliers de l'évangélisation et aussi de la prise de conscience sur les conditions de vie aux frontières[64]. Il y a des formes aliénantes d'adhésion à une religion et il en existe d'autres qui libèrent.

Le diocèse voisin de Santarém avait mis en place une équipe[65] qui avait adapté la catéchèse à la réalité des migrants[66]. Roza, connaissant la méthode, accepta de coordonner la mise en place et organisa des sessions de formation pour les catéchistes. Neide prit le secrétariat de la paroisse que Benilda avait abandonné après la sortie de Renato[67]. Enfin, une dernière tâche passionnante nous attendait : la formation des *ministres de la Parole* qui, chaque dimanche, devaient animer les célébrations dans leurs communautés. C'était eux, hommes ou femmes, qui donnaient vie aux communautés et pouvaient leur apporter l'aliment de la Parole. Ils préparaient les baptêmes et parfois mettaient en route une préparation au mariage pour les couples vivant ensemble depuis des années. À mon passage, une fois tous les trois mois, nous résolvions ce qui n'avait pu l'être par eux.

En un an, nous passâmes des vingt-cinq communautés initiales à quarante. Puis, rapidement, nous atteindrons les soixante-dix pour arriver, avant mon départ en 2004, à quatre-vingt-cinq communautés. La paroisse progressait au rythme des visites et des rencontres de formation. Avec les *ministres de la Parole* naissait d'une certaine manière, un autre modèle d'Église. La communauté ne vivait pas dans l'attente du prêtre et les célébrations ne s'intitulaient pas « *célébration en l'absence de prêtres* » ! Celle-ci vivait sa dimension sacerdotale et prophétique en donnant toute son importance à la proclamation de la Parole du Seigneur qui garantissait sa présence lorsque deux ou trois se réunissaient en son nom[68]. En retrouvant le sens du don que chacun avait reçu, il était possible d'articuler les différents ministères et donner ainsi les moyens aux communautés d'assumer leurs besoins et non d'imaginer leur vie en fonction de la disponibilité du ministre ordonné[69].

En d'autres termes : une communauté peut-elle faire Église ou pas ? Routes défoncées, ponts emportés peuvent-ils empêcher l'annonce de

64. « Frontières » désigne l'entrée dans un nouveau monde encore inexploré, mais aussi le choc entre deux univers : celui qui se définit comme un État de droit par opposition à celui de l'aventure où tout semble permis.

65. Équipe dont la responsable laïc était la catéchiste Dijanira.

66. Selon certains, la majorité des paysans analphabètes ne possédaient pas plus de trois cent mots dans leur vocabulaire. Souvent, seuls les enfants savaient lire et écrire.

67. Le frère Renato partit en poste dans l'État du Maranhão.

68. Mathieu 18, 20. Il ne faut pas laisser les évangéliques penser qu'ils ont le monopole de la Bible !

69. La paroisse était aussi grande qu'un département avec 1 500 km à parcourir si l'on fait la somme de toutes les pistes à parcourir.

l'Évangile et la vie chrétienne d'être vécue ? Priver de sacrement ceux qui sont les plus défavorisés, peut-être, mais pas de la grâce de Dieu. Quand tous les ponts seront réparés et les routes redevenues praticables, le célibat restera-t-il encore un obstacle à l'accès à l'eucharistie de tous ceux qui sont loin du centre[70] ?

Alors, réduire le canal de la grâce à la personne du prêtre pose quelques questions, et c'est la tâche des théologiens d'y répondre à condition qu'ils sortent de leurs bibliothèques et élaborent une ecclésiologie qui tienne compte de la réalité vécue dans les communautés chrétiennes. J'ai souvent pensé qu'il fallait déplacer le pôle d'attraction qui nous empêche de voir ce qui se passe à côté ou d'imaginer comment cela pourrait être si nous prenions d'autres paradigmes. Pendant vingt ans les communautés ont toujours été en progression dans mon secteur, qui avait fait le choix des communauté ecclésiales de base. Si les évangéliques ont augmenté sur la ville, en partie à cause des nombreuses migrations, nos communautés ont continué à exister dans la mesure où elles avaient le soutien et l'appui de l'équipe pastorale. Je reviendrai sur ces questions au cours de mon récit.

Le long exil d'Honorato

Du Goiás, je recevais quelques nouvelles par Henri qui s'inquiétait de la situation de notre ami Honorato. Un procès avait été engagé contre lui à Natividade, plus sérieux que le mien. Il risquait la prison et, en plus, sa vie était en danger, les tueurs étant toujours à sa recherche. Ne pouvant vivre en fugitif permanent à Goiãnia, Henri me proposa de le faire partir avec sa famille vers Uruará, une terre d'exil où il serait comme moi à l'abri. La famille partit en exil : trois jours et trois nuits de voyage en terres inconnues, avec six enfants en bas âge. Je revois la scène de l'arrivée : un soir, revenant de visite dans une communauté, je les retrouvai assis à même le sol de l'entrée de notre lieu d'accueil, entourés de leurs baluchons, harassés. Dans leurs yeux, je devinai cette petite lueur d'espoir. Henri les avait sortis de la gueule du lion, maintenant, ils déposaient en moi leur confiance. Quel choc ! Nous avions échappés à la mort et nous étions désormais voués à partager le même exil. La différence était grande pourtant, je n'avais ni famille à charge ni terre à trouver dans cette région si différente. Dans tous les cas de figure, le pauvre est toujours perdant.

---

70. Réponse supposée dans la conclusion.

La solidarité joua : d'un côté les frères de Lassalle les hébergèrent et de l'autre des colons, membres du syndicat, se mirent en quête d'un lopin de terre. Ils trouvèrent un lot à plus de 35 kms à l'intérieur au km 180 sud. C'était loin, très loin, mais il n'y avait pas le choix. Une autre aventure s'ouvrait. Honorato partit avec son aîné et, en quelques mois, ils avaient défriché pour planter du riz et construit leur cahute de paille. Ils vivaient au milieu des panthères, serpents et autres animaux sauvages dont ils écoutaient les cris la nuit, se nourrissant des produits de la chasse. Sa famille le rejoignit et, tels de nouveaux Indiens, ils s'enfoncèrent dans la forêt, leur nouvelle demeure. Ils purent acheter quelques années plus tard un terrain plus proche de la communauté. Qui peut imaginer les souffrances et les sacrifices par lesquels passa cette famille qui n'est pas un cas à part ? Recommencer tout à zéro : défricher la forêt, préparer la terre et planter, clôturer, cueillir, aménager sa maison, sans aucun recours extérieur, tout à la force des bras. Résister aux insectes, aux fièvres de toutes sortes, être obligée de faire 30 kms à pied, baluchon sur la tête, sous le soleil insolent des tropiques afin de pouvoir accoucher. Quelle volonté de vivre, quelle dignité jusque dans les situations les plus inattendues ! Ce qu'ils vivaient était plus difficile qu'à l'arrivée des premiers colons qui trouvaient, malgré tout, une maison sur l'axe principal. Fidèle à ses convictions, Honorato s'inscrivit donc au syndicat et en devint un membre actif. Changer de région ne signifiait pas changer de religion ni d'idéal comme cela se produisait pour beaucoup qui perdaient leurs points de repères. Analphabète peut-être, cela ne l'empêchait pas de débattre et d'argumenter avec ceux qui l'accusaient d'être communiste. Lula était son orgueil et sa revanche de paria, face à cette classe qui méprisait les Noirs et les pauvres, traités de fainéants !

Panta, le surnom de sa femme Francilena, avait un regard plein de douceur où le sourire était la plus belle expression de son amour pour ceux qui venaient la voir. Quelle foi, quelle patience ! Lorsque j'ai dû rédiger mon mémoire de théologie biblique sur la théologie de la libération et la théologie de la Croix en Paul, je me suis inspiré de son exemple. Pouvait-il y avoir meilleure illustration qu'une simple paysanne qui croyait en la libération des pauvres et vivait son calvaire en communion avec Jésus, comme une évidence, en toute simplicité. La foi était leur boussole, ils ne perdaient pas une célébration, seule la fièvre pouvait les forcer à rester allongés dans leur hamac.

Les autres paysans avaient eux aussi perdu leurs racines et, dans cet univers, tout était à reconstruire. Il leur était même difficile d'entonner leurs complaintes du Goiás qu'ils avaient tant de fois chantées. Comment chanter sur une terre étrangère ? Le cadre n'était plus le même. Quand leur terre commença à produire, leur joie était de pouvoir inviter toute la communauté au repas préparé, partageant ainsi leur récolte : riz, haricots, farine de manioc, le tout agrémenté d'un poulet ou de viande de porc. Les mangues tombaient de leurs arbres. Ils incarnaient la parole mieux que tout commentaire :

> Quand tu récolteras, tu offriras les prémisses au Seigneur et tu te souviendras que tu sortis de l'esclavage[71].

Le Seigneur ici c'était la communauté. Mais le prix de l'exil fut lourd. Honorato ne peut plus faire d'effort, sa colonne vertébrale succomba aux charges transportées sur son dos. Panta passe son temps à lutter contre toutes sortes de douleurs en prenant des herbes médicinales, et à l'heure actuelle sa vue s'est terriblement affaiblie. Il ne leur reste que leur dignité. Celle du juste qui n'a jamais pactisé avec le mal et le défaitisme. La plupart de leurs enfants sont partis, certains sont restés, ainsi va la vie et le constat d'Alain continue implacable.

Dans les années 85

Il faut toujours profiter des époques calmes, car elles sont rares et courtes. Paulo Medeiros, le nouveau président du syndicat, débarqua en trombe chez moi pour m'informer que trois travailleurs d'une propriété au km 190 nord avaient été surpris dans leur sommeil et sauvagement assassinés. Angelo Debease, l'homme fort d'Uruará, était soupçonné d'avoir commandité le crime. Il était le patron d'une des trois grandes scieries et de l'unique station d'essence de la ville. Il lorgnait une *fazenda* dans la région et avait certainement envoyé ses hommes de main pour nettoyer l'aire, comme il était coutume de dire pour désigner ce genre de service. Pourquoi ce personnage, si riche, avait-il besoin d'employer de telles méthodes ? En tant que représentant officiel des autorités, la police locale était sous ses ordres, il ne serait donc pas incriminé. Angelo circulait en ville, visiblement armé, tel un cow-boy. La mode était aux westerns que j'ai appris à détester.

Le temps passa et le sacrement de la confirmation s'approchait avec la visite obligée de l'évêque. La sœur Angela, chargée de la catéchèse, eut une surprise qui la laissa pantoise. Angelo Debease figurait au nombre des parrains. Nous prîmes la décision de refuser sa participation, et il fallut expliquer au jeune la raison de notre refus. Scandale :

> Comment osez-vous refuser un bienfaiteur de l'Église. N'a-t-il pas aidé la paroisse ?

---

71. Deutéronome 26, 1-11

Nous ne fléchîmes pas. L'évêque arriva et approuva notre décision et la confirmation eut lieu sans Angelo.

Fin décembre, je partis avec Angela dans le secteur des *Placas*. Au km 257, la route était coupée, il avait plu très fort, rendant le passage à gué impraticable. Sur le côté un pont, à moitié brûlé par les paysans en colère, réduit à l'état de vestiges. Soudain, en face débarqua d'une camionnette avec quelques sbires, notre cher Angelo qui ne put lui non plus franchir la rivière qui débordait. Le face à face subit était digne d'une scène de feuilleton à la brésilienne. Quelques jours après les fêtes de Noël, alors que la ville s'éveillait doucement par une matinée nuageuse, les passants ramassèrent des centaines de tracts répandus dans les rares avenues. En voici la traduction :

Cuidado Pais de Família!

O Padre Françês François Gouriou, conhecido em Uruará km 180 como Padre Chico, que na velha república comandava um assassinato contra agentes da Polícia Federal no Sul do Pará, agora revela outra faceta de suas taras:

Pois o Padre comunista é tarado, agora resolveu emprenhar as filhas dos agricultores de Uruará.

Além de ter sido encontrado na ponte queimada do km 257 Distrito das Placas, fazendo amor com a Irmã Gorete.

« Attention pères et mères de famille ! Le *padre* français François Gouriou, connu à Uruará, km 180, sous le nom de *padre* Chico, qui dans la vieille république a commandé un assassinat contre les agents de la Police fédérale dans le Sud du Pará, révèle maintenant une autre face de ses tares : car le *padre* communiste est un taré, il a résolu de s'en prendre aux filles des agriculteurs de Uruará. En plus il a été surpris au pont brulé du km 257, District des *Placas*, faisant l'amour avec la sœur Gorete.

Une paroissienne, m'apercevant dans la rue, plus choquée qu'il ne fallait, m'en apporta en courant un exemplaire. Je ne saurais dire si elle donnait foi à ce genre d'intox ou si elle trouvait cela scandaleux ? Devant un tel torchon, j'esquissai un sourire entendu. La série d'erreurs grossières révélait la source. Angelo Debease tentait de me faire passer pour mon collègue François Gouriou[72] dont il ne connaissait que les rumeurs

72. Quelques années plus tard Ronaldo Barata écrivit un livre sur les conflits dans l'État du Pará. Il raconta mon séjour à São Geraldo. Gouriou et Glory était bien deux personnages distincts. Cela n'empêcha pas certains de m'affirmer que j'étais Gouriou qui se cachait, même en leur mettant le livre sous les yeux.

du procès. Les méthodes de Natividade se répétaient. L'auteur signait cette diatribe en rapportant l'épisode du pont du km 257, en faisant preuve de son indigence littéraire. L'objectif était de démoraliser le curé et la sœur en semant la confusion dans les esprits. Aucune sœur ne portait le nom de Gorete. Savait-il qu'il citait une martyre et vierge ? La sœur Angela, par contre, se sentait atteinte dans sa dignité et souffrit beaucoup de tant de calomnies. L'heure de la réponse viendra en son temps.

La punition tomba le 31 août suivant. Angelo avait des ambitions et projetait de monter une station service à Ruropolis, ville qui se trouvait à 150 km d'Uruará, au croisement de la piste Itaituba-Santarém très fréquentée. L'endroit était aussi convoité par un des hommes forts d'Itaituba[73] qui lui avait fait savoir qu'il ne fallait pas envahir leur zone d'influence. Entre mafieux, il y a un code et il faut s'y tenir. Notre Angelo n'était pas du genre à se laisser intimider. Il prit sa camionnette et partit pour monter son affaire. Il s'arrêta sur le coup de minuit près de la gare routière de Ruropolis. Des tueurs le guettaient et il fut abattu sans pitié. La nouvelle éclata à nouveau comme une bombe. Le lendemain, vers 15 h, en rentrant d'une visite de communauté, je vis la quasi-totalité de la ville devant l'église pour l'enterrement. Je restai le plus discret et invisible possible, me faufilant sous ma Toyota, feignant une panne soudaine ! Ne trouvant pas leur curé, les organisateurs s'adressèrent aux sœurs et Angela accepta de présider. Elle s'arma de courage et ne trouva pas mieux que de lire la parabole du mauvais riche et du pauvre Lazare[74]. Le riche payait ses mauvaises actions dans les flammes de l'enfer ! Le texte parlait en lui-même et elle n'eut pas besoin de faire de longues explications ! Ce texte lu par une femme irréprochable, toute donnée à sa mission, était une douche froide salutaire pour le clan d'Angelo, appelé à la conversion. La miséricorde existe et, quelque temps après, la veuve et les enfants avec qui je n'avais pas coupé les liens grâce à dona Chica, leur voisine, me demandèrent des messes pour Angelo. J'acceptai pour ne pas ajouter à la douleur de la famille.

73. Itaituba, ville sur la Cuiaba-Santarém à 250 km d'Uruará. Elle était un point de rencontre pour des milliers de garimpeiros.

74. Luc 16, 19-31 : Lazare à la fin de sa vie partit pour le paradis et le riche qui n'avait pas eu pitié du mendiant termina dans les flammes de l'enfer !

5

Uruará 2

Des points forts de l'action missionnaire

Après avoir décrit mon arrivée et mes premiers pas sur la Transamazonienne, voici le second volet de mes vingt ans à Uruará. Pour expliquer en quoi cette expérience fut originale, je partirai d'un témoignage et pas n'importe lequel. Il décrit les changements sur une période de huit années.

Un témoin écrivait

En 1985, le frère Jean Raguénès[1] déjà mentionné vint me voir, accompagné du frère François Le Prieur[2]. Je venais d'arriver. De retour, huit ans après, il séjournera deux mois dans la paroisse et décidera ensuite de rejoindre la CPT d'Altamira. Certes, ces propos sont flatteurs pour ma personne, mais je dois les ramener plus humblement à la fonction de pasteur que j'incarnais. Son récit rend bien compte des enjeux de l'époque :

> Lors de ma première venue en 85, il y avait alors très peu d'habitants sur la Transamazonienne ; quelques pionniers étaient arrivés quelques années auparavant. Ni autoroute promise par les militaires, ni route tout court qui devaient entraîner un flux de circulation et une densité galopante de population. On sait la suite : manque dramatique d'infrastructures et

1. Le frère dominicain Jean Raguénès, déjà mentionné, était en mai 68 aumônier d'étudiants à Paris avec Henri Burin des Roziers. Il partit ensuite à Besançon comme prêtre ouvrier. Dans les années 70, il fut un des mentors du conflit « Lip » aux côtés du leader Charles Piaget. Voir la référence à son livre, *De Mai 68 à Lip*, ch. 4, note 30.

2. Auteur du livre *Quand Rome condamne*, éd. du Cerf histoire/Plon Terre-humaine, 1989 : ouvrage de plus de 800 p. qui retrace l'histoire des frères dominicains ouvriers.

pour finir, des pauvres gens complètement abandonnés à leur sort. C'est dans cet état que j'avais trouvé la Transamazonienne au cours de mon premier séjour.

Uruará par exemple ne dépassait guère le millier d'habitants et le long de la route, on pouvait en recenser à peine quelques milliers. Huit ans après, la situation a considérablement évolué. Uruará est devenue une ville de 8 à 10 000 habitants. Les ruelles du village, poussiéreuses et tortueuses à souhait, ont fait place à de larges avenues et à quelques rues pavées. L'école et l'hôpital, alors en projet, sont achevés et multipliés, puisque, aujourd'hui, on compte plusieurs écoles et centres de soins. Les espaces verts et terrains de jeux sont au rendez-vous ; dans la seule ville d'Uruará on ne dénombre pas moins de sept ou huit équipes de football.

Ce dynamisme de la ville se répercute évidemment sur l'équipe municipale comme de la vie associative. Le maire[3] et ses adjoints font un travail remarquable, en lien avec toutes les forces vives de la cité. La société civile elle-même prend corps. Le syndicat, après une éclipse de quelques années, a retrouvé une nouvelle jeunesse. Il s'interroge toujours sur son identité, mais témoigne d'une nouvelle santé. L'église elle-même a suivi le rythme de l'évolution. Hier, simple bâtisse de ciment, sans style ni esthétique, elle s'est muée en un édifice élégant, simple et parfaitement intégré à son environnement. De l'avis de tous sur la Transamazonienne c'est l'édifice le plus réussi !

Elle le doit à sa communauté paroissiale, au bon goût de son architecte[4] et au dynamisme de « Chico » son pasteur.

Je l'avais déjà rencontré en 1985. Il était depuis deux ans à Uruará qui n'était alors qu'un village, mais le travail ne manquait pas, et il lui fallait en plus de sa tâche de pasteur, assurer l'animation d'une quarantaine de communautés sur la Transamazonienne. Comme tout était à créer, il avait naturellement dû exercer ses talents dans de nombreux autres domaines : syndicaux, associatifs, culturels, etc...

D'autres que lui s'y seraient englués. Pensez donc, avoir par la force des choses et durant des années assuré la maîtrise d'une communauté, d'une ville et de toute une région, cela peut vous donner des idées et des droits. Pourquoi lâcher tout cela quand arrive le printemps ?

Et pourtant Chico l'a fait. Aujourd'hui, dans Uruará et sur la Transamazonienne, les structures et les hommes ont pris le relais. Le

3. Jailson Brandão, ingénieur agronome pour la Ceplac (Commission exécutive du plan de plantation du cacao), élu maire le 03 octobre 1992. Il fut précédé de Antonio Lazarini qui structura la ville.

4. L'architecte en question n'est autre qu'Eduardo Manzano Filho, le fils d'Eduardo de la *Comsaude*. Alors qu'il venait de terminer ses études d'architecte, profitant d'un congrès de sa profession à Belém, il vint jusqu'à Uruará. Il fit gracieusement, les plans de l'église d'Uruará et des *PLacas*, puis de ma future maison.

> syndicat fonctionne et a moins besoin de l'assistance du curé ou de la CPT. Le conseil municipal est devenu adulte, la vie associative autonome. Certes, la cause profonde de ces changements est à chercher du côté de la mutation collective du groupe et de la maturité nouvellement acquise. N'empêche... ! Chico par son attitude et son respect des hommes et des institutions y est pour quelque chose. Au demeurant, il n'épargne ni ses conseils, ni ses services. Il refuse seulement d'endosser ce qui revient de droit à ses concitoyens. Grâce à cette attitude, le jeu de la responsabilité personnelle et collective peut s'exercer pleinement. C'est je crois ce qu'on appelle la démocratie.

Jean Raguénès relatait ainsi l'évolution dont j'étais devenu un des agents principaux et non le seul. Comment, dans cette société en pleine mutation, le rôle de l'Église, à travers l'action de ses pasteurs, pouvait-il être décisif ? Il fallait ne pas se contenter d'un rôle strictement religieux, réduisant la foi à la seule dimension spirituelle et, aussi, ne pas tomber dans le piège tentant que donne la notoriété de la fonction[5], en s'attribuant des responsabilités qui incombent à la société civile. Nul n'est indispensable et utile pour tout, à l'intérieur de la communauté chrétienne comme à l'extérieur.

Suivons à nouveau Jean Raguénès qui raconte une journée de visite :

> Ce jour-là, il fait beau. Ni pluie, ni chaleur excessive. Avec Chico, nous quittons Uruará vers 9 h, pour une communauté à quelque 70 Kms. Nous prévoyons deux heures de trajet, ce qui est sage car on ne peut guère faire plus de trente à quarante kms de moyenne horaire. À 11 heures nous arrivons sans encombre à destination, rouges de poussière de la Transamazonienne. La communauté est là, rassemblée et tout endimanchée (nous sommes pourtant en semaine !). Sous ce qui tient lieu de chapelle et qui n'est guère plus qu'un simple auvent, les quelque cent fidèles présents répètent les chants liturgiques qu'ils ont eux-mêmes choisis. Une catéchiste fait office de maître de chapelle, tandis qu'un jeune animateur prépare les futurs communiants. La cérémonie qui va avoir lieu est pour le moins complexe, puisqu'elle va comporter trois sacrements : la réconciliation, le baptême et la première communion. Le célébrant (Chico) va suivre fidèlement la liturgie de la messe. Il commence par une brève introduction en forme de méditation sur le péché et sur la grâce, adressée prioritairement aux premiers communiants : Péchés contre Dieu, contre autrui et

5. Au Brésil, la fonction de curé de paroisse, surtout en milieu rural, jouit d'une certaine notoriété. Elle représente des avantages mais aussi des inconvénients comme celui le plus fréquent, de sa récupération par les caciques locaux qui se servent des ministres du culte à des fins partisanes.

contre soi-même. Puis, les communiants ayant préalablement inscrit leurs fautes sur un papier, le célébrant passe devant chacun, ramasse les papiers après les avoir examinés attentivement, et les brûle dans le foyer prévu à cet effet. Vient alors l'absolution générale.

Après la lecture de l'Évangile, on enchaîne sur la cérémonie du baptême. Très simple également, avec une courte procession des enfants et de leurs parrains, marraines et parents, pour marquer l'entrée des futurs baptisés dans l'Église. Puis, le rituel se poursuit normalement jusqu'à la communion qui sera à peine solennisée par un court dialogue entre l'assemblée et les jeunes communiants. Les jeunes exprimant publiquement leur foi et les adultes les assurant de leur soutien. À la fin de la messe, tous les participants sont invités, par les jeunes et leurs parents à partager le repas communautaire.

Nous prenons à peine le temps de manger et de saluer l'assemblée, déjà il nous faut repartir pour rejoindre l'autre communauté. Cette fois, le parcours risque d'être long et mouvementé : il faut reprendre la Transamazonienne sur plusieurs kilomètres, tourner à gauche sur un chemin de terre à peine tracé et poursuivre pendant une bonne heure, si toutefois l'état de la route le permet !

Finalement, après avoir connu quelques frayeurs au moment de franchir les passerelles qui enjambent les nombreuses rivières, et qui sont en réalité de simples troncs jetés sur l'eau, nous arrivons sans encombre au rendez-vous fixé.

La communauté nous attend, sans doute depuis quelque temps car nous avons pris du retard et il doit-être bientôt 4 heures de l'après-midi. Mais elle ne manifeste aucun signe d'impatience. Le Brésil est comme l'Afrique, il compte les heures autrement. Heureux peuples !

Chico reprend une liturgie parfaitement rôdée et cependant adaptée à chaque cas. L'animation est là encore assurée par des catéchistes et l'assemblée, jeunes et adultes, parfaitement préparés. Après la messe, on discute un court moment des problèmes qui se posent à la communauté et on prend rendez-vous pour la prochaine rencontre. Il est plus de six heures et il nous faut repartir si nous voulons arriver à Uruará avant 9 heures du soir.

Pour moi, il s'agit d'une journée riche en découverte mais un peu épuisante, pour Chico c'est monnaie courante. Hier, il est rentré encore plus tard, vers minuit. Demain, il devra recommencer.

En plus de la ville d'Uruará et ses dix mille habitants, il doit déployer son énergie à visiter près de quatre-vingt communautés. Au mieux, il voit chacune tous les trois mois. Autant dire que l'animation des cérémonies et l'éveil de la foi reposent en premier lieu sur les épaules des laïcs. J'ai pu d'ailleurs vérifier la qualité de leur travail et la valeur de leur foi, en l'absence du prêtre, un dimanche que Chico avait dû s'absenter pour aller célébrer aux *Placas*. J'ai assisté dans l'église à une liturgie de la parole remarquablement menée, avec lectures bibliques, homélie et commentaires. Tout y était… jusqu'à l'instruction particulière aux enfants !

C'est ce qu'on appelle une communauté ecclésiale de base, c'est-à-dire une assemblée adulte dans la foi. Capable de parler de Dieu, de témoigner et d'enseigner, et de le faire avec ferveur, talent et simplicité. On est loin ici des querelles théologiques et autres disputes, sur le rôle « irremplaçable » du prêtre… !

Surtout que dans les premiers temps de l'Église il n'y en avait point !

Nous étions en 92 et je resterai jusqu'en 2004. J'étais en pleine force de l'âge et j'en ai profité. Ce que décrit le frère Jean ne s'est pas fait tout de suite, et nous verrons les étapes qui nous ont menés à cette époque flamboyante. Avant de reprendre le fil de cette histoire, regardons quel était le contexte ecclésial du Brésil à cette époque.

Quelques signes des temps

Premier cas : Leonardo Boff

C'était un lundi soir de mai 85. Avec la sœur Roza et le frère Renato nous venions de rentrer exténués d'une expédition de trois jours au km 201 nord, parcourant 60 kms à pied, sur une piste qui s'enfonçait dans la forêt. Les deux communautés très éloignées n'avaient jamais pu accueillir leur prêtre. Oscar fidèle à ses choix pastoraux refusait de rendre visite à l'une d'elle qui regroupait quelques propriétaires plus aisés[6]. Le dimanche matin, nous célébrâmes mariage, baptêmes et eucharistie. La nuit précédente, il avait plu à verse, si bien que le retour se fit en deux étapes, en devinant le chemin immergé par les eaux. Au retour, Roza et Renato souffrirent des accès de fièvre, conséquence des piqûres d'insectes durant la marche forcée en forêt. J'étais ce soir-là sur mon lit, lisant à la lueur d'un lampion à gaz la *Sélection du Monde*. À 22 h je pris RFI. La nouvelle tomba : Leonardo Boof, théologien de la libération venait d'être condamné à dix-huit mois de silence par le Vatican ! Dans la foulée, son frère, Clodovis Boff se voyait interdit d'enseignement dans les facultés catholiques ; lui qui, se refusant d'être un théologien en chambre, passait

6. Surnommés *glèbistes* car propriétaires d'une glèbe, soit 500 hectares. La responsable de cette communauté avait un mari malade et une fille handicapée. Elle hébergeait tous ceux qui, poursuivant leur route, faisaient une halte. J'y ai souvent trouvé refuge.

chaque année six mois en Amazonie pour aider les communautés les plus nécessiteuses. Belle récompense pour son choix pour les pauvres !

Dix évêques brésiliens prirent la défense de Leonardo Boff et, chose inédite, le parti au pouvoir (PMDB[7]) ainsi que le président de la Chambre des députés écrivirent une lettre à Jean-Paul II. Deux cardinaux, et non des moindres, Paulo Evaristo Arns et Aloisio Lorscheider, firent le voyage à Rome en vue de plaider sa cause. Après une semaine d'attente infructueuse, ils ne purent franchir les portes closes qui les auraient introduits à Sa Sainteté !

Quelques mois auparavant, j'avais rencontré à Fortaleza, à l'occasion de notre réunion annuelle des confrères Mep, le Cardinal Aloisio. Il nous raconta qu'un matin il avait trouvé dans son jardin, une dizaine de chiens éventrés et, que peu après, il avait reçu un coup de téléphone anonyme lui prédisant une mort semblable ! Je pensais : si le Vatican le condamnait au silence, il lui sauverait la vie, mais se priverait d'un prophète !

Les militaires ne réprimaient plus, ils étaient rentrés dans leur caserne. Alors que Reagan gagnait des points en faisant taire les voix discordantes, plus à l'est, Mikhaïl Gorbatchev se préparait à lancer l'ère de la *Perestroïka*. D'un côté la normalisation, de l'autre l'ouverture.

Deuxième cas : *Padre* Josimo Tavares[8]

Tel celui de la sœur Dorothy Stang, son cas est trop éloquent pour ne pas l'évoquer. Coordinateur de la CPT dans le Nord du Goiás, il fut assassiné le 10 mai 1986, jour de la fête des Mères. Henri Burin des Roziers sera le grand articulateur des différents et épuisants procès contre ses assassins[9]. À l'époque je le décrivais ainsi :

---

7. PMDB : Parti du Mouvement Démocratique Brésilien.

8. Déjà cité plusieurs fois.

9. Parmi les assassins du *padre* Josimo, on compte Vilson Nunes Cardoso, qui est encore en fuite à ce jour. En 1993, furent dénoncés d'autres responsables de l'assassinat : Geraldo Paulo Vieira, Adailson Vieira, Osmar Teodoro da Silva, Guiomar Teodoro da Silva, Nazaré Teodoro da Silva et Osvaldino Teodoro da Silva et João Teodoro da Silva. En 1998, Adailson Vieira, Geraldo Paulo Vieira et Guiomar Teodoro da Silva furent jugés et condamnés. Les deux premiers à dix-neuf ans de réclusion et Guiomar à quatorze ans et trois mois. João Teodoro da Silva mourut avant d'être jugé. Geraldo mourut quelques mois après la sentence. Osmar Teodoro da Silva, resté en fuite, fut capturé par la Police en 2001. En septembre de 2003, il fut condamné, à l'unanimité à dix-neuf ans de réclusion. Geraldo Rodrigues da Costa, l'exécuteur du crime, fut condamné en 1988 à dix-huit ans et six mois de réclusion. Il réussit à fuir, trois fois, du pénitencier, mais après la dernière fugue, il ne fut jamais retrouvé. Il serait mort durant une fuite après l'attaque d'une banque dans la ville de Guaraí, État du Tocantins.

Josimo, jeune prêtre noir de 33 ans, résidait, depuis bientôt trois ans, dans le Nord du Goiás, région surnommée o *bico do papagaio*[10]. À la demande de la CPT, il avait choisi cette région que peu de prêtres enviaient à cause des nombreux conflits de terre. Pauvre, il n'avait que sa mère et vivait au milieu des pauvres, partageant leur condition de vie. Notre dernière rencontre remontait à quelques mois en arrière, à Brasilia. Il sortait alors du cabinet du ministre de la Réforme agraire et repartait en bus pour un voyage de 1 500 kms : il devait revenir avec une commission pour revoir le ministre[11] à cause de la situation dramatique des petits paysans de la région. Profitant de la rencontre, je l'avais invité pour qu'il vienne à Uruará fonder le mouvement de la *Conscience Nègre*[12]. Dans sa paroisse, des villages entiers étaient détruits ou mis à feu par les *grileiros*[13]. Josimo se savait menacé. En décembre 84, il fut emprisonné durant dix jours par les militaires, accusé de pousser les paysans à résister sur leurs terres. Deux mois avant sa mort, des hommes de main tentèrent de forcer la porte de sa maison. Une amie, présente sur les lieux, réussit à le camoufler. Peu de temps après, de nuit, une voiture le poursuivit et sa Toyota reçut cinq impacts de balles. Il porta plainte auprès du commissariat qui ne donna aucune suite. Cinq évêques du Goiás demandèrent une audience au président José Sarney. Rien n'y fit, les menaces continuèrent. Quinze jours avant le crime, le conseil diocésain se réunit en présence de l'évêque. La majorité des prêtres présents, peu engagés dans la pastorale de la terre et ne voulant pas d'ennuis, lui conseillèrent de s'éloigner. Il leur répondit calmement, comme à son habitude, en leur lisant son testament spirituel :

« Je voudrais que vous compreniez que ce qui arrive n'est pas le fruit d'une idéologie, d'une faction théologique, ni le fait de ma personnalité. C'est le résultat d'avoir été choisi au sacerdoce et d'y avoir répondu… d'avoir assumé la ligne pastorale qui, par la force de l'Évangile, a fait que j'ai été contraint de prendre parti en faveur des pauvres et des opprimés… je dois assumer. Je suis maintenant tout donné à la lutte pour la cause des pauvres, paysans sans défense, peuple opprimé dans les griffes des gros propriétaires. Si je me tais, qui les défendra ? J'ai seulement de la peine pour ma mère, dona Olinda, qui n'a que moi, et plus personne d'autre pour elle. Pauvre veuve. Mais vous restez. Vous prendrez soin d'elle, je n'ai plus peur. C'est l'heure d'assumer. Je meurs pour une juste cause. Ma vie ne vaut rien en comparaison de tant de paysans

10. Bec de perroquet.

11. Le ministre de l'époque était Nelson Ribeiro, celui déjà mentionné dans l'épisode de l'usine de sucre à Médicilândia. Il était lié à l'Église catholique. Il ne restera que peu de temps : il démissionnera après la mort de Josimo.

12. La sœur Roza, partie pour une session de la CPT, lui apportait mon invitation écrite. Elle arriva le lendemain de son assassinat et c'est elle qui m'en informa.

13. À l'époque, la CPT relevait que toutes les 36 heures un paysan était assassiné au Brésil.

> assassinés, brutalisés, rejetés de leurs terres, laissant épouses et fils abandonnés sans affection, sans pain et sans toit ».

Josimo avait fait un choix, fallait-il le laisser aller jusqu'au bout ? Question sans réponse. Partir semblait être une trahison comme dans le cas de Dorothy. La difficulté venait de la confrontation de deux groupes à l'intérieur de la même Église. Il y a ceux qui étaient prêts à tous les sacrifices et ceux qui trouvaient que la cause défendue ne valait pas un tel renoncement.

Pour certains, qui agissent parfois comme de véritables *fonctionnaires du culte,* avec horaires fixes et jours fériés, la prêtrise ne peut exiger de tels sacrifices. Le prêtre ne peut être *un homme mangé*, selon la belle formule du père Chevrier[14]. La réponse doit dépasser l'opposition entre deux modèles de pasteurs. Ceux qui risquent leur vie pour les brebis en danger, et ceux qui restent dans l'enclos pour, disent-ils, prendre soin des autres[15]. Quand, dans une communauté donnée, seul un des membres reste sur le front sans recevoir l'appui et la solidarité des autres, le risque est grand de le retrouver tout seul à défendre ce qui devrait être la cause de tous. Josimo était responsable de la CPT et en même temps curé, aussi avait-il le soutien des membres de la CPT. Mais, dans son diocèse, la majorité du clergé considérait que cette commission pastorale était aux mains d'agitateurs, généreux peut-être, mais perturbateurs. Dans une telle situation de crise, celui qui s'était engagé ne pouvait reculer, et sa conscience lui disait de résister en héros jusqu'au bout, contre l'avis de la majorité. Fatigué et harcelé de toutes parts, il pouvait ne plus se trouver dans des conditions psychologiques lui permettant de penser à sa propre sécurité.

Si nous admirons la générosité et le courage de Josimo comme celui de la sœur Dorothy, cela exige que nous nous demandions ce qui les a conduits au martyre.

Josimo a été accusé d'être plus marxiste que chrétien, et donc subversif. Il a été cohérent avec son sacerdoce qu'il ne pouvait vivre qu'en solidarité avec son peuple. Il reste cependant une exception et c'est

---

14. Le père Chevrier [1826-1879], fondateur du Prado à Lyon au XIXe siècle, aimait dire : *le prêtre est un homme mangé.*

15. Je cite l'homélie du pape François prononcée le 15 02 15 : « Même si cela doit en scandaliser certains. Il y a deux logiques de pensée et de foi, a affirmé le pape François, la peur de perdre ceux qui sont sauvés et le désir de sauver ceux qui sont perdus. Deux logiques qui parcourent toute l'histoire de l'Église : exclure et réintégrer ». S'adressant aux nouveaux cardinaux, le pape les a exhortés à servir l'Église, « De façon que les chrétiens [...] ne soient pas tentés d'être avec Jésus sans vouloir être avec les exclus », s'isolant ainsi « dans une caste qui n'a rien d'authentiquement ecclésial ». Il les a également exhortés « à servir Jésus crucifié en toute personne exclue, pour quelque motif que ce soit ». Texte original italien dans *l'Osservatore Romano* des 16-17 février 2015.

là où le bât blesse[16]. Son assassinat nous rappelle que nul ne peut vaincre seul. L'enjeu est si important qu'il exige que tous les acteurs en présence soient solidaires les uns des autres, même si tous n'encourent pas les mêmes dangers. Admirer ne suffit pas. Laisser quelqu'un seul en première ligne l'enferme dans son rôle de héros indispensable. J'ai en mémoire l'exemple du cardinal Jorge Mario Bergoglio qui nommait ses meilleurs prêtres dans les quartiers les plus pauvres au détriment du centre. Quand l'un était menacé par les trafiquants de drogue, il lui arrivait d'aller passer quelques jours avec lui[17]. Plus la figure de Josimo est exemplaire et admirable comme celles de tant de martyrs d'Amérique latine, plus elle met en contraste l'indifférence et parfois l'opposition de ceux qui auraient dû épouser le même combat.

Ici, la théologie de la Croix, chère à saint Paul et à saint Marc, rejoint la théologie de la libération. Derrière le pauvre, c'est le Christ qui se cache. Tous ceux qui ont donné leur vie étaient proches d'une lecture biblique inspirée par *l'option pour les pauvres,* ils sont morts non pour défendre un système ou une idéologie, mais parce qu'ils reconnaissaient le Christ crucifié dans leurs frères opprimés. Ils n'étaient pas déguisés en hérauts de l'Évangile, leur exemple était une voix prophétique s'élevant contre l'injustice. Comme le dit dom Pedro Casaldáliga :

> Il est plus facile d'avoir une croix sur le cœur que d'avoir du cœur pour la Croix[18].

Rencontre nationale des CEBs

À la fin juillet de cette même année, avait lieu, près de Goiãnia, le congrès national des délégués des communautés ecclésiales de base (CEBs). Une délégation d'Uruará[19] fit le déplacement avec d'autres membres de la prélature du Xingú. Le congrès rassembla 1700 participants

16. Quelques années après son assassinat, j'avais suggéré à la communauté du 209 sud le nom de *Padre* Josimo comme protecteur, ce qu'elle accepta avec enthousiasme. Mon successeur à Uruará voulut changer le nom de Josimo sous prétexte qu'il n'était pas saint ! La communauté refusa.

17. Ainsi fit Henri avec le père Ricardo Rezende, curé de Rio Maria, dans le diocèse de Conceição do Araguaia. Il dénonçait périodiquement les assassinats de petits paysans avec son comité Rio Maria. Sa vie étant en danger, Henri laissa la CPT du Goiás à l'équipe qu'il venait de former et vint seconder Ricardo qui par la suite partit à Rio de Janeiro. Henri menacé à son tour recevra la protection de deux policiers qu'il gardera malgré lui jusqu'à la fin de son séjour au Brésil.

18. En portugais le jeu de mot est plus évident : *mais fácil ter cruz no peito do que ter peito para a cruz!*

19. Le responsable en était Napoleão, coordinateur de la communauté du 119 nord et membre de la direction du syndicat. Il sera plus tard président de la coopérative des petits paysans. Il fit des centaines de kms à pied pour participer aux réunions syndicales. Encore un héros caché.

dont cinquante évêques. Le cardinal Johannes Simonis d'Utrecht, des Pays-Bas[20], était lui aussi présent. À la fin de la rencontre, les larmes aux yeux, il expliqua à Leonardo Boff :

> Je croyais que les communautés ecclésiale de bases étaient en faveur du divorce, admettaient l'avortement et incitaient à la lutte armée. Quand je vous ai vus prier une heure le matin, deux heures le soir et célébrer la Parole de Dieu, j'ai compris. Je vous demande pardon….

Cette vision était malheureusement celle qui se répandait en Europe et ne pouvait qu'inquiéter la Curie romaine. Le cardinal avait eu le courage de venir et l'humilité de reconnaître que la réalité ne correspondait pas aux critiques faites à l'encontre des CEBs.

La mère de Josimo était là aussi, montrant la chemise ensanglantée de son fils qui avait fait le tour du Brésil à travers le réseau des CEBs. Et elle expliquait : « *J'ai remis mon fils à Dieu* ». Nouvelle Marie au pied de la Croix à qui ne restaient que la tunique du fils et sa foi. Pas de haine, pas de rancœur, aucun esprit de vengeance. L'essence même du christianisme qui puise sa force dans la miséricorde de Dieu.

Troisième cas : Recife ou le scandale accompli

Dom Helder atteint par la limite d'âge prit sa retraite en 1984 et dom José Cardoso prit sa place. En 1986, Miguel Arraes, figure historique de la lutte contre le régime militaire, après un long exil en Algérie, fut élu gouverneur de l'État du Pernambouc. C'était un grand ami de dom Helder. Peu de temps après, la capitale passa à gauche grâce à l'appui du gouverneur. Alors que nous sortions de vingt ans de dictature militaire et que le vent de la démocratie soufflait sur le pays, l'Église qui avait, au prix de lourds sacrifices, été le symbole et le refuge des droits humains, entamait sa normalisation.

Le nouvel archevêque, spécialiste en droit canon, se crut investi d'une mission divine qui devait l'amener à sauver l'Église du naufrage marxiste, en extirpant toute influence de la théologie de la libération. L'ampleur du désastre a été incalculable. On lisait à l'époque sur les murs de Recife ce genre de graffiti : « *Avec dom José la haine, avec dom Helder, l'amour* ».

---

20. On sait que bien avant le Brésil, l'Église des Pays-Bas a été mise au pas et son fameux catéchisme enlevé des circuits ecclésiaux. Les CEBs des Pays-Bas étaient assez loin de celles du Brésil étant donné le contexte.

La presse locale ironisait sur son impopularité comparable à celle du président sortant José Sarney, qui avait inauguré par une gestion désastreuse le retour des civils au pouvoir. Dom José Cardoso ne pouvait se présenter dans une église sans se faire conspuer. Pourquoi cette révolte ? Surnommé l'évêque des pauvres, dom Helder avait organisé la pastorale de son diocèse, fidèle aux orientations de la conférence de Medellin dont il avait été un des principaux articulateurs. Son diocèse mettant en pratique *l'option préférentielle pour les pauvres* en inspirait plus d'un.

Dom José entreprit donc de tout démonter pour combattre ce qu'il considérait comme une hérésie. Il commença par supprimer la pastorale rurale implantée par José Servat[21], un prêtre français venu parmi d'autres à la demande de dom Helder, pour évangéliser les immenses zones rurales qui ne voyaient le prêtre qu'à l'époque des *desobrigas*[22]. Un de ses prêtres originaire de Hollande fut muté pour avoir osé continuer à croire en la défunte pastorale. Habitués aux grèves et revendications, ses paroissiens envoyèrent une délégation parlementer avec l'archevêque. Ils se présentèrent dans la cour du palais épiscopal, que dom José avait réinvesti[23], à l'heure fatidique de la sieste. Furieux, l'archevêque fit appel à la police pour les déloger. Cette même police, symbole de la répression, protégera le palais épiscopal durant plusieurs jours contre toute nouvelle tentative de « dialogue ». Choquée, la « Commission Justice et Paix[24] » protesta. La réaction ne se fit pas attendre. Expert en droit canon, l'archevêque dénicha un article justifiant sa décision et démit tous les membres de ladite commission. Un des évêques auxiliaires de Recife pria dom Helder de ne pas se manifester afin de préserver l'unité de l'Église !

Antoine Guérin[25], *Fidéi donum,* originaire de Bordeaux, pradosien[26], vingt ans de travail à Recife dans les quartiers les plus déshérités, coordonnait la pastorale régionale du Nordeste. Au cours d'une réunion d'évêques et de prêtres de la région, il eut l'audace de se faire le porte-parole de ses collègues en émettant quelques réserves sur les orientations du nouvel archevêque. Clergé et évêques présents approuvèrent son intervention. Parti en congé en France, il reçut un courrier de l'archevêché

---

21. Joseph Servat [1922], prêtre du diocèse de Pamiers, *Fidei donum* au Brésil de 1965 à 2002.

22. Cf. le chapitre sur Natividade. Le prêtre visitait les communautés une fois l'an pour administrer les sacrements.

23. Dom Helder vivait simplement et avait abandonné le palais épiscopal.

24. La commission « Justice et Paix » est un organisme d'Église qui veille au respect des droits humains. Son siège est au Vatican !

25. Antoine Guérin [1937], *Fidei donum* au Brésil de 1970 à 2000 ; secrétaire du CEFAL de 2000 à 2004.

26. Les pradosiens : appartiennant à l'association des prêtres du Prado, fondée par le père Chevrier à Lyon au XIXe siècle. Voir plus haut la note n° 14

dans lequel il lui était signifié de ne plus revenir travailler à Recife en raison de son manque de communion avec l'archevêque. Une note précisait qu'il encourrait des sanctions canoniques au cas où seraient organisées des manifestations en sa faveur. L'archevêque de João Pessoa, dom José Maria Pires l'invitera à venir dans son diocèse. Quand ce dernier partira, son remplaçant don Aldo fera tout pour s'en débarrasser. Antoine fera alors jouer son incardination[27]. On croit rêver ! Et ce n'est pas fini.

Puis ce fut le tour de la principale œuvre de dom Helder. Un évêque visiteur vint enquêter sur le fonctionnement du séminaire régional et de l'Institut de pastorale qui formaient les futurs prêtres et les laïcs des vingt diocèses du Nordeste. Malgré l'avis favorable du rapport, Rome, avec l'appui de l'archevêque, prit la décision sans appel de fermer ce qui fonctionnait depuis vingt ans. Ce fut la consternation.

Enfin pour en finir avec les innovations liturgiques, il prit pour cible une nouvelle victime, le père Reginaldo Veloso. Auteur, compositeur et interprète de chants religieux[28] dont la qualité et l'intégration de la dimension culturelle du Nordeste étaient reconnues et appréciées dans tout le Brésil, il fut suspendu de toutes ses fonctions sacerdotales. Ses adversaires avaient envoyé un dossier d'accusation à l'archevêque qui prit sa décision au nom d'un des articles du droit canonique. Aux temps de la dictature militaire, le père Reginaldo avait déjà été inculpé dans le cadre de la *loi de Sécurité nationale* pour avoir composé une chanson qui portait atteinte aux Forces armées ! Comme quoi l'humour est une arme redoutable contre l'obscurantisme, quel qu'il soit. Curé dans un des quartiers populaires de Recife, il avait fondé un mouvement national pour les enfants de la rue. Ses psaumes inspirés par la réalité et la particularité régionale : la sécheresse, le *sertão* désertique de la faim et de la soif, la proximité de la misère et la richesse insolente, donnaient un cadre idéal pour traduire le cri des pauvres. C'en était trop pour certains, les psaumes ne pouvaient prendre parti.

L'épilogue peu glorieux de cette triste histoire arriva le 5 mars 2009. Dom José ne pouvait quitter Recife[29], après ces vingt-cinq ans passés à démonter ce que son prédécesseur avait édifié, sans tomber dans le propre piège de sa logique légaliste. Une fillette de 9 ans s'était retrouvée enceinte de jumeaux, après avoir été abusée par le compagnon de sa

---

27. Terme juridique du droit canon qui définit l'appartenance d'un membre du clergé à tel ou tel diocèse. À moins d'être « suspendu », l'évêque ne peut retirer ce droit à ses prêtres. Après dom José Maria Pires en 1996, ce fut dom Marcelo Pinto Cavalheira et dom Aldo Payotto.

28. Auteur aussi du bréviaire pour les CEBs.

29. Dom José Cardoso quittera Recife atteint par la limite d'âge en juillet de la même année.

mère. Sa mère demanda à une équipe médicale de pratiquer un avortement, la grossesse menaçant la vie de sa fille. Le cas devenu public, dom José se crut obligé de réagir. Plus expert en droit canon qu'en pastorale, il communiqua sa sentence au nom de la *défense de la vie*. La mère et l'équipe médicale se retrouvèrent sous le coup d'une excommunication *ipso facto*[30]. N'étant pas majeure, la fillette ne tombait pas sous le coup de la condamnation !

La nouvelle provoqua de vives réactions, fit la manchette des journaux brésiliens et franchit l'océan. Elle embarrassa certains pasteurs qui se virent obligés de désapprouver une telle interprétation du droit canon par laquelle le propre violeur n'encourait pas les foudres du censeur ! Je rencontrerai un an plus tard une journaliste du journal *La Croix* venue enquêter sur les répercussions d'une telle condamnation. François rappelle souvent que la théorie ne peut prétendre ignorer sans cesse la réalité de la vie[31]. Nous verrons à propos d'un autre cas que s'en tenir strictement au respect de la loi peut parfois aller contre l'esprit de la loi en question. Dom José termina son mandat par cet immense coup d'éclat scandaleux qui le fit connaître dans le monde entier et donna une triste image de l'Église. Disciple de dom Helder, son successeur[32] reçut la charge plus que rude de tout reconstruire, mais il ne pourra faire revenir les milliers de fidèles qui, silencieusement, étaient passés, entre temps, du côté des Églises évangéliques, toutes heureuses de les accueillir.

Quatrième cas : São Paulo

En mars 1989, l'archidiocèse de São Paulo, l'un des plus grands du monde, fut divisé. Le cardinal Paulo Evaristo Arns[33] l'avait organisé en une dizaine de régions avec, à la tête de chacune, un évêque auxiliaire assurant la communion avec le centre. L'harmonie de l'ensemble était un exemple d'unité pastorale. Mais dom Paulo, si bien reçu et reconnu par la société civile et de nombreuses organisations à l'étranger, ne suscitait pas la même admiration à la Curie, qui recevait régulièrement des

30. En fait dom José ne s'était fait que le porte-parole du droit canon, car pour l'Église, quiconque a une responsabilité dans un avortement est excommunié « *latae sententiae* » (par le fait même), sans qu'il y ait besoin qu'un tribunal prononce une sentence. La réaction ne se fit pas attendre.

31. « La réalité est plus importante que l'idée ». *La Joie de l'Évangile*, N° 231.

32. Le diocèse de Récife a ouvert la cause de béatification de dom Helder le 3 mai 2015, après le *nihil obstat* (aucun obstacle) de Rome.

33. Franciscain.

dénonciations visant à miner son image de pasteur prophétique. Ouvertement opposé sur le plan politique au régime militaire, il en dérangeait plus d'un par ses prises de positions en faveur des prisonniers politiques ou d'opposants disparus[34]. Dans le domaine ecclésial, parce qu'il favorisait l'œcuménisme, qu'il accélérait l'implantation des communauté ecclésiales de base[35] et qu'il était proche des théologiens de la libération[36], son influence préoccupait certains au Vatican[37]. Ne pouvant déplacer une telle personnalité, le vieil adage romain revint à l'honneur : *diviser pour régner*[38].

Prétextant la forte explosion démographique, Rome divisa l'archidiocèse en quatre nouveaux diocèses, neutralisant ainsi le cœur de la capitale. Stratégie machiavélique qui fit perdre à l'archevêque la grande masse des pauvres des favelas et ses mouvements populaires, lui concédant la partie la plus noble de la mégapole pour le récompenser de son option pour les pauvres ! Le jour de la division, il apprit qu'il ne faisait plus partie de l'unique congrégation romaine dont il était encore membre[39]. Dans les nouveaux diocèses, la pastorale ne tarda pas à favoriser les mouvements charismatiques au détriment des CEBs. Puis vint la vague des *prêtres chanteurs*, souvent sponsorisée par certains *médias* pour concurrencer les évangéliques, très avancés dans ce domaine. Les musiques jouant plus sur les émotions que sur l'esprit de résistance eurent la faveur des nouveaux liturgistes. Le célébrant se mua en showman[40]. L'Église ne cherchait plus à changer la société, elle invitait ses fidèles à remplir stades et hangars pour louer le Seigneur et recevoir bénédictions et guérisons à l'envi. Les détenteurs du pouvoir pouvaient

---

34. Le meilleur exemple reste le projet ***Brasil: Nunca Mais*** (Brésil : jamais plus) organisé par dom Paulo Evaristo Arns, le rabin Henry Sobel, le pasteur presbytérien Jaime Wright et une équipe. Il a été réalisé clandestinement entre 1979 et 1985 durant la période finale de la dictature militaire au Brésil et il a produit une importante documentation sur l'histoire du Brésil en recueillant plus de 1 000 000 de pages d'information contenues dans 707 procès du Supérieur Tribunal Militaire (STM) montrant l'extension de la répression politique au Brésil sur une période qui va de 1961 à 1979.

35. Il appela à son retour d'exil Francisco (Chico) Whitaker pour suivre les communautés de base et les questions sociales et politiques, et pour travailler avec la Conférence des évêques dans la planification pastorale.

36. Un de ses collaborateurs était le frère Betto, écrivain remarquable, théologien de la libération, militant politique incarcéré [1969-1973] sous la junte militaire et ami personnel de Fidel Castro.

37. Voir le premier chapitre. Le secrétaire d'État du Vatican étant Angelo Sodano, ancien nonce en Argentine et sympathisant des dictatures militaires d'Amérique latine, dom Paulo ne pouvait pas se trouver en odeur de sainteté.

38. *Divide ut regnes.*

39. A Rio de Janeiro, son voisin le cardinal Eugênio Sales resta membre d'une dizaine de congrégations, il sera maintenu à son poste jusqu'à l'âge de 80 ans !

40. « *Ne soyez pas showman* » François au clergé de Rome le 19 02 15.

enfin dormir tranquilles, l'adversaire était maîtrisé et les masses anesthésiées, aspirées par les nouveaux souffles spirituels. L'engouement indéniable pour ces nouvelles manifestations religieuses étaient bien la preuve que les foules attendaient de ses ministres un discours qui les éloigne d'un monde dominé par le mal et les oriente vers un Dieu miraculeux comme au temps de l'Exode. Moïse revenant en scène, non plus en héros qui libère de l'esclavage, versus *Théologie de la libération,* mais comme un *deus ex maquina*, si cher aux nouveaux prédicateurs, histrions d'une dramatique tout empreinte de douleur ! Fini le temps de la réflexion à partir du « *voir, juger et agir»* qui prétendait changer le monde. Évangéliques et catholiques se rejoignaient enfin en proposant chacun leur image d'un Jésus qui seul peut résoudre nos maux. Il suffisait, dans un camp comme dans l'autre, de s'en remettre totalement au Seigneur ! Ce qui en soi ne serait pas une mauvaise chose, si elle n'avait pour effet de supprimer la responsabilité des personnes, en état de souffrance et par là-même manipulables.

Rome respirait : encore une fois avait été évité le danger de voir s'installer une Église qui lui échappait et qui, en octroyant trop de responsabilités aux laïcs, relativisait le rôle irremplaçable du prêtre, cœur et centre de la paroisse. Remarquons cependant ceci : alors que l'Église perdait un peu plus chaque jour sa dimension prophétique et son poids politique dans la société, on assistait à la montée en puissance du Parti des Travailleurs fondé à São Paulo, à l'expansion du Mouvement des Sans-Terre (MST) et au surgissement de diverses organisations de défense des droits humains. Nombre de leurs fondateurs étaient issus des cercles ecclésiaux[41]. Ce qu'ils avaient appris au sein de l'Église, ils le mettaient au service d'une société en pleine mutation. Une des raisons de la crise, dans l'Église, tenait au fait que certains ne voulaient pas abandonner les concepts hérités de la *Chrétienté traditionnelle* d'antan dans laquelle le *trône et l'autel* s'unissaient pour maintenir l'ordre établi. Le monde changeait, le rôle de l'Église allait être repensé. Il fallait distinguer *la Cité de Dieu d'avec la cité des hommes* et en assumer toutes les conséquences[42]. L'Église se comportait encore comme la *Mater et Magistra* (Mère et Éducatrice de tous les Peuples[43]) selon la belle définition de Jean XXIII. Elle découvrait peu à peu son rôle de servante de l'humanité. Dom Paulo avait ouvert le chemin, il fallait aller au-delà.

---

41. Le cas de Chico Whitaker est exemplaire. Président de la commission nationale Justice et Paix, il sera le cofondateur du Forum mondial social de Porto Alegre en 2001. De même, pour Jean Pierre Stedile, un des fondateurs du MST, qui travailla avec la CPT.
42. Cf. Riolando Azzi, *O altar unido ao trono,* São Paulo, Éd. Paulinas, 1991.
43. Jean XXIII, encyclique *Mater et Magistra*, 1961.

Cinquième cas :23 décembre 1989 le père Gabriel Maire est assassiné[44]

Jurassien, séduit par la figure de dom Helder, il était venu en octobre 1980 comme *Fidei donum* dans l'archidiocèse de Vitoria, capitale de l'État de l'Espirito-Santo. Il se fit rapidement remarquer par son charisme et l'archevêque lui confia plus tard un secteur qui regroupait plus de 350 000 habitants. Il formait des responsables de groupes, consolidait les CEBs et appuyait les associations de quartier. Gabriel était confronté aux multiples gangs qui sévissaient dans les périphéries des grandes villes. Son adversaire était plus pernicieux et imprévisible que les gros propriétaires terriens. L'arrivée, entre autres, de dom José Cardoso à Recife avait fragilisé l'action des prêtres qui travaillaient dans les milieux populaires. Ils ne faisaient plus l'unanimité au sein de la hiérarchie.

Acteur important du combat pour la justice, Gabriel ne pouvait que déranger ceux qui prétendaient imposer leurs lois dans les quartiers s'adonnant à toutes sortes de trafic. Un événement fit monter les tensions : un nouveau maire avait été élu à Vitória sur un programme social et annonçait des changements. D'intenses manœuvres et intimidations poussèrent le nouvel élu à démissionner. Les communautés qu'animaient Gabriel refusaient de se conformer à cette décision. Gaby, comme tout le monde l'appelait, se savait menacé mais soutenu par son archevêque et l'ensemble des communautés. Il eut droit à une protection policière, mais préféra s'en passer et compter sur ses amis en changeant souvent de résidence.

Gaby fut abattu, en ce 23 décembre au soir, en rentrant d'une visite de communauté dans laquelle il venait de célébrer un mariage. Trois jours après le meurtre, le commissaire de Vitoria, relayé par les journaux locaux, expédia l'enquête, invoquant une piste crapuleuse. Or, rien n'avait été volé ni sur lui ni dans sa voiture. En fait de crapules, il s'agissait d'un crime politique. C'était clair pour tous. Aussi fallait-il brouiller les pistes. Le procès sera escamoté et les vrais coupables ignorés[45].

Le cas de Gabriel n'est pas celui de Josimo. Mais les deux sont représentatifs de l'engagement de l'Église auprès des plus pauvres, en milieu rural comme en milieu urbain, souvent plus sournois.

---

44. Voir : Gabriel Maire : *Un prêtre français assassiné au Brésil, 1936-1989*, Ed Karthala, collection *Signes des temps*, 2013. *Fidei donum* au Brésil de 1980 à 2009.

45. Il faudra attendre « dix-huit ans après son assassinat, pour que la justice brésilienne consente à rechercher les commanditaires qui ont fait abattre le père français Gabriel Maire dans les favelas de Vitória d'Espirito Santo », écrira *Témoignage Chrétien* dans son édition du 22 juin 2007 ! Cette volte face sera le fruit d'un travail de longue patience entrepris dans sa ville d'origine par un comité animé par ses deux frères et sa sœur.

En découvrant quelques acteurs

Premier cadeau : Carlinho Lázaro

La famille Lázaro habitait au km190 *faixa*[46]. Cita et son épouse dona Inès étaient venus de l'État de l'Espírito-Santo avec leurs trois garçons et leur fille qui, paralysée dès son enfance suite à une méningite, vivait en permanence dans un hamac. Comme la plupart des colons, ils avaient 100 hectares de terre sur lesquels ils élevaient poules et cochons avec quelques vaches pour avoir du lait et une certaine garantie financière. Ils cultivaient du maïs, du riz et des haricots et possédaient une belle plantation de cacao. Celui-ci se vendant bien, l'économie familiale était équilibrée. Dona Inès[47] était professeur à l'école du village, catéchiste et membre de l'équipe de direction de la communauté. La population était divisée en deux classes sociales : d'un côté les familles de colons, Blancs et originaires du Sud, dans leur ensemble de religion catholique, et de l'autre, les ouvriers agricoles travaillant dans les plantations, métis originaires du Nordeste, dont quelques-uns d'obédience évangélique. Bien que disparu, l'Empire colonial reproduisait ses catégories culturelles et sociales. Pour les Lázaro, chrétiens convaincus, il devait en aller autrement. Ainsi deux jeunes employés attachés à leur exploitation vivaient sous leur toit, semblables aux membres de la famille.

Souvent, au retour de mes visites, je faisais une halte pour prendre un café et manger les gâteaux secs de dona Inês. C'était une pause bénéfique pour prendre le pouls de ces pionniers et se raconter les derniers potins locaux. En bons disciples d'Oscar, ils appuyaient le syndicat des petits paysans. Enthousiasmé par le recteur[48] venu faire campagne pour les vocations lors d'un week-end dans la paroisse, Carlinho, le second de la famille, vingt ans déjà, surprit tout le monde quand il émit l'idée de rentrer au séminaire. Perplexe, je lui conseillai de mûrir un peu plus son projet. Ayant abandonné ses études avant le secondaire, son niveau restait faible. Par contre, il se débrouillait bien en mécanique, connaissait toute la chaîne de production du cacao, savait chasser, pécher, se déplacer en forêt et aussi cuisiner. Bon sportif, il était capitaine de son équipe de foot et, sans complexe à l'exemple de sa mère, il adorait débattre sur tout. Les

46. *Faixa* désigne l'axe principal de la Transamazonienne.

47. Un cancer fulgurant l'emportera quelques années après.

48. Le père Salvatore Torres 32 ans, missionnaire italien de la société de Saint François Xavier. Après trois ans de Brésil, il trouvera la mort en octobre 1988 dans un accident de voiture — qui blessa également dom Erwin — en allant visiter des paysans en grève au Brasil Novo, à 45 kms d'Altamira. On suspecte un accident provoqué dans le but d'éliminer dom Erwin qui en réchappa de justesse et resta plusieurs mois en convalescence.

enfants de colons m'ont toujours étonné par leur vitalité et leur capacité à résister, Carlinho en faisait partie.

Voilà donc le cadeau que me fit le Seigneur durant quatre ans. Connaissant bien la région, il me proposa de venir loger chez moi. Ainsi pourrait-il m'accompagner dans mes sorties difficiles et, le soir, il étudierait au collège. Chose dite, chose faite. Mon quotidien s'améliora. J'avais un auxiliaire hors pair, plein d'humour, se riant de lui-même et de son curé. Il me donnait des conseils avec tact, sans faire prévaloir sa supériorité devant mon ignorance dans certains domaines pratiques dont seuls les Brésiliens ont souvent le secret. Connaissant presque tout le monde dans la région, il me déclinait les tendances politiques des uns et des autres, en y ajoutant sa savoureuse appréciation. Après la célébration, il profitait du repas communautaire pour entrer en grande discussion avec quelques paysans sur les enjeux politiques de la région et passer au crible les candidats politiques locaux. Il défendait, avec fougue la figure montante de Lula que la propagande officielle tentait de dénigrer chaque jour un peu plus. L'ironie faisait qu'à cette époque Lula, mal vu des classes les plus démunies, devenait l'espérance des classes moyennes et intellectuelles.

Quand la Toyota ne pouvait pas arriver à destination, nous parcourions le reste à pied, parfois en courant pour mesurer notre résistance, surtout dans les montées. Si nous partions avec sa moto-cross, il prenait un malin plaisir à me donner des sueurs froides sur la grande piste. Nos rares chutes mémorables dans les passages glissants avaient l'art de l'amuser; surtout quand il me contemplait couvert de boue rouge. Conduire une jeep n'avait aucun secret pour lui : entraîné qu'il était depuis son adolescence par son père, il jonglait avec les difficultés de la piste. Lors de nos virées en Toyota, il faisait preuve de maîtrise et d'ingéniosité quand il s'agissait d'emprunter des ponts qui n'en avaient que le nom, mesurant rapidement les risques. En cas d'échec, en bon fils de colon, il trouvait toujours une solution à l'impossible[49]. Tel un Indien, il flairait le danger, en forêt comme en pleine brousse. Un dimanche après-midi, alors que nous marchions à travers les grandes herbes, sous un soleil torride, il poussa un cri qui m'alerta aussitôt du danger : il avait aperçu, au niveau de nos têtes, un petit serpent vert enlacé autour d'une grosse tige. J'eus à peine le temps de bondir de l'autre côté pour éviter une morsure souvent mortelle !

Au cours de ces années, nous n'avons jamais eu d'altercation. Il était trop fin pour se brouiller avec ses amis. Quand nouveau venu, Zezinho[50] le remplacera, il lui donnera ce conseil rempli de sagesse :

---

49. Avec lui j'appris à utiliser un tronc d'arbre comme levier pour désembourber la Toyota. En portugais, c'est le *macaco baiano.*

50. Zezinho était aussi fils de colon, chauffeur, mécanicien, électricien. Il prit le relais de Carlinho. Philippe Hamelin, qui fit un reportage pour la 7 sur Uruará, les contacta pour la réalisation de son film. Il ne pouvait trouver mieux.

La vie avec le *padre* Chico est simple, tu peux faire ce que tu veux à condition que tu n'envahisses pas son domaine.

Pendant mon absence pour un voyage en France de quelques mois, Carlinho se mettra en ménage avec une charmante paysanne. Ils partiront à la ville voisine des *Placas* où ils monteront un commerce d'achat et vente de cacao. Il réussira très bien car il était apprécié des producteurs. Ils auront deux enfants. Je le croiserai un soir à Belém alors qu'il partait dans le Sud se faire opérer d'un cancer de la peau. Il n'eut pas de chance : trois mois après, il était emporté par la maladie.

La mission c'était aussi cela, camaraderie toute simple sans cérémonie, sans discours inutile, servir pour le plaisir. Si la vie du missionnaire a ses heures de sacrifice, elle ne peut-être envisagée comme une suite de renoncements mais plutôt comme une suite de choix qui permettent de goûter à la liberté. Sans Carlinho, je n'aurais pu visiter autant de communautés et j'aurais certainement craqué sous le poids de la tâche. Les jeunes sont pleins d'énergie et de générosité. Il suffit de leur offrir un peu d'espace.

Deuxième cadeau du ciel : Chiquinha[51]

Avant de nous quitter pour aller travailler à la CPT de Belém, Roza s'enquit de trouver une nouvelle secrétaire pour la paroisse. Neide, sa collègue qui assurait le secrétariat était partie à Altamira comme coordinatrice de la pastorale des jeunes. Dona Chica avait, parmi ses nombreux enfants, une perle rare qui s'appelait Chiquinha. Pour aider sa mère, elle faisait le ménage et la cuisine chez une famille de *fazendeiros* du Sud, sacrifiant ses études secondaires. Elle n'avait que 18 ans quand Roza lui proposa de succéder à Neide. Après avoir accepté, elle se mit à la tâche imitant l'ardeur de sa mère. Le soir, après son travail, elle reprenait courageusement le chemin de l'école. Une fois mariée, elle et son mari Zezinho logeront dans l'ancienne maison d'Oscar, qui faisait aussi office de secrétariat. Ils hébergeaient souvent leurs connaissances de passage en quête d'un gîte pour la nuit. Apparemment fragile, elle n'en avait que plus de force de caractère. L'âme de la paroisse devra beaucoup à son infatigable générosité. Pour elle, le secrétariat devait être avant tout un lieu d'accueil, de conseils, de réconfort pour ceux qui passaient, ne serait-ce que pour inscrire un baptême, prendre le programme des visites du *padre* dans les communautés ou apporter leur denier du culte. Aimant les

---

51. *Chiquinha* diminutif de Chica

gens et sa mission, elle n'avait rien de la fonctionnaire qui remplit son horaire, elle faisait face à tout, jusqu'aux funérailles qu'elle présidait parfois en mon absence.

Tous les ans, avec une équipe, Chiquinha et Zezinho organisaient la fête paroissiale qui remplissait la caisse paroissiale. Dans les premières années, un généreux paroissien donnait un bœuf pour la grande grillade du dimanche midi qui suivait la messe. Nous avions hérité du style d'Oscar, qui considérait la fête comme un moment de partage et non de bénéfices financiers. Année après année, Chiquinha aux cuisines et Zezinho à l'organisation générale, la fête prit de l'ampleur et devint la plus importante de la commune. Ce dimanche-là, tous les commerces et restaurants étant fermés, plus de cinq mille personnes venaient acheter leur part de *churrasco*[52] qu'une nombreuse équipe d'hommes avaient préparé pendant toute la nuit. Un vrai rituel dans lequel seuls avaient place les spécialistes du Sud ! Cela devint aussi l'occasion de retrouvailles pour les barons locaux, venus prendre un bain de foule et sonder leur popularité. Quelques heures après, la chaleur humaine et naturelle confondues et la consommation de bière aidant, tous, adversaires ou pas, devenant euphoriques, l'heure de la réconciliation arrivait. Pour ce rituel, je gardais toujours en réserve de gros cigares cubains, cadeau d'un ami[53] que je sortais théâtralement de leur étui métallique. Ainsi, après avoir créé un cercle de convivialité, un peu artificiel il est vrai, j'allumais religieusement le cigare que je faisais passer, chacun tirant sa bouffée de fumée, il devenait notre calumet de la paix ! Une année, un *fazendeiro*, qui avait proféré des menaces à mon encontre quelques jours auparavant, vint à la fête. Invité par ses comparses, il se prit au jeu, entra dans le cercle, fuma et fut ainsi contraint d'accepter de se réconcilier avec son curé ! Le soir tombant, il était incapable de rentrer chez lui. À sa demande, je lui fis la gentillesse de le ramener dans sa propriété au grand émoi de Chiquinha qui, inquiète, observait la scène. Deux expressions pratiquement intraduisibles : *ter jogo de cintura* ou *o jeitinho*[54], expliquent sans doute l'enracinement culturel de tels comportements. Vingt ans après, la paroisse recevait en don deux tonnes de viande pour le fameux *churrasco* !

De santé capricieuse Chiquinha avait bien failli partir pour l'autre monde durant un de mes congés si Carlinho, toujours aussi prompt, n'avait pris la décision de l'emmener avec ma Toyota jusqu'à Altamira

---

52. *Churrasco* désigne les grillades de viandes préparées et grillées à la façon du Sud du Brésil. Coutumes héritées de l'Argentine voisine. Les colons du Sud étaient maîtres en cet art culinaire.

53. Georges Sabaté avec qui j'avais fait une partie de mon petit-séminaire.

54. *Ter jogo de cintura*: Avoir du jeu au niveau de la ceinture : ne pas être raide dans ses positions, faire preuve de souplesse. Les Brésiliens ne sont-ils pas les rois de la Samba ? *Jeitinho* : trouver un moyen de contourner la difficulté, quelle qu'elle soit.

où, *in extremis*, elle subit une intervention cardiaque. Elle avait régulièrement des ennuis de santé et se soignait, par souci d'économie, avec les plantes de la région et surtout grâce à sa foi inébranlable. Ses trois filles partirent encore jeunes les unes après les autres étudier et travailler à São Paulo, qui ne se trouve qu'à 3 000 kms de distance ! Elles rêvaient d'une autre vie que celle de leurs parents. Il est difficile d'imaginer l'audace qu'il a fallu à ces trois jeunes pour se lancer dans une telle aventure. Rosa, l'aînée, fit des études d'infirmière ; Raquel se découvrit des talents de chanteuse et se lança avec brio dans la musique et le spectacle ; Amande, la petite dernière, rejoignit ses sœurs et se destina à étudier l'architecture tout en pratiquant aussi la musique. Destins surprenants d'une famille qui vint du Céara, fuyant la sécheresse et la pauvreté, et dont la génération suivante est repartie vers d'autres horizons. Ainsi va l'âme brésilienne, souvent tiraillée entre un passé de souffrances et l'espoir d'un avenir meilleur. Le Brésilien ne perd jamais l'espoir, même dans les heures les plus sombres. Il croit au *jeitinho*, qui peut venir de Dieu ou de la chance tout simplement.

Chiquinha eut aussi droit à son chemin de croix. Sa mère, dona Chica, fut emportée par un cancer et c'est elle qui prit la suite pour se dévouer auprès de Teofilo, son père qui persistait à boire. Souffrance à laquelle il faut ajouter les soucis que lui donna son plus jeune frère en proie à une adolescence prolongée et difficile. Elle supporta critiques et incompréhensions sans jamais se laisser emporter par la rancœur ou le découragement. L'utopie de l'hymne à la charité de saint Paul[55], devenait en elle réalité. Portée par la foi, elle pardonnait tout, comprenait tout, excusait tout de la faiblesse humaine, à l'exception du mensonge et de l'hypocrisie.

En 2004, c'est un jeune prêtre fêtard et alcoolique qui me succéda après mon retour en France. Chiquinha fit tout pour l'aider. Deux ans après, quelques paroissiens écrivirent enfin une lettre à dom Erwin qui le renvoya aussitôt dans son diocèse d'origine. Le suivant, pédophile, dut s'exiler pour éviter des complications et partit comme missionnaire en Afrique ! Enfin arriva le *padre* Jéova, originaire de la région, ami d'Oscar et d'Alirio. Nous entretenions de bons rapports. Il avait fait son séminaire dans le Sud puis, après un temps à Belém en tant que fonctionnaire du maire de gauche, il demanda l'ordination. Désireux d'aller à Uruará, il me suggéra d'intervenir auprès de l'évêque en sa faveur. Une fois nommé, satisfait, il m'invita trois années de suite à venir donner des sessions bibliques pour les ministres de la Parole et les catéchistes[56]. Mais notre dernière rencontre scella notre

55. Cor 13

56. Durant mon séjour de trois ans et demi à Paris entre 2004 et 2008 au service des prêtres étudiants asiatiques, entre juillet et septembre, je repartais au Brésil pour donner des cours d'exégèse et passai une semaine à Uruará pour une session de formation.

séparation. Un samedi soir, trouvant étrange qu'il restât chez lui devant son ordinateur alors que je partais célébrer dans une petite chapelle de Uruará[57], je me permis de lui faire remarquer que les pasteurs évangéliques ne chômaient pas en ces heures. Il me répondit que les communautés pouvaient se passer de lui ! Ce fut la fin de nos relations[58].

Quelques mois après, j'appris par Chiquinha qu'il prévoyait de démolir l'église[59] que j'avais édifiée grâce à tant de sacrifices de la paroisse et de dons venus de l'extérieur pour en bâtir une plus grande. Ce projet me paraissait le comble de l'absurde face aux besoins des communautés démunies. De plus, la construction serait financée en partie par les commerçants, les *fazendeiros* et les exploitants de bois propriétaires des quelque trente scieries illégales et responsables du déboisement de la forêt tant dénoncée par l'Église locale ! Un comité de paroissiens se forma pour remettre en cause le projet. Jéova resta inflexible. Ne pouvant faire entendre ma voix sur place, j'entrepris alors des démarches auprès de mes relations à Belém, dont l'architecte Eriko Nery[60], et de certains amis scientifiques du musée Goeldi[61], familiers d'Uruará. Ils envoyèrent une pétition à dom Erwin qui promit d'intervenir ; malheureusement, il n'y eut jamais de suite. De son côté, Eriko tenta sans succès de rencontrer dom Erwin lors d'une de ses nombreuses venues à Belém. Quelque temps après de passage à Brasilia, je retrouvais deux de mes amis procureurs de la République[62]. Devant mon désarroi, ces spécialistes de la Constitution brésilienne me proposèrent une solution pour éviter ce « *crime culturel* ». Une loi stipulait en effet que l'on ne pouvait détruire ou endommager un édifice chargé d'histoire, même si celui-ci n'avait pas atteint l'ancienneté nécessaire pour être classé monument historique. L'église d'Uruará entrait dans cette catégorie et ne pouvait donc être démolie. Ils firent diligence et envoyèrent une instruction à leur collègue de Belém qui la transmit à son

57. La communauté dom Oscar Romero dans un des quartiers les plus pauvres de la ville. Voir ch. 3, la note 12.

58. Le maire corrompu, Heraldo Pimenta, venait parfois boire et jouer aux cartes chez lui le soir avec ses proches.

59. L'église avait une capacité de 500 places assises. Il y a une certaine mode dans les nouvelles générations de clercs à vouloir construire des bâtiments immenses au détriment de petites chapelles dans les quartiers périphériques. Cela s'accorde mieux avec la vision d'une Église centralisatrice dans laquelle les CEBs ne sont qu'un pis-aller. Dans cette perspective, c'est le peuple qui doit aller vers le prêtre et non le contraire. Les évangéliques l'ont compris et occupent l'espace laissé vide par les paroisses.

60. Ériko Nery, architecte, était fonctionnaire du gouvernement et inspectait les constructions.

61. Musée de recherche scientifique pour l'Amazonie.

62. Il s'agit du docteur Wagner Gonçalves et de son collègue le docteur Rodrigo Janot. Ce dernier est devenu depuis octobre 2013 procureur général de la République. Il fut l'objet de menaces pour avoir dénoncé les cas de blanchissement d'argent lié à la Petrobras (Entreprise d'exploitation du pétrole brésilien) dans lesquels sont mêlées les élites au pouvoir.

représentant à Altamira. Ce dernier convoqua le *padre* Jéova, qui n'apprécia guère cette initiative qu'il considéra comme une ingérence inacceptable. En conséquence de quoi il me déclara *persona non grata* à Uruará et, par contrecoup, mes relations avec dom Erwin se refroidirent sensiblement. Le *padre* Alirio essaya bien de rétablir les liens, mais ce fut peine perdue. Lorsque je quittai définitivement le Brésil en 2014, je ne pus me rendre ainsi ni à Altamira, ni à Uruará, et ce malgré l'insistance de mes anciens paroissiens et l'invitation d'Alirio qui m'avait si bien accueilli durant tant d'années. De son côté, Chiquinha dut aussi renoncer à faire un saut à Belém pour la soirée d'adieux organisée par nos amis communs. Elle garda secrètement la peine dans son cœur, si bien que dans la paroisse personne ne sut que Jéova la harcelait moralement, allant jusqu'à la contrôler en dehors de ses heures de travail et lui interdire parfois de sortir avec ses amies pour des rencontres amicales ...

Si l'Église est sainte, elle le doit d'abord à ces personnes qui reçoivent les gens quand le prêtre dort, mange ou prie. Chiquinha a toujours fait des heures supplémentaires au secrétariat. De retour chez elle, elle continuait à accueillir quand son curé affichait fermé ! Trop de « *fonctionnaires du culte* » manipulent le caractère sacré du sacerdoce pour abuser d'un pouvoir qu'ils s'octroient arbitrairement. Ils n'ont par la suite aucun scrupule à se débarrasser de ceux qui les ont si bien servis, considérés comme des objets passés de mode ! Chiquinha, qui travaille depuis plus de vingt-cinq ans dans la paroisse, m'avouait récemment son immense peine de devoir continuer sa tâche par obligation, ayant perdu son enthousiasme.

Je me suis étendu sur ce cas et le lecteur comprendra l'importance de ce procès. Il est d'actualité de débattre du rôle des femmes dans l'Église. Débat entre hommes consacrés qui décident évidemment du sort de leurs subordonnées consacrées à leur service, doublement assujetties par leur condition d'employées et de femmes. Avant de débattre du rôle de la femme dans l'Église, il faudra d'abord clarifier les relations de pouvoirs entre le curé et ses collaborateurs.

Uruará : laboratoire et champ d'expérience

En quelques années, Uruará[63] devint une des localités les plus visitée et étudiée par de nombreux scientifiques de diverses disciplines. Qu'est-

63. Uruará qui, au départ avait été planifié par l'INCRA (Institut National de Colonisation et de Réforme Agraire) pour n'être qu'un simple bourg de quelques dizaines de familles, est devenu une ville de plus de 15 000 habitants en quelques années.

ce qui les attirait dans cet endroit perdu ? Les anthropologues[64] arrivèrent les premiers, comme il se doit pour toute recherche sérieuse. Ils furent vite suivis de géographes[65], de démographes[66] et de sociologues[67]. La série se termina avec des vétérinaires[68] et des agronomes[69] qui apportèrent leur touche au développement de certains secteurs de production. Sans parler des nombreux étudiants venus sur le terrain, pour préparer leur monographie ou leur thèse de doctorat. En peu d'année s'était constituée une précieuse banque de données sur les ressources naturelles et les potentialités humaines[70] de la région. Comment pouvait-on la rendre utile et efficace ?

Au fil de la petite histoire pour comprendre la grande

En octobre 1984, j'eus la visite de Patrick Menget, anthropologue réputé[71] qui passait dans la région pour ses enquêtes sur les Indiens

64. Patrick Manget, maître assistant à Paris Nanterre, deviendra ensuite directeur d'Études à l'École pratique des hautes études ; Roberto Araujo du Cnpq (Centre National de recherches. Institut brésilien), Claudia Kawhage du musée Goeldi de Belém et Pascale de Robert de l'IRD.

65. Philippe Lena, géographe et sociologue de l'IRD (Institut de Recherche pour le développement). Dans les années 80, il coordonnait une équipe franco-brésilienne au musée Goeldi à Belém. Il est à l'origine de l'arrivée de Roberto Araujo et de Philippe Hamelin à Uruará. Robert T. Walker (Département de Géographie. Université d'État du Michigan) et une équipe brésilienne ont aussi fait une étude intitulée : *La Guerre amazonienne pour la terre dans le Sud du Pará.*

66. Philippe Hamelin, démographe. En mission entre 1985 et 1988 (ORSTOM – Brésil – Brasilia) au sein du musée Emilio Goeldi (CNPq) de Belém, il analysa la *Dynamique des populations sur les fronts de colonisation en relation avec la dynamique économique*. Il produit un film pour la 7 sur Uruará, intitulé *les Pionniers de l'Amazonie.*

67. Laurence Grandchamp sociologue restera plusieurs années dans la région.

68. Le principal organisateur en fut Jean-François Tourand, du CIRAD (Centre de coopération internationale en recherche agronomique pour le développement), placé sous la double tutelle du ministère de l'Enseignement supérieur et de la recherche et du ministère des Affaires étrangères) et de l'INRA (Institut National de la Recherche Agronomique) qui, avec une équipe brésilienne dirigée par le docteur Jonas Veiga de l'EMBRAPA (*Empresa Brasileira de Pesquisa Agropecuária*), ont travaillé à l'amélioration de l'élevage et de ses débouchées. Nombreux furent leurs étudiants venus en stage comme Annette Ficht, vétérinaire franco-allemande.

69. Bernard David, du Laet (Laboratoire d'études de la Transamazonienne). Philippe Assens, étudiant en agronomie pour Montpellier. Robin Villemaine, doctorant à Dijon. Une étude fut réalisée, intitulée : « *La chasse de subsistance sur un front pionnier amazonien. Le cas d'Uruará* » par T. Bonaudo, Y. Le Pendu, P. Chardonnet (CIRAD Montpellier).

70. Une simple recherche sur Internet révèle le nombre d'enquêtes réalisées.

71. Patrick Menget deviendra ensuite professeur à la Sorbonne. Auteur de nombreux ouvrages, sur l'Amazonie entre autres.

d'Amazonie. Nous sympathisâmes très rapidement. Notre rencontre servira sans doute au déclic magique de cet engouement pour Uruará. Il devint ainsi l'ancêtre d'une longue lignée de chercheurs ! Quelque temps après, alors que, couvert de boue, je rentrais d'une visite de communauté, je tombai nez à nez sur Roberto Araujo, qui m'attendait impatiemment devant mon logis[72]. Il me confessera plus tard que je ressemblais plus à un de ces *fazendeiros* aventuriers qu'à l'image qu'il se faisait du *padre* ! Il désirait, m'expliqua-t-il sans autre forme de procès, m'accompagner dans mes tournées. Etudiant en anthropologie, il préparait une thèse de doctorat à l'université de Nanterre sur « *Les fronts pionniers en Amazonie* ». Pour son enquête de terrain Patrick Menget, son directeur, lui avait tout simplement conseillé de rencontrer le *padre Chico,* missionnaire français qui pourrait l'accueillir. Je fus surpris de cette intrusion sur ma « *réserve pastorale* » ! Je partais en effet le lendemain, en ce temps de carême, à pied avec Roza pour visiter des dizaines de communautés et ignorant tout de notre nouveau venu, j'hésitais un peu. Sur les conseils de Roza, toujours accueillante, j'acceptai finalement cet étudiant sympathique plein d'humour.

Et ainsi débuta notre expédition. La saison des pluies empêchant tout trafic sur la « *Transa* », nous laissâmes la Toyota au km 201 *faixa* et tous les jours, nous marchions sac au dos, environ 15 à 20 kms en direction des *Placas*. Nous arrivions en début de soirée dans la famille chez qui nous passions la nuit. Le lendemain matin avait lieu une célébration au cours de laquelle nous développions le thème de la campagne de carême[73]. À cet effet, j'avais imaginé un petit conte pour rendre plus accessible le message à une population quasi analphabète[74] et intéresser les nombreux enfants présents. Roberto, après quelques jours, connaissait l'histoire par cœur. Je l'invitais ainsi à me relayer et il faisait valoir ses talents de conteur devant un auditoire médusé. Après le repas communautaire, nous reprenions notre marche jusqu'à la prochaine étape. Équipé d'un immense coutelas qui se baladait dans tous les sens, chaussé de pataugas pesants, plus intellectuel que sportif, il ne trouva jamais son rythme de marche. Roza nous suivait avec philosophie, riant de nous voir rivaliser, tels de nouveaux Don Quichotte et Sancho Pança ! À mi-parcours, Roberto nous quitta pour explorer d'autres communautés, il

---

72. Roberto Araujo, fils d'une grande famille de Belém, son père était juge et sa mère biologiste travaillait au prestigieux laboratoire Chagas, du nom du médecin brésilien qui découvrit la maladie du cœur désignée par son nom.

73. En cette année 1986 le thème proposé par la CNBB (Conférence Nationale des évêques du Brésil) en était : *Terra de Deus, Terra de Irmãos* (Terre de Dieu, Terre de frères).

74. Erwin avait coutume de dire que ces populations ne connaissaient pas plus de 300 mots de portugais ! Leur vocabulaire était lié à leur condition de vie perdue en pleine nature. Dans certaine communautés, seule l'institutrice locale et les enfants savaient lire et écrire.

rencontra enfin ce qu'il cherchait, des hommes et des femmes en pleine forêt. Roza et moi-même poursuivîmes notre tournée qui totalisa 400 kms. Comme toute finale, la dernière étape fut assez rude. Nous partîmes en début d'après-midi de la communauté du 213 nord[75] empruntant un chemin escarpé et accidenté[76] sur 15 kms. Arrivés sur la « *Transa* », nous parcourûmes ensuite 5 kms avant d'emprunter le *traversão* du km 209.

Tout en roulant une nouvelle cigarette, Paulo Medeiros nous attendait à l'entrée de la piste avec son mulet pour transporter nos sacs à dos. Il restait encore 10 kms, que nous fîmes péniblement de nuit, trébuchant sur les racines le long d'un chemin détrempé, glissant et miné par les trous. Quelques années auparavant, Paulo avait quitté avec sa famille l'État du Parana pour venir s'établir sur les terres vierges du Pará. Travailleur infatigable, d'une résistance à toute épreuve, capable de parcourir des centaines de kms à moto[77], tel était celui qui ouvrait la marche avec son mulet. Il deviendra mon confident sur tous les sujets politiques et sociaux concernant la région. Il prendra la délicate succession d'Antonio Lazarini au syndicat et, plus tard, il assumera pendant des années la coordination du « *Movimento pela sobrevivência da Transamazônica»* (MPST) basé à Altamira[78].

En ce soir mémorable, la récompense fut à la hauteur de nos sacrifices. Ses parents, qui habitaient une maison tout en bois, simple mais confortable, avaient préparé un vrai festin : poisson et viande, pêché et chassée par Paulo la veille. Leur aventure racontée à la lueur des lampes à pétrole, bercée par le concert nocturne des douces nuits en forêts, n'en devenait que plus fantastique. La lune était très belle et, en contemplant son éclat, je constatai qu'elle annonçait un répit dans les précipitations. Pâques approchait. Le lendemain, la journée serait moins dure et nous allions rejoindre la Toyota qui nous attendait au km 201.

75. Cette communauté attendra plus de dix ans pour voir son chemin transformé en piste carrossable. Leur défaut était d'être tous membres du syndicat et du PT, raison pour laquelle la mairie dirigée par Antônio Lazarini, passé dans l'autre camp, les ignora. Ce n'est qu'après plusieurs mobilisations à Uruará qu'ils obtinrent enfin satisfaction.

76. Cette région de l'Amazonie ressemble à des montagnes russes.

77. Paulo Medeiros souffrira de plusieurs accidents graves et s'en remettra toujours. L'un d'eux arriva au retour d'un voyage à Brasilia. Le bus, rempli de militants, tomba de nuit dans un ravin pour éviter un camion sur la Transamazonienne. Un passager mourrut. Paulo sera plusieurs fois candidat malheureux à la mairie d'Uruará.

78. *Mouvement Pour la Survie de la Transamazonienne (MPST)* Fondé en juin 1989 suite à une manifestation qui réunit plus de 3 000 participants à Altamira. Le MPST regroupait l'ensemble des syndicats des petits paysans de la Transamazonienne.

Philippe Hamelin

La deuxième visite marqua une étape importante dans ce processus de transformation. Peu après le passage de Roberto, Philippe Hamelin, chercheur à l'ORSTOM[79] arriva discrètement. Démographe, il venait étudier les *Fronts pionniers en Amazonie.* Pour son enquête, il devait former une équipe qui partirait ensuite recueillir les informations à l'aide d'un questionnaire. Durant ses séjours, il logeait parfois à l'hôtel, parfois chez moi, ce qui nous donnait l'occasion d'échanger. Les liens qu'il tissait par sa capacité de dialogue, permirent à quelques membres du syndicat de remettre en cause leur pratique. Il avait compris leur problématique et, selon lui, elle menait à une impasse. Au cours d'une de nos nombreuses conversations, il m'avoua ceci :

> Que veux-tu François, tes amis du syndicat ont une générosité exemplaire mais je ne peux tout de même pas les regarder, indifférent, aller s'écraser contre le mur de l'absurde. Leur volonté de s'en sortir est fascinante mais ils marchent à côté de leurs pompes.

Habilement, pour réaliser son enquête, il proposa au syndicat de lui fournir des volontaires qui seraient rémunérés. Roza et Neide complétèrent l'équipe. Cette activité ne pouvait qu'être bénéfique pour ceux qui s'y impliquaient. Ils s'en sentaient responsables et faisaient pour une fois une approche plus sociologique de la réalité. Philippe, de son côté, comme chercheur rattaché au musée Goeldi de Belém, pouvait, sans parti pris, interviewer les adversaires du syndicat et des organisations populaires, me commentant après certaines de leurs réactions. Par ses contacts à tous les niveaux, il fit tomber quelques préjugés, ce qui facilitera plus tard le dialogue entre groupes rivaux. Au cours de l'enquête, nous eûmes droit à quelques histoires rocambolesques. Le propre Antõnio Lazarini visitant ceux que l'on appelait des *glebistas*[80] alla frapper un jour chez dona Helena, dame respectable, directrice de l'école et responsable de sa communauté. Suite à la visite, lors du culte du dimanche, dans un geste de révoltée, elle déchira le questionnaire laissé par Antõnio. L'enquête dirigée par le syndicat, affirmait-elle, était une stratégie destinée à préparer un terrain d'atterrissage clandestin pour que Fidel Castro puisse se poser dans la région[81] ! En manque de télévision pour se changer les idées, certaines

---

79. ORSTOM : Office de la recherche scientifique et technique outre-mer, organisme aujourd'hui remplacé par l'IRD (Institut de recherche pour le développement).

80. Cf., plus haut : à la différence du colon qui recevait 100 hectares, le *glebista* en touchait 500.

81. L'histoire me fut rapportée par Roberto Araujo qui avait assisté médusé à la scène !

personnes inventaient leur petit feuilleton. Plus tard, dona Helena reconnut avoir été manipulée et devint une militante de la cause des enseignants.

Quand l'enquête fut terminée, Philippe invita ceux qui en avaient été les acteurs pour leur commenter les résultats. Il s'avérait que 65 % de la population avait moins de 18 ans. Parmi les plus de 45 ans, 45 % étaient analphabètes. 74 % des colons désiraient rester et 9 % voulaient quitter la région. Suivaient des statistiques sur la santé, les maladies les plus fréquentes, les causes de mortalité y compris provoquées par les morsures de serpents. Philippe fit ses prévisions sur la natalité dont le taux devait augmenter très rapidement en raison de la jeunesse de la population.

Pour une fois, les membres du syndicat n'écoutaient pas un discours idéologique, mais un exposé scientifique auquel ils avaient contribué. Toujours bon pédagogue, Philippe imagina le futur d'Uruará tel qu'il pouvait l'envisager dix ans plus tard. Deux voies se présentaient. L'une consistait à continuer, selon le catéchisme du syndicat, à prôner les cultures de subsistance et à déconseiller les cultures dites capitalistes dont le seul objectif était l'enrichissement. Dans ce cas de figure, il était clair qu'à courte échéance beaucoup de petits paysans, mis en difficultés, seraient tentés de vendre leur lopin de terre. Uruará se transformerait alors en territoire couvert de grandes propriétés et la forêt ferait place à l'élevage du bétail. L'autre voie appelait à une diversification des cultures soutenue par une politique agricole harmonieuse qui tenait compte des ressources naturelles de la région, à savoir le bois dont on ne pouvait ignorer la richesse. Dans ce cas, la population augmenterait et la croissance économique profiterait à l'ensemble. Ce diagnostic secoua les auditeurs et marqua les esprits. Il invitait, d'une part, le syndicat à revoir sa stratégie et appelait, d'autre part, ceux qui croyaient que « *tout était permis* » sur ces terres vierges, à ne pas sacrifier l'avenir sous le prétexte d'un enrichissement facile qui, demain, pourrait se retourner contre eux. Plus l'enrichissement est rapide, plus rapide peut s'avérer la faillite. Un Uruará pour tous était donc possible.

Le déclic ne se fit pourtant pas aussitôt. Antõnio avait quitté le syndicat et Paulo, partisan des thèses de Philippe, avait pris la direction du syndicat. Il rencontra à ses débuts une forte opposition et sera accusé de vouloir éliminer l'aspect combatif du syndicat qui restait plus ancré dans la revendication que dans la gestion de projets économiques. La mutation se fera tout de même, non sans douleur comme l'expliquait le frère Jean Raguénès un peu plus haut. Il ne suffit pas d'avoir son lopin de terre, encore faut-il penser ensuite comment y vivre ? Faire la guerre est une chose, construire la paix en est une autre !

Transition

Après avoir en partie réalisé la construction de l'église à laquelle il manquait encore la tour, qui sera érigée par le frère Anibal en mon absence, je partis en septembre 1989 pour une année sabbatique à Paris. Je m'inscrivis à l'*année de formation aux ministères*[82] qui se déroulait dans le cadre de l'Institut catholique[83]. Cette parenthèse me permit de repartir sur d'autres bases et je revins huit mois après sans pouvoir participer au voyage en Terre Sainte qui terminait le cycle de formation. En mon absence, j'avais été élu coordinateur de la CPT régionale et l'équipe attendait mon retour. J'avais d'autre part hâte de retrouver Uruará. En effet, la largeur de l'église ayant été augmentée par rapport au plan original, la charpente ne supportait plus le poids des tuiles ! Inquiet des solutions qui pourraient être prises en mon absence, j'obtins de mon supérieur général la permission d'abréger mon séjour à Paris. Il était temps car, à mon arrivée, les charpentiers préparaient déjà les nouvelles poutres ! Une commission avait opté pour refaire toute la charpente. Je contestai ce choix et je consultai un de mes amis, Rodolphe Lowenstein[84]. Il me conseilla tout simplement de mettre deux rangées de piliers en bois pour soutenir la charpente. D'une pierre deux coups : cette belle enfilée de colonnes réduisit le coût et améliora l'esthétique. Quelque temps après, j'eus le privilège d'avoir la visite d'un de mes amis ingénieur[85] français dont l'entreprise était spécialisée dans les toitures et les tunnels, il fit son expertise. Je pouvais prier tranquille, m'affirma-t-il, la charpente ainsi renforcée tiendrait bon. Nous venions d'éviter de lourdes dépenses inutiles en optant pour la simplicité. Il suffit parfois de faire appel au bon sens des artisans locaux. Les poutres déjà achetées servirent de colonnes pour la chapelle Saint-Joseph dans un quartier d'Uruará et structurèrent la maison paroissiale aux *Placas* !

---

82. L'année de formation aux ministères était organisée en lien avec la Catho pour les prêtres, religieux et religieuses voulant faire un temps de recyclage théologique.

83. J'eus la chance de refaire de la théologie avec le P. Dolzan, de la morale avec un grand maître le P. Xavier Thévenot, je m'enchantais avec les cours du P. Louis-Marie Chauvet sur la symbolique des sacrements et je profitais de nos grands biblistes : Jacques Briend, Jesus Asurmendi, Charles Perrot, Yves-Marie Blanchard et Michel Trimaille.

84. Rodolfe Lowenstein, juif d'origine allemande dont les parents avaient fui le nazisme, était responsable d'une communauté près des *Placas*. Il avait construit une chapelle. En plus d'être charpentier, il était excellent mécanicien mais vivait surtout du cacao qu'il plantait.

85. Alain Canivet commença sa carrière à Récife et adhéra au PC brésilien durant la dictature. Il vint passer une semaine à Uruará avec sa famille et en profita pour vérifier la solidité de la construction.

Padre Carlos et le congrès des jeunes

Le *padre* Carlos nouvellement arrivé de São Paulo remplaçait à Médicilândia le *padre* Valdir reparti dans le Sud pour raisons de santé. À la recherche d'un prédicateur pour la retraite des agents de pastorale de la prélature, il me sollicita sans trop me connaître. Il pensait qu'après mon année de formation en France je me devais de partager mes découvertes théologiques ! J'acceptai le défi sans trop mesurer l'ampleur de la tâche. Je repris les thèmes développés par Jürgen Moltmann[86] dans son œuvre *le Dieu crucifié* dont certains accents me rapprochaient de la théologie de la libération.

Carlos n'était pas du genre à me laisser tranquille, il me proposa un défi encore plus tentant. La prélature préparait son premier grand congrès de la jeunesse qui devait rassembler à Altamira, en septembre 1992, plus de 500 cinq cent jeunes venus de toutes les paroisses. Les plus éloignés auraient à parcourir plus de mille kms ! Jeune prêtre dynamique venu de la grande São Paulo, riche de son expérience, Carlos en était l'organisateur principal. Comme nous partagions les mêmes utopies, il me demanda de me joindre à son équipe. L'occasion étant si bonne, je lui proposai de monter un gigantesque jeu scénique[87] en m'inspirant de ce que j'avais vécu autrefois chez les Scouts de France au cours de formations que j'avais jadis animées[88]. Séminariste, puis jeune prêtre, j'avais, comme il se doit, fait beaucoup d'animations pour des rencontres de jeunes. Mais ici, la réalité étant différente, mes priorités étaient tournées vers le monde des petits paysans.

À l'époque, la mode était aux grandes célébrations des cinq cent ans de découverte ou d'invasion des Amériques, suivant les points de vue. Celles-ci se préparaient dans un climat parfois polémique. Pourquoi alors ne pas monter un spectacle autour de ce thème en reprenant l'histoire de

86. Né à Hambourg en 1926, Jürgen Moltmann est l'un des plus importants théologiens réformés de la seconde moitié du XXe siècle. Connu pour son insistance sur l'espérance chrétienne et sur la solidarité du « Dieu crucifié » avec les hommes, il a tout particulièrement enrichi la réflexion théologique dans les domaines de la pensée trinitaire, de l'interprétation de la Croix et de la résurrection du Christ, de l'eschatologie, du problème du mal, du messianisme et de la théologie politique. Ses œuvres sont publiées aux éditions du Cerf.

87. En bon disciple de Jean Debruynne, prêtre de la Mission de France qui fut aumônier général des Scouts de France puis des Guides de France. Poète et auteur de nombreux jeux scéniques dont celui de Gerland à Lyon pour la venue de Jean-Paul II et de celui des JMJ à Paris en 1997.

88. En 1972 lors d'un chantier international franco-allemand à Bobo-Dioulasso avec les Scouts du Burkina. En 1972 et 1973, en Guadeloupe pour animer des rallyes qui rassemblaient plus de cinq cent scouts et guides. Trois camps de formation en Nouvelle-Calédonie entre 1976 et 1978.

la conquête et en en soulignant toutes ses conséquences pour les héritiers : Blancs, Indiens, Noirs et Métis ? Le mélange des populations sur la Transamazonienne était fortement porteur de cette réalité culturelle en pleine transformation.

Aussitôt dit, aussitôt fait. Une équipe se mit au travail. La sœur Adeline d'Uruará se chargea de la confection des costumes, des diverses parures de chaque époque, et deux jeunes artistes de la fabrication des multiples décors. Grâce à Marcos, de la Comsaude, je retrouvai Zita, une danseuse professionnelle qui habitait Goiãnia. Enthousiasmée par le projet, elle créa la chorégraphie. Ribamar[89], qui avait déjà monté un théâtre avec les jeunes de la paroisse, se joignit à l'entreprise, comme musicien et chanteur du Nordeste. La sœur Dorothée Stang, qui adorait ce genre d'événements, dépêcha son camion communautaire avec une trentaine de ses jeunes. Nous élaborâmes les dix scènes en une semaine de créativité collective. Chaque figurant, retrouvant ses racines, jouait non point un personnage fictif mais un rôle bien réel, celui de ses origines. Les acteurs n'étant plus inhibés, la cohésion du groupe était assurée.

Une semaine avant le congrès, cent cinquante jeunes se joignirent au groupe initial, et en trois jours de répétitions intensives, l'osmose fut réalisée. Le pari était gagné. Les deux premières représentations furent un succès. La lune elle-même, en se levant au dessus des eaux du Xingu, contribua à créer une ambiance magique[90]. Plutôt que de décrire le spectacle, je préfère m'attacher aux leçons que nous en avons tirées.

Assumant pleinement sa négritude, Zita réussit à redonner aux jeunes Noirs la fierté de leurs origines africaines. À l'heure de la répartition en trois groupes, nous avions eu avec Zita la plus grande difficulté à composer celui des Noirs. La plupart voulaient rejoindre celui des Indiens qui, par sa singularité, leur paraissait plus valorisant ! Tout bascula lorsque le groupe des Noirs entra en scène. Les femmes noires, revêtues de robes étincelantes imitant celles de la Bahia[91], dansaient avec leurs compagnons tout de blanc vêtus sur un rythme effréné, provoquant une ovation unanime. Bien que les figurants soient tous issus des communautés, certains spectateurs s'extasiaient en disant :

---

89. Ribamar, originaire de l'État du Maranhão, travaillait avec la Comsaude à Porto-Nacional. Il était artiste, compositeur et interprète, en particulier avec le théâtre de rue. Avec des dizaines de jeunes des quartiers populaires, il monta un orchestre de tambours confectionnés de matériaux récupérés, tels que d'immenses bidons. Il fut lui aussi emporté par un cancer en 2010. Déjà mentionné.

90. Nous refîmes deux présentations quelque temps après, l'une à Uruará et l'autre aux Placas.

91. Bahia, État du Nordeste à majorité noire et de traditions africaines très marquées. Les costumes des femmes sont chatoyants et de toute beauté.

Voilà que le *Padre* Chico a fait venir un groupe de danse professionnel !

Jeune paysanne à la peau très blanche, Dolorès vint m'implorer de la laisser entrer dans le groupe des Noirs, tant leur chorégraphique la séduisait. C'est sans doute la réflexion d'un des acteurs qui traduit le mieux la métamorphose ainsi réalisée :

> Nul de notre groupe ne peut dire aujourd'hui qu'il est Blanc, Noir ou Indien car, en chacun de nous, il y a désormais un peu du Noir, du Blanc et de l'Indien.

Voilà le miracle brésilien[92]. Avant qu'il ne soit économique, il est culturel et, par l'alchimie du métissage, il nous offre poètes, écrivains et musiciens uniques au monde. Le racisme était fort dans la région, et il y avait de quoi être satisfait. Des préjugés étaient tombés et certains étaient fiers de leurs racines.

Le montage d'un spectacle coûte cher et exige de s'investir corps et âme, mais cependant le résultat va toujours au-delà des espérances. Il est aussi un instrument privilégié pour l'apprentissage du travail en groupe offrant l'avantage d'un retour immédiat. Il est en outre un outil excellent pour une prise de conscience de la réalité dans laquelle nous vivons, et il a certainement plus d'impact que cinquante sermons, mêmes percutants !

---

92. Voir les études sur le peuple brésilien de Darcy Ribeiro.

Dom Celso, Chico, Zé-Carlos, Henri, Gabriel et Bey. Porto Nacional

Danse du Congo. Paroisse de Natividade.

Messe à Brevidade Paroisse de Natividade

Pont sur la piste de Brevidade

Les enfants de Brevidade avant la messe.

Devant la maison de Pindorama : En haut à gauche, Florentina et en bas à gauche Perpetua

Manifestation de paysans dans le Tocantins alors Goias.

Avec Emile Destombes dans l'État du Pernanbouco

Monica, Ivana, Robledo et Magali, les enfants de Florentina

La nouvelle église de Pindorama

Dona Didi

Les enfants de Pindorama

Henri avec les paysans

Réunion de la CPT : Aninha, Chico, Henri, un laïc du Sud et Nicole Arpone.

Emile avec les paysans

Domingos avec Henri à Brevidade.

Dom Celso en visite pastorale.

Chico, Almiro, Henri et João banana à Brevidade

La fameuse clôture des « Pois-é ».

Vue aérienne d'Uruará

Communauté du 195 Sud 3.

Procession des Rameaux à Natividade

François Gouriou et Aristide Camio – Le procès à Belém.

Carlinho au secours du padre Chico et de sa toyota embourbée.

La Transamazonienne

Transport de bois sur le traversão 201 Nord.

L'église d'Uruará

Le fleuve Xingu

Traversão 195 Sud.

Le Christ en gloire d'Uruará

Communauté du 170 Nord 1.

Chez Honorato avec sa famille au 180 Sud

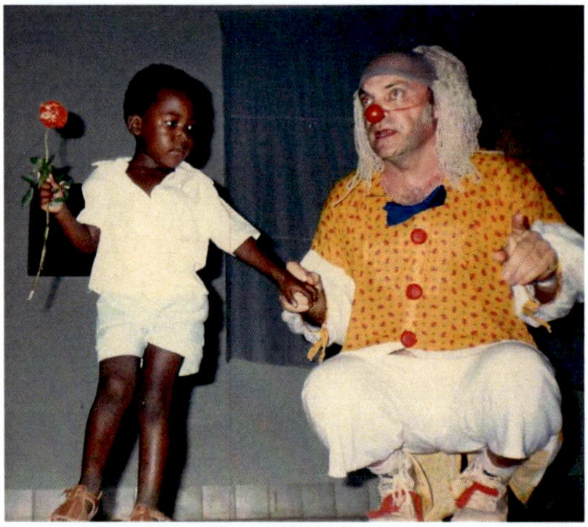

Le clown d'Uruará

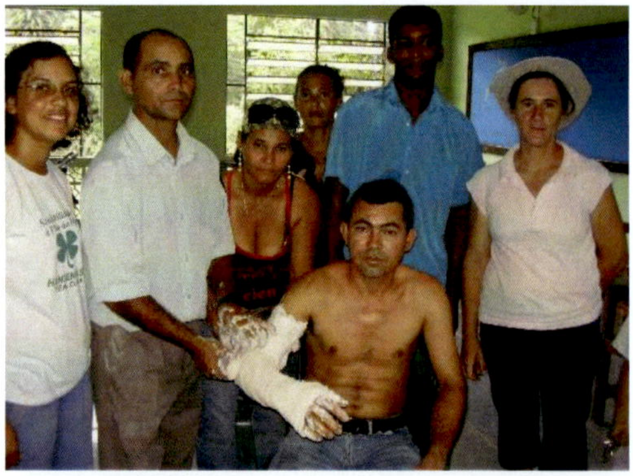

Sœur Dorothy à Anapu

Le médecin Jean Julia de Perpignan. Formation d'agents de santé

Communauté du 155 Faixa

Honorata Panta et Chiquinha

La Transamazonienne en saison des pluies

Carlinho, dom Erwin et Zezinho dans une technique spéciale pour désembourber.

Henri reçoit la légion d'honneur des mains de l'ambassadeur de France à Redenção.
Le padre Ricardo Rezende est le troisième en partant de la droite.

Première Conférence d'Uruará. Sur la gauche : Napoleão.

Retour héroïque après la pluie sur le chemin du 201 Nord. Roza et Chico

Communauté en pleine forêt

Conférence d'Uruará.

Sur la piste de la Transiriri. Km 185 sud

Docteur Wagner Gonçalves, Procureur de la République- Conférence à Uruará

Chiquinha avec Cirlene fille de Mariana, coordinatrice de la catéchèse

Théâtre présenté à Altamira et Uruará.

Deuxième Semaine Sociale Brésilienne : Avec dom Luciano et Memelia.

Manifestation à Altamira

Présentation du théâtre au congrès des jeunes à Altamira. La danse des 500 ans.

La première maison des sœurs au Placas

Durant le Congrès des jeunes à Altamira.

Sœur Dorothy au congrès des jeunes à Altamira

Sœur Adeline et Padre Carlos au congrès des jeunes

Procession de la fête Dieu a Maiobão

Enfants du catéchisme, communauté du Lima Verde – Maiobão

Ecole de ballet Maiobão de dona Conceição

Hanna dans la Passion du Christ. Le vendredi Saint.

Groupe Dançart de la communauté ND de Guadeloupe

Groupe Dançart. Présentation de la Passion du Christ. Communauté ND de Guadelupe

Des étudiants en théologie de São Luis du Maranhão. IESMA

Le groupe d'études Bibliques du Maiobão

Dans le cabinet du procureur général de la République Rodrigues Janot et de son ami Wagner Gonçalves – Brasilia

Brasilia Paulo Medeiros et Lula

Ordination de François Glory, le 30 juin 1973. Ses parents recevant la communion.

6

Uruará 3

La question Arara

Les premiers résultats

Le syndicat[1], après une longue période de crise interne, a modifié son orientation et changé sa pratique. Ainsi arrivèrent les premiers résultats positifs. Sous l'impulsion de Paulo, son nouveau président, les objectifs avaient pris une tournure plus pragmatique. Une de ses priorités était d'améliorer les conditions de l'agriculture familiale en lui offrant non seulement les moyens de produire, mais aussi de commercialiser les fruits de son travail. En se regroupant dans *le Mouvement Pour la Survie de la Transamazonienne* (MPST) les syndicats de la Transamazonienne avaient décuplé leur forces. En mai 1991 eut lieu à Belém un large mouvement revendicatif regroupant quelques milliers de manifestants issus de diverses organisations de l'État du Pará, dont le MPST. Après un accord à l'arraché passé avec les banques, trois cent bourses furent attribuées, à titre d'expérience, à l'agriculture familiale. Par chance Honorato, membre actif du syndicat, faisait partie du lot de ceux qui allait tenter l'expérience. Il reçut ses 3 000 dollars de subvention comme une bénédiction. Orienté par Paulo et assisté par un technicien agricole local, il acheta un mulet pour transporter sa production de riz, de haricots, de farine de manioc entre autres pour les vendre en ville. Il clôtura l'espace destiné au pâturage des deux vaches laitières qu'il comptait acquérir. Le reboisement faisant partie du contrat, il planta deux mille arbres fruitiers tropicaux dont une partie alimentait la petite industrie de confitures et de yaourts montée par le syndicat qui avait décidé de se lancer dans la commercialisation de produits locaux[2]. Enfin, il

---

1. Plus connu sous le nom de STR : syndicat des travailleurs ruraux.

2. Une partie de ces projets seront conseillés et financés par une ONG protestante allemande : Brot Für die Welt, *Pão para o Mundo*, Pain pour le Monde. Un des responsables, Henning Retz, était très lié avec la CPT de Belém, dont j'étais à l'époque coordinateur. Agronome, il aida le syndicat dans sa reconversion.

construisit sa maison avec les briques qu'il avait lui-même fabriquées. Il pouvait maintenant espérer des jours meilleurs après ces six années de dur labeur. Quel parcours étonnant, quelle volonté de vivre et quel exemple pour ceux qui méprisaient les organisations paysannes ! La solidarité entre petits producteurs donnait ses premiers fruits et créait une dynamique de développement durable.

Après ce temps de répit et de perspectives encourageantes, 1993 commença dans la douleur. Dona Chica dut se faire opérer d'un cancer à Belém et partit par la suite à São Paulo à 3 000 km dans le Sud, pour suivre un traitement. Elle reviendra quelque temps après et sera vite emportée par la maladie. Son absence fut durement ressentie. Il manquait désormais à la communauté toute l'expérience de cette sagesse populaire dont elle avait été souvent la porte-parole.

Une réserve indigène

À la mi-janvier, le ministre de la Justice, Mauricio Correia, signait un décret qui établissait une réserve indigène sur le territoire d'Uruará. Quelque quinze ans auparavant, la FUNAI[3] avait découvert un petit groupe de quarante-deux Indiens appelés Araras, jusque-là sans contacts avec le monde extérieur, et qui avaient fui l'avancée de la colonisation. En 1990, une réserve voisine avait été attribuée à un premier groupe plus important d'Araras. 1993 se trouvait être l'Année internationale des droits indigènes. Or, il restait encore 45 % de terres indigènes à délimiter. Et le Brésil ne pouvait se permettre de déroger à sa propre Constitution, une des plus avancées dans ce domaine, selon les spécialistes du droit.

À Uruará, la nouvelle fit l'effet d'une bombe à retardement. Exploitants de bois et *fazendeiros* furent les premiers à réagir. Aussitôt sur le pied de guerre, ils contestèrent le décret, menaçant d'entamer un procès contre le ministre de la Justice. Dans ce climat belliqueux, deux hommes essayèrent de calmer le jeu en proposant la voie du dialogue. Jailson Brandão était, depuis le 1er janvier, le nouveau maire d'Uruará. Auparavant ingénieur agronome à la CEPLAC[4], réputé sérieux et intègre, il fit appel à Paulo, qui suivait la question depuis de nombreuses années. Tous deux créèrent en toute hâte une commission représentative des différents secteurs de la société et partirent pour Brasilia. Nombreux étaient ceux qui voyaient derrière ce décret la main de l'Église, défenseur des

3. FUNAI : organisme d'État chargé de la protection des Indiens.
4. CEPLAC : organisme d'État chargé d'accompagner la production du cacao.

droits des Indiens et particulièrement dom Erwin[5] qui avait été, au moment de l'élaboration de la Constitution, l'un des principaux mentors.

De Belém où je me trouvais pour un conseil de la CPT, informé par Paulo, je suivais la situation avec une certaine anxiété. Que signifiait précisément ce décret ? La réserve couvrait 800 000 hectares situés entre le fleuve Iriri au Sud et une ligne droite longeant la Transamazonienne au Nord. Une frontière comme d'habitude tirée au cordeau et qui, à première vue, ignorait la présence des petits paysans qui se trouvaient du mauvais côté. Honorato faisait partie des quelque trois cent cinquante familles qui devaient quitter les lieux. Où iraient-elles ? Bien sûr personne ne le savait. Ces paysans étaient les victimes de deux organismes d'État qui ne s'étaient pas concertés au départ. Chargé de la colonisation des terres, l'INCRA avait délimité des parcelles en pleine réserve indigène pour les attribuer aux colons qui arrivaient ; la FUNAI avait, par négligence, laissé faire durant des années, avant d'en interdire l'accès. Mais le mal était fait. Comment alors réparer une erreur commise vingt ans plus tôt quand les militaires avaient ouvert la Transamazonienne pour y engloutir le trop-plein de petits paysans du Sud, suivis par des colonnes de *Nordestinos*[6] fuyant la soif et la faim ? Ici ils avaient trouvé ce dont ils rêvaient : une terre, du bois et surtout de l'eau, en un mot la terre promise.

Et les Indiens ? Seulement quarante-deux d'entre eux avaient survécu aux ravages provoqués par la colonisation programmée depuis Brasilia. Au fond de leur réserve, non encore délimitée, ils n'avaient certainement pas conscience des enjeux qui se jouaient autour de leur survie. Ils ressemblaient aux rescapés d'un naufrage. Ils étaient considérés comme étrangers sur leur propre terre, vivant dans la peur permanente des exploitants forestiers ou d'aventuriers sans cesse à la recherche de richesses encore non exploitées. C'était la moindre de la justice que de leur rendre ce dont ils avaient été spoliés par la violence, alors que Brasilia semblait se souvenir de leur existence après les avoir souverainement ignorés pendant des années[7].

Le Conseil Indigéniste Missionnaire[8] (CIMI) et les ONG qui défendaient les Indiens étaient très satisfaits de cette avancée car les Araras

---

5. Dom Erwin était président du CIMI et il aura une participation remarquée dans sa contribution à la reconnaissance des droits des Peuples indigènes. Il sera, entre autres pour cette raison menacé de mort par divers lobbies.

6. *Nordestinos, o*riginaires du Nordeste brésilien.

7. Une étude fondée sur un document publié par le Ministère public fédéral, dont faisait partie le docteur Wagner, révélera que 8 000 Indiens furent assassinés durant la dictature militaire.

8. Conseil Indigéniste Missionnaire : commission créée en 1972 par la CNBB (Conférence nationale des évêques du Brésil) pour la défense des Peuples indigènes. La Commission pastorale de la terre (CPT) fut créée à la même époque dans le but de défendre les petits paysans.

allaient enfin retrouver une partie de leurs terres. Le problème c'est qu'il était tard, très tard. Les Indiens n'étaient plus qu'un tout petit nombre et les paysans, qui avaient eux aussi perdu leurs racines et qui avaient le malheur de se trouver sur la même terre étaient eux aussi condamnés à un nouvel exode. Le comble était d'aboutir à un conflit entre pauvres : Indiens contre petits paysans, alors que les coupables n'étaient autres que ceux qui avaient profité de la situation. Ce n'était pas la première fois que les exploiteurs au pouvoir dissimulaient leur incompétence et leur corruption en brouillant les cartes par le biais d'un conflit entre classes exploitées[9].

C'est dans cette ambiance explosive que la commission d'Uruará arriva à Brasilia pour tenter l'impossible. Elle proposait, non pas la révocation du décret, mais une rectification de la démarcation, évitant ainsi un nouvel exode de 80 % des familles. En contrepartie, les Indiens auraient la même superficie, prise sur une partie encore vierge de la forêt. Le marathon commençait.

Après les avoir reçus, le ministre de la Justice les renvoya vers la FUNAI, à qui il revenait de résoudre le problème. Celle-ci les expédia à son tour vers l'INCRA. La course folle se termina chez le procureur de la République Wagner Gonçalves qui, sensible à leur démarche positive, les encouragea à tenter de revoir le ministre de qui dépendaient les décisions de cette importance. La boucle étant bouclée et les portes restant encore fermées, ils terminaient leur parcours dans une impasse décourageante. Flairant le danger d'un échec cuisant et mesurant toutes les conséquences, Paulo prit alors contact avec moi par téléphone. Il m'expliqua :

> La commission est découragée et elle est sur le point d'abandonner. Il faut éviter à tout prix que l'affaire tombe entre les mains des exploitants de bois qui régleront l'affaire par la violence.

Et il me pria de le rejoindre à Brasilia avant qu'il ne soit trop tard. Connaissant les implications tant d'un côté que de l'autre, j'hésitais à prendre une décision. Or, quand Paulo me sollicita, j'étais à Belém, participant à un séminaire sur l'Amazonie en ma qualité de coordinateur de la CPT régionale dont le conseil venait de se terminer. Je profitai de la présence de quelques connaissances, experts en la matière, pour sonder leur opinion. Comme curé d'Uruará d'une part et comme coordinateur de la CPT de l'autre, je ne pouvais, selon eux, refuser l'appel de Paulo à venir le soutenir dans sa tentative de régler un conflit qui pouvait devenir sanglant. Peu se risquaient à prendre parti clairement sur une

9. Ce langage peut paraître emprunté à l'idéologie marxiste, mais peut-on en trouver un meilleur pour expliquer ce genre de situation ?

telle question aussi explosive. J'informai par prudence dom Erwin de mon intention. Bien qu'il fût président du CIMI, il n'avait pas réussi à rencontrer le ministre de la Justice une semaine auparavant. Il accepta ma démarche plus par diplomatie, sans aucun doute convaincu de son inefficacité.

Le 8 février, je débarquai sous une brume matinale à Brasilia, accueilli par Paulo qui me conduisit aussitôt au bureau de Valdir Ganzer[10], député fédéral du Parti des travailleurs et vieille connaissance de la Transamazonienne. Ceux qui au sein de la commission ne portaient pas le PT dans leur cœur reconnaissaient qu'un député venu des bases populaires pouvait parfois être utile ! Quelle ne fut pas ma surprise de retrouver avec Valdir, la journaliste Memelia[11], attachée de presse d'un des procureurs de la République, le docteur Alvaro. Elle avait accompagné en son temps le procès des pères Aristide et François et, à cette occasion, nous étions devenus très proches. Elle avait sur Brasilia tout un réseau de connaissances qui allait se révéler très utile. Je lui expliquai le pourquoi de ma visite. Femme d'action, du bureau de Valdir, elle prit aussitôt contact avec le député fédéral Sigmaringa Seixa, un des anciens avocats du procès de mes collègues. Ce dernier était, par son travail au Congrès, en relations fréquentes avec le ministre de la Justice. Il obtint sans tarder un rendez-vous l'après-midi même avec le ministre ! Je m'étonnai de cet effet du hasard qui nous permettait d'ouvrir les portes aussi facilement. Paulo et moi-même, nous devenions les acteurs principaux de la commission, agréablement surprise de notre efficacité.

Tous assis en face du ministre, nous laissâmes Valdir prendre la direction des opérations. Il mit à profit son art oratoire et exposa la démarche de la commission, qui ne désirait pas l'annulation du décret mais seulement sa révision. Memelia, qui connaissait bien la complexité de la question indigène, renchérit en insistant sur les possibles effets collatéraux que pourrait entraîner la démarcation de la réserve dans l'état actuel des choses. Elle cita, en exemple, un cas qui s'était terminé récemment par un conflit armé entre Indiens et colons. Le ministre paraissait découvrir l'ampleur du drame et son coût social. Avant de prendre une décision difficile, il pesait le pour et le contre, puis se tournant vers moi, il me demanda quelle était ma fonction ? Quand il apprit que j'étais membre de la CPT, il parut rassuré. Il laissa entendre clairement qu'il ne voulait pas se mettre l'Église à dos ! Devant nous, abasourdis par la rapidité de sa décision, il téléphona au président de la FUNAI, pour lui demander de revoir la délimitation de la réserve. Le décret n'était pas annulé, il fallait

10. Voir ci-dessus le passage sur *Placas* et le syndicat de Santarém.

11. Memelia est déjà mentionnée à propos de la libération des pères Aristide et François.

en revoir les frontières pour éviter le départ massif des petits paysans[12]. Nous sortîmes euphoriques du cabinet du ministre mais je pressentais dans les heures qui suivirent, la tempête qui allait fondre sur nous.

Un peu inquiet, depuis la résidence de Valdir Ganzer, j'appelai vers 23 heures dom Erwin, connu internationalement pour ses positions en faveur des peuples Indigènes. Il était juste que je l'informe de la teneur de notre entrevue avec le ministre. Je sentis, en lui communiquant les résultats, le sol se dérober sous mes pieds. Il se montra des plus réticents et me fit remarquer que la Constitution ne permettait en aucun cas que soient négociées les terres indigènes. En clair, le ministre s'était fourvoyé et modifier un décret pouvait ouvrir un grave précédent. J'étais donc, sans l'avoir voulu, complice d'une erreur de taille. J'étais pris désormais dans un labyrinthe d'où il m'était difficile de sortir indemne.

Face à ces sombres perspectives, ma nuit fut plutôt blanche ! Le lendemain, comme il fallait s'y attendre, le président de la FUNAI « *s'excusait* » de ne pouvoir nous recevoir car il attendait un ordre écrit du ministre. Commençait alors, pour Paulo et moi-même, une longue bataille au cours de laquelle nous allions rencontrer de nombreux obstacles.

Pendant ce temps, la commission était repartie enthousiaste vers Uruará, le maire en tête, nous confiant la suite des opérations. Désabusés, nous terminâmes nos démarches chez le procureur de la République chargé de la défense des droits des Indiens. Je rencontrai ainsi pour la première fois le docteur Wagner Gonçalvez qui allait par la suite devenir un de mes meilleurs amis. Il devait déjà être 19 h quand nous passâmes de la salle d'attente à son bureau. Il venait d'avoir une entrevue un peu orageuse avec une anthropologue. Wagner avait l'art de l'investigation. Il commença par m'interroger sur mes activités journalières, mon rayon d'action, mes relations avec les paysans et la population en général. Il transcrivait tous les renseignements avec une rapidité surprenante. Nous nous observions au cours de cet échange dense, mais la sympathie dominait. Après m'avoir écouté, il me répondit avec une franchise qui m'étonna de la part d'un Brésilien. Son regard n'était pas malicieux, seulement empreint d'un peu d'humour et de beaucoup de respect. Le verdict était clair : je perdrais la bataille et mon poste à Uruará ! Après cette nouvelle douche froide, il nous rassura Paulo et moi-même et nous expliqua qu'il était possible de modifier la ligne de démarcation sans révoquer le décret : le seul obstacle était d'arriver à convaincre les diverses parties concernées à conclure un accord. Il existait selon lui un précédent qu'il tenait pour positif : c'était la première fois qu'il rencontrait une délégation qui se battait pour un accord sans nier le droit inaliénable des Indiens à leur terre. Il fallait éviter un nouveau gâchis qui, rendant les pauvres encore plus pauvres, créerait un conflit entre

12. Environ 3 000 personnes alors.

Indiens et petits paysans. Wagner devenait, à partir de ce soir-là, une pièce clé pour résoudre l'impasse. Je gagnais un ami et allait en perdre un autre. Avant de nous renvoyer, il me demanda s'il était possible de venir reconnaître les lieux. Il tenait à se rendre sur place pour juger de la question *in situ*. Cette initiative nous réconforta. Dans les semaines qui suivirent, réunions et débats se multiplièrent afin d'établir le contact entre les deux clans opposés et arriver à un début de pourparler. Mes collègues de la CPT, tant nationale que régionale, dont j'étais le coordinateur, virent ma démarche positivement. La difficulté venait des responsables du CIMI, qui ne voulaient en aucun cas d'un accord qu'ils ne pouvaient que condamner. Après deux mois de vaines tentatives, la CPT que je représentais et le CIMI régional s'entendirent finalement pour inviter le procureur de la République à visiter les lieux.

Venant de Brasilia, Wagner débarqua à Altamira en ce début de soirée du 31 mars 1993, accompagné d'une anthropologue de la « *Commission pro Indio de São Paulo*[13] », préoccupée par l'enquête qui allait être réalisée. J'avais averti dom Erwin de cette venue importante et nous fîmes le détour par l'évêché. Ce dernier était parti dans une communauté et ne pouvait donc nous recevoir. Trois jours plus tard, au retour de l'expédition, il en sera de même.

Mes hôtes découvrirent les charmes des nuits amazoniennes en parcourant à la lueur de la lune les 200 kms de piste, dans l'inconfort d'une Toyota qui n'amortissait ni bosses, ni trous. Le lendemain, nous partîmes sur la piste du km 185 sud en direction du fleuve Iriri[14]. Le CIMI régional avait dépêché son représentant, Tarcisio[15], qui nous suivait avec deux Indiens Araras de la réserve voisine. Nous parcourûmes 60 kms et fîmes halte dans une des communautés de ce *traversão*. De nombreux paysans nous attendaient, dont Honorato. La communauté était dirigée par la famille Zaffari, dont tous avaient gardé un fort accent *gaucho*[16]. Wagner fit le tour de la plantation, admira les plants de cacao, de café, le potager et les quelques têtes de bétail. Comme à son habitude, il écouta, questionna, s'enquit des origines de chacun, de leur histoire personnelle, des condi-

13. *Comissão pro Indio de São Paulo* est une ONG qui défend notamment les minorités ethniques par une assistance juridique.

14. Le Km 185 sud désigne la piste qui part de Uruará et s'enfonce sur 85 kms jusqu'au fleuve Iriri, affluent du Xingu. Cinq communautés étaient réparties jusqu'à une profondeur de 75 kms. J'avais refusé la création d'une communauté au bord du fleuve pour préserver le passage d'une réserve indigène à l'autre.

15. Tarcisio était le représentant du CIMI de la prélature. Il avait été un brillant étudiant à l'université et nous étions amis, même si nous ne partagions pas les mêmes stratégies. Il avait la qualité de respecter notre travail. Il nous suivit avec ma vieille Toyota des premiers temps qui appartenait désormais à un colon de la Transa.

16. *Gaucho*, comme déjà vu, il s'agir de Brésiliens du Sud (Rio Grande do Sul).

tions et dates de leur arrivée. Il prit note de tout. Nous rentrâmes après un repas qui réunit plus de trente personnes. Au-dessus de nous, un petit avion appartenant à des forestiers, tentait de nous surveiller. À mi-chemin, un groupe d'hommes, visiblement excités, bloquant le passage avec leurs camionnettes, s'enquirent de l'objectif de notre venue. Wagner désarma leur ardeur et les fit revenir à des sentiments moins belliqueux.

Arrivés à Uruará, le maire nous avisa qu'une réunion devait avoir lieu dans la soirée et que le colonel du bataillon basé à Altamira serait présent, signe de l'importance de l'événement. Se sentant un peu à l'écart du mouvement, les élites locales faisaient monter la pression. Wagner se rendit à la réunion avec Paulo ; sur ses conseils, je restais sagement chez moi. Il put ainsi juger de l'esprit va-t-en guerre de certains, mais aussi de la bonne volonté de Jailson et de la commission.

Suite à la réunion, il s'installa dans ma salle de séjour, profitant du calme de la nuit. Il faisait des croquis sur la carte de la réserve et demandait de temps à autre des précisions à Paulo pour mieux localiser les rivières et leurs sources. Soudain son visage se détendit et il m'annonça qu'il avait trouvé. « *Trouvé quoi » ?* Je ne le saurai que bien plus tard. Le lendemain, le maire affréta un avion monomoteur et ils partirent survoler une bonne partie de la réserve. Quand ils revinrent, Wagner me confirma que, durant le vol, il avait pu éclairer ses pressentiments de la veille, il devait cependant reprendre toute l'étude de la FUNAI avant de se prononcer. Il ne voulait rien révéler avant d'avoir tout vérifié.

De retour à Brasilia, il s'isola dans son cabinet et, quand il remit son étude au ministre, la face cachée de l'histoire fut révélée : la FUNAI s'était trompée dans son relevé et le décret lui-même, fondé sur une erreur formelle, ne résistait plus à la contestation. Dans les deux camps, ce fut l'étonnement général, mais pour des motifs différents. Que révélait l'enquête détaillée de Wagner ? Elle démontrait, document de la FUNAI à l'appui, que le relevé anthropologique, effectué semble-t-il à la hâte, délimitant ce qui constituait les « *terres indigènes traditionnelles* », ne concernait pas dans la première étude une superficie de 800 000 hectares, mais seulement 500 000 hectares ! Du coup les paysans étaient en dehors de la réserve.

Par quel subterfuge était-on passé de 500 à 800 000 hectares ? En effet, quand l'anthropologue avait fait le relevé, peu de colons habitaient alors la région. Dans un élan généreux en faveur des Indiens et ayant trouvé la superficie insuffisante, il l'avait tout simplement augmentée en créant cette fameuse ligne de démarcation qui avait tant intrigué Wagner lorsqu'il vint sur les lieux. « *Il espérait*, avait-il dit, *que, dans cette bataille, les Indiens ne seraient pas lésés* »[17]. Ce qu'il n'avait pas prévu à

17. Cette réflexion m'a été rapportée par un ami géographe qui prit le même avion à Altamira que cet anthropologue. Tous les deux rentraient sur Belém.

l'époque, c'est que cette bande de terre ajoutée serait, quelques années plus tard, peuplée de colons, envoyés par l'institut chargé de la colonisation (INCRA) ! Le verdict de Wagner était clair : il fallait refaire toute l'étude, ce qui prendrait du temps et de l'argent, ou bien parvenir à un accord entre les deux parties. La commission d'Uruará proposant une réserve indigène de 800 000 hectares n'avait plus, dès lors, de fondements juridiques. Un accord était préférable, conseillait Wagner, tant pour les colons que pour les Araras.

La réaction ne se fit pas attendre. Le CIMI accusa le procureur de trahison. Wagner revint, une fois encore, en mars 1994 à Uruará pour une conférence qui réunissait plus de quatre cent participants. Nous expliquerons comment, en cherchant des solutions alternatives, l'ensemble des protagonistes sont arrivés à un consensus dont l'outil principal fut l'organisation de deux conférences municipales.

La question indigène ne fut malheureusement jamais réglée. Les exploitants forestiers, suivis par de gros propriétaires, profitèrent de cette situation confuse pour piller tout ce qu'ils pouvaient. Je fus accusé par ces derniers de défendre les Indiens et par les défenseurs des Indiens de trahison. Voulant me discréditer, un des anciens responsables locaux de l'INCRA, alla jusqu'à répandre le bruit que je vendais des terres aux Français ! Après une descente de la police fédérale et de l'armée pour lutter contre le trafic illégal de bois, je fus accusé par mes adversaires d'être à l'origine de cette opération. Ce qui ne m'aurait point déplu, mais j'étais loin d'avoir ce pouvoir. Suite à cette intervention, une vingtaine de scieries illégales furent fermées et obligées de payer de lourdes amendes au fisc[18]. Ceci se produisit dans les années 2000. Wagner m'avait averti : vous perdrez votre poste. Et pourtant j'y suis resté !

Changements de stratégie

Nous allons reprendre les étapes de cette aventure à partir de ce tournant. Il s'était passé quelque chose. Uruará changeait : l'histoire qui suit en décrit les étapes[19].

18. La forêt amazonienne court le risque de ne plus pouvoir un jour remplir sa fonction vitale de poumon de la terre en éliminant le CO_2. Voir article dans *La Croix* du 23 03 15.

19. Nous sommes en 2015 et la question de la réserve n'est pas résolue. Il est périodiquement annoncé que tous les occupants non Indiens vont sortir, puis rien ne se passe. Les paysans ne peuvent pas obtenir de financements pour leurs exploitations et les Indiens attendent toujours une solution. Des relevés ont été réalisés, des projets lancés, mais, vingt-quatre ans après, l'indécision persiste !

Mandaté par son université du Nordeste, Toni Fabiano vint passer quelques semaines pour faire une enquête sur les évolutions survenues dans la région, son analyse de sociologue éclaire bien le rôle joué par l'Église :

> Le travail de l'Église dans la région de la Transamazonienne s'intensifia à la fin des années 1970, quand deux prêtres commencèrent à travailler avec les responsables des CEBs à Uruará et Médicilandia[20]. Tous deux étaient membres de la JOC et avaient une expérience pastorale de formation des laïcs. Leur travail influença profondément les pionniers du mouvement syndical de la région. La majorité des fondateurs des syndicats ruraux et des coopératives de la Transamazonienne furent à un moment donné associés à l'action de ces prêtres. Certains des responsables actuels du mouvement des travailleurs reconnaissent l'importance du travail de ces activistes catholiques tout en critiquant leur radicalisme idéologique. Mais à partir d'un certain moment, ce radicalisme a rendu difficile le recrutement et la formation de nouveaux responsables. L'arrivée d'un nouveau curé à Uruará en 1984 changea la stratégie des mouvements de base. Sa nouvelle stratégie, qui suivait l'orientation de la CPT[21], était fondée sur trois éléments : la mise en place d'associations de petits agriculteurs, l'installation de délégations régionales des syndicats des travailleurs ruraux, et l'implantation de petits projets communautaires. Ceux-ci incluaient la construction d'écoles, la création de jardins communautaires, et l'ouverture de lignes de transport avec des camions achetés par l'Église.
>
> Malgré un contenu idéologique beaucoup moins agressif et radical, cette stratégie n'a jamais éliminé le combat mené en faveur des droits des paysans. Au contraire, la majorité des responsables actuels du mouvement syndical et d'autres groupes locaux organisés ont commencé leurs activités dans les communautés catholiques[22]. Plusieurs de ceux formés au sein des communautés catholiques d'Uruará ou d'autres villes de la région ont joué un rôle important dans les revendications auprès du gouvernement de l'État pour la création d'écoles et de postes sanitaires ainsi que pour l'entretien des routes et des ponts. Ils participèrent aussi à la fondation de diverses associations, coopératives et STR[23]. Ce travail

20. *Padre* Oscar Furh, deuxième curé d'Uruará, et *Padre* Alirio Bervian, curé de Medicilãndia décrits dans le chapitre précédent.

21. Commission Pastorale de la Terre dont j'étais à l'époque coordinateur régional.

22. Il est important de souligner, note l'auteur, que la majorité de la population d'Uruará était catholique, même si tous ne menaient pas d'activités politiques dans la communauté ou en dehors.

23. STR : Syndicat des Travailleurs Ruraux qui regroupe les petits paysans.

d'apprentissage des responsables fut le fruit de l'initiative spontanée de divers religieux qui ont travaillé dans la région, comme c'est le cas du prêtre d'Uruará *padre* Chico Glory[24].

1993-2004 : Les onze glorieuses

Rêver d'un autre modèle

Après ce constat d'un observateur extérieur, expliquons maintenant comment des facteurs inattendus furent déterminants pour que nous imaginions, Paulo et moi-même, un autre modèle de développement pour Uruará. Le rôle de l'Église sera décrit dans cette nouvelle étape, sans prétendre présenter un exemple à suivre puisqu'il s'agit d'une expérience particulière. Quel fut donc ce concours de circonstances qui nous amena aux deux Conférences[25] ? Fruits du hasard ou conséquence d'énergies positives ?

La délicate question de la réserve des Araras n'avait pas eu que des inconvénients, elle nous avait projetés tous les deux sur le devant de la scène, et nous étions devenus incontournables par la force des choses. Nos relations avec le nouveau maire Jailson s'étaient resserrées, si bien qu'entre le syndicat, l'Église que je représentais et les pouvoirs publics, la collaboration s'était établie. D'un climat de suspicion, nous étions passés à celui d'une confiance mutuelle.

D'un autre côté, l'intérêt porté à Uruará ne faisait que croître. Les anthropologues et les sociologues étaient suivis par des agronomes et des vétérinaires, pilotés par un jeune technicien de l'EMBRAPA[26] qui tenait l'antenne locale. Signe des temps, le syndicat, appuyé par un organisme de l'État du Pará, montait sa petite fabrique de yogourts artisanaux. Les vents lui étant favorables, il ne cessait de recruter et ses assemblées

24. Toni Fabiano, *Impacto da descentralização politica-administrativa sobre o uso de recursos florestais em oito Municípios da Amazônia Brasileira: Uruará: Pecuarização na Fronteira Agrícola,* Abril 2001, 40 p. « Impact de la décentralisation politico-administrative relatif à l'emploi de recours forestiers dans huit municipalités de l'Amazonie Brésilienne : Uruará : Élevage à la frontière agricole ».

25. Ces deux Conférences sont le résultat d'un long travail de collaboration entre les différents secteurs et classes sociales d'Uruará. Elles furent un événement fondateur et c'est l'objet de ce long chapitre.

26. EMBRAPA : Empresa Brasileira de Produtos Agropecuários (Entreprise brésilienne de produits d'élévage).

faisaient le plein[27]. Paulo, son président qui s'était distingué à Brasilia grâce à son habileté politique, était souvent sollicité à l'extérieur pour partager son expérience atypique. Il devra laisser plus tard la direction du syndicat[28], appelé à assumer la coordination du Mouvement pour la Survie de la Transamazonienne (MPST) à Altamira.

C'est dans ce contexte favorable que s'installa à Altamira une équipe franco-brésilienne de chercheurs. Ce laboratoire, appelé Laet[29], étudiait les possibilités socio-économiques de la région en ciblant ses recherches sur l'avenir de l'exploitation agricole familiale. Par un heureux hasard, Uruará fut choisi comme un des lieux de leur investigation. Un des responsables en était Bernard David[30], ingénieur agronome. Il sera un des acteurs principaux de notre projet de développement. Lui et sa femme Catherine adhéraient pleinement à la pratique des Communautés ecclésiales de base.

Le mandat de Jailson étant pacifique, nous ne gaspillions pas notre énergie en manifestations de protestation ou en luttes partisanes. Le souci d'une société plus juste n'étant pas le monopole d'un groupe, le contexte poussa certains à sortir de leur réserve. En juillet 1993, Jairo Emerson, directeur de la succursale de la Banque du Brésil à Uruará, très soucieux de développement, créa le *Comité d'action pour la citoyenneté contre la faim et la misère*. Proche des classes moyennes, celui-ci permit d'établir un réseau plus large de solidarité. Quelques années plus tard, son successeur, Francisco Rogério, qui accompagna assidûment les financements destinés aux agriculteurs, vivra un drame. Un matin, sa banque locale fut attaquée[31] et il fut prit en otage. Un échange de tirs s'ensuivit entre les policiers et les voleurs. C'est alors qu'une balle perdue blessa à la tête Gonçalvez[32], un de nos seuls élus du PT, qui observait la scène de la véranda d'un commerce, à plus de 300 mètres de distance. Un avion fut affrété d'Altamira pour le transporter d'urgence vers Belém. Embarqué trop tard, il mourut durant le vol. Après avoir semé la confusion, les assaillants prirent la fuite et disparurent dans la nature. Francisco Rogério fut abandonné non loin du km 140. Il sortit quelques jours plus tard de la forêt, épuisé par l'épreuve, retrouvant ses proches traumatisés. Il dut quitter les lieux précipitamment et fut muté loin de notre région, laissant un grand vide.

---

27. Voir le témoignage du frère Jean Raguénès cité plus haut.

28. Paulo sera remplacé par João Batista dos Santos dit Joãozinho.

29. Laboratoire d'étude pour la Transamazonienne (Laet).

30. Bernard David, Breton d'origine, consacra beaucoup de temps à conseiller et à accompagner divers projets de développement à Uruará. Le Laet accompagna le MPST en diverses occasions.

31. On ne compte plus le nombre de fois où les banques locales ont été attaquées.

32. Gonçalvez, membre du conseil municipal pour le PT, et aussi coordinateur de la communauté du 190 Sud 1, une des meilleures de la paroisse.

La violence était devenue un fléau chronique, les délits augmentaient au rythme de l'expansion sauvage de la ville. L'accès à la modernité a son prix ! Une branche de la *Commission Justice et Paix* fut créée pour faire face aux abus de toutes sortes. Affiliée à la CNBB de Brasilia, dont le coordinateur national était Chico Whitaker[33], elle intervenait surtout dans les cas d'abus de pouvoir de la police locale dont les arrestations sans mandat du juge étaient trop fréquentes. Ceci m'obligea à visiter le délégué de police, qui s'habituait mal à me voir si souvent.

Mais la croissance avait aussi ses bons côtés. Ainsi, Uruará célébra l'arrivée de son premier juge, le plus jeune du Brésil quand il fut nommé. Il s'appelait Michel et était originaire du Ceará. Il ne manquait jamais la messe du dimanche et nous nous retrouvions parfois pour un match de foot. L'ambiance étant au rapprochement, au hasard d'une rencontre, un commerçant me fit remarquer aimablement que je n'avais jamais mis les pieds sur leur terrain de foot. Et pour cause, il appartenait à un club privé ! Le prenant au mot — j'étais encore relativement jeune — je posai mes conditions : une paire de crampons, que j'obtins dans l'heure ! Je ne pouvais plus reculer. Armé de courage et de mes souliers, j'entrai le lendemain sur le terrain où mon ami le juge m'accueillit avec un sourire bienveillant. Tout le monde attendait le *padre,* bien sûr, plus par curiosité que par dévotion. Le Seigneur vint sans doute à mon secours en faisant souffler le vent dans le bon sens. Comme ailier, je réussis à faire quelques passes à mon coéquipier Michel, placé au centre, qui marqua plusieurs fois, jusqu'au moment où je shootai dans le ballon qui s'envola en beauté pour retomber miraculeusement dans la cage. Aussi surpris que moi, le gardien n'eut pas le temps d'arrêter sa trajectoire. Beau cadeau du ciel en somme ! Je jouerai dix ans encore, avec moins de chances puis, après une chute qui m'endolorit les poignets[34], je quittai définitivement le terrain[35], à l'âge de 50 ans.

Tous les ans, le mois d'octobre était réservé à la préparation de la fête paroissiale qui avait lieu le dernier dimanche du mois. Cette année-là, inspirés par l'esprit d'ouverture qui s'amplifiait, les responsables de l'organisation eurent l'excellente idée d'en faire aussi une fête culturelle. Les colons originaires du Sud et du Nordeste présenteraient leurs danses, musiques et plats régionaux. Éloignés de leurs origines familiales et culturelles, ils perdaient peu à peu leurs repères et les nouvelles générations, nées dans ce monde en gestation, couraient le risque d'ignorer leur propre histoire. Si d'un côté, l'État et les ONG se préoccupaient de

---

33. Chico Whitaker. Voir l'épisode sur São Paulo.

34. Annette Ficht, vétérinaire stagiaire, me fournit une pommade qu'elle utilisait pour le bétail afin de soulager ma douleur.

35. J'y retournerai plus tard à Paris en jouant avec les prêtres étudiants dont j'aurai la charge durant trois ans, entre 2004 et 2007.

sauver ce qui restait des peuples indigènes en leur reconnaissant le droit à la terre, seul moyen pour leur survie dans ce monde qui les agressait, il ne fallait pas non plus que ces migrants venus de divers horizons perdent leur mémoire. Telle était la condition pour que du métissage entre les différents héritages naisse un nouvel art de vivre. Les fêtes patronales ont souvent été des facteurs de gestation culturelle, dont la religiosité populaire, survivance de nos lointaines racines païennes, est une des expressions les plus traditionnelles.

Uruará était devenu une commune, la justice s'organisait, l'économie était en pleine expansion, autant de facteurs socio-économiques qui contribuaient à la naissance d'une société inédite. Favoriser le seul développement économique pouvait à long terme lui faire perdre son âme et son esprit tant vanté par les premiers arrivants. Les anciens racontaient avec nostalgie les soirées passées à bavarder tout en faisant circuler le *chimarão*[36] de main en main. Le temps ne manquait jamais pour échanger, s'enquérir des nouvelles du voisin, proposer ses services. Heureux temps sans télévision ni bruits assourdissants ! La fête patronale renouait avec les traditions les plus anciennes. Toute la ville s'arrêtait et les barrières tombaient, du moins pour ce moment de retrouvailles. Ce moment, parenthèse dans le temps laborieux, permettait un retour aux sources et devenait ainsi facteur de communion. La musique et la danse, la créativité de l'esprit et la beauté du corps, unis en un même mouvement, se faisaient liturgie païenne — au sens positif du terme — pour célébrer la gratuité de la rencontre, prélude du Sabbat ! Il nous revenait d'évangéliser ce temps. Mes origines corse et catalane ont dû jouer dans cette sensibilité. Ces deux peuples aux racines païennes, ont justement des formes de religiosité populaire très marquées culturellement.

Le hasard faisant bien les choses, un matin, un inconnu se présenta chez moi. Sur la suggestion de Paulo, il tenait à me rencontrer. Il me fit part de son expérience dans un pays d'Amérique centrale où il avait travaillé plusieurs années pour essayer de faire taire les armes et construire la paix. J'avais en face de moi quelqu'un qui connaissait les mécanismes des conflits. Sa démarche avait fait l'objet de plusieurs articles. Un processus de paix, m'expliquait-il, devait commencer par un relevé des richesses et des ressources matérielles d'un secteur donné. Cette première étape avait, selon lui, l'avantage de permettre aux divers protagonistes d'échanger sur un sujet concret et non pas idéologique. Dans un second temps, il fallait définir un projet de développement à réaliser sur dix ans au minimum, en exploitant harmonieusement les ressources répertoriées. La communauté analysait objectivement la situation de départ en vue du but qu'elle se fixait. Moment délicat qui consistait à indiquer les étapes qui

36. *Chimarão*, boisson chaude d'origine indigène à base de maté, très en vogue dans le Sud.

balisaient le projet et à organiser la répartition des responsabilités jusqu'à sa réalisation. Les anciens adversaires étaient invités à regarder ensemble vers l'objectif commun à atteindre. Là résidait la complexité : chaque partie renonçant à ses seuls intérêts, construisait l'avenir sans qu'un groupe ne soit tenté d'en éliminer un autre. Entre le point de départ et d'arrivée, s'opérait une transformation. Celle-ci ne se réalisait que par la participation du plus grand nombre en vue de l'objectif final.

Curieusement, ce discours me rappelait celui que Philippe Hamelin nous avait tenu plusieurs années auparavant. Et, depuis, nous avions avancé en ce sens. Les fruits arrivaient à maturité. Par petites touches successives, remontait à la surface de mon inconscient la conversion que j'avais vécue dans mes jeunes années chez les Scouts de France et qui m'avait préparé à ce que je vivais dés lors.

Genèse d'une vocation ou récit d'une conversion

Adolescent, je rêvais de devenir chef de troupe scoute[37]. Enfant, je m'étais déjà bien entraîné dans les HLM où habitait ma famille. Au retour de l'école, je descendais les escaliers quatre à quatre, pour rejoindre ma bande de copains, fuyant les devoirs ennuyeux, au désespoir de ma sœur Marie qui me faisait réviser mes leçons. Nos jeux se terminaient par une histoire sur Jésus que je racontais à mon cercle rapproché. Au petit-séminaire de Perpignan, je réussis à créer une patrouille libre à l'insu du supérieur[38]. Après le brevet, je partis à Montpellier où le supérieur, l'abbé Jean Bernard[39], plein de sagesse, me laissa pratiquer le scoutisme durant les week-ends[40]. J'ai vécu ce temps exaltant où, à chaque échappée, je respirais ce bon air de liberté qui me permettait de supporter la vie semi-cloîtrée, exigeante mais bénéfique. Quand, dans les années 60, vint la réforme des Scouts de France[41], elle

---

37. Le fondateur du scoutisme français fut le jésuite Jacques Sevin (1882-1951). Pour certains, le scoutisme avait le tort de concurrencer les patronages paroissiaux et surtout de confier le pouvoir aux laïcs. Ceci explique mon goût à faire confiance aux laïcs et les difficultés que j'ai eues avec certains clercs imbus de leur pouvoir. (Cf. *La Vie* du 16 au 22 juillet 2015).

38. Seul le mouvement eucharistique était autorisé à l'époque à l'intérieur du séminaire.

39. Jean Bernard, officier saint-cyrien et ancien prisonnier de guerre, il fut nommé archevêque de Nancy. Il m'enseigna la philosophie.

40. Je pratiquais le scoutisme à Montpellier et, durant les vacances, je retrouvais la troupe de la paroisse Saint-François-d'Assise de Perpignan dont Progreso Perez était le chef et moi l'assistant.

41. Un des promoteurs de cette réforme fut François Lebouteux, suivi ensuite par François Bodson.

provoqua en moi une véritable conversion dans le prieuré roman de Serrabona[42]. Animateur national, Philippe Missotte était venu spécialement de Paris pour présenter, à Progreso[43] et à moi-même, la réforme en cours. Séduits par le discours, nous décidâmes d'abandonner notre projet de « *troupe raiders* », l'élite du scoutisme[44], inventée par Michel Menu. Philippe, ancien officier parachutiste, que je ne pouvais soupçonner d'incompétence, compara « *La prière du Para* », que j'avais sur moi, avec celle des moines de Tioumliline qu'il avait apportée ! Quel contraste !

Je tombais, sans parachute, du haut de mon esprit élitiste et je découvrais toute une spiritualité imprégnée d'humilité et du désir de témoigner l'amour de Dieu à tous les hommes ! Proposée à la branche des pionniers, la prière commençait ainsi :

> Seigneur Jésus tu nous as plantés parmi nos frères comme un signe de ta divinité et de ton amour rédempteur. Nous savons qu'ils ne liront ce signe que si notre attitude et les sentiments de notre cœur sont images du tien…

Le vent rénovateur du Concile soufflait déjà, nous invitant à abandonner l'esprit de conquête comme si nous étions supérieurs aux autres, et à multiplier les gestes de fraternité, d'humilité et de service. J'étais passé de l'image du chef à la figure de l'animateur. Il était exaltant de mener une bande de jeunes à l'aventure, mais plus éducatif de les fédérer autour d'un projet. L'esprit et la vie d'équipe permettaient d'acquérir des compétences pour mener l'entreprise à son terme, sans favoriser la compétition. La progression était autant personnelle que collective, couronnée par le camp d'été. Les célébrations, aux liturgies toujours créatives, ponctuaient les temps forts et permettaient, en relisant notre histoire commune, d'y découvrir la présence du Seigneur[45].

Cette expérience fondatrice avait habité ma jeunesse et, après l'avoir transmise à des jeunes chefs et cheftaines, aux cours de stages de formation, voilà que, par un heureux hasard, elle semblait me faire des clins d'œil ! À Uruará, je n'étais plus avec une bande d'adolescents de banlieue, surnommés « Pionniers », ceux que je côtoyais maintenant ne

---

42. Au cours du week-end des 14 et 15 juin 1962. Le prieuré de Serrabona du XIe siècle se trouve dans les Pyrénées Orientales.

43. Progreso, jeune marié, Pied Noir d'Algérie, était le chef de troupe des scouts de la paroisse Saint-François et moi, son jeune assistant. Nous ne nous sommes jamais perdus de vue. Il viendra me voir au Brésil.

44. Formule séduisante inventée par un des grands du scoutisme : Michel Menu.

45. J'ai découvert l'importance de lire l'histoire d'Israël pour comprendre comment Dieu se révèle à travers et par l'histoire d'un Peuple. À l'époque, les aumôniers nationaux des SDF étaient issus de la Mission de France. Ils ont merveilleusement accompagné les réformes et proposé une nouvelle découverte de la foi. Citons les PP. Daniel Perrot, François Marchand et Jean Debruynne.

jouaient pas, il en allait de leur survie. Ils s'appelaient Carlinho, João, Moises, Nega, Marina, Joque... ils prenaient leur hache et leur cafetière pour atteindre des nouvelles frontières[46] encore inexplorées. Je ne pouvais avoir eu meilleure préparation. Le Seigneur ne manquait pas d'humour !

La vie missionnaire est souvent la réalisation d'un rêve de jeunesse. Mes supérieurs, qui acceptèrent mes échappées, en me laissant rouler à vélo ou à mobylette par tous les temps à la rencontre des jeunes, devaient bien avoir eu quelques inquiétudes ! Qu'ils en soient consolés, j'ai continué à rouler sur les pistes Amazoniennes.

Naissance d'une utopie

Une visite en prépare parfois une autre plus décisive. C'est ce qui arriva quelques semaines plus tard. Darcisio Quanz, membre d'une grande fratrie qui habitait au km 209 sud[47], vint me trouver, lui aussi par un beau matin ensoleillé. Technicien de l'EMBRAPA[48], il désirait organiser, avec la participation des diverses communautés, un séminaire pour débattre de quelques problèmes agricoles. *A priori*, je n'avais rien à voir avec ce genre de débats. Darcisio comptait sur moi pour inviter les agriculteurs, car en visitant périodiquement toutes les communautés, j'avais plus de facilités de mobilisation que lui. Autre élément non négligeable, les bâtiments de la paroisse, utilisés pour les réunions de formation, se prêtaient à ce genre de rencontre. J'acceptais sans hésiter et ce fut le point de départ d'une aventure sans précédent. Darcisio contacta ensuite le maire, Jailson. Celui-ci, ancien fonctionnaire de la CEPLAC[49], bien conscient des problèmes du monde rural, n'hésita pas à viser plus large. Il proposa donc, pour préparer et coordonner la rencontre, de constituer une équipe avec la plupart des organismes techniques du secteur agricole.

D'un simple séminaire, nous passions à l'organisation d'une conférence qui réunirait les principaux acteurs de la commune. La question indigène nous avait appris qu'il était plus productif d'avoir une large participation. Politiquement ce ne pouvait être que bénéfique. Il manquait cependant à Darcisio et Jailson la capacité d'atteindre certaines zones rurales. À mon

46. Ce vocabulaire reprend les thèmes des années 1965-1975 utilisés par la branche Pionniers (14-15 ans) et des Jeunes en Marche (les aînés avant l'arrivée des compagnons).

47. Le film de Philippe Hamelin « *Pionniers en Amazonie* » cité plus haut reprend la saga de la famille Quanz.

48. EMBRAPA : Empresa Brasileira de Produtos Agropecuários (Entreprise brésilienne de produits d'élévage).

49. CEPLAC : Organisme d'assistance technique pour les planteurs de cacao.

tour, je pris contact avec Paulo pour que nous invitions le plus grand nombre de participants issus des communautés et du syndicat et nous en informâmes aussi les secteurs de l'éducation et de la santé avec lesquels nous avions des contacts réguliers.

Une première rencontre eut lieu, à mon domicile, réunissant Darcisio, Jailson, Paulo et Raul, un jeune ingénieur agronome. Le projet d'une conférence en vue d'élaborer un plan de développement pour la région se précisa, s'enrichissant de nouvelles idées. Certains sujets que nous abordions relevaient normalement de la compétence du conseil municipal composé des élus du peuple. Jailson semblait privilégier une autre voie démocratique en appelant ses concitoyens à proposer un plan de développement pour la région. En partant de sujets liés à l'agriculture, nous facilitions le consensus. Les questions, plus polémiques, comme l'exploitation du bois et ses conséquences sur l'environnement ou la remise en cause du modèle de colonisation viendraient plus tard.

Inévitablement, la question Arara, illustration d'une occupation de terre mal planifiée, serait débattue. La présence de Paulo permit de ne pas se cantonner au seul aspect technique, mais de tenir compte de la dimension sociale touchant à l'éducation et à la santé, puis d'évoquer la législation liée au respect des conditions de travail. Il fallait aussi inclure la normalisation des retraites des petits paysans, tâche qui incombait alors au syndicat.

Le chemin parcouru en si peu de temps était impressionnant. Durant deux ans, nous vivrons avec l'utopie d'inventer un autre modèle de société, préparant ensemble une première conférence pour mars 1994, puis une seconde pour septembre 1995. Elles donneront naissance à un *Plan global de développement* (PGDU). Une quarantaine de projets petits et moyens seront mis en chantier.

Il serait fastidieux de décrire tous les méandres par lesquels nous sommes passés ou de s'attacher aux aspects trop techniques. Si cette expérience originale a pu voir le jour, c'est que certains, réunis par le hasard ou la nécessité, ont considéré qu'il était temps de ne plus se laisser porter au gré du vent, favorable ou non. Les bonnes volontés réunies apportaient un souffle nouveau. Dans une région de frontière, où l'esprit d'aventure était facteur d'énergie, la démarche prouvait que nous étions capables de pratiquer la démocratie participative.

Quels furent les principaux acteurs de cette aventure ?

La commission organisatrice, désignée par Jailson, était surtout composée de techniciens, issus d'organismes présents à Uruará. Ils allaient devoir coopérer, ce qui n'était pas habituel pour eux, même si les relations étaient amicales. Darcisio Quanz connaissait bien la réalité des colons. Le directeur local de la Banque du Brésil, Jairo Carvalho[50] apportait une certaine caution puisque l'accès aux financements auxquels avaient droit les agriculteurs passait par lui. L'homme de confiance de Jailson, José Raul Guimarães, ingénieur agronome de la CEPLAC — surnommé le *Comandante*, il faisait penser au *Che* —, était un des grands coordinateurs du projet[51]. Paulo avait une tâche essentielle. Il devait non seulement mobiliser les organisations populaires mais aussi faire en sorte que les orientations répondent aux exigences des revendications du MPST[52], tout en ne négligeant pas les attentes de ceux qui n'étaient pas de son bord. Bon négociateur, il facilitera les alliances et les accords nécessaires entre groupes antagonistes.

À son tour, la commission était aidée par des conseillers compétents qui transformaient nos utopies collectives en projets viables. Bernard David du Laet, travaillant en synergie avec Paulo, en fut l'efficace maître d'œuvre. Il était clairement au service d'un projet de développement durable synthétisant les aspirations de l'ensemble des participants. Il ne s'agissait pas qu'un camp l'emportât sur l'autre, même si cela était parfois inévitable, le but était d'arriver à un consensus. Excellent coordinateur, il accomplira la prouesse de réaliser une synthèse acceptable durant les deux conférences. Il était assisté par Alfonso Flohic[53], Henning Retz[54], Jerôme Trecanni[55], par le frère Lídio Becker, à l'époque secrétaire municipal à l'éducation, et par Pedro Mourão, ingénieur géographe à la Sudam[56] qui, à la demande du docteur Wagner[57], élabora une carte de la région à partir de photos satellites. Celle-ci permit de constater que les cartes utilisées par la FUNAI[58] pour

50. Jairo Carvalho, président aussi du comité pour l'action en faveur de la citoyenneté.

51. Il subit quelques persécutions de la part de ses supérieurs d'Altamira qui n'approuvaient pas toujours son investissement dans ce genre d'activités trop sociales à leurs yeux, et qui surtout ne suivaient pas leur vision politique.

52. MPST : Mouvement pour la survie de la Transamazonienne. Voir ch. 5, p. 184, note n° 79

53. Alfonso Flohic, économiste, il fit par la suite de multiples séjours pour accompagner quelques expériences sur la réutilisation de la charrue.

54. Henning Retz, agronome allemand déjà mentionné, il finança les petites industries de production locales du syndicat qui donnèrent naissance à l'Apru (Association des producteurs ruraux d'Uruará dont le président fut Napoleão Tavares, mentionné plus haut).

55. Jerôme Trecanni, secrétaire de la CPT régionale, avocat et spécialiste reconnu de la question foncière pour l'État du Pará.

56. SUDAM : Superintendance pour le développement de l'Amazonie.

57. Voir la question Arara.

58. La carte de la FUNAI remise à l'anthropologue était obsolète, c'était celle du premier plan de colonisation qui n'allait pas au-delà des 12 kms de chaque côté de la Transamazonienne.

la délimitation de la réserve indigène, ne correspondaient pas à la réalité du terrain[59].

La préparation suivit les étapes suivantes :

D'abord, intéresser la plupart des couches actives de la société en les invitant à faire un relevé de la réalité à laquelle elles étaient confrontées. Puis, confronter la vision de ceux qui vivaient sur le terrain avec les résultats des enquêtes réalisées par les différentes disciplines. Enfin, organiser des séminaires en vue de rôder la méthodologie et de préparer les grands thèmes à débattre.

Il faut imaginer le contexte. Monter une telle rencontre dans un lieu aussi éloigné était une véritable gageure. À l'époque, le téléphone à domicile n'existait pas, le portable encore moins. Certains organismes comme la CEPLAC, que dirigeait Raoul, bénéficiait, heureusement, d'une extension reliée au téléphone public. Entrer en communication avec un correspondant pouvait prendre des heures, voire des jours. D'où l'importance d'un chronogramme rigoureux. Sans la patience de Raoul qui, de son secrétariat, centralisa les contacts, nous n'aurions pu organiser un tel événement.

Première Conférence du jeudi 10 au dimanche 13 mars 1994

Le jour J tant attendu arriva. L'église, transformée en salle de conférence, devint désormais le symbole de ces journées historiques. Premier miracle : sans distinction de religions ou de classes sociales, catholiques et évangéliques, paysans et commerçants, *fazendeiros* et exploitants de bois se retrouvaient côte à côte dans une ambiance conviviale. Il avait auparavant fallu toute l'autorité de Jailson pour neutraliser les réticences des élites locales, souvent incrédules, et la bonne humeur de Raoul pour relativiser les contestations, de droite comme de gauche. Darcisio portait, en raison de sa jeunesse, l'espoir de sa génération, motivant ses aînés de l'EMBRAPA venus soutenir par leur compétence le projet dont il était à l'origine. Enfin, la présence de Wagner, venu de Brasilia avec Memelia, la journaliste, donnait une certaine notoriété à notre rencontre.

59. Au cours d'un conseil de la prélature dans lequel revint sur le tapis la question des Araras, un collègue italien, membre du CIMI, se faisant fort de posséder des données de première main, brandit la carte réalisée par Pedro Mourão. J'eus le plaisir de lui faire remarquer que la carte détaillée qu'il tenait en main faisait partie du dossier élaboré par un procureur de Brasilia qu'ils avaient toujours refusé d'écouter !

Le jour de l'ouverture, nous découvrîmes les ressources d'Uruará. David avait intitulé la première partie des exposés ainsi : *Un portrait d'Uruará, vu de ce côté-là,* présentant le résultat des enquêtes réalisées par des experts venus de l'extérieur. Pedro Mourrão ouvrit la séance en interprétant les images satellites sur lesquelles il avait travaillé minutieusement durant des mois. Il expliqua quelles étaient les ressources naturelles devant un public très réceptif. Le Laet[60] enchaîna en soulevant une série de questions sur l'avenir de la production agricole à partir d'un diagnostic des zones agro-écologiques. Roberto Araujo qui, quelques années auparavant, avait parcouru les communautés rurales souvent à pied, reprit les grandes lignes de sa thèse de doctorat pour présenter la dynamique sociale et humaine d'Uruará. Dès ses premiers instants, la Conférence étonnait par son haut niveau.

La suite s'intitulait : *Un portrait vu de ce côté-ci*, exposé par les techniciens locaux attachés aux divers organismes du monde agricole : *Ceplac*, *Emater*, *Embrapa*, *Coomavur* et *Sagrima*[61]. Leur analyse était plus technique et plus pragmatique. La conclusion revint à Paulo qui, au nom du STR et du MPST, rappela les conquêtes et les projets des mouvements sociaux de la Transamazonienne.

Après ce temps d'exposition, les quatre cent participants se répartirent en groupes de travail. Aidés d'un animateur et d'un secrétaire, ils reprirent les différents points en fonction de leurs propres intérêts. La séance plénière qui suivit, fit remonter les réflexions des groupes, accompagnées parfois d'un court débat. Raul et David maîtrisaient bien la dynamique. Les suggestions annotées par le secrétariat[62] étaient reprises par la coordination qui, le dernier jour, présenta la synthèse approuvée en assemblée générale.

Le vendredi 11 mars

Le thème de la production agricole vue sous l'angle de la commercialisation et de sa transformation, ouvrit la journée. Les sujets abordés ne soulevaient pas de polémique, ce qui permit à l'assemblée de prendre son

60. De l'équipe du Laet étaient présents : Bernard David et Aquiles Simões, agronomes, Iliana Salgado, biologiste, et Juliette Miranda Alves, sociologue.

61. Raul intervint pour la CEPLAC, spécialisée dans le cacao, Domingos Araujo pour l'EMATER : organisme d'assistance technique aux producteurs, Celestino Pedro et Darcisio pour l'EMBRAPA, entreprise de recherches dans l'agro-élevage, Portela pour la Coomavur, coopérative d'agriculteurs d'Uruará et José Janilson pour la Sagrima, secrétariat municipal de l'agriculture.

62. Le secrétariat était tenu par José Roberto Prates. Aidé par les assesseurs de la conférence, il produisait aussitôt le compte rendu des séances.

rythme et à la coordination de bien rôder la dynamique. La vedette de la matinée ne fut autre que le président du MPST, José Geraldo, futur député du PT. Son étoile était en pleine ascension. Considéré par certains comme agitateur de gauche, il en surprit plus d'un par son intervention qui aborda les technologies de transformation des produits agricoles. Rien de révolutionnaire ! La manœuvre avait aussi pour but de mieux faire connaître le MPST et son président sous un angle que certains ignoraient. Pour sauver l'agriculture familiale, ce fils de producteur expliquait comment la moderniser en trouvant des technologies alternatives. Le MPST en fera une de ses priorités en multipliant les expériences avec l'aide d'ONG comme le Laet. Si les petits agriculteurs ont survécu, il faut reconnaître qu'ils le doivent plus à leurs combats et revendications qu'à la générosité des institutions gouvernementales. Paulo et José Geraldo en furent les témoins et les acteurs privilégiés. Un représentant de la *Banque d'Amazonie* (BASA de Belém) expliqua les conditions pour obtenir des subventions à travers le FNO[63]. Ce qui ne pouvait que passionner les participants et susciter plus d'intérêt pour la Conférence.

On enchaîna, l'après-midi, avec l'incontournable question de l'exploitation du bois, nouveau *garimpo*[64]. Darcisio avait fait venir à cet effet un personnage haut en couleur, Perminio Pascoal. Spécialiste de la question, attaché à l'EMBRAPA de Belém, il était respecté par les forestiers, ce qui avait pour avantage de les rassurer sur les visées de la Conférence. Il souligna les perspectives économiques et ses retombées sociales et environnementales. Puis ce fut le tour, inattendu, de Renato Mengoni. Président de l'association des exploitants de bois de la région, il venait d'arriver en avion privé de Santarém. Figure même de ce monde du business dans lequel les affaires façonnent le personnage, il était accoutré de bottes de cuir et d'un chapeau de cow-boy. Il débarquait alors dans une autre planète. D'un pas décidé, il s'approcha de l'église remplie par les quatre cent participants. Voulant éviter une entrée trop remarquée, il se dirigea alors vers une des portes latérales, entra et tomba net, à sa grande stupéfaction, sur l'équipe de chercheurs, les yeux rivés sur l'écran de leurs ordinateurs portables. Et, pour ajouter à ce spectacle surréaliste, il pouvait contempler l'indescriptible José Roberto, perdu dans un halo de fumée que dégageait son inséparable pipe ! Le choc de la modernité fut tel qu'il paniqua, s'éloignant sur le champ de ce parterre de sages ! Jailson le rattrapa au vol, le rassura en lui expliquant qu'il n'entrait pas dans un tribunal, même si un juge et un procureur de la République venus de Brasilia se trouvaient présents ! Ayant repris ses esprits, il donna sa conférence sur l'exploitation du bois et ses bénéfices, au grand soulagement de ses amis forestiers qui l'avaient convié.

63. FNO : Fonds constitutionnel du Nord pour financer l'agriculture.

64. Le *garimpo* désigne les mines d'or et surtout l'orpaillage.

En fin de journée, le sénateur Almir Gabriel, déjà en campagne pour le poste de gouverneur qu'il remportera en octobre suivant, vint prononcer un discours. Il était clair que la Conférence n'échappait pas aux manœuvres politiques. Avec Paul, nous cherchions les moyens à mettre en œuvre pour régler les conflits et surtout pour améliorer la vie sur la Transamazonienne. Nous étions de plus en plus persuadés que certains problèmes ne pouvaient se résoudre que par la négociation et, à long terme, par la conquête politique. Pour cela, il fallait rompre certaines barrières et prouver la capacité d'articulation des leaders issus des mouvements populaires. La montée en force du PT nous encourageait au plan national et, au plan local, le conflit de la réserve indigène avait déclenché un processus démocratique inattendu. En ces heures, Almir semblait arriver à point nommé pour que l'on profite de son poids politique. J'étais conscient d'avancer sur un terrain inconnu et miné, mais je n'étais pas seul. Et puis l'aventure avait de quoi séduire ! J'avais rencontré Almir lors de sa première venue à Uruará, alors candidat au Sénat. Seul sénateur à divulguer chaque année le rapport de la CPT sur les conflits de terre, il paraissait une option raisonnable. Élu gouverneur[65], il assistera à la clôture de la seconde conférence et donnera son aval au *Plan global de développement* (PGDU) que nous exposerons plus loin.

Le samedi 12 mars

Nous étions tous un peu euphoriques en raison du bon déroulement de la Conférence. Nous pûmes ainsi aborder, plus sereinement, un sujet polémique, à savoir le Projet de colonisation et la situation foncière, en reconsidérant le rôle de l'INCRA dans la région[66].

Un autre modèle de colonisation, proposé par le syndicat, était envisagé. Ambitieux, il suggérait d'abandonner la colonisation dans le fond des *traversões* pour repeupler les 5 kilomètres, du Sud et du Nord, situés en bordure de la Transamazonienne. Au cours des années, un phénomène de désertification s'y était opéré. Les petits agriculteurs vendaient leur lot de 100 hectares à de gros propriétaires et partaient s'enfoncer plus

65. Le 17 avril 1996 aura lieu le massacre de dix-neuf paysans sans terre à Eldorado do Carajas par la police militaire de l'État dont Almir était responsable. Il en perdra sa crédibilité. Je le rencontrerai à nouveau, ce qui me vaudra de fortes critiques de la part de certains de mes amis. Ses dernières années en politique seront marquées par des revirements inattendus et laisseront un goût amer de gâchis.

66. Deux représentants de l'INCRA (Institut national de colonisation et de réforme agraire) firent un exposé : Maria Santana de Belém et Antônio Elidio d'Altamira.

profondément dans la forêt pour tenter leur chance quand ils ne venaient pas se paupériser en ville en cherchant un emploi dans les scieries en pleine expansion. Le projet prévoyait des parcelles de 20 ou 50 hectares mais, en contrepartie, les acquéreurs auraient la possibilité de mécaniser leur exploitation. Ils jouiraient de facilités d'accès pour écouler leurs produits. Les terres éloignées seraient proposées aux *glébistes*[67].

Si cette proposition était adoptée, elle pouvait résoudre en partie le conflit de la réserve indigène. Elle restait cependant trop utopique et se heurtait à des complications juridiques[68]. Seule une volonté de réforme agraire sur le plan national aurait pu débloquer la situation. Or, de réforme agraire, il n'y en a eu que sous forme de promesses. Pas plus Lula que la présidente Dilma n'ont eu le courage de s'y atteler.

Le débat sur la colonisation permit d'introduire un des moments les plus intenses de notre conférence. Wagner, à l'aide des cartes et photos satellites de Pedro Mourão, exposa toute la complexité de la réserve indigène des Araras. Il commença par rappeler que :

> L'habitat de l'Indien comprend ses activités culturelles et mythologiques et nécessite de grands espaces.

Puis, en tant que procureur de la République, il précisa que :

> Il était de l'obligation de l'institution de protéger les intérêts des minorités, y compris les Indiens, tout en tenant compte cependant des facteurs sociaux qui les entourent.

Après cette mise au point, il refit l'historique de son enquête et en présenta les résultats que nous avons déjà traités dans les pages précédentes. Il était clair qu'il ne s'agissait en aucune manière de remettre en cause la légitimité du droit à la terre des Indiens, mais bien de corriger une erreur juridique entraînant une grave crise sociale. L'assemblée se répartit en onze groupes qui reprirent les questions soulevées et présentèrent ensuite leurs propositions en séance plénière. Comme la majorité des participants appartenaient à la militance syndicale ou aux organisations populaires, les retours étaient assez orientés. Les classes plus aisées n'avaient pas coutume de débattre de l'intérêt général puisqu'elles souffraient moins des mauvaises conditions de vie. Ceci n'empêcha pas un rapprochement entre des camps adverses, une avancée démocratique sans conteste.

Ceux qui venaient de loin, d'un autre Brésil, celui de l'élite intellectuelle surtout, prirent un bain de sagesse populaire et repartirent impressionnés par l'expérience d'une communauté qui cherchait ensemble les

---

67. *Glébistes*, déjà précisé, propriétaires qui avaient 500 hectares.

68. Le docteur Santana nous expliqua qu'il n'existait pas de loi qui oblige à fournir un document de propriété pour un lot de 50 hectares.

conditions de son développement, jusqu'alors décidées loin de chez elle, le plus souvent par des technocrates.

Après tant de discussions, il était temps de faire des choix. L'après-midi, les groupes répondirent à la question suivante :

> À partir de ce que vous avez écouté et débattu, quelles sont les propositions qui vous semblent viables pour la commune d'Uruará ?

Les réponses remises au secrétariat rendirent la nuit laborieuse pour l'équipe de coordination qui préparait la synthèse pour la session finale. Le soir, une fête culturelle permit de favoriser le climat d'échange qui s'était initié avec la conférence.

Le dimanche matin

Le dernier jour, le document final fut présenté pour être amendé parfois et pour voter les priorités les unes après les autres. Travail fastidieux pour ceux qui avaient l'expérience de telles assemblées, mais aussi encourageant pour ceux qui avaient œuvré, non sans douleur, à son accouchement. La maïeutique de Bernard et Raul prouva encore une fois son efficacité. La première étape était réalisée, s'inspirant d'un processus d'autogestion !

Une coordination élargie (COMPEA[69]) fut constituée par un décret municipal. Elle avait pour tâche de mettre en application les quatre grandes priorités approuvées à la session finale. Celles-ci serviraient de champ d'expérimentation pour la deuxième étape au cours de laquelle serait finalisé le « *Plan de développement global de Uruará* » (PGDU) en vue de la seconde Conférence.

Les priorités définies par la Conférence

La première prônait un accès simplifié aux crédits, la construction d'entrepôts, la modernisation des exploitations par la mécanisation et l'assistance technique, la création d'écoles d'agriculture, la fourniture aux

---

69. COMPEA : Commission permanente pour l'initiation et l'accompagnement des projets économiques alternatifs. Elle était composée de treize membres représentatifs des divers secteurs d'Uruará. Raul en était le coordinateur général, Paulo et David Bernard continuaient pour en préserver l'esprit.

cantines scolaires de denrées produites par les petites industries locales, l'unification des coopératives et des associations existantes, et enfin la construction du marché municipal dont le fonctionnement serait organisé en partenariat avec les producteurs.

La deuxième proposait de rationaliser l'exploitation du bois, une des grandes richesses de la région, mais dont la plus grande partie ne lui profitait guère. Il en résultait parfois un simple pillage au profit d'une minorité. Pour y remédier, il était demandé de renforcer la fiscalisation avec l'implantation d'un bureau de contrôle. Le projet, ambitieux, tenait à promouvoir des stages de formation pour que soit protégée la forêt et que les petits paysans puissent mettre à profit des richesses insoupçonnées : en effet, avec le défrichage, des milliers de m^3 de bois partaient en fumée tous les ans ! Il y eut bien une tentative de monter une scierie communautaire et de créer une réserve forestière, mais elle ne put aboutir et Uruará se transformera peu à peu en une grande plaque tournante de pillage du bois. Il sera très vite aussi dangereux de dénoncer le commerce illégal du bois que de s'opposer aux trafiquants de drogue qui, dans ces régions, pouvaient faire parfois bon ménage. Les crimes étaient souvent le résultat de luttes fratricides entre forestiers qui protégeaient leur territoire. Commis en pleine forêt, ils étaient rarement recensés par le délégué de police. D'un autre côté, la minorité des scieries qui travaillait dans la légalité souffrait de cette situation qui lui était préjudiciable.

La troisième proposait une réorganisation plus rationnelle de la colonisation. La question de la réserve indigène entrait dans ce chapitre. Il était demandé la création d'un bureau de l'INCRA à Uruará, ce qui faciliterait la légalisation des titres de propriété indispensables pour obtenir le financement des banques. Ce dernier point sera rapidement réglé. Ainsi, il n'était plus nécessaire de faire 200 kms de mauvaises pistes pour régler ses problèmes fonciers.

La quatrième se préoccupait des aspects sociaux du Plan. Le MPST voulait implanter dans la région des « Écoles familiales rurales ». Un français, Dominique Sourty, qui avait déjà créé au Brésil plusieurs de ces écoles[70], vint passer une longue période pour faire aboutir ce projet qui vit le jour, malgré les difficultés administratives[71]. L'école fut construite à 5 kms de la ville et accueillit plus d'une quarantaine d'élèves. Ils passaient quinze jours en internat puis repartaient dans leur famille pour aider aux travaux des champs. Un des grands résultats et, peut-être le plus

70. Cette expérience a vu le jour en France pour lutter contre l'exode rural et fut une initiative de la JAC (Jeunesse Agricole Chrétienne). Elle permettait d'allier les études avec les contraintes de la condition paysanne. Dominique Sorty venait de Savoie où il avait été responsable de ce type d'établissement. Il en fut le promoteur dans le Sud du Brésil.

71. Leonidas Martins, originaire d'Uruará en deviendra le coordinateur régional basé à Belém.

spectaculaire, fut l'implantation d'un campus qui fonctionnait en période de vacances scolaires pour donner la possibilité au corps enseignant de se former. Depuis les efforts entrepris par les Frères des écoles chrétiennes, Uruará se faisait remarquer par la priorité donnée à l'éducation, condition *sine qua non* de son évolution. Le secteur de la santé étant un des plus prioritaires, un projet de formation d'agents de santé permettant de toucher les communautés les plus isolées fut mis à l'étude. Il verra lui aussi le jour. Nous y reviendrons. Une autre conséquence concrète fut la mise en chantier, tant attendu, de la restauration de l'hôpital. Puis, une campagne fut lancée afin que tout employé reçoive sa carte de travail garantissant ses droits et aussi sa retraite. Uruará avançait dans le domaine social.

Si les problèmes n'étaient pas tous résolus, ils avaient au moins été soulevés. Des projets verront le jour, d'autres disparaîtront, tout simplement par manque de volonté politique de ceux qui succéderont à Jailson. Il n'en reste pas moins qu'un tour de force fut accompli. Un nouveau regard naissait sur une gestion démocratique du bien public. Nous étions conscients de l'importance du travail d'équipe et communautaire qui rendait possible notre rêve de bâtir un plan de développement durable. Nous n'étions pas au bout de nos peines, il fallait encore arriver à la seconde Conférence.

En marche vers la seconde Conférence

Beaucoup d'eau était passée sous les ponts depuis mars 1994. Nous avions eu droit la même année à une campagne présidentielle qui s'était soldée par la défaite de Lula au profit de Fernando Henrique. Ce dernier réussit à combattre l'inflation et à instaurer un système néolibéral, lui permettant de se représenter pour un nouveau mandat de quatre ans en 1998. Lula ne sera élu qu'en 2002. À chaque campagne, à chaque élection, l'espérance des petits paysans en prenait un coup, jusqu'au soir de la victoire où, rivés à nos écrans de télévision, nous vîmes le Brésil basculer. Pour l'heure, notre projet de construire une société plus juste à travers le PGDU passait aussi par ce genre de turbulences.

Or Almir Gabriel, du même parti que Fernando Henrique, ayant été élu gouverneur du Pará, entra en fonction en janvier 1995. Profitant de nos bonnes relations, je réussissais à obtenir en mars 1995 un rendez-vous avec l'équipe responsable du PGDU. Paulo était là en tant que président du MPST, succédant à José Geraldo, nouveau député du PT, présent lui aussi à l'audience. La scène ne pouvait qu'intriguer les observateurs non initiés : le curé introduisant son maire auprès du gouverneur de l'État et présentant une commission accompagnée d'un député de l'opposition[72] ! Au cours des deux heures d'entretiens, les membres de la commission, expliquèrent les enjeux du Plan de développement et les moyens à mettre en œuvre pour réaliser la deuxième Conférence. Nous ne demandions ni faveurs, ni subventions, mais une attention spéciale du gouvernement de l'État pour que le projet, qu'il avait vu naître, puisse se développer.

Captivé par la présentation de l'équipe, le gouverneur ouvrit de grands yeux et surtout les portes de ses services. L'un de ses conseillers, Ronaldo Barata[73] fut désigné, dans l'heure, pour nous guider dans les divers secrétariats. Nous commençâmes par celui du Plan[74], poursuivant par l'Agriculture et l'Environnement où nous rencontrâmes Inocêncio Gorayeb[75], entomologiste de formation et chercheur au musée Goeldi. Ce fut certainement la visite la plus productive. Inocêncio comprit aussitôt l'enjeu d'une telle démarche et mobilisa toute son équipe pour répondre à nos questions. Il accompagna minutieusement le projet jusqu'à la seconde Conférence à laquelle il participera et de par sa compétence, il sera un des rédacteurs du document final.

Le déplacement à Belém officialisait et renforçait la commission. Aux organisations qui étaient parties prenantes de ce projet s'ajoutait maintenant la collaboration du gouvernement de l'État. Il ne fallait plus perdre de temps, septembre approchait. Quatre séminaires furent planifiés pour préparer la Conférence. Deux eurent lieu en avril.

Le premier traitait de la forêt :« *Comment exploiter la forêt et ses richesses naturelles sans la dévaster* » ? Exploitants de bois, paysans et ingénieurs forestiers, sous la houlette de Perminio, débattirent ensemble encore une fois. Il en résultera des propositions claires et viables[76].

Le second reprenait la critique du modèle de colonisation. À quoi bon donner des terres aux petits paysans si la distribution n'est pas accompagnée d'un plan d'infrastructures rationnel ? Le paysan ne pouvant écouler ses produits, le secteur économique en pâtissait. Pour l'année 1994, les

---

72. Almir Gabriel fera deux mandats et José Geraldo réussira à passer de député de l'État à député fédéral. Il a été réélu en 2014.

73. Voir l'épisode où il vint à Uruará et se trouva pris en otage dans la maison paroissiale.

74. Dirigé par Simão Jatene, excellent planificateur. Il deviendra gouverneur puis comme il est de coutume en politique, Almir et Jatene se brouilleront et se livreront une guerre fratricide.

75. Inocêncio Gorayeb était affilié au Parti Communiste du Brésil. Il avait été choisi pour sa compétence et son sérieux par Almir Gabriel. Il était un spécialiste de l'Amazonie et un grand défenseur de l'environnement. Il est l'auteur d'une série d'articles sur l'Amazonie, publiés dans le journal *« O Liberal »* de Belém et qui, rassemblés, forment une encyclopédie de l'Amazonie.

76. La création de réserves forestières naturelles, le contrôle plus strict de l'extraction du bois, la récupération des déchets et résidus de bois pour les transformer en source d'énergie, la fondation d'une coopérative d'exploitation du bois au profit des petits paysans.

enquêtes indiquaient que la production agricole était en chute libre, passant de 28 % à 13 %. La vocation agricole de la région en prenait un coup, au profit de l'augmentation du pillage du bois. Quand celui-ci ne partait pas à l'exportation, il s'en allait en fumée. Résultat, entre le bois qui sortait et le bétail qui arrivait, il ne resterait plus beaucoup de place à l'agriculture familiale, même si 80 % des terres cultivables appartenaient encore à la petite et moyenne propriété. On ne pouvait plus attendre.

Les séminaires faisaient prendre conscience qu'aucun secteur ne pouvait s'en sortir ou se développer tout seul. Il fallait que les solutions proposées agissent sur l'ensemble et non sur des points isolés. C'était l'apprentissage de l'économie solidaire

Les deux derniers séminaires sur les thèmes de la production et de la commercialisation eurent lieu en août, un mois avant la seconde conférence : Planter quoi, pour vendre où et à qui ? Une réflexion suivait sur l'importance du coopérativisme. À l'initiative du syndicat, naîtra l'Association des petits producteurs d'Uruará (APRU) dont Napoleão[77] sera longtemps le président.

Il y eut bien des angoisses et des crises. Nous fûmes critiqués sur notre gauche par ceux qui ne voyaient dans cet événement qu'une promotion et une opportunité pour la mairie et le gouvernement d'Almir de récupérer le mouvement. Ainsi le syndicat en serait neutralisé et perdrait son esprit combatif. Puis les soupçons vinrent aussi de la droite. Une certaine élite ne pouvait supporter que l'on puisse faire participer les classes populaires à un projet de développement dans lequel les exigences sociales freinaient l'élan économique dont ils étaient les acteurs. Sergio Karpinsky, président de l'Association des commerçants et propriétaire du meilleur hôtel, tranquillisera l'élite économique. L'adhésion de Sergio à notre projet fut certainement décisive pour la participation des chefs d'entreprises et d'un certains nombre d'exploitants forestiers. Sans lui, un des secteurs les plus actifs pour l'économie de la région n'aurait pas soutenu la Conférence, l'amputant d'une représentation essentielle. Par chance, il était polyvalent et fiable : *fazendeiro*, commerçant et chef d'entreprise. Nous collaborâmes par la suite dans bien d'autres projets.

---

77. Napoleão, voir ch. 5, p. 167, note 19, sa description comme un des héros de la Transamazonienne.

Seconde conférence
Septembre 1995

Le Plan était fin prêt et, durant trois jours, il fut retravaillé, amendé, débattu par petit groupes selon la méthode bien rodée par David et Raul lors de la première Conférence. Un an avait suffit pour corriger et argumenter le projet, non sans douleurs. Les étapes déjà décrites avaient enrichi son élaboration. Il était à présent approuvé par les participants de la seconde Conférence. Le gouverneur, le maire et les représentants des diverses couches de la société civile en signèrent le protocole au cours de la cérémonie de clôture qui eut lieu le dimanche matin dans l'église.

Ce n'est cependant qu'en mai 1996 que le Plan sera officialisé et qu'un article dans la presse de Belém en fera un compte rendu intitulé : *« Uruará aura son programme de développement »*[78].

L'expérience des médecins de Perpignan

Au cours de la dernière Conférence, Jean Julia[79], médecin à Perpignan, se trouvait là aussi. À chacun de mes congés, il est vrai, nous parlions de ce Brésil fascinant et Jean projetait de venir un jour. Durant la Conférence, il fut frappé par la capacité de collaboration entre les différents groupes. Ce fut aussi l'occasion pour rencontrer Jean-François Tourrand qui, comme vétérinaire, coordonnait des projets d'amélioration de la santé du bétail avec une équipe de l'EMBRAPA. Cela lui donna des idées : après tout, pourquoi le bétail aurait-il plus de droits aux soins que les humains ?

---

78. L'article continuait : « *Treize projets prioritaires du Programme général de développement de la municipalité de Uruará (PGDU) doivent commencer à être exécutés avant la fin du semestre. Le délai a été stipulé par le gouverneur Almir Gabriel, en réunion hier après-midi avec le secrétaire d'État à la science, à la technologie et à l environnement, Nílson Pinto, le directeur de l'institution, Inocêncio Gorayeb, le maire de Uruará, Jailson Brandão, et les représentants de la société organisée. Le Plan de développement durable d'Uruará consiste à développer la municipalité à travers la participation effective de la communauté. Il est bon de rappeler que le programme a été conçu par les responsables politiques et les représentants des différentes organisations de la société organisée. L'année passée le gouverneur s'est rendu sur place pour signer le Protocole d'intentions de soutien du gouvernement de l'État au programme. Le PGDU englobe un total de vingt-sept projets dans les secteur de la santé, de la gestion du territoire, de l'agriculture, de l'environnement, de l'éducation, de l'énergie et des transports* ». 03 05 96.

79. Nous nous connaissions depuis mon retour du Laos, ayant travaillé ensemble au service des jeunes de la paroisse de Saint-Christophe de Perpignan.

Au retour d'une de nos nombreuses visites de communautés, ayant constaté l'état précaire dans lequel vivait la population rurale, il m'avoua :

> Avec l'aide d'une équipe de médecins, nous pourrions résoudre une partie des problèmes de santé pour les communautés éloignées !

Le projet, qu'il entrevoyait, viendrait renforcer la formation des agents de santé déjà en cours afin qu'ils puissent traiter une dizaine de maladies parmi les plus courantes, évitant ainsi aux populations des déplacements coûteux. Un enseignement, dispensé par des médecins, rendrait leur travail plus efficace. Profitant de la présence du gouverneur à la Conférence, Jean lui fit part de son intention. Ancien chirurgien, Almir fut vivement intéressé et promit de faciliter les démarches administratives. De retour à Perpignan, Jean prit contact avec le docteur Pierre Cholat Namy, président de l'ONG *Médecine : aide et présence* (MAP). Ce dernier ne tarda point à venir à Uruará pour une mission de reconnaissance avec Jean-Louis le secrétaire du MAP. Une assemblée de l'organisation approuva le projet et Georges Sabaté[80] finança une partie des dépenses. Tout allait pour le mieux.

En 1998, le changement de maire[81] nous réserva quelques surprises désagréables. Au cours de la réunion avec les responsables du projet, le secrétaire à la santé, le docteur Anaclet, menaça de dénoncer les médecins français pour travail illégal[82] ! Anaclet voyait d'un très mauvais œil l'arrivée de médecins étrangers qui pourrait lui enlever une partie de sa clientèle. Le contrat avec le gouvernement n'étant pas encore officialisé, il n'était pas prudent d'insister.

Afin que le voyage ne soit pas totalement perdu pour l'équipe qui avait fait le déplacement depuis la France, je me dirigeai vers le maire d'Altamira, récemment élu, qui accepta de les envoyer à l'autre bout de sa commune, soit à plus de 700 kms de piste ! L'année suivante, un décret ministériel permettra aux ONG de travailler en Amazonie. Par chance, Dominique Sourty, le responsable des Maisons familiales rurales, était de passage à Uruará pour lancer son projet. Il fit d'une pierre deux coups. Habitué aux tractations, il négocia en même temps avec les responsables d'Uruará le retour du MAP qui, cette fois, fut accepté.

Quand les trois médecins[83] arrivèrent en juillet 1999, l'ambiance avait sensiblement changé. Une nouvelle équipe était en place avec dona Helder,

80. Georges Sabaté, un ami d'enfance, était à l'époque un des dirigeants de l'entreprise familiale du Boulou, qui fabriquait des bouchons pour les grandes marques de vins.

81. Le maire étant à nouveau Antônio Lazarini.

82. Les lois brésiliennes sont très claires, les touristes ne peuvent en aucun cas travailler, sous peine d'expulsion.

83. Les docteurs Pierre Cholat, président de MAP, Bernard Héran chef du service de gastro-entérologie à l'hôpital de Perpignan et Jean Julia généraliste.

une infirmière qui coordonnait la formation et le travail des quatre-vingt agents de santé. Son mari Natanaël prit la logistique en main. Entre Chiquinha, aux petits soins, et ce couple d'amis, tout dévoué, les résultats prometteurs chassaient les tracasseries d'hier. Durant quinze jours, des communautés isolées furent visitées à un rythme accéléré. Les quelque 400 consultations réalisées donnèrent rapidement un aperçu des problèmes de santé les plus fréquents[84] susceptibles d'être traités par les agents de santé. En visant l'amélioration de la formation pratique de ces derniers au service des communautés les plus éloignées, le projet s'insérait dans un plan plus large, sans pour autant s'ingérer dans le fonctionnement de la médecine privée de l'hôpital d'Uruará. Les médecins ne venaient pas pour contrôler les pratiques de leurs collègues brésiliens. Ils étaient là, à l'exemple de Jean-François Tourrand, vétérinaire, pour coopérer avec les équipes locales. Les agents suivraient une formation pratique sur l'entretien avec les patients, apprendraient à les ausculter et à les examiner afin de reconnaître les maladies les plus fréquentes[85]. En 2000, le contrat tant attendu était enfin signé entre le gouvernement de l'État et le MAP. Il fonctionnera jusqu'en 2013, année de la dernière visite de Jean Julia. Il sera, entre-temps, tacitement accepté par les gouvernements suivants[86] grâce à l'intervention de Roza qui, fonctionnaire dans un des secrétariats de l'État, facilita les contacts.

L'équipe du MAP fit une moyenne de dix séjours à Uruará entre 1999 et 2013 qui ne se limitèrent pas à une simple formation. Toute une infrastructure suivra pour rendre leur travail plus utile. Ainsi des caisses de médicaments, dont l'efficacité a toujours agréablement étonné les patients, furent données à la coordination locale[87]. Les agents de santé

---

84. Les médecins diagnostiquaient : *les maladies les plus fréquentes : parasites et verminoses, diarrhées, infections respiratoires et paludisme. Chez les femmes : les nombreuses réclamations exprimaient le mal-être de leurs conditions de vie familiale et sociale. Ils notèrent paradoxalement plus de maladies cardiovasculaires chez les femmes que chez les hommes. Chez ces derniers les douleurs à la colonne vertébrale étaient la conséquence des dures conditions de travail* ». Rapport du docteur Julia.

85. Cette formation a consisté en des consultations conjointes : agents de santé et médecins, des cours sur les principales maladies rencontrées, rédigés à leur intention, des jeux de rôle malades –médecins (dont les brésiliens sont friands), des ateliers pratiques (sutures, confection de plâtres, éléments de base de rééducation des lombalgies et, petit à petit nous avons initié un processus d'autoformation : les ADS déjà formés initiant les plus jeunes. Dans cet apprentissage d'une « *médecine aux mains nues* » furent inclus avec l'aide de la communauté de sœurs franciscaines, l'utilisation de remèdes à base de plantes et de notions diététiques de base adaptée aux produits locaux (Note du docteur Julia). La sœur Adéline avait lancé une expérience de médecine alternative en utilisant les plantes médicinales locales produites dans le jardin attenant au dispensaire. Le terrain avait été donné par la paroisse.

86. Celui d'Ana Julia et celui de Simão Jatene.

87. Maria Zaffari, infirmière sur la Transiriri, soignera ainsi des dizaines de malades atteints de paludisme, de verminoses ou d'anémie.

furent équipés de stéthoscopes et d'appareils pour mesurer la pression artérielle. Jean avait même établi un suivi de Perpignan, par le biais d'Internet, pour répondre aux questions surgies en son absence. Il effectuera sa dernière visite en juillet 2013, et remettra aux agents de santé un diplôme officiel de fin d'études.

Le résultat peut paraître dérisoire au vu des moyens et des efforts déployés car seule une quinzaine d'agents de santé firent le parcours complet.

À cet aspect, pratique et matériel, il faut ajouter la valeur de l'exemple. Que des médecins étrangers viennent passer trois semaines, en restant la moitié de leur séjour chez l'habitant et en partageant les mêmes conditions de vie que leurs hôtes, sans électricité ni eau courante, par exemple, avait de quoi surprendre[88]. Cette attitude dérangeait aussi ceux qui profitaient du malheur des pauvres pour s'enrichir[89].

Jean avait été marqué par l'atmosphère des Conférences. Il avait senti dans ses tournées la générosité de certains, le désarroi des autres. Pour lui, une solution était envisageable. Comme nous projetions un développement durable : pourquoi, dans ce cadre-là, ne pas proposer aussi un programme de santé à ces milliers de familles afin de diminuer leur angoisse face à l'éloignement des centres de soins ? Le défi consistait à leur faire accepter l'idée que la solution se trouvait d'abord dans leur propre communauté et non entre les mains des seuls praticiens. Les pauvres devaient se libérer de cette dépendance humiliante et devenir les acteurs de leur propre santé. Tel était le but poursuivi dans la formation des agents de santé. Leur présence active sur le terrain apporterait l'aide nécessaire, fruit de cette collaboration inédite entre eux, le MAP et les communautés. Si « *le mal être* » est souvent la conséquence d'un manque d'attention, parions que le témoignage de l'équipe aura autant soulagé que la médecine officielle. Un malade entame sa guérison quand il passe du statut d'objet à celui de sujet, m'avait souvent répété Jean. Ce comportement n'est pas quantifiable, il est l'apanage de ceux qui ont choisi de sauver la planète en y apportant plus d'humanité.

Pouvons-nous imaginer que ce projet, plus soutenu par les autorités locales et par le curé qui avait promis son aide logistique, aurait pu se

---

88. Les médecins firent des séjours dans la communauté, *padre* Josimo, au 209. Cette communauté avait reçu grâce à un projet de développement, financé par les MEP, une décortiqueuse de riz. Il y avait donc une pratique de gestion communautaire bien établie. Ils firent aussi des séjours au 201 Nord, dans une communauté très marquée par la présence du syndicat et du PT. Là aussi, les pratiques communautaires étaient fréquentes.

89. En 2013, la présidente Dilma lancera un programme intitulé *Mas médicos,* Plus de médecins, en contactant des médecins étrangers dans le but de fournir une assistance aux populations les plus éloignées. Elle aura les pires difficultés à le faire accepter face à l'opposition du corps médical.

développer davantage, en formant de nouveaux agents par exemple ? Encore eût-il fallu que quelqu'un sur place leur fasse prendre conscience de l'importance de la tâche. Rien n'évolue sans un élément qui facilite et suscite les changements. J'ai voulu remplir ce rôle, partie intégrante de la mission telle que je la conçois[90]. Nous touchons ici à une des causes de la misère. L'aide seule ne résout rien. Elle doit tomber dans une terre préparée pour donner ses fruits. Les communautés ayant une pratique collective et une vision plus militante furent un champ fertile. Dans le cas de l'expérience des médecins français, les résistances venaient des autorités locales dont les intérêts étaient tout autres, tout comme des propres agents de santé qui, privés de soutien logistique, n'arrivaient pas à s'autogérer. Ajoutons à cela un certain conservatisme culturel de l'assisté qui espère que Dieu fera le reste !

Cette expérience mit des gens debout, redonna espoir à beaucoup et permit à des malades de guérir. Les agents de santé acquirent une compétence qu'ils n'auraient jamais pu recevoir sans une formation continue qui dura dix ans. Á la fin, certains savaient poser des plâtres, recoudre des plaies, détecter la lèpre, doser les remèdes... et avaient sans doute soutenu et conseillé bien des gens au fin fond d'un *traversão*. Il n'y a pas de changement sans l'acquisition d'une compétence. Le MAP savait par expérience que le développement passe par des projets tout simples, à taille humaine et sans dépendre toujours d'une aide extérieure. Nos compétences ne doivent jamais mettre ceux qui les reçoivent en situation d'infériorité, mais au contraire dans une dynamique de progrès. Et, pour parler cohérence, toutes ces démarches ont, semble-t-il, des racines qui plongent dans la pédagogie prônée par Paulo Freire, la pratique des communautés de bases et quelques réminiscences du scoutisme !

Joãozinho le pacificateur

Un dernier exemple est révélateur de l'évolution des mentalités réalisée grâce aux deux Conférences. Si l'apprentissage de la démocratie y gagna, la pratique du dialogue entre parties adverses évita des confrontations qui, en d'autres temps, auraient pu se terminer dans le sang, comme ce fut le cas de l'occupation d'une *fazenda* dans la région du km 140. Le proprié-

90. J'ai en mémoire à nouveau ce qu'un spécialiste du développement avait prophétisé durant une session de formation au séminaire de Chevilly-Larue. : « *Ne partez pas dans l'intention utopique de ne rien changer sous prétexte de respecter des traditions ancestrales, car alors rien ne se produira* » ! Cette phrase a déjà été citée dans le chapitre sur Natividade.

taire habitait dans le Minas Gerais, à quelque 2 000 kms de là, et possédait deux propriétés de 1 500 hectares, l'une mise en valeur par quelques dizaines d'employés et leurs familles et l'autre en friche. Fatigués de travailler sans profiter des fruits de leur travail, ces derniers décidèrent d'occuper le terrain et de le faire fructifier à leur profit. Sollicité, le syndicat les soutint et organisa avec la paroisse une collecte d'aliments pour aider ces nouveaux sans-terre dans leur lutte. Le *fazendeiro* réagit aussitôt et essaya de récupérer son bien. Joãozinho, qui succéda à Paulo comme président du syndicat, servit d'intermédiaire entre les parties adverses. Passé les phases de crises, les menaces et les intimidations de toutes sortes, l'INCRA fut obligé au bout d'une année de prendre une décision. Elle fut finalement favorable aux sans-terre qui obtinrent ainsi leur première victoire par les voies conjuguées de la pression et de la négociation. Et cela, grâce à un syndicat, qui avait appris à jouer son rôle de médiateur et d'un camp adverse qui reconnaissait son rôle indispensable. Menacé à plusieurs reprises, Joãozinho tint bon en alliant son autorité de président du syndicat à sa capacité à calmer le jeu au moment adéquat. Candidat par la suite aux élections municipales, il fut largement élu[91] sous le sigle du PT, en reconnaissance de son action.

Quelques enseignements sur ce long parcours de deux décennies

Nous avons décrit dans le détail la situation initiale, ses tâtonnements, ses élans généreux, mais aussi ses ambiguïtés. L'Église était présente dans les luttes populaires et accordait la priorité à la dimension prophétique inspirée de la théologie de la libération. Sans conteste, cette option pastorale fut le catalyseur des organisations populaires et le lieu d'accueil pour tous ceux qui voulaient un changement de société. Elle était en cohérence avec la pratique des Communautés ecclésiales de base. Nous vivions encore sous la dictature militaire.

Avec le retour progressif à la démocratie dans les années 90, la société civile apparut de plus en plus comme une nouvelle force de changement. Dans le cas concret d'Uruará, l'Église locale, dont j'avais en partie la responsabilité, devait favoriser l'émergence de la société civile en travaillant en partenariat avec elle. N'ayant plus le monopole de la défense des libertés, l'Église apprenait ce qu'elle prétendait promouvoir, à savoir la démocratie. Son rôle restait essentiel dans une société qui ne

91. Elu *vereador*, membre de la chambre communale.

pouvait s'organiser qu'en respectant toutes les forces, mêmes antagonistes, qui la composaient. Cette évolution fut le fruit d'un travail qui réunit des personnes et des groupes très variés, caractéristique et chance de la population de la Transamazonienne. Le projet auquel nous nous étions attelés transforma ceux qui y participèrent. Il a été exemplaire, par le simple fait d'avoir motivé durant un temps aussi long, sur un projet aussi exigeant, autant d'acteurs, hommes et femmes, si divers.

Mais la minorité que nous étions ne pouvait éviter de se diluer à long terme dans les eaux troubles de la modernité néolibérale qui, telle un tsunami, emportait tout sur son passage. Le Brésil regorge d'expériences qui font rêver les anthropologues. Depuis la République des Guaranis[92], la marche fantastique de Cabeça de Vaca[93], la révolte populaire dans le Pará, connue sous le nom de *Cabanagem*[94], la guerre des *Canudos* dans le Nordeste, exceptionnelle par la dimension messianique que lui donna Antônio Conselheiro[95], et, plus près de nous, l'épopée fantastique de la colonne Prestes[96], la liste serait longue ! Le Brésil étonne et séduit par sa capacité créatrice. Il n'y a pas un Brésil, mais des Brésil contrastés[97]. Pour un délinquant qui vous dévalise, vous rencontrez des centaines de familles qui vous hébergent ! Le Brésil est aussi ce géant à l'image de cet énorme serpent appelé *sucurui*, capable d'avaler tout ce qui se présente à lui. Il prend sa proie et la fait doucement et suavement disparaître. Ainsi notre épopée ne pouvait avoir d'autre destin que celui d'être digérée et transformée par la société que nous prétendions faire naître. Serions-nous alors condamnés à être engloutis ?

L'Histoire est une suite de tentatives fructueuses ou infructueuses. J'espère, cependant, qu'il existe un courant inexorable qui mène le genre humain, non pas au désastre, mais vers plus d'humanité, et dans lequel il faut faire entrer les hommes et les femmes de bonne volonté. Dans cette

92. Revoir le film *Mission* de Roland Joffé, 1986

93. Récit extraordinaire en espagnol et en portugais (*Naufrágios e Comentarios*) d'un conquistador espagnol Alvar Núñez qui fit plus de 18 000 kilomètres nu et sans soulier de la Floride à Mexico. En 1541, nommé gouverneur de Rio Prata, il partit de l'île Santa Catarina vers Assunção à pied. Il lutta toute sa vie en faveur des peuples indigènes. Il fut fait prisonnier et envoyé en exil.

94. Dans l'État du Pará, entre 1835 et 1840, des populations très pauvres qui vivaient en bordure de fleuves s'unirent à des *fazendeiros* et commerçants contre le pouvoir pour établir un état indépendant. Ce conflit fit 30 000 morts.

95. En novembre 1896 débute de la guerre de Canudos, cité sainte construite dans le Sertão de la Bahia en 1893 par une secte. Il faudra une armée de plusieurs millers d'hommes et près d'un an pour réduire cette révolte.

96. 1925-1927, la colonne conduite par le capitaine Luis Carlos Prestes, parcourut l'intérieur du Brésil pour appeler les populations à se révolter contre le gouvernement central et en finir avec l'injustice et la misère !

97. Lire les œuvres de l'anthropologue brésilien Darcy Ribeiro et son étude sur le peuple brésilien.

perspective, il faut comprendre le rôle d'une Église qui ne peut se cantonner à défendre ou à promouvoir ses idéaux. Elle doit revendiquer sa place dans la recherche du bien commun qui n'est la propriété de personne en particulier, mais bien le devoir de tous. « *Changer le monde : une tâche pour l'Église* », ainsi s'intitulait l'ouvrage du père Vincent Cosmao[98] en 1985. Je compris, à travers cette expérience décrite plus haut, qu'il en va de la survie de l'Église. Elle doit s'atteler à la tâche commune de promouvoir la libération des couches sociales opprimées et chaque fois un peu plus marginalisées. La tentation est forte de se satisfaire de la gestion du troupeau et de se laisser submerger par l'administration des biens de l'Église, en les embellissant parfois grâce aux dons, fruits d'alliances passées avec l'élite locale[99].

Cette attitude ne peut conduire qu'à notre disparition. Malheureusement, une certaine mode est à l'expulsion des démons en guise de libération quand ce n'est pas la recherche effrénée d'émotions, frisant parfois l'hystérie, par crainte d'une spiritualité incarnée dans la vie du monde. Devant ces déviations, il nous faut retrouver le chemin de liberté du Galiléen, ce juif marginal qui annonçait la venue du Royaume en changeant le cœur des hommes. Comme l'affirme le jésuite Jon Sobrino : *« Nous avons besoin de Jésus de Nazareth*[100] *»*

Et le pape François nous invite instamment à rejoindre les pauvres et les périphéries où le Christ nous attend.

Les dix dernières années 1994-2004

Après ces nombreuses années à Uruará, je ferai mes adieux le dimanche 14 septembre 2004, en la fête de la Croix Glorieuse. Tout un symbole. La célébration aura lieu au km 190, dans la chapelle du Bon pasteur. Mon successeur, le *padre* Blasio, originaire du Sud, étant présent. Conscient alors d'avoir accompli ma mission, je me sentais satisfait de pouvoir lui remettre les clés de ma Toyota et de la maison. Deux ans après, comme je l'ai relaté plus haut, dom Erwin le renverra dans ses foyers pour inconduite. Avant d'en arriver là, un petit retour sur ces belles années.

---

98. Vincent Cosmao, dominicain, succéda au P. Lebret qui avait inspiré l'encyclique « *Populorum progressio* » de Paul VI et fondé *Economie et humanisme.*

99. Je me réfère au cas du Brésil, bien sûr.

100. Jon Sobrino, jésuite du Salvador, en conférence au centre Sèvres le 26 février 2015, à l'occasion de la publication de ses ouvrages par les éditions du Cerf.

Les communautés étaient au nombre de quatre-vingt-huit. Les baptêmes frisaient les six cent par an et les mariages se stabilisaient autour d'une centaine. Autant dire que nous étions dans un cycle prolifique. Avec la croissance de la paroisse, il fallait construire un peu partout[101] ! À la dernière conférence, encore une de ses retombées positives, j'avais rencontré Ériko Nery, le représentant du secrétariat au Plan. Jeune architecte, lui aussi avait été impressionné par la qualité de l'événement. Il en profita pour revenir plusieurs fois à Uruará pour son travail. Je lui fis part de mes projets de construction. Il n'en fallait pas plus pour qu'il mette ses compétences au service de la paroisse. Artiste peintre, musicien et chanteur, Ériko[102] était un personnage impressionnant de culture et d'ouverture d'esprit. Il réalisa ainsi les plans de la chapelle dom Oscar Romero[103], dans un des quartiers de la périphérie.

Puis ce fut la construction des salles de catéchisme et l'édification d'un complexe avec une immense salle de réunion, cuisine et chambres d'hôtes. Il réalisa la reconstruction complète de l'église des *Placas* et le plan de sa salle des fêtes d'une capacité d'un millier de personnes. Il supervisa au km 200 la restauration de la chapelle de la communauté. Pour couronner le tout, il fit les plans de la maison de Chiquinha et de Zezinho et termina par la magnifique chapelle du Bon pasteur. Elle fut édifiée au sommet d'une colline au km 190, visible de la Transamazonienne comme un symbole de protection pour les voyageurs. Il avait créé un style qui tout en tenant compte du climat, sortait de la monotonie des constructions habituelles. Enfant d'Altamira, il exprimait au travers de l'architecture ce mélange de tradition et de modernité.

Le successeur du *padre* Blazio évitera sa collaboration par souci de se démarquer de l'ère des *padres* Oscar et Chico dont il avait presque tout reçu. Il entreprendra par contre l'édification d'un bâtiment pharaonique en guise de nouvelle église. Un curé doit avoir toute liberté de manœuvre certes, mais il est regrettable qu'un conseil paroissial ne puisse pas peser davantage sur les décisions du responsable de la paroisse. Nos frères protestants sont plus sages en ce domaine : le pasteur doit suivre les

---

101. Les architectes font les plans et les maçons exécutent l'œuvre : César fut le maître d'œuvre de l'église de Uruará et de ma maison. Puis Luis, originaire du Maranhão, fit les autres constructions. Les artisans brésiliens sont impressionnants d'agilité et de compétence. Un maçon est aussi charpentier, plombier et peintre. Zezinho, l'époux de Chiquinha, se chargeait des achats de matériaux. Ses prévisions tombaient toujours juste. Il avait appris sur le tas l'électricité et fit une grande partie des installations. Abilio, aux *Placas*, coordonna la restauration de l'église et la construction de la salle des fêtes.

102. Ériko revint pour mes adieux et chanta dans la chapelle : *Amigo é coisa pra se guardar* de Milton Nascimento

103. Oscar Romero, archevêque de San Salvador, symbole des martyrs d'Amérique Latine, béatifié en mai 2015. Voir ch. 3, note 12

orientations du conseil de la communauté. Il vient pour servir et non pour être servi !

Bref, la paroisse tournait à plein régime. J'étais devenu un personnage, surtout en raison de ma fonction et des relations que j'avais pu nouer. Un petit exemple, entre autres, peut aider à comprendre quel type de relations s'étaient établies. Durant des années, l'électricité d'Uruará était fournie par quatre gros moteurs générateurs à diesel. À chaque panne, le responsable devait faire appel à un mécanicien de Belém qui tardait souvent à nous secourir. Sans énergie, les commerces tournaient au ralenti, les lycées ne fonctionnaient plus le soir, les avenues étaient plongées dans l'obscurité, et seuls quelques privilégiés pouvaient s'offrir un petit générateur ! Sachant que je connaissais la direction à Belém, le gérant me demandait parfois d'intervenir, et j'appelais directement la direction, ce qui nous évitait des attentes prolongées.

Une fois, privé de courant depuis quinze jours, le gérant m'informa que le mécanicien n'avait pu se poser à Altamira à cause du brouillard et que son avion avait atterri à Santarém. À cause de l'état des routes, il n'arriverait que dans deux jours. C'était insupportable ! Le maire, son adjoint ainsi que le président de la chambre communale[104] étaient tous absents. Avec humour, nous décrétâmes qu'en cette heure cruciale, le curé était la seule autorité ! Nous prîmes alors la décision, avec le président de l'association commerciale, d'affréter un avion pour récupérer le mécanicien. Quelques heures plus tard, il remettait les moteurs en fonctionnement. Il avait suffit de prendre l'initiative. Quand le maire revint, il nous félicita et nous lui présentâmes la facture du vol !

Avant mon départ, j'aurai droit aux hommages de la chambre communale qui me concédera le titre de citoyen d'honneur d'Uruará[105]. A défaut d'autres titres, j'avais au moins celui-là. Les discours dithyrambiques des élus locaux sur mes vingt ans de présence étaient sûrement sincères et empreints d'émotion mais ils étaient surtout pour moi le témoignage d'une société qui reconnaissait l'importance du travail de l'Église.

---

104. Au Brésil, les communes ont une assemblée et le président n'est pas le maire comme en France. Il existe trois niveaux législatifs : le fédéral, celui de l'État et celui de la commune. Le président de la chambre peut assumer la charge de maire en cas d'absence de ce dernier et de son adjoint.

105. À cette époque, Mario Lobo avait été élu maire à la tête d'une large coalition. Avec Paulo, nous avions activement œuvré à organiser un front uni pour remporter les élections contre un unique adversaire. Dans les villes de moins de 100 000 habitants, celui qui arrive en tête est élu au premier tour, même sans majorité absolue. Mario Lobo reprendra les orientations du PGDU et choisira Paulo parmi ses proches collaborateurs. Alors que je revenais de Paris, Mario et Paulo m'invitèrent à les accompagner à une audience à Brasilia où nous rencontrâmes le président Lula, avec une délégation des mouvements de la Transamazonienne. Je n'étais plus l'intermédiaire.

L'annonce de Jésus-Christ ne peut se faire sans participer à l'histoire concrète d'un peuple. Ses victoires comme ses défaites sont les signes que nous devons interpréter pour discerner le « *plan global de développement*» que nous propose le Seigneur !

L'Église était devenue un espace ouvert qui permettait aux différents acteurs de se rencontrer, de dialoguer et, parfois comme nous l'avons décrit, de se réconcilier. Il suffit de peu parfois pour désamorcer un conflit. Nous étions passés durant ces années d'une Église du côté des pauvres à une Église qui appelait toute la société à combattre l'exclusion. Les Conférences nous avaient appris que ce combat ne se gagnerait qu'avec l'engagement de toutes les forces vives. La lutte de classes était enterrée avec la hache de guerre !

En allant voir ailleurs...

Ayant été élu pour quatre ans coordinateur de la grande région Nord[106] de la CPT, je passais à São-Luis du Maranhão à l'occasion du conseil annuel. Je rencontrais toujours dom Xavier de Maupeou, évêque auxiliaire[107] de São-Luis et chargé de l'accompagnement de l'Institut d'études supérieures du Maranhão (IESMA). Nous nous connaissions depuis longtemps et son humour, qui rivalisait de noblesse avec celui d'Henri Burin des Roziers, donnait à son personnage un allant séduisant. Il me proposa d'assurer un cours d'herméneutique biblique à l'Institut. Il voulait déjà à l'époque que je vienne le rejoindre dans sa tâche de formation des séminaristes. Je résistai à la tentation mais j'acceptai le cours d'herméneutique biblique qui ne prenait que trois semaines par an[108]. J'avais cependant mis le doigt dans l'engrenage, et cela allait me réserver encore quelques surprises.

Quand le *padre* Gilberto Pastana[109] eut vent de cette décision, il me pria à son tour de venir donner des cours sur le Nouveau Testament à l'Institut de théologie de Belém, dont il était le directeur. Mon évêque envoya l'un de mes meilleurs anciens élèves, le jeune *padre* Barnabé Lowenstein,

106. Qui comprenait les États du Pará, du Maranhão et de l'Amapá.

107. Déjà mentionné : il fut ensuite nommé évêque de Viana, un des diocèses du Maranhão dont la situation était catastrophique après le limogeage de son ancien évêque en 1995, dom Adalberto Paulo da Silva qui, sous la dictature militaire, avait dénoncé, comme suppôts du communisme, une bonne partie de ses prêtres, religieux et religieuses engagés auprès des plus pauvres.

108. J'ai initié le cours en août 1998.

109. Gilberto Pastana, l'actuel évêque d'Imperatriz, au sud du Maranhão.

originaire des *Placas*, pour me seconder à Uruará[110]. Ériko, toujours aussi serviable, fit les plans pour agrandir la maison, devenue trop juste pour deux.

Courant juillet 2003, j'eus la visite de deux collègues des MEP, Guillaume Arotçarena, et du père Paul Couvreur, notre vicaire général, accompagnés du caméraman André Abbe. Il venait faire un reportage sur les communautés au Brésil[111]. Ils eurent tout le temps de prendre le pouls du pays et de participer à la vie des communautés. Guillaume, que je connaissais depuis le grand séminaire de Bièvres, avait été expulsé de Singapour car il défendait, avec une équipe de juristes, les employées de maison surexploitées originaires des Philippines. Nous étions, lui le Basque et moi le Catalan, sur la même longueur d'ondes. André Abbe, lui, était un militant occitan ! Quant à Paul, ancien missionnaire en Corée où il fut longtemps ouvrier agricole, il me fit remarquer que j'étais le seul Mep au Brésil depuis de nombreuses années. Puis, la vue de ma bibliothèque où j'avais réuni nombre d'ouvrages en français et en portugais, le poussa peut-être à me suggérer de rentrer à Paris pour m'occuper des prêtres étudiants asiatiques qui avaient besoin d'un accompagnateur. Je restai un peu interloqué devant la perspective de devoir quitter ce qui faisait ma vie, puis j'acceptais pour deux raisons bien simples : il fallait bien que je quitte un jour Uruará et, en même temps, je n'avais aucune raison de partir. J'étais un peu prisonnier de mon personnage et il faut toujours se méfier de ce genre de consécration qui évite de se remettre en cause. Le missionnaire plante et laisse son successeur récolter. Une autre raison pesa certainement aussi de façon inconsciente : la génération de prêtres comme Oscar, Alirio, Paulo et Valdir avaient été remplacés par une douzaine de jeunes prêtres venus de nos communautés. Nous avions beaucoup espéré de ces jeunes qui venaient prendre la relève. Presque tous avaient été mes élèves. Malheureusement, sur les douze, sept quitteront le sacerdoce assez rapidement, après avoir eu des comportements peu édifiants pour leurs paroissiens qu'ils laissaient désemparés. On conçoit qu'un prêtre abandonne ses fonctions, mais on attend de celui qui part, une certaine attitude éthique qui ne lui enlève pas sa qualité de fils de Dieu. L'ambiance dans les conseils presbytéraux était parfois lourde.

110. Barnabé restera deux ans sur la paroisse, puis partira rejoindre un de ses collègues à Altamira. Que se passa-t-il ? Toujours est-il qu'une semaine après avoir été nommé recteur du petit-séminaire, il entra dans le bureau de dom Erwin, avec une jeune postulante à la vie religieuse et annonça à l'évêque interloqué, le dernier à apprendre la nouvelle, qu'il partait dans la Bahia avec sa compagne !

111. La vidéo réalisée s'intitulait : *Chrétiens au Brésil - Aux frontières de la forêt. Un monde nouveau sur la transamazonienne*. Réalisation Missions étrangères de Paris (2003). Le reportage d'une demi-heure fut réalisé sur les communautés d'Uruará avec la participation de Claudia Kahwage, anthropologue.

L'évêque sera profondément déçu de ce désastre, lui qui avait tant misé sur l'émergence d'un clergé local. Bref, un an après la visite de mes confrères, je rejoignais mon nouveau poste à Paris, avant de revenir une dernière fois au Brésil en 2008 pour encore six ans.

La Mission a toujours ses surprises heureuses ou malheureuses. Il suffit de repenser à saint Paul, lui l'apôtre des gentils abandonné de tous à la fin de sa vie. Nous ne pouvons jamais mesurer ce que nous avons planté et ce que le Seigneur fera de la semence jetée en terre. La joie du missionnaire consiste en la certitude de n'avoir jamais travaillé en vain « *à prêcher à temps et à contretemps*[112] ». Nous ne sommes que de simples ouvriers pour le temps qui nous est imparti. L'heure de la moisson viendra, elle ne nous appartient pas heureusement. Elle est dans des mains plus sûres.

112. 2 Tm 4, 2

7

Paris
Au service des prêtres asiatiques étudiants

Fin septembre 2004-30 avril 2008

En cette fin septembre 2004, je rejoignais la rue du Bac et franchissais ses lourdes portes qui me rappelaient mon premier retour de mission. La maison était en pleins travaux de restauration et résonnait d'un vacarme permanent. De la fenêtre de ma chambre, je contemplais notre jardin et ses visiteurs souvent nombreux. Mon voisin d'en face était le père Michel Trimaille, il avait été mon professeur de Nouveau Testament et j'avais gardé avec lui une relation très fraternelle. Dès que cela fut possible, je lui rendis visite. Toujours plongé dans ses recherches exégétiques, il n'aimait pas être dérangé pour des futilités. Il me reçut et, apprenant le motif de mon retour, sa réaction fut immédiate :

> Les supérieurs sont fous ! Tu faisais un excellent travail dans ta mission. Tel que je te connais, tu seras ici comme un lion en cage !

Je lui rétorquai avec une pointe d'humour qu'il se devait de reconnaître que, pour une fois, j'avais répondu aux souhaits de ceux-ci[1]. Des années plus tard, quelques jours avant son décès, ayant pu le joindre par téléphone, il me fit cette confidence :

> Pour l'année Saint Paul, je devais écrire un article dans lequel j'expliquais que tout en Paul converge vers le Christ.

Je reçus ce message comme son testament spirituel. L'essentiel était dit.

---

1. Aux Missions Étrangères, n'étant pas religieux, nous ne recevons pas d'ordres, mais nous sommes invités. Ce qui nous permet d'en conclure que nous jouissons de tous les avantages des religieux et du clergé diocésain réunis, sans en avoir les contraintes !

Le lendemain de mon arrivée, la rentrée étant proche, je partis sans tarder à la Catho pour un entretien avec le père Philippe Bordeyne, alors directeur du 2e Cycle de théologie biblique et systématique. J'en ressortis avec un sujet pour ma maîtrise : *Théologie de la libération et Théologie de la Croix en saint Paul* et un certains nombre de cours et d'ateliers qui allaient jalonner ma vie d'étudiant. Si j'avais imaginé savoir assez de choses puisque j'enseignais, je découvrais maintenant que la réalité était tout autre ! Comme le dit si bien Jean-Louis Etienne, docteur et aventurier : « *On ne repousse pas ses limites, on les découvre* ».

Ces années furent un temps de grâce. Si l'âge est parfois un handicap pour assimiler certaines connaissances, comme les langues par exemple, une certaine expérience pastorale est souvent un atout non négligeable. Le temps passé aux études n'est jamais un temps perdu, il est un trésor inépuisable. Je m'habituais peu à peu à ma nouvelle vie, dans cette immense communauté qu'offre notre maison générale de la rue du Bac : j'appréciais son confort qui me permettait de supporter des crises chroniques de mal au dos. Je payais ainsi ma vie sur les pistes amazoniennes. J'étais content de trouver plus d'une vingtaine de laïcs bénévoles pour accompagner les prêtres étudiants asiatiques. Cette équipe créée par mon prédécesseur, le père Jean-Michel Cuny, faisait l'admiration de tous. Nous partagions les difficultés de notre tâche commune. Certains recueillaient les confidences de ces jeunes prêtres parfois désemparés par nos méthodes d'enseignement. De mon côté, les rencontres ponctuelles avec les étudiants créaient des liens de confiance. Ils appréciaient, semble t-il, de me voir sur les mêmes bancs à la Catho et tenu, comme eux, aux exigences des études. J'admirais leur assiduité, leur solidarité et surtout leur joie de vivre. Je réussis à instaurer dans notre parc des parties de foot mémorables dans lesquelles je pensais revivre ma jeunesse ! Mais la Maison, qui préparait l'anniversaire des 350 ans de la Société, tenait à préserver son jardin. Aussi, à notre grand regret, il fut décrété que le foot serait désormais interdit sur les pelouses.

Profitant des vacances d'avril, et du temps de grâce de la Semaine pascale, deux pèlerinages en Terre Sainte furent organisés. La présence d'un groupe significatif de laïcs donna l'occasion d'échanges inédits. Je n'oublierai jamais cette célébration que je présidai, entouré des cinquante prêtres, le matin de Pâques, dans la chapelle de *Jesus flevit*[2] qui domine Jérusalem. Peut-être influencé par mes recherches sur la théologie de la Croix, je compris que ce n'était pas la Résurrection qui éclairait le mystère de la Croix, mais bien le scandale de la Croix qui nous donnait

2. La chapelle de *Jesus flevit* (Jésus pleura) se trouve au Mont des Oliviers, face à Jérusalem et évoque le passage de Luc 19, 41 dans lequel il est relaté que Jésus pleura en découvrant la cité sainte.

de comprendre la puissance de la résurrection. Mon expérience du Brésil remontait et faisait apparaître ces foules immenses de petits paysans, dans lesquelles je distinguais nos martyrs d'Amérique latine. Dans leurs visages marqués par la souffrance, la lueur de Pâques scintillait déjà.

Après la maîtrise, je poursuivis des études bibliques durant un an et j'appris à repenser et réorganiser mon enseignement[3]. Puis, je fus invité à assister le père Jean-François Desclaux dans l'atelier de lecture qu'il animait. Expérience qui m'astreignit à lire quatre ouvrages d'exégèse par mois et qui surtout, fit de Jean-Francois un ami de plus. Avec le père Pierre Giraud, ancien prêtre ouvrier — qui avait vécu cinq ans à Jérusalem et logeait dans la paroisse de Prades[4] où je descendais durant les congés — nous lançâmes un groupe biblique[5]. Malgré ces activités, j'avais pas mal de temps libre. Au secrétariat des étudiants, j'étais secondé par une excellente équipe que coordonnait de façon magistrale Marie-Colette Dupuis, une ancienne directrice de lycée. Elle s'occupait bénévolement de tous les dossiers du secrétariat. J'ai toujours eu pour sain principe de ne jamais jalouser ce que quelqu'un peut et aime assumer. N'ayant jamais eu de vocation pour le côté administratif, j'étais très satisfait de cette collaboration. Anne Tapie, laïque rémunérée, conseillée par la Catho, accompagnait, en théologienne, certains étudiants dans leurs travaux de rédaction. Il ne me restait plus qu'à veiller à l'harmonie de l'ensemble en restant à l'écoute des uns et des autres, fonction certes discrète mais plus indispensable qu'elle ne paraît.

Un soir d'avril de 2007, à la sortie des vêpres, notre vicaire général, toujours soucieux de l'état des troupes, m'aborda et m'invita à passer dans son bureau le lendemain. Nous étions donc face à face. Je lui expliquai que j'étais très satisfait de ma charge et que je n'avais aucune revendication à faire, si ce n'est le fait que j'avais beaucoup de temps libre, surtout le week-end. De plus, mes séjours au Brésil l'été, durant lesquels je donnais des cours à São-Luis, étaient, semble-t-il, contestés par certains. Je proposai donc de pouvoir disposer de mes fins de semaine pour aller en paroisse. J'allais souvent à Créteil où je suivais une équipe de préparation au mariage et des propositions m'avaient été faites. Il me répondit que je n'étais pas à Paris pour cela. Puis, il eut la gentillesse de me demander :

---

3. Nous avions des ateliers pratiques dans lesquels chaque étudiant présentait le plan et la démarche de son cours. Pour cinq étudiants, nous avions le privilège d'avoir trois exégètes qui nous orientaient.

4. Sous-préfecture des Pyrénées orientales où je suis né et où je réside durant les congés. Connue pour le festival Pablo Casals et le moine américain Thomas Merton qui y naquit.

5. Pierre était aussi professeur d'hébreu, d'une telle humilité et attention que faire de l'hébreu avec lui était plus qu'apprendre une langue, c'était aussi goûter la richesse du message. J'ai pu profiter de ses cours particuliers.

Et alors qu'est-ce qu'il peut t'arriver ?

> Rien je pense, si ce n'est de déprimer à ne rien faire :

... répondis-je.

> Tu déprimes ?

S'enquerra-t-il, un peu inquiet !
C'était le mot magique. Je rétorquai

> Non, mais ça peut arriver !

Tout bascula. Il me conseilla de repartir en mission et me fit quelques suggestions puis, à ma grande surprise, il envisagea le Brésil. Agréablement surpris et avant qu'il ne revienne sur sa décision, je lui fis part de ma volonté de repartir. Je téléphonai aussitôt à l'archevêque de São-Luis pour lui demander s'il voulait bien me confier une paroisse qui me laisserait la possibilité de donner des cours à l'Institut. Il accepta dans l'heure. J'en informai mes supérieurs.

Un mois plus tard, en mai 2007, devait avoir lieu la cinquième conférence de l'épiscopat de l'Amérique latine (CELAM). Benoît XVI s'y rendit. Et le vent de l'Esprit recommença à souffler suavement. Tout le monde sait maintenant que la rédaction du document final fut l'œuvre du cardinal de Buenos Aires, Jorge Bergoglio. Mais qui pouvait imaginer la suite ? Encore membre de la rédaction de la revue *Spiritus*[6], je fus sollicité pour écrire un commentaire dans lequel je citais l'éditorial de *La Croix* du vendredi 1er juin, au lendemain de la Conférence, et qui prophétisait la révolution qui allait suivre :

> L'Histoire dira peut-être, un jour, que la première empreinte forte de ce pontificat se situe à Aparecida... Décision inattendue, annoncée hier par les responsables de la première communauté catholique du monde, de répondre à cet appel par une « grande mission continentale » s'appuyant, non seulement sur les grands mouvements dans le vent, mais sur les communautés chrétiennes à échelle humaine. Y compris les fameuses « communautés de base », réputées démodées et jugées sulfureuses il n'y a pas si longtemps, notamment aux yeux d'un Joseph Ratzinger.

Et j'enchaînai :

> L'option préférentielle pour les pauvres, acceptée comme priorité, passe donc par la revitalisation et la pleine reconnaissance des communautés ecclésiales de base. Avec elles, est réhabilité l'outil : Voir, Juger,

---

6. *Spiritus* : revue de réflexion sur la Mission qui regroupe plusieurs instituts missionnaires.

Agir, considéré longtemps comme un instrument d'analyse inadéquat, car pour certains, il privilégie la réalité sociologique au détriment de la vérité de la foi. Admettre l'articulation entre ces trois éléments : l'option pour les pauvres, les CEBs et la méthode Voir, Juger, Agir, c'est aussi reconnaître le bien fondé de la théologie de la libération qui naît de l'expérience d'une vie pastorale au cœur des pauvres, dans un dialogue permanent entre la foi et la vie.

Certains participants[7] pensèrent que ce revirement inattendu, en faveur de l'option pour les pauvres, pouvait être attribué à dom Luciano Mendes, que certains évêques avaient imploré, dans la basilique, la veille au soir de la cérémonie de clôture ! Benoît XVI, toujours aussi surprenant, n'avait-il pas affirmé quelques jours auparavant, que l'option pour les pauvres n'avait d'autre fondement que la foi dans le Christ[8], coupant l'herbe sous les pieds à ses détracteurs ? Certains me trouvaient trop optimiste. J'avais quitté le Brésil un peu nostalgique du temps de ses pasteurs prophétiques, je me préparais à repartir pour retrouver une Église qui revenait aux intuitions du concile Vatican II. Ainsi, alors que Benoît XVI recentrait l'Amérique latine sur le choix prioritaire des pauvres, l'Esprit couvrait de son ombre Jorge Bergoglio qui, un jour, placerait son amour pour les pauvres au cœur de toute l'Église, seul moyen pour la rénover.

En novembre 2007, je pus réaliser un rêve : celui d'aller en Chine. Je fis le voyage avec un collègue, le père Charbonnier, grand spécialiste de ce pays, et André Abbe[9]. Nous partîmes de Hongkong vers Canton jusqu'à la frontière du Vietnam. J'entrevis ce monde fascinant et son Église qui, depuis des décennies, survit aux persécutions. Bien que rapide, les rares rencontres furent déterminantes pour comprendre la souffrance et l'héroïsme de certains de nos frères.

Du Sud de la Chine, nous entrâmes à Langson, au Vietnam. J'y contemplai les remparts et un vieux canon, vestige, peut-être, de la conquête des Français. Qu'est-ce que mon grand-père était venu faire ici[10] ? À Hué, un dimanche matin, je vécus un des sommets du voyage durant la messe qui réunissait plus de huit cent enfants. J'en eus les larmes aux yeux ! Je repensais à tout ce que j'avais lu et entendu sur cette Église martyre. Ma vocation, je la devais à mon désir, enfant, de partir pour le Vietnam. Je contemplais cette assemblée d'enfants, majestueuse

---

7. Dom Moacyr Grechi, évêque de Porto Velho, un des représentants de la CNBB à la conférence, fit cette confidence.

8. Benoît XVI, 13 mai 2007 : « *En ce sens, l'option préférentielle pour les pauvres est implicite dans la foi christologique dans laquelle Dieu s'est fait pauvre pour nous, pour nous enrichir de sa pauvreté* » (cf. 2 Co 8, 9).

9. Le cameraman qui avait réalisé le reportage au Brésil.

10. Voir la page 16, note 12 où je me réfère à mon grand-père.

et digne. Seuls les chants et les prières rompaient un silence imposant, expression d'une foi toute en profondeur. Après la célébration, la plupart restèrent pour l'enseignement du catéchisme. J'imaginais les petits Brésiliens, partageant une telle expérience, et goûtant au silence si bienfaisant de la prière. Je poursuivis ensuite seul vers l'Inde où je rejoignis le père Balthazar qui m'avait préparé un véritable marathon. Ma colonne vertébrale ne supportant plus les pistes, des religieuses indiennes me remirent sur pied. L'Inde me surprit dans tous ses aspects. J'y ai découvert que si Dieu a inventé la diversité colorée des papillons, les Indiennes ont inventé la splendeur des saris. Cela n'explique pas la passion que l'on peut avoir pour ce pays, mais en suggère l'insoupçonnable richesse culturelle où tout est religieux.

Je terminai ce tour d'Asie par le Cambodge, pour une session avec des confrères des Missions Étrangères. J'y visitai le musée du génocide[11]. La Shoah, en pire peut-être ? Où l'homme se cache-t-il ?

Je revins en France où j'en profitai pour préparer mes cours d'Écriture sainte durant les quelques mois qui me séparaient de mon départ. Le 30 avril 2008, je prenais l'avion pour une nouvelle aventure. J'en remerciais mes supérieurs mais je quittai avec un pincement au cœur tous ces prêtres étudiants qui étaient devenus mes amis et qui le resteront. À chaque départ, il faut s'arracher. Peut-être alors que la vraie raison en était encore celle qui m'avait poussée à quitter Uruará. La tentation était grande de s'installer dans son confort matériel et intellectuel. La victoire dans ces cas-là est de fuir et d'accepter le défi de repartir à zéro. J'allais être servi. Le Seigneur m'attendait à nouveau de l'autre côté de l'océan.

11. Centre d'extermination de Tuol Sleng.

8

Retour au Brésil
mai 2008

I – la traversée du désert

Le 1er mai 2008, je débarquais, à 13 h 30, à São Luis du Maranhão, retrouvant la chaleur moite de la saison des pluies. En 1979, lors de ma première visite en cette ville historique avec le père Émile Destombes, j'avais été frappé par la pauvreté et la misère ambiante et je m'étais bien promis de ne jamais y vivre. Les grands espaces et les pistes infinies oui, mais pas la ville aux murs délabrés et aux rues misérables. Les temps avaient évolué, la ville était maintenant classée au Patrimoine mondial de l'humanité. Je finissais par l'aimer car, depuis une décennie, j'y donnais des cours six semaines par an à l'Institut d'Études Supérieures du Maranhão (IESMA). Je pourrai désormais y consacrer plus de temps et un enseignant de plus était le bienvenu pour l'Institut, qui n'avait que deux biblistes dont un sur le point de partir.

Je retrouvai à l'aéroport mon ami Pedro Marino, un ancien de la CPT. Je l'avais recruté pour dix jours afin qu'il me pilote dans ce labyrinthe dont il connaissait toutes les arcanes. Le *padre* Airton, un de mes anciens élèves, responsable du séminaire du diocèse de Bacabal, m'offrit le gîte et le couvert en attendant que je trouve un logement. Il avait fait l'acquisition, à ma demande, d'une petite voiture et d'un téléphone portable, outils désormais indispensables dans ce monde. Il me donna quelques informations sur ma future paroisse dans laquelle il se rendait le dimanche. Les paroissiens m'attendaient. Des trois prêtres anciennement affectés, seul le *padre* Roney, lui aussi un de mes anciens élèves récemment ordonné, était resté et logeait dans un presbytère fait de bric et de broc. Sur ces informations, Pedro et moi-même partîmes sans tarder, mais notre voiture tomba en panne sèche quelques mètres avant la station service ! C'était un bon présage de la réalité qui m'attendait. Il faut toujours compter sur ses propres forces pour atteindre le but. La technologie aide le missionnaire mais ne le remplace pas !

Après 15 kilomètres de mauvaise route et d'embouteillages, je découvris l'univers qui m'attendait. La paroisse se situait, en partie, sur un territoire appelé Maiobão. Cet ensemble planifié pour devenir une banlieue résidentielle était coupé par de larges et longues avenues. Les terrains vagues alentour furent urbanisés sans planification, la ville s'agrandit et la misère côtoya ce qui aurait dû être une agréable cité dortoir pour une petite classe moyenne. L'ensemble de la commune du *Paço do Lumiar*[1], dont le Maiobão dépendait, avoisinait les 100 000 habitants quand je suis arrivé. Six ans après, de nouveaux quartiers avaient vu le jour. Certains coins du quartier, devenus le repaire de trafiquants de drogue, étaient classés parmi les plus violents du pays ! Il n'était pas rare de voir l'hélicoptère tournoyer dans le ciel pour guider avec son puissant phare les véhicules de police poursuivant les trafiquants. Je ne comptais plus le nombre de messes célébrées à la mémoire de jeunes assassinés.

J'entrai dans la jungle urbaine, guidé par Pedro. De toutes mes missions, celle-ci serait la plus dure et la plus exigeante. Je connaissais le Brésil et ses paysans, je découvrais l'urbanisation sauvage, conséquence de l'exode rural. J'avais lutté pour une réforme agraire qui n'avait jamais vu le jour, j'en constatai les conséquences néfastes. Les classes aisées qui se plaignaient de la violence avaient été les premières à freiner cette réforme agraire. Quant aux pauvres, après avoir perdu leurs terres, ils continuaient à vivre dans l'insécurité. Les *pistoleiros* semblaient s'être mués en trafiquants de tout calibre. Heureusement, mes cours à l'Institut furent un ballon d'oxygène durant toute cette période. Désormais, je n'étais plus un notable, j'étais un individu de plus au milieu de cette foule anonyme, qui se perdait du lundi au vendredi dans les embouteillages monstres, rançon d'un progrès désordonné.

Les premiers contacts avec la paroisse

Une vingtaine de communautés, d'inégale grandeur, étaient rattachées à la paroisse. Vingt ans auparavant, le *padre* québecois Mauricio Lacroix en avait été le fondateur. Il était mort, encore jeune, d'une hémorragie fulgurante. Tous parlaient de lui avec une profonde et touchante admira-

---

1. *Paço do Lumiar* : nom de la localité où se trouvait la mairie dont dépendait le quartier du *Maiobão*. Le *Paço do Lumiar* était en zone rurale et appartenait à une autre paroisse.

tion. Son nom avait été donné à l'avenue où se trouvait l'église. J'étais le dixième curé à lui succéder. Entre-temps la paroisse avait poussé, à l'exemple de la ville, de façon anarchique. Trois grandes églises dans le centre autour de la *Matriz*[2] avaient été érigées pour satisfaire les besoins des classes moyennes, les quartiers pauvres et éloignés ayant hérité de petites chapelles. Une faisait exception, si grande qu'elle en était souvent aux trois-quarts vide.

L'église *Matriz,* conçue par son fondateur, frappait par son architecture originale et pouvait accueillir plus de cinq cent personnes. En face, la maison du *padre* Mauricio, construction faite de rajouts mal agencés, abritait le curé et, à l'occasion, ses vicaires. Sur le côté, un bar et ses fidèles clients des fins de semaine. Accompagné de Pedro, je me présentai au presbytère. Le *padre* Roney nous reçut. Après un tour des lieux, je confirmai mon intention de ne point y résider. Je me voyais mal préparer mes cours à côté d'un bar et dans une avenue bruyante. En attendant, je logerais chez le *padre* Airton. Je me dirigeai vers l'église à 18 h30, curieux de voir la tête des fidèles qui commençaient à affluer. De par mes souvenirs d'Uruará, où les *Maranhenses*[3] étaient nombreux, je savais que ce peuple était profondément religieux et attaché à ses traditions. La foule arriva et remplit l'église. Dehors se formait une file de plus de cinquante personnes, chacune une statue de la Vierge à la main, car c'était l'ouverture du mois de Marie. La procession s'ébranla et les statues furent déposées, avec beaucoup de dévotion. C'est plongé dans cette ambiance de religiosité mariale que j'entamai mes premières heures dans la paroisse.

Le samedi 3 mai, trois cents jeunes et adultes recevaient la confirmation. Devant une telle affluence, dom Belisario, l'archevêque, m'invita à donner le sacrement avec lui. Ma mission commençait sous le souffle de l'Esprit. Puis, la cérémonie achevée, il me remit en toute simplicité ma lettre de nomination officielle.

Le lundi suivant, Airton me présenta la sœur Arminda, qui allait résoudre la question de mon hébergement. Son histoire était complexe. Venue encore jeune d'Italie avec la congrégation des sœurs de la Purification, elle avait créé deux immenses collèges qui accueillaient 3 000 enfants et adolescents. Un couvent, financé par des bienfaiteurs italiens, avait été construit pour abriter une vingtaine de sœurs et postulantes qui animaient les jeunes et la catéchèse du quartier. Puis, un jour, les supérieures décidèrent de transférer la communauté à Fortaleza, la capitale du Ceará. Elle ne l'entendit pas de cette oreille et refusa d'aban-

---

2. *Matriz* : nom donné à l'église principale de la paroisse où se trouvent les différents services comme le secrétariat paroissial.

3. *Maranhenses* : personnes originaires de l'État du Maranhão.

donner l'œuvre pour laquelle elle avait fait tant de sacrifices. Considérée comme une rebelle, elle fut contrainte de s'éloigner de sa congrégation, réussissant toutefois à garder la responsabilité du couvent désormais déserté. Je découvrais ainsi la sœur Arminda, forte et décidée, régnant dans son collège. Elle commença par une longue lamentation sur la misère ambiante qu'elle côtoyait, la situation d'abandon dans laquelle le clergé l'avait laissée et l'avancée des évangéliques dans le quartier. Jamais elle ne prêterait son couvent à des prêtres qui passaient leur temps en réceptions, renchérit-elle. Airton, auquel elle paraissait faire confiance, lui expliqua les raisons de ma visite. Ayant gardé son sens missionnaire et sa passion pour les pauvres, elle comprit que je n'étais pas venu faire du tourisme et décida de me prêter le couvent jusqu'à ce que je trouve une maison. En huit jours, elle fit tout repeindre, nettoyer et aménager. J'allais rester dans cette grande bâtisse jusqu'à mon retour en France, pour la plus grande joie de la sœur de voir son couvent reprendre vie. La sœur Arminda sera ainsi mon plus grand soutien moral et matériel durant ces six années au Maiobão.

L'Institut : IESMA[4]. Enseignant et curé de paroisse

Après mon installation à la paroisse, je pris mes fonctions à l'Institut qui, était bâti dans les hauteurs de la vieille ville. Pour y accéder, il fallait gravir les ruelles étroites, vrai coupe-gorge la nuit. Le matin, les cours s'adressaient aux séminaristes des douze diocèses du Maranhão, à des religieux et religieuses et à quelques laïcs de la capitale. Le soir, de nombreuses disciplines de sciences religieuses étaient dispensées aux laïcs. La majorité des professeurs étaient brésiliens et avaient étudié en Europe.

J'avais rêvé d'une petite paroisse proche de l'Institut et j'héritais d'une des plus grandes et des plus éloignées ! Il est vrai qu'on ne se disputait pas pour aller vers les quartiers défavorisés. Je désirais faire de l'apostolat, j'étais servi ! Arrivé en mai, il me fallait rattraper le semestre en deux mois ! Je quittais tous les jours le couvent vers 6 h 30 et revenais à midi, en parcourant 30 kms pour un repas pris dans la solitude du couvent. L'après-midi, après l'indispensable sieste, je préparais mes cours[5] puis je marchais un peu avant de filer à la paroisse pour célébrer.

4. IESMA : Institut d'études supérieures du Maranhão. Il regroupait les dix diocèses et instituts religieux du Maranhão.

5. Selon le professeur J. Tavares, relecteur de mes cours, j'atteignais les 1 000 pages de commentaires et traductions diverses en portugais.

L'assistance variait en fonction du nombre d'intentions pour les défunts[6]. Quand aucune réunion ne m'attendait, je rentrais au couvent. Dans le calme retrouvé, je pouvais m'adonner à mes lectures préférées, particulièrement les ouvrages sur les chrétiens et l'Église des premiers siècles[7]. Cette vie de cloîtré fut mon quotidien et une chance pour étudier.

Au bout d'un an, je pus sélectionner cinq séminaristes et je proposai à la direction de les envoyer à l'institut catholique de Paris[8]. Du groupe, seul Paulo Nunes partira préparer un doctorat, Mario sera assassiné un dimanche après-midi en sortant de la maison de ses parents et les trois autres abandonneront pour diverses raisons. En 2013, José Francisco pourra rejoindre Paulo et entamer une maîtrise de théologie biblique. Un des buts était de pallier le manque cruel de biblistes. Ceux qui partaient, souvent à Rome, préféraient d'autres disciplines comme le droit canon ou la spiritualité. Malgré les difficultés, le chemin était ouvert, d'autres suivraient.

Tous les ans, l'Institut organisait une Semaine théologique avec ateliers et trois conférences magistrales en soirée, la dernière consacrée à un échange sur le thème abordé. En 2009, nous étions dans l'année Saint Paul et l'Institut me demanda d'assurer les conférences[9] puis d'animer, pour la clôture, le débat avec deux collègues théologiens, les pères Humberto Guidotti, Italien formé à l'Université grégorienne, et Jean-Marie Vandamme, historien d'origine belge. Tous deux enseignaient à l'Institut, le premier la morale sociale et le second l'histoire de l'Église au Maranhão. Ce fut une excellente opportunité pour faire mieux connaître saint Paul.

Dans mon enseignement, j'incitais les élèves à penser par eux-mêmes. Il ne s'agissait pas de tout apprendre par cœur mais de mettre son intelligence en état de recherche. Il fallait, en abordant l'Ecriture sainte, plus que la réponse, trouver d'abord la bonne question, l'exégèse étant aussi l'art de goûter à la complexité d'un texte sacré ! Même si, dans un premier temps, les étudiants étaient déstabilisés dans leurs certitudes, ils découvraient que saint Paul lui-même invitait le lecteur à se dépouiller

---

6. Il n'y avait pas d'obsèques à l'église, mais les familles faisaient célébrer une messe d'anniversaire pour le septième jour. Ce qui donnait souvent des surprises, surtout quand il s'agissait de meurtres dûs au trafic de drogue. Les jeunes demandaient souvent une messe pour l'anniversaire de leurs 15 ans. Tous ces événements étaient une occasion pour évangéliser.

7. J'ai pu lire ainsi les ouvrages de Pierre Maraval, Simon Claude Mimouni, Henri-Irénée Marrou, Paul Mattei et John O'Malley sur le concile de Trente et Vatican II, et bien d'autres encore.

8. La destination normale était Rome. J'avais bien sûr un faible pour la Catho de Paris.

9. La première conférence portait sur l'identité de Paul et sa mission en comparant ses lettres avec la vision des Actes. La deuxième traitait de la théologie de la Croix et la troisième reprenait le thème de l'universalisme à partir des points de vue, entre autres, d'Alain Badiou et de Michel Serres.

sans cesse, à abandonner la sécurité d'un chemin balisé par la loi pour accepter le risque des imprévus de la vie en Esprit. Si l'exégèse leur donnait parfois le vertige ou l'impression de démolir des châteaux de cartes construits sur une mauvaise interprétation des textes, ils mesuraient par la suite combien celle-ci conduisait surtout à découvrir les richesses insoupçonnées des textes sacrés. La plongée dans l'Écriture ressemblait à l'aventure de celui qui descend dans les profondeurs de l'océan et en découvre la diversité des tons et des couleurs.

Les étudiants devaient donc se soumettre à l'exigence de l'étude en profondeur et comprendre la nécessité d'en expérimenter la cohérence sur le terrain. Rien n'était évident, il fallait se conformer à la recherche permanente, accepter le risque de ne jamais pouvoir percer totalement l'énigme soulevée. C'était une marche d'approche parfois dans le brouillard (2 Co 5, 7)[10]. L'exégèse conduit toujours à plus d'humilité devant le mystère d'un Dieu qui vient là où on ne l'attend pas. Une aventure toujours fascinante.

Dans la formation envisagée, il était nécessaire de faire dialoguer les études avec l'expérience pastorale. Du prêtre, on attend qu'il ouvre aux Écritures. Il n'était pas question, bien sûr, de former des exégètes — il existe pour cela des instituts spécialisés — mais des pasteurs qui, aimant l'Écriture sainte, la servent au lieu de s'en servir ! En d'autres mots, comment rendre la Parole de Dieu vivante en allant à l'essentiel du message ? Bibliste parce que pasteur[11], j'avais le sentiment d'avoir fait aimer Paul à mes élève en les introduisant à la puissance de sa christologie. Une de mes plus grandes joies fut et reste de l'avoir fait connaître, et aimer.

Ma passion pour l'Écriture sainte m'a permis de résister aux découragements. Commenter saint Paul en se confrontant aux difficultés inhérentes à la Mission avait une autre saveur. Ses lettres me renvoyaient à ma propre histoire et alimentaient ma réflexion sur la Mission. La compréhension de Paul ne peut se réduire à une recherche intellectuelle, elle transforme notre existence et ouvre à l'expérience mystique. J'ai toujours pensé que Paul et Jean étaient proches par l'intensité de leur contemplation du Christ. Deux mystiques, l'un qui court-circuite le temps et l'autre qui est déjà dans un autre temps. Ils nous enseignent que tout apostolat se nourrit de la contemplation.

J'ai dû, à mon grand regret, quitter l'Institut en juin 2014. L'idéal eût été de pouvoir y rester jusqu'au retour de Paulo et de José, mes anciens élèves. Je repartai de mon côté, enrichi par tous ceux à qui j'avais dispensé mon enseignement, je leur dois d'avoir beaucoup pu approfondir certaines questions.

10. « *Car nous cheminons dans la foi, non dans la claire vision...* » (2 Co 5, 7).

11. C'est ma vie de pasteur qui m'a poussé à étudier et non le contraire.

Une des vocations spécifiques des Mep était de travailler à l'émergence d'un clergé local, d'édifier et partir ensuite ailleurs. En ce sens, j'ai répondu à ma vocation : Planter, arroser et laisser un autre cueillir.

Repenser la pastorale en périphérie

Le récit qui suit a pour objet d'analyser les raisons de l'échec apparent à vouloir réanimer les Communautés ecclésiales de base. Elles avaient disparu. J'étais parti pour un séjour indéterminé et je n'ai pu rester que six ans. Quatre ans de plus auraient sans doute été nécessaires pour un authentique changement. Mais ce temps ne fut tout de même pas perdu. Essayons de comprendre les enjeux et les défis qui m'attendaient. Plus qu'un ordre thématique, je suivrai la chronologie pour souligner l'évolution de mon apostolat dans la durée.

L'état des lieux

Au bout d'un mois, j'étais encore perdu et je devais me faire accompagner dans les communautés les plus éloignées que j'étais incapable de retrouver, surtout la nuit. Les pluies ravinaient les avenues et les rues. Mon agenda, préparé par le *padre* Roney, s'était rempli de célébrations et de réunions pour que je fasse connaissance avec les différents groupes actifs sur la paroisse. Je trouvais étrange que, dans ce programme, les communautés éloignées n'aient pas de messe le week-end, mais seulement une fois par mois, un soir de semaine. Les gens, rentrant tard et fatigués de leur travail, n'avaient plus assez de courage pour ressortir la nuit. Je réorganisai toute la programmation entre le samedi et le dimanche, m'obligeant à célébrer cinq à six fois durant le week-end. Pour les treize messes à assurer, il fallait sans cesse trouver des célébrants, ce qui ne manquait pas d'angoisser la secrétaire de la paroisse. Heureusement, le *padre* Airton assumait une partie des communautés quand il n'était pas obligé de courir dans son ancienne paroisse à 300 kms[12]. Dans ce tourbillon d'activités, je devais éviter le piège de devenir ce que je n'avais jamais été, un prêtre distributeur de sacrements[13] !

---

12. Nous profitions aussi de la présence du *padre* Franco Ozana, ancien directeur de l'IESMA, qui avait pris sa retraite pour raison de santé.

13. Cette expression péjorative désigne, au Brésil, les prêtres qui passent leur temps à célébrer des sacrements.

À la fin mai, pour arranger les choses, le *padre* Roney m'informa qu'il prenait un mois de vacances. Sa revendication était légitime, mais avec ma charge de professeur, je ne pouvais subvenir aux besoins de la paroisse. Il partit et ne revint jamais car il fut transféré dans une paroisse proche de la radio diocésaine qu'il animait. Sur ces entrefaites, l'archevêque m'envoya un autre de mes anciens élèves en la personne du diacre Crisantônio, qui devait recevoir la prêtrise trois mois après. Après un essai d'un mois mouvementé, sur mes conseils, il repartit et je me retrouvai à nouveau seul.

La question financière ou le défi du partage

Je m'attaquai tout de suite au chapitre financier, laissé dans la plus grande confusion. Le denier du culte en soi n'était pas négligeable, les paroissiens étaient même très généreux. Dans toutes les communautés, il existait une équipe qui en était chargée mais qui, cependant, avait la mauvaise habitude de s'installer à l'entrée des chapelles et de passer le temps de la célébration à compter la quête. Il me fallut user de patience pour faire disparaître cet usage, mais sans y parvenir partout. Tout est une question de prise de conscience et ne se décrète pas. C'était jusqu'alors le curé qui contrôlait seul la caisse et le compte en banque. N'ayant jamais aimé passer mon temps à tenir la comptabilité, je créerai, par nécessité comme par conviction, un conseil financier qui se réunissait chaque mois pour examiner les comptes. Tous les mardis, une équipe avec la secrétaire, contrôlait les rentrées de la semaine, et le mercredi Magnolia, la responsable financière, déposait l'argent à la banque et m'informait du montant.

Puis, dans un esprit de partage, nous fîmes avec le conseil une proposition qui prit plus de cinq ans avant d'être acceptée par l'ensemble de la paroisse : toutes les communautés déposeraient le surplus de leurs collectes[14] dans une caisse commune. Un conseil administrerait l'ensemble et, comme dans une banque, chaque communauté aurait son compte distinct dont elle disposerait en cas de besoin. Le capital qui dormait dans certaines pourrait être ainsi prêté, durant une période à définir, à celles qui avaient des difficultés. La mauvaise répartition des richesses, dont souffrait la société, se répétait à l'intérieur de l'Église ! Le projet prévoyait aussi que les dépenses de la paroisse seraient assumées par toutes les communautés, mais que le pourcentage à verser varierait en fonction des recettes.

Une assemblée paroissiale approuva le projet. Pour le mettre à exécution, il nous fallut convaincre une communauté qui, au cours des années,

14. Les quêtes servant à financer les frais de fonctionnement.

protégeait son capital par peur de le voir gaspillé. Bons pratiquants pour la plupart, ils étaient fiers de leur organisation. La résistance fut tenace. Cette nouvelle gestion ne pouvait fonctionner qu'avec l'accord de tous. Après l'avoir donc testé durant quelques mois, les derniers récalcitrants l'acceptèrent enfin. La coordination paroissiale reçut les éloges de l'archevêché. Encouragés par ce nouvel esprit, quelques paroissiens organisèrent une tombola avec une voiture comme grand prix. La caisse paroissiale se remplit, ce qui ne s'était jamais vu, et permit de faire de nombreux travaux tels que la climatisation de la *Matriz* qui, quand elle se remplissait de fidèles, devenait un four. Hélas mon successeur s'empressa de démettre l'équipe administrative et de revenir à l'ancien système du chacun pour soi, tout en exigeant un pourcentage pour ses frais ! Les riches récupérèrent leurs deniers et les pauvres redevinrent dépendants. La réforme disparut. Elle démontra toutefois qu'il était possible d'avoir une gestion inspirée par le partage. L'esprit de l'évêque de Rome avait aussi soufflé dans ce coin perdu du Nord du Brésil.

Une paroisse morcelée.
La périphérie : survie, violence et héroïsme

Pedro, qui connaissait clergé et paroisses, m'avait averti :

> *Padre* Chico, les communautés de base c'est fini ! Et pourtant, il y a quelques années, il y en avait partout. Vous allez souffrir de cette désolante situation.

Après trois mois, j'avais, enfin, fait le tour de la paroisse. Je dénombrais, en plus des quatre communautés du centre, une quinzaine de plus petites qui s'organisaient essentiellement autour du culte dominical. La majorité avait un coordinateur, un administrateur, une équipe liturgique, parfois un ministre de l'eucharistie[15], rarement un ministre de la Parole mais toutes des catéchistes. Des groupes de prières comme la Légion de Marie ou l'apostolat de la prière étaient aussi présents. Le moment fort de l'année était la fête patronale, précédée d'une neuvaine et qui mobilisait toute la communauté. Ces vestiges de religiosité populaire avaient tout de même du mal à s'imposer dans les quartiers où les évangéliques désormais dominaient. Une procession accompagnait avec chants, prières et pétards la statue de la sainte ou du saint patron. Elle arpentait les ruelles du quartier sous le regard interrogatif des évangéliques ou l'indifférence blasée des hommes assis à la table des bars. Parfois, comme un rayon

15. Personne qui donnait la communion en l'absence du prêtre et portait la communion aux malades.

d'espérance, quelques femmes, entourées de leur progéniture, regardaient en souriant et se signaient. Des CEBs, il ne restait que le squelette, leur esprit s'était évanoui. Semences de transformation plantées dans ce champ scandaleux de la misère, elles avaient disparu sous la vague déferlante des magiciens de religion. Dans l'Église qui les avait jadis encouragées, tout avait été recentré sur la dimension religieuse sans aucune prise sur le monde réel. Il fallait, disait-on, retrouver le sens du sacré, revenir à Dieu et oublier les débats et discours trop horizontaux. Nous marchions dans cette « *Vallée de larmes* », le regard ailleurs, tels les survivants d'une race en voie de disparition.

Une communauté résistait pourtant, celle de São José, animée par le « *sieur Jorge* », un inconditionnel des CEBs. De l'Acre au Pernambouc[16], il avait fait tous les congrès, toutes les assemblées des CEBs reléguées à devenir un mouvement de plus au sein de l'Église et non plus un choix prioritaire. Il était le survivant, avec son épouse, d'une époque qui paraissait révolue. Habitant dans un des quartiers les plus chauds, son fils avait été assassiné par des petits dealers. Courageusement, il organisait chaque année des marches contre la violence en invitant toutes les communautés à y participer pour protester contre l'impunité et l'insécurité. La première réunira une trentaine de personnes et la troisième, malgré les menaces, une bonne centaine. Nous n'étions plus au temps des grandes mobilisations. Les évangéliques étaient passés par là et avaient annoncé la solution : seul Jésus sauve ! Les CEBs appelaient à manifester et les évangéliques invitaient à prier ! Quant aux catholiques, ils étaient devenus indifférents aux manifestations de ce type, préférant les rassemblements charismatiques plus réconfortants et moins exposés.

Mon ami Arcemar, figure de la lutte contre l'injustice, était coordinateur d'une association qui organisait des cours[17] de formation professionnelle pour resocialiser des adolescents en difficultés avec la justice. Une nuit, un jeune avait été assassiné sur la place jouxtant l'église de la *Sagrada Familia*[18]. L'endroit devenait risqué aux heures avancées de la nuit. De petites baraques vendaient nourriture, boissons et parfois de la drogue. Bien que la justice eût ordonné de les démonter, la mairie fermait les yeux et le trafic continuait. À la demande des parents du jeune assassiné, Arcemar invita la communauté à une manifestation : nous fûmes cinq assis sur les gradins de la place, pancartes en main, attendant la foule qui, bien sûr, ne vint pas ! La justice menaçant à nouveau, un des

---

16. Deux États aux extrémités du Brésil : l'un en Amazonie et l'autre dans le Nordeste.

17. La paroisse lui prêtait des salles de réunion pour ses activités. Mon successeur lui en interdira l'accès.

18. La « *Sagrada Familia* » (Sainte Famille) était le nom de l'église paroissiale.

conseillers municipaux décida de faire installer les baraques le long de l'avenue qui longeait le terrain de l'église. Avec Arcemar, nous organisâmes une pétition à la sortie des messes pour contester cette décision absurde. Dans un discours véhément au conseil municipal, ce conseiller l'accusa de vouloir mettre au chômage de pauvres travailleurs ; quant au curé il divisait la communauté en se mêlant de ce qui ne le regardait pas ! Quelques paroissiens s'étonnèrent de son comportement : il était si généreux à l'époque de la fête paroissiale ! Il sera plus tard rattrapé par la justice pour détournement de fonds.

Ainsi pouvait-on comprendre la vie des communautés gravitant autour du centre. Quant aux autres, biens structurées et situées dans la partie « noble » de la ville, je commençais à y entrevoir les difficultés à venir.

Le centre : cœur de la paroisse

Certains de mes prédécesseurs avaient bien travaillé, tel le *padre* Benedito Araujo, originaire de la paroisse et ancien recteur du séminaire. Il ne resta que peu de temps malheureusement. Il a depuis lors été nommé évêque en Amazonie, dans l'immense diocèse de Guajará-Mirim[19]. Les samedis étaient impressionnants d'activité : les enfants du catéchisme, les équipes de jeunes, les groupes de prière, les rencontres de mouvements donnaient une impression de jeunesse et de vie. Mais je ne savais pas trop encore sur qui compter. Il suffisait de coopter l'un pour qu'un autre me laisse entendre que je devrais m'en méfier !

Bref, en quelques semaines, je rencontrai tous les groupes de prières, de préparation aux sacrements, les équipes administratives et de liturgie, les catéchistes, les ministres de la Parole et de l'Eucharistie. Tous au service de la paroisse, rien à redire, au contraire ! Ils étaient tous d'une générosité débordante, d'un amour pour l'Église enraciné dans une foi qui déroute nos esprits rationnels. Il y avait aussi toute une galaxie de mouvements qui tournaient autour de la paroisse, plus pour l'utiliser pour leurs propres intérêts que pour la servir. Je devais signer une pile de documents avant chaque événement, certifiant que tout se réalisait dans la plus stricte communion ecclésiale. Ils étaient très soucieux de s'afficher dociles à l'autorité ecclésiastique et aux enseignements de l'Église. Une fois les papiers signés, ils suivaient les orientations de leur mouvement à l'image d'une caravelle partant vers le large, emportant ses rêves de conquête et en guise d'ancre sa bureaucratie.

Il fut certainement un temps où ces mouvements sauvèrent les paroisses en palliant le manque de prêtres. Ils permirent à des laïcs généreux de s'engager et de faire revenir un certains nombre de brebis

19. Il remplaça dom Geraldo Verdier, connu en France par sa *Lettre d'Amazonie.*

égarées. Des familles furent aidées avec bonheur dans les crises qu'elles traversaient, des couples se préparèrent au mariage, cela est incontestable. Le mouvement du ECC et son pendant pour les jeunes, les JC[20] n'avaient qu'un défaut, ils avaient été créés pour concurrencer les CEBs et s'adressaient surtout aux classes moyennes qui n'avaient jamais adhéré aux options pastorales de Medellín. Le nombre de voitures dans le parc de l'église les jours de rencontre ne laissait aucun doute sur le niveau social des participants. Leurs jeunes avaient un long week-end annuel préparé minutieusement pendant six mois par une équipe ! D'un autre côté, la pastorale des jeunes réunissait chichement une dizaine de volontaires. Il fallait compter aussi avec le néo-catéchuménat, qui prétendait posséder le meilleur enseignement, et avec les groupes charismatiques qui, faute d'autre chose, faisaient beaucoup de bruit lorsque l'Esprit descendait sur eux.

Je n'étais pas préparé pour ce genre d'apostolat et je n'avais aucun désir de m'investir dans ce type de mouvements qui fonctionnaient tout seuls. Je me gardai bien, d'autre part, de supprimer quoi que ce soit. Lors de la première assemblée paroissiale, je proposai cependant avec l'équipe pastorale trois priorités qui, après discussion, furent facilement acceptées. Il s'agissait de :

1 – La formation des catéchistes ;
2 – celle des ministres de la Parole ;
3 – la remise en route de la Pastorale des Jeunes.

• *La catéchèse*

Je n'intervenais pas dans les programmes de la catéchèse qui étaient de la responsabilité de la coordination assurée par Ildean et Simona, deux jeunes femmes qui, en plus de leur formation, avaient des qualités réelles d'animatrices. J'invitai les catéchistes à suivre un parcours de formation auquel se joignirent parfois les ministres de la Parole. En six ans, à raison d'un dimanche matin par mois, nous étudiâmes des thèmes essentiels[21].

---

20. *Encontros de Casais com Cristo* (Rencontre de couples avec le Christ). JC : Jeunes avec le Christ.

21. La formation comprenait une lecture des récits de la Création que j'avais mis en comédie musicale pour en révéler la dimension poétique et festive. Un survol de l'histoire des Patriarches et de la notion d'Alliance. Une découverte de l'Exode et l'importance de la Pâques dans sa perspective de libération, la place des prophètes dans l'Ancien Testament comme catéchèse permanente du Peuple de Dieu et une réinterprétation de l'histoire d'Israël. Comment parler de Jésus à partir d'une lecture différenciée des évangiles et de leur message respectif. Une introduction à la mission à partir des Actes des Apôtres. L'Église et les ministères en Saint Paul. Les sacrements et leur symbolique comme célébration du mystère pascal. La formation commençait par une étude en groupes pour me permettre d'arriver après la messe des enfants, suivie d'une mise en commun des questions soulevées et d'une conférence pour conclure qui me revenait.

Peu à peu, une espèce de connivence se créa avec les catéchistes. Ce groupe de quatre-vingt personnes fut un des meilleurs éléments rénovateurs de la paroisse, parfois prisonnière de ses habitudes et de l'inévitable argument : « On a toujours fait comme ça[22] » !

Outre les formations, je passais dans les salles de catéchisme pour faire connaissance avec les enfants et les inviter à participer à la messe qui leur était réservée. Avec toute l'équipe, nous consacrions beaucoup d'attention à la retraite de la profession de foi et je prenais le temps nécessaire d'écouter les confessions des enfants, expérience que j'ai toujours considérée comme une grâce. Leur foi spontanée est une illustration de la béatitude : « Heureux les cœurs purs car ils verront Dieu[23] ». Prêtres, nous n'avons pas la joie d'avoir des enfants selon la chair, mais il nous est donné la grâce d'écouter des confidences, authentiques perles de foi. Il est aussi des cœurs brisés que nous réconfortons, surtout ceux des jeunes. J'ai ressenti en ces moments-là la lourde responsabilité que nous avions de protéger les plus fragiles. À mon départ, certains témoignages seront le meilleur présent qu'un prêtre puisse recevoir, visible seulement dans le regard des enfants. On mesure la gravité de l'avertissement de Jésus :

> Celui qui accueille un petit enfant en mon nom, c'est moi qu'il accueille… (Mt 18, 5).

• ***Les ministres de la Parole***

À Uruará, ce sont eux qui étaient dans toutes les communautés et animaient la célébration du dimanche. J'avais beaucoup travaillé à leur formation biblique par des sessions d'une semaine par an. J'étais donc plein d'espoir, mais aussi d'illusions. La ville était une autre réalité. Ils étaient au nombre d'une vingtaine et le coordinateur, Luis Fernando, qui avait une vision missionnaire de la pastorale, était chargé de les suivre. Avec lui, nous montâmes aussi un parcours de formation un samedi matin par mois. Après une lecture par petits groupes des textes liturgiques du dimanche, ils mettaient en commun leurs découvertes et interrogations. J'intervenais dans la dernière heure pour en faire un commentaire plus exégétique qui avait l'art de les surprendre. Un des buts était de les aider à ne pas se satisfaire de conclusions souvent moralistes, mais de découvrir la cohérence entre les lectures proposées et l'importance de se ressourcer sans cesse. Nous n'arriverons cependant pas à mobiliser des candidats pour les nouvelles communautés, qui avaient gardé l'habitude de faire appel aux anciens pour présider leurs célébrations. Ceux-ci jouis-

---

22. Citation du pape François.
23. Matthieu 5, 8.

saient d'un statut qui leur donnait parfois l'apparence de petits clercs. La menace de supprimer leur mandat s'ils ne participaient pas aux formations avait l'art d'en faire réapparaître certains aux réunions. Le statut social est quelquefois plus apprécié que le service.

Ces fonctions expérimentées dans les CEBs, donnant aux laïcs des tâches pour servir la communauté, ont vite été récupérées par le modèle paroissial et sa vision de la fonction irremplaçable du prêtre. Les CEBs disparaissant peu à peu, l'ecclésiologie ancienne réapparaissait. Les ministres de la Parole et de l'Eucharistie étaient désormais institués dans la perspective de parer au manque de prêtres, leur valeur étant suspendue à leur fonction de suppléance. Ces nouveaux ministres ne pouvaient alors que s'inspirer de celui dont ils dépendaient, à savoir leur curé. Là aussi, je me débattais avec deux programmes incompatibles dont l'un n'était plus à la mode. Ne pas faire des ministres une institution mais un service et limiter ce dernier à trois ans renouvelables ne pouvait guère susciter les vocations ! Il y a de fait une différence essentielle entre un ministère qui s'inspire d'une institution hiérarchique, dont le sommet peut seul transmettre le « pouvoir », et celui qui naît des besoins de la communauté pour y être à son service corps et âme. Il ne reçoit plus un pouvoir mais il est appelé par la communauté à offrir un service. Il s'agit de deux manières de faire Église qui sont difficilement compatibles.

• ***La pastorale des jeunes***

Elle était pratiquement inexistante. En revanche des jeunes, plutôt de classe moyenne, étaient sélectionnés, une fois l'an, pour participer à une rencontre organisée par le mouvement des *Jeunes avec le Christ* (JC). Tout était planifié et pensé par la coordination, qui m'y invitait bien sûr pour tenir le rôle de conseiller spirituel. Une centaine de jeunes y participaient. En soi, l'autonomie de ce mouvement n'avait rien de critiquable, même si je n'appréciais guère la pédagogie proposée ni son goût pour le mystère. J'étais cependant préoccupé par les centaines de jeunes que je croisais à la sortie des collèges et lycées et dont seules quelques dizaines fréquentaient la paroisse. Une bonne partie des forces vives étaient concentrées au service d'une minorité finalement privilégiée pour un temps fort qui me semblait ne pas donner les fruits souhaités. Ne pouvant être partout, j'avais demandé au *padre* Airton de suivre les jeunes, mais il rencontra beaucoup de difficultés.

Pour remédier à cette situation, une assemblée de la pastorale des jeunes fut convoquée : dix jeunes seulement y participèrent. C'était peu encourageant. Deux personnes allaient patiemment œuvrer à sa reconstruction. Il s'agissait d'Arcemar, ancien technicien d'une compagnie électrique, membre du conseil paroissial. Retraité, il avait du temps et surtout l'expérience qu'il savait mettre à profit. La pastorale prendra avec lui une plus grande dimension missionnaire et sociale[24]. Mais aussi la sœur Cleide une des trois religieuses de Saint-Joseph, congrégation d'origine canadienne, établies sur la paroisse. Celles-ci vivaient très simplement, cohérentes avec l'option pour les pauvres, travaillant pour subvenir à leurs besoins. La vie religieuse n'était pas vécue par elles comme une fuite du monde mais comme une exigence d'être un humble signe du Royaume. À cette occasion, le fils de Luis Fernando, Fernandinho[25], fut élu coordinateur de la pastorale des jeunes, lui faisant faire un saut qualitatif et quantitatif. La première grande rencontre avec la participation de qutre-vingt-dix jeunes aura lieu en 2011 ; en 2013, la dernière en rassemblera plus de deux cent. Après avoir participé seul aux JMJ de Madrid, Fernandinho préparera celles de Rio, auxquelles plus de soixante jeunes participeront. Il fut sélectionné par une équipe du *Jour du Seigneur*[26] pour un reportage sur les jeunes Brésiliens qui se préparaient aux JMJ. La pastorale des jeunes avait les honneurs du reportage[27] !

Partager les responsabilités :

• *La pastorale du baptême*

La *Matriz* était un centre très actif. Deux soirées de préparation au baptême, animées par des laïcs, avaient lieu tous les mois. Je participais désormais à une. C'était l'occasion unique pour accueillir toute une catégorie de personnes qui ne mettaient que rarement les pieds à l'église et de leur faire découvrir cette même Église à laquelle ils demandaient le baptême pour leurs enfants. Mes prédécesseurs s'en remettaient à l'équipe de laïcs. Je faisais habituellement un sondage pour évaluer le nombre de ceux qui me connaissaient. Le chiffre tournait invariablement

---

24. Mon successeur s'empressera de lui interdire toute possibilité de travail sur la paroisse. Arcemar faisait partie aussi de l'équipe de préparation au mariage qui fut aussi démise de ses fonctions. Il fut tenté de commencer une formation pour le diaconat qui venait de s'initier dans le diocèse. Nous y réfléchîmes et il y renonça car il n'avait pas besoin d'être diacre pour ce qu'il faisait déjà au nom de l'Église. La présence de diacres privait parfois de leurs charges les femmes en responsabilité dans les communautés, réduisant ainsi la tâche des laïcs. Le danger était de renforcer encore plus le pouvoir des ministres consacrés et de s'éloigner des ministères inspirés par la pratique des Communautés ecclésiales de bases. Deux ecclésiologies différentes bien sûr.

25. Jeune et brillant étudiant, il aura un parcours peu commun. En peu de temps, il réorganisera les groupes de jeunes.

26. Émission catholique du dimanche matin sur France 2.

27. Un an auparavant, une journaliste de *La Croix*, Paula Boyer, avait enquêté sur ce qui restait de la théologie de la libération. *La Croix* du 14-15 mai 2011.

autour de 10 % ! Et, jusqu'à la veille de mon départ, il n'a pratiquement pas changé. Cela laissait deviner le taux de fréquentation aux célébrations. Cependant, nos efforts furent récompensés puisque, en quelques années, nous passâmes d'une dizaine de baptêmes par mois à une trentaine[28]. Avec l'équipe, nous soignions la célébration du sacrement qui, au-delà de dix baptêmes, avait lieu après la messe à laquelle tous participaient. Je garde un souvenir inoubliable des veillées pascales avec leurs baptêmes d'adultes et leurs centaines de participants. C'était le moment fort de l'année qui permettait de voir les progrès d'une évangélisation dont le mystère pascal était la source.

Comment ne pas privilégier ce temps de grâce ! Les pasteurs évangéliques avaient l'habitude de déstabiliser nos fidèles en mettant en avant le baptême de Jésus dans les eaux du Jourdain, affirmant que le nôtre n'avait aucune valeur ! Certains se laissaient convaincre par ce type d'arguments. Aussi, pour prémunir mes paroissiens contre cette présentation simpliste, après leur avoir retracé les étapes principales de la vie de Jésus, je leur demandais à quel moment, finalement, il nous avait sauvés ? Ils comprenaient mieux ainsi la centralité de la Croix et l'importance du Mystère pascal dont ils n'avaient jamais imaginé le lien avec le baptême. En conséquence, le salut ne nous venait pas du baptême dans le Jourdain mais bien de l'acte dans lequel Jésus donna sa vie pour nous sur la Croix, lorsque de son côté jaillirent du sang et de l'eau (Jean 19, 34). Il ne me restait plus qu'à leur rappeler le passage de saint Paul aux Romains 6, 3 pour finir de les convaincre que leur curé n'inventait pas une nouvelle doctrine.

Sur les 100 000 habitants de la commune, les catholiques devaient représenter 60 % et, sur ce chiffre, nous n'avions qu'un millier de pratiquants réguliers pour une vingtaine de lieux de culte ! Les autres disparaissaient dans la nébuleuse catholique pour laquelle la tradition primait sur les convictions. Peu, d'ailleurs, envoyaient leurs enfants au catéchisme après le baptême. Nous étions en terre de mission ! Il suffisait de parcourir les avenues le samedi ou le dimanche soir pour se convaincre des attractions qui nous faisaient concurrence. Il y avait, d'une part, les bars envahis de jeunes assistant au dernier match de foot, buvant et vociférant et, de l'autre, les innombrables lieux de culte évangéliques se multipliant et se disputant, à l'envi, à coup de sono, les quelques fidèles en quête de salut tarifé. Une minorité remplissait l'église, parfois abasourdis par les sonos environnantes. La climatisation, installée un an avant mon départ, réduira cette pollution sonore !

---

28. Mon successeur, après avoir réduit la paroisse aux trois-quarts, limita les préparations au baptême à trois par an.

• ***Préparation au mariage***

Une autre équipe, tout aussi compétente que dévouée, s'occupait des préparations au mariage, étalées sur quatre soirées en fonction de la demande. Il y avait parfois plus de formateurs que de candidats. J'étais convié à l'une d'elles pour rencontrer les fiancés et leur présenter le sens du sacrement. Habitué à Uruará, où je célébrais une centaine de mariages dans l'année, j'étais surpris de leur petit nombre pour une paroisse aussi grande. Chaque année, à l'occasion de la fête patronale qui avait lieu le jour de la Sainte Famille, la pastorale familiale proposait aux couples qui le désiraient une préparation suivie d'une célébration communautaire[29]. D'année en année, le nombre augmenta jusqu'à une vingtaine de couples. Deux autres communautés suivirent l'exemple[30]. Je découvrais, à mon grand étonnement, qu'une bonne partie des paroissiens, y compris des catéchistes et des animateurs de communauté, n'avaient pas reçu le sacrement de mariage et qu'ils trouvaient cette situation normale ! Je ne pouvais leur interdire l'approche aux sacrements sans courir le risque de vider mes chapelles ! Rappeler les exigences de l'Église aux adultes en situation irrégulière qui se préparaient à l'eucharistie ou à la confirmation risquait de soulever une vague d'indignation. Comment alors expliquer cette indifférence pour le sacrement de mariage ? En plus du constat qu'il n'y a pas véritablement eu d'évangélisation et que la société est restée profondément païenne, il est un élément qu'il faut prendre en compte. L'esclavage a laissé des marques profondes dans une grande partie des classes populaires. À l'époque, seuls les maîtres pouvaient se marier, ce droit n'étant pas reconnu aux esclaves. Si l'esclavage a pris fin, les habitudes n'en furent pas pour autant abolies et les classes populaires continuèrent dans leur condition d'exclus, n'ayant souvent pas les moyens de payer les frais de la cérémonie et encore moins de la fête qui suivait.

Si le Sud du Brésil est en majorité Blancs, le Nord est Noirs et métissé. Nous sommes dans deux univers dans lesquels les références culturelles et religieuses sont différentes. Il ne s'agit pas de porter un jugement moral sur une situation qui est la conséquence de siècles d'exploitation. Seule une approche anthropologique peut éclairer l'humble lanterne du missionnaire. L'Église, qui est convoquée en synode pour réfléchir sur le problème de la famille, ne peut résoudre cette question en se contentant de rappeler sa doctrine traditionnelle. Elle a sa part de responsabilité dans cette situation d'ignorance. La miséricorde que

29. Les frais en étaient réduits pour ne pas exclure les familles à revenus modestes. La pastorale familiale se chargeait de l'ornementation de l'église et offrait ensuite une collation.

30. Comme d'habitude, mon successeur supprimera l'équipe de préparation au mariage, prétextant qu'il était le seul habilité et, pire, il multiplia les frais de la célébration par huit, ce qui était trop élevé pour les couples à bas revenus.

pratiquait Jésus serait mieux reçue que l'attitude des pharisiens qui chargeaient les épaules du peuple de lourds fardeaux (Mt 23, 4).

Le pape François le rappelle :

> L'Église est comme un hôpital de campagne,

… elle doit d'abord accueillir ses fils et filles blessés par l'Histoire encore récente dont elle fut si souvent complice. Je ne prône certes pas le laxisme moral ou sacramentel, mais j'exprime l'immense difficulté pour un prêtre de refuser le *« pain à ceux qui ont faim »*. J'ai refusé plusieurs fois, au risque de me faire lyncher à la sortie, l'eucharistie à des politiciens dont les mains étaient entachées de sang, mais je n'ai pu en exclure des mères portant dans les bras leur enfant et le ventre arrondi par une future naissance !

Organiser la paroisse en secteurs et aller vers les périphéries

Les deux premières années, avec les *padres* João Filho et Airton, nous avons divisé la paroisse en trois secteurs en vue de la création d'une nouvelle paroisse. João Filho, plein de zèle missionnaire, explora les nouvelles implantations et créa deux petites communautés qui étaient soutenues par celle de Notre-Dame de Guadeloupe. Nous y édifiâmes un petit lieu de culte. Il organisa sur son secteur des rencontres de formation et renforça un groupe d'une quinzaine d'enfants de chœur. Il sera aussi l'instigateur d'un groupe d'études bibliques que je reprendrai à son départ. L'esprit missionnaire renaissait. Au bout de deux ans de fructueuse collaboration, ils furent rappelés dans leur diocèse et je me retrouvai à nouveau seul avec cette immense paroisse. Ne trouvant aucun auxiliaire, je proposais à l'archevêque d'abandonner ma charge de curé et de n'assumer que mes cours. Il me trouverait ainsi plus facilement un remplaçant. Être vicaire n'intéressait personne et ma réputation n'arrangeait pas les affaires.

En février 2010, le *padre* Sergio fut nommé pour me succéder. Il avait étudié dans sa jeunesse l'exégèse à Rome mais avait renoncé à enseigner. J'étais tout heureux de cette succession, un bibliste est toujours une bonne compagnie. Il vint loger au couvent avec ses trois pitbulls. Comme il avait accepté ma collaboration, je prenais en charge les communautés les plus éloignées. La sœur Arminda fit un réel effort pour l'accueillir. Le premier accroc ne tarda point. Un samedi, il refusa l'usage de l'entrepôt à un groupe, prétextant que le local était à lui ! La sœur évidemment n'apprécia pas. Au bout de trois mois de présence, il essaya de faire entrer dans la comptabilité des notes de frais non justifiées. La secrétaire, Nazaré Alves Sakamoto, d'origine japonaise, refusa en lui expliquant que, durant des années, les fidèles avaient été abusés par des prêtres peu scrupuleux qui ne rendaient jamais compte des finances. Les paroissiens savaient maintenant qu'il pouvait en être autrement. Son autorité ébranlée, il téléphona sur le champ à l'évêque et lui remit sa démission. Le soir même de ce samedi, avait lieu la confirmation. Dom Belisario arriva et, inquiet, me demanda :

> Qu'est-ce que l'on fait ?
>
> Il faut s'expliquer avec Sergio et je propose de quitter les lieux,

… répondis-je. Sergio entra dans l'église en empruntant l'air grave des heures dramatiques. L'évêque fixa une réunion pour le lendemain, à laquelle Sergio ne vint pas, et je dus ainsi réassumer mes fonctions de curé.

Voulant me venir en aide, dom Xavier m'envoya un de ses jeunes prêtres qui avait besoin d'un temps de réflexion pour mettre de l'ordre dans sa vie. Il logeait au séminaire de son diocèse et venait les week-ends pour célébrer. Je lui précisais qu'il ne devait pas utiliser la voiture de la paroisse pour ses besoins personnels. Un mois passa sans problèmes puis, un lundi matin, j'appris que le véhicule avait été retrouvé en piteux état ! Parti la nuit, après la messe du soir, retrouver sa petite amie, il avait perdu le contrôle dans un virage dangereux ! Une semaine après, il vint enfin me voir, plus confus que jamais, et me demanda conseil, m'avouant que son problème n'était pas qu'il aimait une, mais plusieurs femmes ! Je lui conseillai d'abandonner le sacerdoce. Il finira pompiste.

II – Du désert à la terre promise
Une surprise médicale

Lors d'un séjour à Paris en juillet 2010 pour l'assemblée générale des MEP, des examens médicaux décelèrent un début de cancer de la prostate. Je repartis au Brésil pour trois mois et revins pour me faire opérer à Perpignan. Au chirurgien qui s'étonnait de ma récupération aussi rapide, je confessai que des centaines de Brésiliens priaient pour moi et que je bénéficiais de leur énergie positive ! Un mois après, je rejoignais le Brésil et, sans transition, je repris mes activités. Les enfants m'attendaient pour leur première communion et la paroisse pour les mariages et les baptêmes de fin d'année ! Je n'avais plus le temps de repenser à mon opération ! Elle avait tout de même eu un aspect positif, j'étais tenu à un contrôle semestriel, ce qui m'obligeait à revenir en France. J'en profitai pour revoir ma mère qui, en bonne Corse, avait franchi en décembre 2008 le cap des 100 ans. C'était aussi l'occasion de partir en randonnée avec mon frère Antoine, grand amoureux de la montagne. Depuis notre enfance, nous goûtions ensemble ces intenses moments de liberté, loin des plaisirs faciles de notre société de consommation. Mon frère avait le don de s'adapter au rythme de chacun. Dans le silence des vallées, mettant mes pas dans les siens, j'étais ainsi porté ; je savourais alors ces fraîches escapades, purifiant mes poumons aux parfums des genêts, du thym et des rhododendrons, je restais fasciné par l'agilité des isards sautant sur les rochers. Une fois au sommet nous contemplions, sans nous lasser, cette chaîne des Pyrénées où les lacs et le bleu du ciel rivalisaient. Ce court passage dans un calme total m'aidait à redescendre dans la bouillonnante agitation du Brésil qui m'attendait.

Savoir lire les signes des temps

Après ces trois premières années parsemées d'espoirs et de désillusions, j'allais vivre une des plus belles expériences pastorales de ma vie et, dans cet univers ingrat, bruyant et violent, me faire de nouveaux amis et trouver une authentique famille pleine de fraîcheur et de poésie. Parfois je me demandais dans quel Brésil j'étais tombé, si différent qu'il était de celui des mes années précédentes ? J'en découvrais un autre, tout aussi mystérieux et passionnant.

• ***Tonhão : un ami sur ma route***

Tous les jours je partais, en fin d'après-midi, faire une heure de marche dans la communauté de *Nossa Senhora das Mercês*[31], à 5 kms de la ville. Située en zone rurale, la route était ombragée et tranquille[32]. J'y rencontrais Marilia, encore une sainte femme comme en produit le peuple des pauvres. Son mari diabétique était souvent malade et elle avait éduqué seule deux filles et un garçon. Elle faisait les nuits comme auxiliaire dans une unité de santé dans des conditions qui relevaient de

31. *Nossa Senhora das Mercês*: originaire de Barcelona. Vierge invoquée pour le rachat des esclaves.

32. Deux ans après, je mettrai un terme à mes promenades dans cette communauté à cause de l'insécurité due au trafic de drogue.

l'inconscience ou de l'héroïsme. En rentrant, elle soignait sa mère, atteinte de la maladie d'Alzheimer. Et elle poursuivait en plus des études de nutritionniste. Malgré toutes ces activités, elle animait les célébrations de la communauté, délaissées par les hommes qui leur préféraient le jeu. En la voyant, je perdais toute envie de me plaindre. Qui racontera un jour l'histoire de ces femmes qui sauvent l'humanité par leur courage et ténacité !

Tonhão, qui devint un de mes amis très proche, m'accompagnait parfois dans mes escapades. Nous marchions et débattions. Il ne comprenait pas mon attitude à propos du ECC[33] dont il était un des coordinateurs. Sa femme et ses deux filles, Yasmin et Yngrid, un trio exceptionnel, de finesse, d'intelligence pétillante et de grâce féminine, élargirent le cercle. Ils aimaient m'arracher à la solitude de mon couvent pour aller le long de la plage déserte, partageant ensuite un bon plat de poisson frais. Les barrières, peu à peu, étaient tombées mais il avait fallu beaucoup marcher ensemble. Ils découvraient un frère, moi une nouvelle fratrie et désormais je partageais un peu mes loisirs avec cette nouvelle famille. Tonhão et Cleyvana aideront par la suite les responsables des mouvements ECC et JC[34] à accepter une autre pratique pastorale en intégrant la pastorale familiale. Ainsi fut le premier signe et présent du Seigneur qui me sortit de ma vie de cloîtré !

• Dom Xavier, « mon évêque auxiliaire »[35] !

Le second présent ne tarda pas, il en est ainsi lorsqu'on ne dérange pas le Seigneur dans ses plans. Dom Xavier n'était pas du genre à abandonner ses amis. Évêque de Viana, il venait de prendre sa retraite. Il logeait désormais avec le *padre* Odilo dans une léproserie où le gouvernement leur avait aménagé une demeure toute simple. Conscient de la situation de la paroisse, ils décidèrent de nous prêter main forte. Durant trois ans, par tous les temps, ils furent d'une fidélité exemplaire. Fini les angoisses des fins de semaine et les réclamations des paroissiens restés sans célébration. Tous les deux appartenaient à cette génération qui connaissait la valeur de la parole donnée. Ce qu'ils prêchaient, ils le vivaient, en toute simplicité et humilité. Toute leur vie avait été au service de l'Église. Heureux, ils continuaient.

---

33. Rencontre des couples avec le Christ.

34. Jeunes avec le Christ.

35. Xavier de Maupeou [1929], prêtre du diocèse du Mans, *Fidei donum* au Brésil sans interruption depuis 1962 sauf son mandat de secrétaire du CEFAL de1982 à 1988. Évêque de Viana dans le Nord du Brésil de 1996 à 2010, aujourd'hui à la retraite sur place. Un livre d'interviews de lui est en préparation aux Éd. Karthala, collection *Signes des Temps*.

J'avais commencé ma mission au Brésil aux côtés d'Henri Burin des Roziers qui, en toutes circonstances, gardait sa noblesse de cœur et qui, par sa radicalité, nous invitait à prendre l'Évangile pour exemple. Je terminais mes trente années de Brésil en compagnie tout aussi exemplaire et fraternelle de Xavier de Maupeou. Tous les deux avaient un point commun[36] : ils avaient pour modèle l'humilité de Jésus-Christ. C'est par ces figures édifiantes que le message de l'Évangile pouvait être annoncé et compris des pauvres, en pure gratuité et amour authentique. L'Église était autre chose qu'une organisation, avec ses biens matériels qui rivalisaient d'une paroisse à l'autre. Xavier et Odilo avaient consacré leur vie aux CEBs, ils continuaient à les ranimer en serviteurs humbles et fidèles. Avec eux, l'Église se revêtait de miséricorde et partait à la rencontre de ceux qui n'avaient que leur courage et leurs pieds pour venir célébrer !

Et si les femmes accédaient au diaconat !

Ainsi je bénéficiais de l'aide précieuse de dom Xavier et du *padre* Odilo auxquels j'avais confié les communautés les plus éloignées ; je pouvais être plus présent au centre de la paroisse. La *Matriz* jouissait d'une excellente équipe de liturgie animée par dona Magnolia[37]. Dotée d'une personnalité redoutable, elle était indispensable dans la bonne marche de la paroisse. Elle avait suivi une formation liturgique des plus qualifiées et créatrices du Brésil. Elle joignait à sa compétence une voix d'or qui replaçait les chants dans leur fonction de louanges sacrées, évitant le piège de l'animation débordante et bruyante. Ancienne professeur d'université, fière de sa négritude, elle était pour moi un bras droit que je ne pouvais pas ne pas apprécier. Si Arcemar pouvait songer au diaconat, j'eusse préféré voir Magnolia y accéder. Je lui disais en plaisantant que c'était elle qui aurait dû être nommée curé ! Elle aidait aux réunions de la paroisse, avait l'œil sur tout, capable de me reprendre avec une douce fermeté quand elle jugeait qu'une décision s'écartait des traditions paroissiales. Elle était invitée par des paroisses et parfois des diocèses à animer des formations de liturgie ou de catéchèse. Bien sûr, un tel personnage ne pouvait être efficace qu'avec une certaine autonomie.

---

36. On ne compte plus les hommages que la société civile leur a rendus. Par respect pour leur humilité, je ne peux les citer tous.

37. Déjà citée plus haut dans le passage sur les finances.

Certains s'étonnaient que je puisse faire travailler ensemble des personnes aussi diverses et qui jusqu'alors n'avaient fait que s'affronter ! Ma mission ne consistait pas, encore une fois, à concentrer le pouvoir entre mes mains ou à l'abandonner à un petit groupe. J'étais tel un chef d'orchestre permettant à chaque musicien de s'exprimer en harmonie avec l'ensemble. Magnolia démontrait l'importance de la présence active des femmes dans l'Église[38]. Les réformes ne naissent pas de la théorie mais de l'expérience. L'Église n'officialise souvent que ce qui a été d'abord vécu par le peuple croyant. Ainsi le *sensus fidei*[39] guide l'Église.

Les leçons d'un échec

Par petites touches successives, l'Église peuple de Dieu reprenait ses marques. J'avais enfin l'impression de ne plus ramer à contre-courant. Je savais par mon archevêque, vice président de la CNBB, et par dom Xavier, que la Conférence épiscopale élaborait un document reprenant les grandes lignes de la Conférence d'Aparecida[40]. L'Église d'Amérique latine devait devenir missionnaire et repenser, entre autres, le modèle traditionnel de la paroisse en le transformant en un réseau de petites communautés présentes jusque dans les périphéries. Avec la coordination paroissiale, nous consacrions alors une de nos assemblées à ce thème pour que toutes les communautés et mouvements prennent conscience des nouvelles orientations pastorales. L'esprit qui avait donné naissance aux CEBs soufflait à nouveau.

Pour mesurer l'importance de ce changement, je reprends ici quelques déclarations du cardinal Aloisio Lorscheider dans un livre-entretien[41]. Ayant participé aux différentes conférences du CELAM, il revenait sur l'opposition tenace que rencontra l'option préférentielle pour les pauvres:

> Le point de départ de ce moment historique pour l'Église latino-américaine fut Medellín. Si bien que certains ont essayé de neutraliser cette conférence… Les résistances à Medellín étaient grandes. Il y avait un groupe très important d'évêques qui disaient : « Medellín fut, il n'est

38. Elle sera la première victime de mon successeur, qui ne pouvait supporter quelqu'un de plus compétent que lui.

39. *Sensus fidei/ Fidelium* : (le sens de la foi) ou selon l'expression du pape François : le peuple a du flair.

40. En juin 2007.

41. Dom Aloisio Lorscheider, *Mantenham as Lâmpadas Acesas*. Édition UFC, Fortaleza, 2008. Sur dom Aloisio, voir ch. 3, la note 82.

> plus ! » Puis il y avait un petit nombre qui avaient une certaine influence au Vatican et augmentaient la suspicion. Le Vatican fut effrayé par ces rumeurs. Je me souviens, déjà à Puebla, comment le cardinal Baggio, qui représentait le Vatican en tant que coprésident, tenait à supprimer cette option préférentielle solidaire, évangélique pour les pauvres. Comme j'étais l'un des coprésidents, j'ai parlé à Baggio, et lui ai dit : « Cardinal Baggio, laissez-nous un peu de temps pour que nous étudiions plus profondément, après quoi nous donnerons notre opinion ». Mais il voulait déjà télégraphier à Jean-Paul II pour lui demander de supprimer le chapitre qui parlait de l'option préférentielle pour les pauvres.

Réaffirmer « *l'option pour les pauvres* » ne fut donc pas si facile. Il ne suffisait pas de proclamer une priorité pastorale, encore fallait-il la rendre effective. Deux modèles d'Église s'affrontaient. Le débat, ouvert par Vatican II, continuait et n'était plus l'apanage des pères conciliaires ou d'un cercle de théologiens. Les questions soulevées par les théologiens de la libération avaient été reprises en échos dans les communautés. Après un long temps de silence, le problème ressurgit sous d'autres formes. Dom Aloisio en était conscient et il poursuivait :

> Si nous avions suivi Medellín, nous serions dans une Église bien différente, car le concile Vatican II nous a finalement légué une Église pour les classes aisées. Jusqu'à aujourd'hui nous n'avons pas une Église pour les pauvres, avec un « visage » de pauvre ! Toute cette insistance en faveur des mouvements apostoliques est, en vérité, un investissement dans les classes aisées. Non pas que cela soit mauvais ! Nous sommes cependant en train d'oublier les pauvres.

Quelle était donc la solution pour retrouver l'esprit de Medellín et de Puebla ? Il répondait :

> L'unique chemin le plus prometteur, dans cette ligne, est celui des CEBs parce que, dans les communautés chrétiennes de base, les personnes souffrent dans leur chair ce que nous, les évêques, mettons sur le papier. Et, comme elles sont les propres victimes de la misère, elles ont intérêt à changer, à attaquer les problèmes à la racine. Dans ce sens, elles sont plus radicales. Mais les mouvements dits apostoliques sont loin de cela, ils sont dans un autre monde. La tendance qui prévaut aujourd'hui dans les cercles ecclésiaux est la recherche d'une certaine perfection chrétienne pour soi-même mais pas dans une ligne communautaire qui inclut la croissance et l'amélioration collectives. L'idéal que je considère valide encore aujourd'hui c'est le perfectionnement du monde, de la société humaine, au moyen du perfectionnement communautaire de petits groupes organisés.

> Nous n'avons pas d'autres signes d'espérance, actuellement, que ceux qui travaillent dans les CEBs pour rendre la vie meilleure[42].

Tout était dit par ce pasteur qui sut maintenir le cap contre vents et marées. Il mourut avant l'arrivée de François sur le trône de Pierre ! Il en avait préparé le terrain. La Théologie de la libération a souvent été accusée d'avoir facilité l'avancée des évangéliques en Amérique latine en donnant la priorité au combat contre la misère au détriment de la soif religieuse du peuple. Or c'est le contraire qui s'est produit. La remise en question de l'option pour les pauvres a entraîné l'abandon du modèle ecclésial dont les CEBs, présentes dans les périphéries, prouvaient l'efficacité. En revenant à l'antique structure paroissiale, le prêtre remontait sur son socle irremplaçable d'homme du sacré sans lequel l'Église ne pouvait guère avoir de visibilité. Le clergé est réapparu avec toute la panoplie qui le distinguait du Peuple de Dieu. Les mouvements de toutes sortes se sont multipliés, offrant aux classes moyennes, parfois désemparées, toute une gamme d'option pour rencontrer le « Jésus » dont elles rêvaient, loin des portraits qu'en faisaient les disciples de la théologie de la libération. La paroisse vivant, en partie, de la diversité de ses mouvements, les prêtres, de leur côté, bénissaient, célébraient et devenaient des accompagnateurs spirituels, aux agendas surchargés de rencontres. La place était libre pour les évangéliques qui, aux quatre coins des quartiers, ouvraient par dizaines des mini-lieux de culte[43]. Fini les grandes assemblées en ces temps nouveaux, la stratégie devait favoriser la proximité, la convivialité et le soutien moral par des incantations hebdomadaires, déversant ses versets bibliques sur des fidèles en transe. Vieux réflexes des croyances et rites afro-brésiliens, revus et récupérés par ceux qui prétendaient les combattre !

L'IBGE[44] montre que la population du Brésil qui, il y a cinquante ans, était à 90 % catholique est passée en 2010 à 64 %, les évangéliques croissant de 5 à 22 % dans le même temps[45]. Ces derniers ont su s'adapter aux

42. Quand dom Aloisio se retira, il retourna dans son couvent franciscain au Sud du Brésil, partageant les tâches ménagères, lui qui fut, en titre, un prince de l'Église. Il annonçait la venue de François à Rome !

43. Ce phénomène prend aussi en France. Voir l'article de *La Croix* du 06 05 15 : « Comment les évangéliques s'implantent en France ».

44. IBGE : Institut Brésilien de Géographie et de Statistiques.

45. Voir l'article de Lamia Oualalou dans le *Monde diplomatique* d'octobre 2014 : « Pendant des siècles, la géographie des agglomérations latino-américaines se caractérisait par une place centrale réunissant la mairie et l'église. Mais la croissance accélérée des villes, alimentée par le flot des migrants, a bousculé cette disposition. Ce à quoi les Églises évangéliques ont su s'adapter, une souplesse dont les catholiques se sont avérés incapables ». Se souvenir des descriptions faites de Natividade et Pindorama dans les chapitres antérieurs.

périphéries des grandes mégapoles. Ils ne construisent plus d'immenses temples mais multiplient les salles de prières. Pendant que les catholiques regroupent, les évangéliques se répandent. Le prêtre que j'étais se trouvait en « concurrence » avec des dizaines de pasteurs et prédicateurs ! Selon Hervé Théry[46],

> Les Églises évangéliques offrent une forme d'aide sociale, des loisirs et une véritable écoute, ce que l'Église catholique a pratiquement cessé de faire. C'est la clé de leur succès.

Les CEBs proposaient l'engagement et la solidarité. Les évangéliques offrent l'entraide. La première exigeait des acteurs, la seconde des consommateurs. Cette situation est connue. Elle est dramatique. Ne fermons pas les yeux sur la réalité. Nous payons cher notre abandon du choix prioritaire des pauvres. Que faire quand la majorité du clergé préfère le centre aux périphéries ou le confort des beaux quartiers aux lendemains peu chantants des quartiers pauvres ?

Quelle Église et pour quel peuple ?

Il eût fallu que ma mission continue encore de longues années pour aider à inverser la tendance dans la paroisse ainsi structurée. Des trois priorités que je m'étais fixées, la catéchèse, la formation des ministres de la Parole et la revitalisation des Communautés ecclésiales de base, je me dois d'avouer l'échec de cette dernière. La raison en est claire : il ne suffit pas d'avoir le consentement de l'ensemble des participants d'une assemblée, si nombreuse fût-elle. Le problème est plus complexe car, pour changer les pratiques, il faut d'abord clarifier notre ecclésiologie. Quelle Église voulons-nous ? Le modèle Tridentin ou celui qu'a défini Vatican II ? Y répondre entraîne inéluctablement une révision de notre conception du ministère sacerdotal, trop longtemps considéré en termes de pouvoir et non de service. Et, par voie de conséquence, une redécouverte des ministères qui doivent être exercés au sein des communautés. Il ne s'agit plus de fonctions de suppléance ou de solutions palliatives, mais de reconnaître que la communauté est aussi Église. Il ne s'agit pas d'aménager, il faut changer les structures. Faire tourner une paroisse, embellir les bâtiments, multiplier les fêtes patronales et les processions, doubler les

46. Géographe français, spécialiste des fronts pionniers brésiliens, il enseigne à l'université de São Paulo.

recettes, n'est jamais une bonne nouvelle pour ceux qui vivent dans des conditions de pauvreté extrêmes. La Bonne Nouvelle ne peut être annoncée que par *une Église pauvre pour les pauvres*[47] qui s'engage à leurs côtés pour défendre la vie dans toutes ses dimensions.

Sur ce point, par manque de temps et de moyens, j'ai échoué, mais je ne m'avouais pas vaincu. J'avais mis cinq ans pour faire tomber les résistances d'une de nos communautés des mieux pourvues et l'amener à accepter de mettre ses recettes dans la caisse commune en vue d'une répartition équitable. En contraste, il y avait celle de Notre-Dame de Nazaré qui, non seulement avait accepté, mais qui offrait ses surplus pour aider à la construction des chapelles de la périphérie. Cette même communauté avait le nombre le plus important de participants au groupe du Cebi[48], avec lequel j'avais étudié l'Ancien et le Nouveau Testaments à raison d'un lundi soir par semaine. Les autres étaient toujours pris par une réunion de leurs mouvements et ne pouvaient se consacrer à cheminer dans des parcours bibliques. Ceci est cohérent. Les communautés de base font de la Parole de Dieu le point fort de leur ressourcement. Il était donc normal d'avoir plus de personnes intéressées à lire la Bible dans cette frange de personnes que dans celles qui avaient déjà leur programme tout tracé.

Le groupe *Dançart* : quand la grâce se fait danse

Alors que, un peu las de vivre seul dans mon couvent, je cherchais comment échapper à ce quartier hostile, bruyant et inhospitalier, un signe du ciel m'attendait. À l'image d'Élie[49] le prophète, désenchanté sous son arbre et attendant la fin, le Seigneur me redonna force et courage. Parmi la vingtaine de communautés de la paroisse, celle de Notre-Dame de Guadeloupe avaient une particularité. Une quinzaine d'adolescentes avait l'habitude de présenter une chorégraphie pour les fêtes et événements importants de l'année. L'âme de cet ensemble s'appelait Hannah, rayonnante dans ses dix-sept ans. Encore enfant, elle avait perdu son père, assassiné en se rendant à son bureau. Quelque temps après, la petite Hannah et sa mère, Maria Teresa, quittèrent Rio et rejoignirent leur parenté dans le Maranhão. Hannah, toute jeune, avait montré du goût

---

47. Parole du pape François dans son discours à la presse après son élection en mars 2013.

48. Cebi : Cercle œcuménique d'études bibliques.

49. Cf. 1 R 19, 1-8.

pour la danse. Le sort voulut qu'elle croisât Ada, une mère de famille très dynamique et qui l'invita à créer un groupe de danse. Ainsi naquit *Dançart para Cristo.* Jeunes collégiennes, elles n'avaient pas la vie facile et, pour s'en sortir, elles devaient faire face aux difficultés inhérentes aux quartiers livrés à la violence. La danse et la vie d'équipe étaient un antidote contre le désœuvrement et une bonne thérapie autant physique que spirituelle contre les séductions de la société de consommation.

Les voir évoluer avec autant de grâce que de talent me redonna des envies de théâtre. J'avais découvert, l'année précédente, une version de la Passion du Christ, interprétée magistralement par Magnolia et Zilda[50], lors de la célébration du Vendredi saint. L'auteur, Reginaldo Veloso[51], s'inspirant des longues et lancinantes complaintes du Nordeste, invitait par la mélodie et la forme poétique du texte à une méditation sur le sens de la Passion. Durant plusieurs nuits – toujours propices aux inspirations… –, j'imaginais ce que pourrait donner une chorégraphie illustrant ce chant.

J'avais encore en mémoire mes vingt ans sur la Transamazonienne où nous vivions intensément le Vendredi saint. Le chemin de Croix qui traversait la ville d'Uruará était suivi par un millier de personnes. Dès mon arrivée à Maiobão, j'avais essayé, en vain durant deux ans, d'inviter les communautés à se regrouper, le matin du Vendredi saint, pour un Chemin de Croix collectif. Mes paroissiens, imprégnés de religiosité populaire et donc sensibles aux processions, devaient, me semblait-il, adhérer facilement à cette forme de dévotion. Grande fut ma déconvenue. La première année, nous réunîmes péniblement une vingtaine de pèlerins et la deuxième ne fut guère meilleure.

Le soir du Vendredi saint offrait, pourtant, un espace idéal pour méditer sur le mystère de la mort du Seigneur. Ainsi l'idée se concrétisa : pourquoi ne pas proposer au *Dançart* de monter la Passion sur le texte et la musique de Reginaldo ? Ces artistes en herbe, qui ne connaissaient que la chorégraphie répétitive des shows musicaux religieux en vogue, étaient forts capables de faire un saut qualitatif. J'exposai mon projet à Ada et Hannah, qui l'acceptèrent d'emblée.

Nous étions début février 2011. Il ne fallait pas perdre de temps. Durant deux mois nous répétâmes tous les matins et parfois les après-midi du dimanche. Simona et Celia, soutenues par une guitare et un tambour, chantaient le texte. Séance après séance, nous inventions la chorégraphie, réécrivant le texte pour que les corps en traduisent l'esprit. Avec Hannah, elles tissaient la scène qui s'imprégnait de leur propre créativité.

---

50. Magnolia et Zilda étaient coordinatrices de l'équipe de liturgie et avaient de grands talents musicaux.

51. Reginaldo Veloso : déjà cité dans le passage sur Recife. Prêtre, compositeur, liturgiste et auteurs de nombreuses œuvres musicales.

Je me souviens encore de l'étonnement d'Hannah, quand je l'invitai à incarner Jésus. Comment une femme pourrait-elle représenter le Seigneur ? Elle acceptera et son interprétation sera la révélation du spectacle. Elle s'y investira à tel point que son visage finit par se confondre dans celui de Jésus[52]. Ses larmes, car elle pleura, traduisaient combien elle avait intériorisé l'angoisse du Seigneur. Pour ces jeunes adolescentes, ce fut une expérience spirituelle intense. Jour après jour, patiemment et méticuleusement, la Passion avait façonné le groupe et transformé la vie de chacune. Leur harmonie donnait corps au message et, dans une catéchèse unique, elles transmettraient ce qu'elles avaient reçu.

Les quatre cent spectateurs n'étaient pas venus à un spectacle de plus sur la Passion. Les récits évangéliques n'ont rien à voir avec le sensationnel qu'essayent de nous vendre les films hollywoodiens de Mel Gibson et consorts, ils nous introduisent au cœur du mystère chrétien. Ils surent apprécier. Tous étaient du quartier. Pauvres venus à pied. Les paroissiens plus fortunés pouvaient s'offrir d'autres rendez-vous et furent, par ignorance, les grands absents de cette méditation. Quant à moi, je ne quitterai plus ce groupe. Je reprenais, avec espérance, mon chemin ardu et, comme en randonnée, j'y contemplais les petites fleurs qui exhalaient un parfum de jeunesse. Ma vie de prêtre, vécue souvent en solitude dans cet immense couvent, ne se définissait pas par l'absence, mais au contraire par l'abondance de nouveaux liens tissés jour après jour. Une foule d'amis et d'amies venaient d'entrer dans ma demeure. Le sacerdoce consiste aussi en un renoncement à l'isolement pour vivre en solidarité et plus on donne, plus on reçoit.

Ada et Hannah feront progresser le groupe grâce à leur disponibilité. Je payerai un professeur de danse qui donnera au groupe plus de cohésion et de qualité. L'année suivante, la Passion sera présentée dans la communauté voisine, qui brillera de nouveau par son absence, mais les pauvres seront là. Le groupe montera en 2013 la Passion selon saint Marc que je réécrivis en vers. En 2014, peu avant mon départ, nous travaillerons une dernière fois ensemble. Elles présenteront un spectacle fascinant et émouvant en six tableaux sur le trafic des êtres humains[53]. Je n'en traçais que le cadre. Avec França, leur professeur, elles en imaginèrent la chorégraphie, créant elles-mêmes désormais l'essentiel du spectacle. Je pouvais les quitter heureux. Elles maîtrisaient leur art. Elles étaient l'étoile du matin qui annonce la lumière.

---

52. Voir cahier photos.

53. Le trafic des êtres humains était le thème de la campagne de carême. Une copie du spectacle fut envoyée au pape François, grand défenseur de cette cause. Nous avons reçu un accusé de réception du Vatican, avec une bénédiction spéciale du Pape.

Et la lumière fut : Le « chant de la création » et la création de la danse

Dans presque toutes les communautés, des groupes s'étaient enfin organisés et, comme chaque année, la coordination de la pastorale des jeunes préparait la méga-rencontre du mois de janvier, nos vacances d'été. Le lieu d'accueil, situé en pleine nature, annonçait déjà complet. Le *padre* Paulo Bomis[54] étant reparti en Italie, les animateurs m'invitèrent à le remplacer. Presque toute l'équipe fut un peu désarçonnée par ma proposition. Au lieu de suivre le schéma classique, qui consistait en conférences et débats sur les problèmes récurrents de la jeunesse, je proposais une méthode interactive : monter en trente-six heures un spectacle biblique qui serait présenté à la fin de la rencontre. Je fus bombardé d'objections par les habitués des méthodes plus conventionnelles, un peu déstabilisés par la nouveauté de la méthode. Avec quelques passionnés, nous réussîmes à faire tomber les résistances et nous nous répartîmes les responsabilités.

Nous n'avions que deux mois devant nous pour tout créer, planifier et monter. Encore une fois un pari sur l'impossible. Une fois de plus la méthode scoute venait à mon secours. Cette fois, je crus tout de même que j'allais droit dans le mur, le temps étant bien court. Mais j'avais autour de moi un noyau d'artistes qui ne demandaient qu'à s'exprimer et enrichissait le projet d'idées créatrices. Si j'en fus le maître-d'œuvre, ils apprirent une méthode qu'ils surent ensuite adapter à d'autres situations. Comme au temps d'Uruará, je créai l'espace où pouvaient se rencontrer des personnes très diverses. En mettant en commun leur talent, elles construisaient le spectacle.

En quoi consistait-il ? J'avais eu, durant des sessions de formation, quelques déconvenues avec les partisans d'une lecture fondamentaliste des textes. Certains eurent l'audace de m'accuser de ne point croire en la Parole de Dieu, ce qui pour un bibliste était le comble ! Aussi, rien de tel que de mettre les textes de la Création et quelques autres en chorégraphie, dans un style de comédie musicale, pour faire découvrir qu'il s'agissait de récits avant tout poétiques. Le récit de la Genèse[55] ne se préoccupait pas du comment de la Création, mais du pourquoi, du sens de celle-ci. Le *« comment »* apparent des détails de l'histoire disait bien plus, en termes poétiques, du *« pour quoi »* de la Création. Le créateur sépare, distingue, organise ce qui n'était au départ que chaos, comme s'il préparait une fête à laquelle il invitait l'Homme et la Femme à entrer pour vivre en harmonie avec lui. Une question surgissait :

---

54. Prêtre italien qui accompagna les jeunes de la paroisse.

55. Gn 1 et 2, 1-4.

Et pourquoi n'entrèrent-ils pas dans le repos préparé par Dieu, symbolisé par le jour du Sabbat ?

La réponse venait :

Car, trompés par Satan, ils sortirent par la mauvaise porte !

Il fallait expliquer la suite. Facile à dire, mais pas si facile à faire ! Toute l'équipe se mit à l'ouvrage. Jour après jour, nous imaginions les différentes scènes à monter avec tous leurs effets spectaculaires. Le planning établi, les réunions s'enchaînaient, les mises au point suivaient. L'équipe de couturières était dirigée de main de maître par dona Conceição. Chacune s'y mettait. Je m'émerveillais de leurs trouvailles ingénieuses. Telle celle de Junho Flávio, qui confectionna un circuit électrique sur les costumes des danseuses pour que naisse soudain la lumière. Le public en eut le souffle coupé. Je prenais mon plaisir à catalyser toutes ces énergies, le but étant de susciter et de favoriser les prises de responsabilité. Nous apprenions à travailler en équipe, à construire ensemble un projet dans la diversité de nos compétences.

Comment avons-nous relaté cette histoire intitulée : *« Le chant de la Création »* ? Durant une semaine, aidé de Yasmin, j'écrivis le scénario : dans une colonne le texte, dans la deuxième la chorégraphie suggérée, dans la troisième la musique qui l'accompagnait. Et la rencontre eut lieu. En quelques heures, chaque groupe créait sa chorégraphie. Dix scènes, plus les transitions par le groupe *Dançart*. Et, le dimanche soir, le spectacle s'ouvrit par l'apparition d'une fée qu'interprétait Yasmin. De sa baguette magique, elle faisait surgir un clown symbolisant la Sagesse. Témoin de l'œuvre du créateur, il racontait chaque journée, ponctué par les questions de la fée. Le récit terminé, les acteurs entraient en scène et, par leur chorégraphie, la création devenait danse et poésie. Trois minutes pour chaque jour, rythmant ainsi le souffle créateur. Babel suivait, écrasant l'uniformité par l'irruption de la diversité, et la vision des ossements desséchés d'Ézéquiel annonçait le retour des exilés. Symbole de la modernité, deux cent acteurs masqués, prisonniers de la pensée unique, étaient libérés par la proclamation du Sermon sur la Montagne. La célébration eucharistique réunissant acteurs et spectateurs, devenait alors parole créatrice : il n'y avait plus qu'un seul corps en un seul esprit.

Faute de temps, il n'y eut point de répétition générale. Ainsi la surprise n'en fut que plus extraordinaire. Chaque groupe connaissait son rôle et entra sur scène en parfaite harmonie. Le miracle se produisit, que seul le génie brésilien peut expliquer. En repartant nous n'étions plus les mêmes. Nous avions réinventé l'Histoire ! Une telle expérience était unique et ne pouvait se répéter. Comment rassembler à nouveau

200 acteurs et autant de bénévoles obligés de reprendre ensuite le quotidien de leur vie ? L'envie de recommencer est toujours une tentation qui, en fait, est souvent régression. Il y eut pourtant une suite.

Le *Chant de la Création…* et après ?

Les fruits cachés sont parfois surprenants. Il en fut ainsi une fois de plus. Conceição, qui s'était révélée couturière, artiste plastique et excellente organisatrice, me raconta qu'elle avait croisé des personnes qui, séduites par le spectacle, désiraient faire pratiquer la danse à leurs filles. Coïncidence fortuite, Rosa, la professeur de danse qui avait aidé *Dançart,* cherchait du travail. Le couvent était grand et vide, ajouta-t-elle, me suggérant de sonder la sœur Arminda. Éducatrice au grand cœur, elle donna son accord. Je finançai le miroir indispensable pour les cours et en quelques semaines naquit une école de ballet. La renommée ne se fit pas attendre et, de la vingtaine de gamines, l'école passa à plus de soixante élèves. C'en était fini de ma quiétude. Le jour entier, la maison résonnait des ébats joyeux de ces petites filles esquissant leurs premiers pas de danse !

Une année s'écoula. Pas de croissance sans crise, l'école n'échappa point à la loi. Rosa partit créer sa propre institution. Conceição avait eu le temps d'apprendre et réagit positivement. Elle prit contact avec une école de danse qui nous dépêcha la jeune Tayana, âgée de seulement seize ans.

À son arrivée, surpris, je crus entrevoir une fée, tout en grâce et sourire ! Elle avait le don de transformer les enfants en ballerines étincelantes. D'un sens pédagogique surprenant pour cet âge, elle ne se mettait jamais en avant. Son art était en symbiose avec l'amour qu'elle portait aux enfants. Le cours fini, elle apparaissait entourée de grappes d'enfants, s'accrochant à ses bras et jambes comme voulant saisir, à la dérobée, un brin de son talent. Dans le meilleur des cas, en sortant de l'école, elle s'imposait une demi-heure de transport en commun. Le soir, elle rejoignait sa mère après une journée bien remplie. J'admirais la détermination de cette jeune Brésilienne qui permettait à des dizaines de petites filles de goûter aux joies de la danse. Toutes devaient rêver en s'endormant de devenir danseuse étoile. Il suffisait de si peu de choses pour offrir quelques instants de bonheur à ces enfants !

La terre promise enfin en vue !
Et le miracle tant attendu arriva

J'avais repris force et courage et, malgré les difficultés, je sentais que la paroisse progressait. En février 2013, je partis quelques jours en France pour des examens de routine quand tous, nous fûmes surpris par un événement inattendu. Ayant réagit à celui-ci assez rapidement, je retranscris tel quel le texte que j'avais adressé à mes confrères Mep en Asie, éloignés ainsi des problématiques de l'Amérique latine, je désirais leur faire partager mes espérances :

Comme un coup de tonnerre !

C'est un salut amical venu d'Amérique latine et une action de grâce pour la chance que certains d'entre nous ont eue de connaître l'Église du Brésil.

Lundi 11 février. Il est midi à la rue du Bac. Je dois repartir pour le Brésil dans trois jours. J'écoute *France Inter* pour avoir le flash de la mi-journée. La nouvelle tombe comme un coup de tonnerre : Benoît XVI vient d'annoncer qu'il renonce à sa charge ! Je vérifie aussitôt sur Internet : le service de presse du Vatican confirme. Au Brésil le bruit courait, déjà en janvier, que l'état de sa santé devenait alarmant. Les rumeurs étaient donc fondées[56].

À midi quinze, je retrouve mes confrères au réfectoire, l'un d'eux reste très sceptique sur la véracité de l'information. Réaction normale mais ce n'est pourtant pas le 1er avril, seulement carnaval et surtout au Brésil. Nous entrons dans l'inédit, quelque chose se passe. *Wait and see* !

Jeudi 14, je repars au Brésil, convaincu que le prochain pape ne sera en aucune façon un conservateur. La démission prophétique de Benoît XVI a cassé un tabou et tout devient possible. En cette année où nous célébrons le cinquantième anniversaire de Vatican II, l'Esprit Saint ne peut que susciter un prophète qui nous étonnera et consolera les exilés de Vatican II. Non seulement je le crois, mais je le dis à qui veut bien l'entendre, conforté dans mon intuition par l'excellent ouvrage de John W. O'Malley, jésuite lui aussi, L'événement Vatican II, qui explique dans un langage passionnant comment et en quoi, après d'âpres débats parfois, le Concile a changé radicalement la relation de l'Église avec le monde. Il permet de saisir le pourquoi de nos crises actuelles et les enjeux théologiques sous-jacents. Pour les prêtres de ma génération, celle du Concile, il était parfois angoissant de voir certains s'afficher ouvertement pour un retour à l'esprit de Trente. Un signe fort, pourtant, avait été donné

56. La santé de Benoît XVI prouvera le contraire.

au synode sur l'évangélisation où résonnait encore comme un coup de tonnerre la parole de Carlos Mario Martini, bibliste, cardinal et jésuite : « *L'Église est en retard de deux cents ans* ! » La lumière brillait au bout du chemin. La foudre ne tomba-t-elle pas sur la coupole de Saint-Pierre, le 13 mars ? L'Esprit revenait en pentecôte.

Bref, j'arrivais au Brésil, le carnaval heureusement était fini et je trouvai mes paroissiens encore abasourdis autant par les défilés des écoles de samba que par le départ programmé de Benoît XVI. Il ne restait plus qu'à attendre l'événement en manifestant sa confiance en l'Esprit. Le 10 mars, je soulignais en ce dimanche rose[57], (rien avoir avec la « Casa Rosada » de Buenos Aires, et pourtant !) la joie de monter vers Pâques en sachant que dans peu de jours nous aurions un nouveau pasteur !

Le 13 mars à 16 h, mon portable sonna. « *Savez-vous le nom du nouveau pape ?* » me demanda Conceição qui venait de voir apparaître la fumée blanche sur sa petite télévision. Étonné de la rapidité, nous n'étions que mercredi, je vérifiais sur Internet et je courus m'asseoir devant la télévision en attendant avec anxiété durant de longues minutes. Le principal canal de télévision brésilienne, en direct de la place Saint-Pierre, couvrait l'événement. Enfin, la fenêtre s'ouvrit et le cardinal Tauran annonça : « *Habemus papam* ». J'entendis un nom italien, difficile à comprendre, puis aussitôt l'info tomba : il s'agit de l'archevêque de Buenos Aires qui a pris, ô surprise, le beau nom de François, prophète et poète pour notre temps ! J'avais lu des articles à son sujet et je réalisais vite de qui il s'agissait. Je m'isolais devant mon écran, préférant être seul en cet instant unique. François apparut, un peu gauche. Un cardinal brésilien l'accompagnait : Claudio Hummes. J'éclatai en sanglots, c'était trop beau, je n'en croyais pas mes yeux. Le nouveau pape, non, l'évêque de Rome, s'inclinait en demandant à la foule de le bénir. Mais quelque chose détonnait. Il n'était revêtu que de sa soutane blanche, une croix pectorale toute simple et il enleva même l'étole après la bénédiction, comme si elle le gênait. Il plaisantait : « *Bonsoir, on se reverra !* » Si simple, c'était renversant et il disparut dans la lumière du Vatican où l'Esprit venait de descendre. J'étais sous le choc. L'Esprit Saint existait bien. La preuve était patente. Toutes les manœuvres avaient été déjouées : « *Il détrône les puissants de leur trône et élève les humbles* », me disais-je, en louant le Seigneur ! Mais était-ce possible ! Mais oui, je ne rêvais pas. Je rejoignis mon bureau et expédiai un message aussitôt à mes paroissiens, à ma famille et à quelques amis, puis je téléphonai pour partager mon émotion. Est-ce que tous mesuraient ce qui nous arrivait après la traversée du désert, bien sûr, pour nous, d'Amérique latine ?

57. Couleur liturgique pour la mi-carême.

19 h 30 : je partis heureux célébrer la messe dans la communauté Notre-Dame de Guadeloupe. Je retrouvais le peuple des humbles, des pauvres, des petits tels que François en croisait tous les jours. Ils avaient reconnu en lui leur frère, celui qui parle leur langage, qui connaît leur vie. Ils étaient tous frappés par son humilité : « Et le pape s'est fait homme »[58].

Deux heures après, j'étais encore sous le choc. Je rendais grâce avec cette assemblée toute simple. Ensemble, nous prenions conscience de la grâce qui nous tombait dessus. Durant l'homélie, en m'adressant aux jeunes, j'insistais sur la chance qu'ils avaient d'être témoins d'un tel renouveau en notre Église. Je leur racontai mon expérience, quand Jean XXIII fut élu, j'avais leur âge et je retrouvais plus de cinquante ans après, l'émotion de mon enfance, qui m'avait poussé à devenir prêtre d'une Église servante et pauvre. J'invitai mon auditoire à être fier de son Église et leur expliquais que François était comparable à la colombe de l'arche de Noé, qui au-dessus des eaux boueuses du déluge, avait trouvé un rameau d'olivier. Désormais viendront de Rome l'exemple et la vertu.

En rentrant chez moi, me revenaient alors toutes les figures prophétiques de cette Église d'Amérique latine qui seules pouvaient donner sens et poids à ce message envoyé à mes confrères. Car, on ne pouvait ignorer qu'avant Jorge Bergoglio, il y eut des centaines de témoins dont la plupart avaient versé leur sang pour avoir aimé les pauvres en fidélité au message de Jésus, mort aussi pour la justice. Les jésuites étaient partis en mission dans le Nouveau Monde et ont payé cher leur engagement.

Alors naturellement, je revoyais, en premier, dom Luciano de Almeida, illustration de la tendresse dont parle François, qui, secrétaire général de la CNBB[59], n'hésita pas à défendre nos confrères Aristide et François quand ils furent arrêtés et condamnés par le régime militaire pour avoir été du côté des petits paysans et non au service du *latifundio*. Lui aussi, jésuite, il était l'évêque des pauvres, sa simplicité exhalait un parfum d'Évangile. Rome ne lui donnera que des rôles mineurs, alors qu'il fut sans cesse choisi par ses pairs pour des postes de direction autant à la CNBB qu'au CELAM[60]. Il sera pendant huit années président de la CNBB. Ses dernières paroles furent « *N'oubliez pas les pauvres* ». Paroles soufflées par dom Claudio Hummes à son ami Bergoglio, à l'heure de son élection et qui inspira le choix du nom de François. Or, avant dom Luciano, il y eut dom Helder, l'évêque par excellence des pauvres, persécuté par le régime militaire et mis en veilleuse durant des années par une frange de l'Église qui supportait mal son charisme de prophète. N'avait-il pas remis à Paul VI un texte qui décrivait son rêve de

58. Selon la belle parole d'Enzo Bianchi, prieur italien de Bosel.
59. CNBB : Conférence Nationale des évêques du Brésil.
60. Conseil épiscopal latino-américain.

voir enfin le jour où le Pape vivrait en frère des pauvres ? Paul VI avait aimé mais sans oser franchir le pas. François venait d'arriver.

Dans la foulée, suivaient deux grands franciscains : dom Aloisio Lorscheider, cardinal de la Sainte Église, papabile au temps de Jean-Paul II, défenseur de la théologie de la libération avec son célèbre collègue l'archevêque émérite de São Paulo, le cardinal dom Paulo Evaristo Arns, figure emblématique de la défense des droits de l'homme. Et la liste serait longue, très longue comme une litanie qui n'en finit pas : dom Pedro Casaldaliga, dom Fragoso, dom José Maria Pires, pour ne parler que du Brésil… En Équateur, Monseñor Proaño, l'évêque des indiens. Que d'évêques sont apparus dans la lancée du concile puis après la source sembla se tarir, Rome pensait autrement. Il fallait freiner les communautés de base, danger de voir une Église qui échapperait à la hiérarchie.

Il y a donc une liste impressionnante d'évêques qui après le Concile furent les acteurs des conférences de Medellín, Puebla, Santo Domingo où l'option préférentielle pour les pauvres a été la boussole qui inspira l'esprit de ces conférences. Aparecida, qui fut la dernière conférence en 2007, doit beaucoup au travail et à la réflexion de Jorge Bergoglio, archevêque de Buenos Aires. Ce document, malgré les critiques de certains, réaffirme l'option préférentielle pour les pauvres comme une exigence évangélique incontournable, redonne ses lettres de noblesse aux communautés ecclésiales de base et invite toute l'Église, peuple de Dieu, à devenir missionnaire. Suite à ces orientations, la conférence épiscopale du Brésil a invité toutes les paroisses à s'organiser sur le modèle des communautés de base pour retrouver le dynamisme de la mission !

À cette liste de prophètes s'en ajoute une autre, tout aussi impressionnante, d'évêques, prêtres, religieux, syndicalistes assassinés par les milices aux mains des régimes militaires qui défendaient la civilisation chrétienne ! Je cite à titre d'exemple monseñor Oscar Romero et les six jésuites assassinés par le régime militaire de San Salvador. Je survole toute l'Amérique latine pour revenir en Argentine. D'abord souvenons-nous de l'évêque monseñor Henrique Angelelli[61], supprimé dans un accident de voiture monté par la junte militaire. À ses funérailles l'épiscopat argentin était absent ! Puis incontournable pour nous, les Mep : nos deux consœurs des Missions Étrangères : Alice Domon et Leonie Duquet[62], séquestrées, torturées et jetées à la mer par les militaires.

Et voilà que notre Église d'Amérique latine entre par la grande porte dans l'Église universelle et provoque une tempête de sainteté. La réforme

61. Son procès de béatification est ouvert depuis le 21 avril 2015.

62. Sur ces deux sœurs et en particulier sur Alice Domon, voir : Gabrielle Etchebarne, *Sur les pas des disparus d'Argentine sous la dictature militaire (1976-1983)* avec DVD (2015) et Diana Beatriz Viñoles, *Lettres d'Alice Domon* (2016), Ed. Karthala, coll. Signes des Temps.

de l'Église passera par les fondamentaux que sont saint Ignace et saint François : radicalité de l'Évangile, amour des pauvres et théologie de la Croix. Autant dire que saint Paul débarque à nouveau sous le personnage de Pierre, revêtu désormais de l'audace de l'Apôtre des nations ! Comment prêcher la Bonne Nouvelle dans un langage qui soit comprise par tous et en particulier par les immenses couches de populations indifférentes à l'Église, mais peut-être pas au message du Christ ? François a déjà fait les premiers pas. Il va heurter comme Paul les tenants de la Loi mais peut-on au nom de la fidélité à une certaine tradition, ignorer les sources de la Tradition qui nous recentre sur les axes fondamentaux : pauvreté, humilité, tendresse, miséricorde, défense et préservation de la vie sous toute ses formes ? Retrouver le chemin de Jésus-Christ en mettant nos pas dans ceux de saint François. L'heure est venue où le vieux monde a besoin de l'énergie et de la jeunesse du nouveau monde. Comme nous l'a expliqué François, arrive un temps où les enfants prennent soin de leurs parents âgés. Les enfants de l'Église mère, partis au bout du monde, reviennent pour prendre soin d'elle avec tendresse et bonté.

L'Amérique latine arrive riche de son expérience de plus de cinq cent ans d'évangélisation. Sa force, c'est sa jeunesse et sa capacité au métissage. Elle met en pratique ce qu'annonçait Paul aux Galates : il n'y a plus ni juifs ni Grecs... Elle accepte les différences sans les opposer mais en les harmonisant comme un nouveau testament où cohabitent Paul, Jacques, Matthieu et Pierre. L'Amérique latine a pris le Concile au sérieux et a réussi à l'adapter à sa réalité au cours des Conférences du CELAM. Les Églises du Nord ont perdu leur élan mais pas le trésor de la foi. François, un des plus beaux fruits de cette greffe peut faire éclore à la suite d'Ignace et de François des fruits inespérés en soufflant sur le feu qui couve, avec tendresse et bonté. Ce qui est sûr, c'est que l'Esprit a agité les eaux et qu'il risque de continuer. Ne manquons pas l'occasion, le bon vin est meilleur quand il a de l'âge. François, nous sommes avec toi pour reconstruire, l'Église, notre Église.

São Luis do Maranhão, Brésil
en ce 19 mars 2013

J'avais écrit ce texte le jour de la messe d'inauguration du pontificat de François en la fête de saint-Joseph, soit six jours après son élection. Certains m'ont conseillé d'attendre pour voir, un de mes amis a même refusé de revoir mon texte en portugais m'accusant de papolâtrie ! Je pense en toute humilité que j'avais vu juste ! Depuis, je n'ai jamais cessé de faire mention de lui dans mes homélies. N'ayant jamais été, au désespoir de mon père, un grand fanatique des papes, je ne manquais pas de me rattraper !

Théologie de l'échec ou théologie de la Croix ?

Puis vint l'heure du départ. Alors que je commençais, après cinq ans de présence, à m'habituer à la vie dans la cité, mes supérieurs m'invitèrent à aller remplacer un collègue chargé de la communauté francophone de Bangkok. Je payais mes heures de doute puisque j'avais confié à l'un d'eux, quelques années auparavant, mes difficultés à supporter le poids d'une mission aussi exténuante. La situation avait évolué, mais la porte avait été entrouverte. Finalement, pourquoi pas un retour aux origines ? La paroisse avait surtout besoin d'une équipe missionnaire pour répondre aux immenses besoins des nouveaux quartiers qui s'édifiaient partout où l'espace était disponible. Que pouvais-je faire pour répondre aux besoins immenses ? Les évangéliques avaient vite fait de trouver une brèche dans chaque nouvelle implantation. Rester était faire preuve d'orgueil d'une certaine manière. J'étais bien, à nouveau.

Je savais que quitter ce peuple que j'aimais tant ne serait pas facile. C'était aussi quitter le Brésil, ma terre de prédilection. Si Maiobão avait été ma mission la plus austère et la plus rude à tout point de vue, elle serait la plus douloureuse à l'heure de la séparation.

Le plus délicat, finalement, était de quitter l'Institut pour lequel j'étais revenu au Brésil et qui comptait encore sur moi jusqu'au retour des deux étudiants en formation à Paris. Les treize évêques du Maranhão, qui demandèrent une prolongation de mon séjour, n'obtinrent que six mois de rallonge, même pas de quoi conclure l'année[63] ! Il est vrai que mes supérieurs et ceux qui m'attendaient à Bangkok vivaient sur une autre planète. L'Église ne fonctionne pas selon des critères de rentabilité ou d'efficacité mais selon le bon vouloir de supérieurs souvent confrontés à la politique du « bouche-trou ». Ainsi font les travaux publics au Brésil pour répondre à l'urgence des routes défoncées.

Les surprises n'allaient pas manquer. En mars 2014, dom Belisario me présenta mon possible successeur, le *padre* Leonardo qui, après des années en Amazonie, quittait sa congrégation et voulait s'installer à São Luis. Originaire du Sud, il préférait le climat du Nord. C'était un homme à l'air calme, expérimenté et qui avait à son avantage d'avoir vécu dans un diocèse où les CEBs étaient une priorité pastorale. Je ne pouvais espérer mieux pour prendre la suite et je vis en lui un don du ciel. Je lui proposai donc de venir loger au couvent[64] et de reprendre la charge de

---

63. Je partirai fin juin pour prendre mon poste à Bangkok fin décembre 2014. Six mois qui me permirent de mettre en chantier ce livre.

64. J'avais entrepris des travaux pour restaurer la maison paroissiale et fournir un logement à mon successeur.

curé qu'il paraissait vouloir assumer le plus rapidement possible. Devant rester jusqu'en juin pour mes cours, nous pourrions faire un tuilage en douceur. L'archevêque accepta, soulagé de me trouver un remplaçant. Leonardo ne se priva pas de faire l'éloge de la paroisse et, au cours du dernier conseil que je présidais, il s'engagea solennellement à continuer l'œuvre entreprise.

Une fois curé, Leonardo révéla sa double personnalité. Il s'employa systématiquement à démolir tout ce que nous avions édifié, à commencer par la maison paroissiale, qu'il réforma à nouveau en piochant largement dans la caisse. Il démit le conseil financier, nomma lui-même les membres du conseil paroissial, réduisit le nombre des célébrations du week-end, démit les équipes de préparation au mariage et aux baptêmes, il octupla le prix des mariages et consacra ses homélies à justifier le denier du culte tel un pasteur de ces églises évangéliques qui pullulaient sur la ville. Je découvris avec effroi qu'il était alcoolique et dans ses heures de lucidité, était capable de séduire, en bon disciple de Marcial Maciel[65] ! Pour parer au désastre, l'archevêque tenta de diviser la paroisse en trois. N'ayant trouvé qu'un jeune prêtre, c'est la communauté de Notre-Dame de Guadeloupe qui fut érigée en paroisse et échappa au désastre. Le *padre* Leonardo, satisfait, hérita du centre et des classes moyennes et Notre Dame de Guadeloupe recueillit l'immense territoire qui abritait les plus défavorisés. Maiobão n'échappait pas à la règle et, pour la troisième fois après Natividade et Uruará, mon successeur allait à contre-courant de ce que j'avais tenté d'édifier, ce dernier encore plus que les autres.

Toutes les tempêtes ont une fin
Départ en douceur

La veille de mon départ, le 22 juin, le groupe *Dançart* vint prendre le repas de midi au couvent. Ces jeunes étaient le symbole de la graine semée en terre. Je passai mes dernières heures à graver dans mon cœur ces visages et ces sourires. Rien d'exceptionnel apparemment, si ce n'est que je pouvais maintenant fermer la page sur laquelle s'écrivaient, en lettres de chair, la tendresse et la vie. Plus de trente ans après, résonnaient les lointains échos de Pindorama. Mes amies prolongèrent affectueusement les adieux puis s'en allèrent. Je refermai alors le lourd portail. Il en restait une, Clarisse, jeune de 19 ans, qui s'était invitée bien que n'étant

65. Prêtre mexicain, fondateur des Légionnaires du Christ qui défraya la chronique et berna plusieurs papes.

pas du groupe. Elle m'attendait, en souriant elle me tendit une lettre et me pria de ne la lire qu'après son départ. Depuis l'âge de treize ans elle était enfant de chœur, battant les records de fidélité. Le soir, rentrant de son collège, elle venait servir à l'église. Je la ramenais parfois avec sa mère, car le quartier n'était pas sûr. Sa vie se partageait entre le collège, la maison et la paroisse. Peu de loisirs, peu de sorties. La vie des pauvres est ainsi. Son père était parti, les laissant, elle et sa sœur, à la charge de la mère. Pauvres oui, mais dignes. Religieuses comme le sont les Brésiliennes, et ainsi jamais désespérées. J'étais devenu en quelque sorte son grand-père, comme elle avait coutume de me nommer.

Elle partit et j'ouvris la longue lettre de deux pages. Clarisse était passée par une période de dépression et s'en était ouverte. Que pouvais-je lui dire ? Il ne fallait rien dire, il fallait écouter. Éviter d'entrer par la brèche de la souffrance. C'est aussi cela aider ceux que l'on aime à se libérer. Sa lettre était pleine de reconnaissance. L'essentiel se résumait en cette phrase :

> Merci d'avoir été auprès de moi quand j'étais au fond du puits !

Elle s'en était sortie grandie, plus forte. Un an après elle réussira son entrée à la Fac.

Fin de mission, oui. Le service du prêtre est aussi celui-là : être l'ami discret et présent qui ne détruit jamais la liberté de l'autre. Ainsi Jésus quittant Marie Madeleine après lui avoir rendu sa liberté. Elle devenait tout simplement le symbole de ces communautés qui ne demandent qu'une présence-absence pour continuer à avancer en puisant dans leurs propres forces !

Mon parcours prenait fin, en douceur. Les liens tissés l'étaient en profondeur.

La famille, soudain, s'était agrandie, le Seigneur en mes frères me donnait du bonheur !

Retour en France. Entre passé et avenir

Durant mon séjour en France, j'eus la joie de retrouver Henri Burin des Roziers, dans sa cellule au couvent Saint-Jacques à Paris. Quelle n'était pas notre joie de voir proclamer par le pape François ce pour quoi nous avions lutté toute notre vie au Brésil, surtout Henri, sans cesse menacé pour avoir défendu les petits paysans. Combien de fois n'avions nous pas été accusés d'être des subversifs, des communistes ou des prêtres qui ignoraient la dimension verticale de leur apostolat. Selon certains nous aurions dû nous préoccuper de la vie spirituelle de nous ouailles et non des questions de société.

La leçon venait maintenant de Rome, si longtemps suspectée de couvrir les voix prophétiques. Le prophétisme s'était déplacé et soufflait à notre grande satisfaction sur les colonnades de la place Saint-Pierre. Les quarante évêques qui avaient à l'époque du Concile fait le Pacte des Catacombes[66] ne devaient pas en croire leurs oreilles.

Recevant au Vatican les représentants des mouvements sociaux du monde entier, dont le Brésilien João Pedro Stedile, du Mouvement des sans-terre, le pape François leur fit le discours dont voici quelques passages :

> Notre rencontre ne répond pas à une idéologie. Vous ne travaillez pas avec les idées, vous travaillez avec des réalités [...]. Vous avez les pieds dans la boue et les mains dans la chair. Vous sentez l'odeur des quartiers, du peuple, de la lutte ! Nous voulons que l'on écoute votre voix qui, en général, est peu entendue. Sans doute parce qu'elle gêne, sans doute parce que votre cri dérange, sans doute parce que l'on a peur du changement que vous exigez, mais sans votre présence, sans aller réellement dans les périphéries, les bonnes intentions et les projets que nous écoutons souvent dans les conférences internationales restent limités au domaine des idées, c'est mon projet.
>
> On ne peut affronter le scandale de la pauvreté en promouvant des stratégies de contrôle qui ne font que tranquilliser et transformer les pauvres en des êtres apprivoisés et inoffensifs. Qu'il est triste de voir que, derrière de présumées œuvres altruistes, on réduit l'autre à la passivité, on le nie ou, pire encore, se cachent des affaires et des ambitions personnelles : Jésus les définirait hypocrites. Qu'il est beau en revanche lorsque nous voyons en mouvement des peuples et surtout leurs membres plus pauvres et jeunes. Là, on sent vraiment le vent de la promesse qui ravive l'espérance d'un monde meilleur. Que ce vent se transforme en ouragan d'espérance. Tel est mon désir.
>
> Notre rencontre répond à un désir très concret un désir qui devrait être à la portée de tous, mais qu'aujourd'hui, nous voyons avec tristesse toujours plus éloignée de la majorité des personnes : terre, logement et travail. C'est étrange, mais si je parle de cela, certains pensent que le pape

66. Tandis que le Concile tendait vers sa fin, le 16 novembre 1965, quarante pères conciliaires — Helder Cãmara et Guy-Marie Riobé, l'évêque d'Orléans, en furent pour une part les instigateurs — se donnèrent rendez-vous aux Catacombes de Domitille, à Rome, pour une célébration de l'Eucharistie et préparèrent un document qui marqua une étape importante dans la vie de l'Église. Dans ce texte qui a pour titre *« Le Pacte des Catacombes de Domitille »*, ils s'engageaient à vivre pauvrement et à relancer une Église servante des pauvres. Il semblerait que trois cent pères conciliaires signèrent ensuite le texte.

est communiste. On ne comprend pas que l'amour pour les pauvres est au centre de l'Évangile. Terre, logement et travail, ce pour quoi vous luttez, sont des droits sacrés [...].

Terre. Au début de la création, Dieu créa l'homme gardien de son œuvre, en lui confiant la charge de la cultiver et de la protéger. Je vois qu'il y a ici des dizaines d'agriculteurs et d'agricultrices et je veux les féliciter, parce qu'ils gardent la terre, la cultivent, et le font en communauté. Je suis préoccupé par le déracinement de tant de frères agriculteurs qui souffrent à cause de cela, et non pas à cause des guerres ou des désastres naturels. La spéculation foncière, la déforestation, l'appropriation de l'eau, les pesticides inadéquats, sont quelques-uns des maux qui arrachent l'homme à sa terre natale. Cette séparation douloureuse n'est pas seulement physique, mais également existentielle et spirituelle, parce qu'il existe une relation avec la terre, qui fait courir à la communauté rurale et son style de vie particulier le risque de décadence évidente, et même d'extinction.

L'autre dimension du processus déjà global est la faim. Lorsque la spéculation financière conditionne le prix des aliments, en les traitant comme une marchandise quelconque, des millions de personnes souffrent et meurent de faim. De l'autre côté, on jette des tonnes de nourriture. Cela est un véritable scandale. La faim est un crime. L'alimentation est un droit inaliénable. Je sais que certains de vous demandent une réforme agraire pour résoudre certains de ces problèmes et, permettez-moi de dire que dans certains pays, et je cite ici le Compendium de la doctrine sociale de l'Église, « la réforme agraire devient ainsi non seulement une nécessité politique, mais une obligation morale ». Ce n'est pas seulement moi qui le dis, mais c'est écrit dans le Compendium de la doctrine sociale de l'Église. S'il vous plaît, continuez de lutter pour la dignité de la famille rurale, pour l'eau, pour la vie, afin que tous puissent bénéficier des fruits de la terre[67].

La boucle était bouclée. Vatican II revenait, porté par François. L'Église retournait par la même occasion à l'essence de ses origines, transformer le monde[68], mission qu'elle n'aurait jamais du abandonner. Vingt ans de Transamazonienne m'avaient appris qu'on ne sort pas d'un bourbier sans l'aide de ceux qui peinent sur la même route. Je pouvais rejoindre Bangkok, la nouvelle génération du Maiobão donnerait ses fruits, seul le Seigneur est le maître de la moisson.

Je n'étais pas au bout de mon chemin de liberté.

---

67. Discours du 14 octobre 2014 aux mouvements sociaux. J'avais promis à Henri de citer ce discours si important pour nous.

68. Gilbert Achcar, « La religion peut-elle servir le progrès social », dans *Le Monde diplomatique* de juin 2015. On pourra lire : Taubes Jacob, *La théologie politique de Paul*, Paris, Seuil, 1999.

9

Une Église pauvre pour les pauvres ? Oui, mais à quelles conditions ?

De ce long parcours qui s'étale sur plus de trente ans, le lecteur peut tirer les enseignements qui s'imposent. Je voudrais, pour ma part, à partir de l'expérience des Communautés ecclésiales de base[1] ou CEBs, conclure ce récit les yeux fixés vers l'avenir. Le vent souffle à nouveau en leur faveur. Ce qui était en jeu durant toutes ces années et qui continue à l'être, c'était bien l'acceptation d'une nouvelle conception de l'Église définie par Vatican II.

L'Église ne se situe plus comme une forteresse assiégée par le monde, elle fait siens « *les joies et les espoirs* » de ce même monde[2]. Elle est solidaire de l'Humanité. Medellín, nous l'avons vu, fut l'application de l'esprit du concile Vatican II à la réalité de l'Amérique latine. L'Église, qui se voulait présente au cœur de l'humanité, ne pouvait plus nier la réalité criante de l'injustice institutionnalisée dans des pays qui se proclamaient chrétiens. Elle fit courageusement le choix prioritaire des pauvres qui, à l'époque, formaient pratiquement 90 % de la population ! En conséquence naquirent les communautés de base et la théologie de la libération. Assidues à la lecture de la Parole de Dieu, les communautés découvraient Jésus de Nazareth, celui qui le premier s'était fait pauvre pour les rejoindre dans leur humanité[3]. Peut-on alors parler d'échec des

1. Relire : Dominique Barbé, *Demain, les communautés de base,* Éd. Cerf, 1969, préface de Jacques Loew.

2. Concile Vatican II, Constitution *Gaudium et Spes* : « Les joies et les espoirs, les tristesses et les angoisses des hommes de ce temps, des pauvres surtout et de tous ceux qui souffrent, sont aussi les joies et les espoirs, les tristesses et les angoisses des disciples du Christ, et il n'est rien de vraiment humain qui ne trouve écho dans leur cœur. Leur communauté, en effet, s'édifie avec des hommes, rassemblés dans le Christ, conduits par l'Esprit Saint dans leur marche vers le Royaume du Père, et porteurs d'un message de salut qu'il faut proposer à tous. La communauté des chrétiens se reconnaît donc réellement et intimement solidaire du genre humain et de son histoire ».

3. Voir : Jon Sobrino, sj, « *Nous avons besoin de Jésus de Nazareth* », conférence au Centre Sèvres à Paris, 26 février 2015.

CEBs ? S'il y a bien eu échec, il serait plutôt à chercher du côté de ceux qui ont refusé de les mettre en pratique. Or, étonnamment après ce long exil, des voix se font entendre, et non des moindres, pour en faire l'éloge. Mais quelles réformes doit-on envisager pour éviter les écueils passés ? Pour mieux mesurer l'enracinement d'une telle option, je reprends l'histoire de Domingos, ce paysan du Tocantins qui illustre la capacité de résistance des pauvres, enracinée dans la foi. Puis je mentionnerai, après cette histoire qui nous vient de la base, un écho qui retentit du sommet de l'Église.

Domingos : le paysan qui tient contre toute espérance !

Alors que j'étais à São Luis, j'ai pu revenir en 2009, vingt-six ans plus tard, dans ma première paroisse. Je retrouvai Domingos dans sa communauté de Riachão[4], à 50 kms de Natividade. Selon Henri Burin des Roziers, elle était une des meilleures communautés de base. Après mon départ, elle subit tous les assauts possibles et inimaginables. « *Nid subversif laissé par le padre* » Chico et ses complices de la CPT, il fallait la neutraliser par tous les moyens afin que sa néfaste influence ne se fasse point sentir, disaient nos adversaires de l'époque. Tout fut mis en œuvre : propositions alléchantes d'achat de lots de terre, encerclement de leur propriété par des *grileiros*, persécutions diverses de la part de l'oligarchie locale, infiltrations d'agents perturbateurs, menaces de *pistoleiros*. Et, pire, le nouveau curé, le *padre* Jonatan, ne visita jamais la communauté. Seuls les paysans de Riachão connaissaient les raisons de mon départ et préféraient que je sois loin et vivant plutôt que près et menacé en permanence. Ils avaient compris que la lutte pour la terre, c'était à eux de la mener dorénavant. Ils l'ont prouvé, malgré quelques défections. En réponse à ceux qui les accusaient de se laisser manœuvrer par les prêtres étrangers ils fondèrent le syndicat des travailleurs ruraux à Natividade, puis le Parti des Travailleurs (PT), ébranlant ainsi l'influence de l'élite locale qui ne les connaissait qu'à l'heure des élections. La victoire de Lula à la présidence en 2003, après tant de tentatives avortées, renforça leur esprit combatif ! Tenaces et mieux structurés, ils montèrent une association pour la commercialisation de leurs produits. Le syndicat ne pouvait tout résoudre. À la différence d'Uruará, ils avançaient seuls sur le même chemin.

Domingos me raconta ses longues années et comment il échappa plusieurs fois aux tueurs. Président du syndicat, sa tête était mise à prix. Il dut aussi faire face à l'adversité : son épouse enceinte mourut faute de

4. Voir le chapitre 2 sur Natividade.

secours rapides, laissant ses enfants orphelins de mère. Une bicyclette, acquise avec l'aide de la CPT, lui servait pour visiter les communautés les plus éloignées. À ce meneur incontesté, le pasteur évangélique local fit des propositions alléchantes pour qu'il passe de son côté. Pour Domingos, laisser son Église après tant d'années de résistance était impensable ! Il me racontait toutes ses aventures en ponctuant son récit de quelques éclats de rire. L'humour le protégeait du désespoir, puis il concluait avec gravité :

> Tu vois, Chico[5] ce que nous avons souffert. Mais maintenant c'est passé.

Je l'écoutais attentivement, impressionné par son histoire. Qui étais-je face à lui ? Un simple *padre* et lui un héros n'ayant jamais eu droit aux feux des projecteurs ou à la Une des journaux ! Son héroïsme n'était pas accidentel, mais permanent. Année après année, espérant contre toute espérance, il a tenu bon. En partant, je lui ai proposé une petite aide pour compenser ses dépenses de déplacement. Il l'a versée à la communauté. Avec lui, ce paysan noir, je prenais une leçon d'humanité. Vingt-six ans après, son idéal et sa pratique n'avaient pas changé.

Domingos reste le témoin exemplaire de tous ceux qui, ayant gardé la foi, n'ont jamais abandonné la lutte pour la justice. Les théologiens de la libération se sont mis à leur écoute pour apprendre comment Dieu habitait son peuple ! Sont-ils le *« petit reste »*, la nouvelle version des *« pauvres de Yahvé »* ou du *« Serviteur souffrant[6] »* qui sauve ses frères ?

Après ces heures passées à bavarder, nous avons retrouvé un petit groupe préparant depuis une heure matinale le repas communautaire. Peu à peu, les petits paysans arrivaient, les femmes et les enfants sur leur petite monture, les hommes ouvrant la marche à pied. Tout ressemblait aux gestes d'hier. Nous installâmes une table sous les manguiers pour la messe. Je leur demandai depuis combien de temps ils n'avaient pas eu de célébration de l'eucharistie ? :

> Depuis 26 ans, Chico ! Depuis ton départ !...

... fut la réponse unanime avec une pointe d'ironie qui laissait entendre qu'ils avaient vu pire. Ils avaient maintenu la lumière de la foi sans assistance du prêtre durant toutes ces années ! Alors, échec de qui et pour qui ?

Épilogue : Rentrant par Porto Nacional, ce fut l'occasion de faire une visite de courtoisie à l'évêque dom Gusmão, proche du départ à la

---

5. Un des rares à ne pas m'appeler *padre*. Nous sommes frères avant tout et il n'y a pas de hiérarchie entre nous.

6. Cf. Isaïe 49, 1-7.

retraite[7]. Quand il me vit, il dut revoir en souvenir ces prêtres français qui, selon ce que certains lui avaient rapporté, avaient contribué à perturber le diocèse en prenant le parti des petits paysans. Sa sensibilité, proche des courants de rénovation charismatique, le préparait peu à la situation complexe à laquelle il avait été confronté.

> La CPT vise seulement la promotion humaine, le CIMI[8] refuse d'évangéliser, les Communautés de base sont un échec et la pastorale d'ensemble est une utopie qui ne fonctionne pas... Vous avez oublié le rôle de la hiérarchie[9],...

... me lança-t-il sur un ton amicalement réprobateur. Heureusement, Magali, la fille de Florentina, qui assistait à l'entrevue, vint à mon secours. Elle lui fit remarquer que si elle était chrétienne, elle le devait un peu au *padre* Chico, qu'elle avait connu quand elle était enfant. La semence était bonne !

Comme sur la Transamazonienne les CEBs pouvaient fonctionner aussi dans cette région. Si elles avaient disparu en certains endroits, c'est qu'elles furent ou persécutées ou tout simplement abandonnées. Une des causes principales de cet effondrement[10] fut le retour du modèle sacerdotal-clérical se substituant au modèle prophétique. Le pape François, dans une de ses homélies, a bien déclaré que, lorsque le prophétisme disparaît, c'est le cléricalisme qui occupe la place :

> Quand dans le peuple de Dieu n'existe pas de prophétie, le vide qui existe laisse la place au cléricalisme : c'est ce cléricalisme qui demande à Jésus : de quel droit fais-tu ces choses Avec quelle légalité[11] ?

En l'absence de prophètes et de missionnaires, le vieux modèle paroissial est réapparu et les CEBs ont été englouties par la déferlante cléricale.

---

7. Son successeur polonais n'arrangera pas les choses en soutenant que l'époque de l'œcuménisme était révolue.

8. L'équivalent de la CPT pour les Indiens du Brésil. CIMI : Conseil missionnaire indigéniste.

9. Certainement une allusion aux tentatives, surtout en vogue en Amérique centrale, de créer une Église populaire qui se passerait de la hiérarchie.

10. L'hémorragie des catholiques vers les évangéliques a aussi pour cause l'attitude de certains prêtres qui ne vivent pas ce qu'ils prêchent. À Natividade, je retrouvai mon ancienne employée et je lui demandai pour quelles raisons elle avait changé d'Église ? Elle me répondit : « Quand vous êtes parti, nous, les pauvres avons été abandonnés, la solution fut de chercher un nouveau pasteur ! ».

11. Homélie du 16 12 2013.

Quand un grand théologien, cardinal allemand, fait l'éloge des CEBs

Les CEBs reviendraient-elles à la mode ? Durant le Consistoire qui a débattu sur la famille en préparation du Synode d'octobre 2014, le cardinal Walter Kasper a fait, à la demande du pape François, une longue intervention, déclarant que les...

> CEBs sont une espérance pour l'Église universelle plus qu'une recette de pastorale à succès.

Traitant de la famille, il a souligné que :

> La cellule familiale avait besoin d'être insérée dans un cercle familial plus large qu'offrent les communautés de base. En regroupant les familles voisines, les enfants trouvent un refuge en l'absence des parents. Et les personnes âgées, les divorcés et les mères célibataires peuvent aussi rencontrer une autre forme de foyer[12].

Après en avoir décrit l'efficacité, il en a donné sa définition, au sens paulinien du terme : *Ecclesiola in ecclesia* : une petite Église dans l'Église.

Puis de poursuivre : *Et ce fut au bout du monde*, en Amérique latine, en Afrique et en Asie, que ces « *Églises domestiques* » ont assumé le visage « *de communautés chrétiennes de base*[13] ».

Si son propos a suscité de fortes critiques, il n'y a pas à en être surpris. Ici encore deux modèles d'Églises s'affrontent et le débat se poursuit au plus haut sommet de l'Église en présence du successeur de Pierre. Imaginons que nous puissions revenir, l'espace d'un moment, au temps de la première Assemblée de Jérusalem (Ac 15). Pierre aurait alors invité Paul pour convaincre ses frères de ne pas s'en tenir à la Loi qui excluait les « *païens* » de toute communion. Et Paul de raconter son expérience missionnaire dans les périphéries du nouveau monde où les communautés, cellules vives d'Église, pratiqueraient le partage de la Parole, la mise en commun des biens et la fraction du pain suivie d'agapes fraternelles. Ces communautés auraient gardé en mémoire leurs frères ayant versé leur sang

---

12. C'est ce qu'affirment les évêques du Brésil dans leur message au Peuple de Dieu à propos des Communauté ecclésiales de base (CNBB, doc. 92).

13. Pour Kasper, « les CEBs pratiquent le partage de la Parole de Dieu pour avoir force et lumière pour leur vie quotidienne, étant appelées de manière singulière à transmettre la foi dans le milieu où elles vivent. Leur témoignage est surtout un témoignage de vie par lequel elles peuvent devenir ferment dans le monde [...]. Sans les CEBs, l'Église est étrangère à la réalité concrète de la vie ». Article du 13 03 2014, rapporté par l'Instituto Humanitas Unisimo (IHU).

en luttant pour un monde plus juste. Et Paul aurait cité ces innombrables martyrs : apôtres, prophètes, vierges consacrées, avocats des sans-terre et sans-abris, petits paysans et enfants oubliés. Pour conclure, il aurait posé à ses frères cette question : en vertu de quels enseignements du Seigneur pouvons-nous refuser le partage eucharistique à ceux qui pratiquent la miséricorde, sont lumière pour les multitudes et avancent dans les ténèbres d'une société qui ne vit que du profit ? Il aurait fait un vœu : soyons les ambassadeurs du salut et non des contrôleurs qui excluent !

Fiction ? Peut-être pas. Pour entrer dans cette nouvelle ère dans laquelle nous vivons, qui n'est pas un changement d'époque mais une véritable mutation par le passage d'un monde cloisonné à un monde connecté[14], il nous faut avoir l'audace apostolique de Paul. Sans la rupture avec la Loi de Moïse il n'y aurait pas eu d'évangélisation des nations et les disciples du Christ auraient été réduits à rester une secte juive de plus. Sans renier ses racines juives, Paul a universalisé le message de Jésus de Nazareth en le rendant intelligible pour le monde gréco-romain.

L'Église doit donc redécouvrir, dans l'esprit du Concile, le dynamisme et l'audace de Paul. Il nous faut, à la lumière de l'*aggiornamento* qu'a opéré Vatican II, avoir le courage de réformer ce qui freine la croissance du Corps du Christ. Le fait qu'il y ait des opposants au Concile et à toute réforme est bien la preuve qu'il y a eu rupture. Selon la belle formule du jésuite John W. O'Malley :

> L'Église est passée de la coercition à la conscience, de l'hostilité à l'amitié, de la rivalité au partenariat, de la suspicion à la confiance, du pouvoir au service, des menaces à la persuasion[15].

La venue du pape François est bien le signe que, dans la figure de Pierre, Paul revient. Le cardinal italien Carlos Mario Martini rappelait avec intelligence et finesse que Rome était le siège de Pierre et de Paul. L'Église ne peut marcher qu'en s'appuyant sur ses deux colonnes !

Repenser la fonction ministérielle

L'Église ne pourra revenir à la pratique des CEBs que si elle redonne à la communauté ce qui lui appartient et qui, au cours des siècles, a été peu à peu, pour diverses raisons, confisqué entre les mains du prêtre, investi

---

14. Lire *Petite poussette* de Michel Serres.
15. Entrevue donnée à l'IHU le 03 09 2012.

de tous les pouvoirs ! Nous avons vu que peut découler de ce statut autant de ravages que de bénéfices.

Il ressort de notre exposé qu'il y a deux manières de concevoir l'Église et, en filigrane bien sûr, deux conceptions du sacerdoce. Il existe des communautés qui meurent par manque d'assistance du prêtre et des prêtres qui vivent sans aucune communauté. Deux situations contradictoires. Certains prônent l'ordination de femmes pour pallier le manque de prêtres. Comme l'écrit très justement Ghislain Lafont :

> Il ne s'agit pas de la sacerdotalisation des femmes mais plutôt de la non-sacerdotalisation des hommes[...]. Le problème est celui de la déclericalisation[16] .

La solution n'est pas de faire plus de prêtres en ordonnant des femmes ou des hommes mariés qui, dans un avenir plus ou moins proche, seront au chômage technique pour le simple fait qu'il n'y aura plus de communautés ! Il faut avant tout décléricaliser l'Église en retrouvant l'intuition de Vatican II qui, de l'image d'une Église cléricale, nous a fait passer à la notion de Peuple de Dieu, même si l'on peut contester bibliquement cette définition[17]. Ayant retrouvé le sens de la mission, nous pouvons oser l'inconnu en nous rappelant toujours qu'avant de penser la structure, il faut définir l'objectif. Par exemple, l'Église peut se définir comme en mission ou comme un hôpital de campagne. Elle se donne, en fonction de ce but, une structure lourde ou légère pour rester fidèle à l'objectif et non aux structures qui ne sont que contingentes. Essayons de comprendre.

Une des origines du malentendu

Nous avons parfois interprété la *Lettre aux Hébreux* en commettant un contresens. Si, dans l'*Épître aux Romains*, Paul nous fait passer de la Loi mosaïque à la vie dans l'Esprit, la *Lettre aux Hébreux* démontre la caducité et l'échec du sacerdoce de l'Ancienne Alliance, dont une des caractéristiques était la séparation. Le P. Albert Vanhoye explique magistralement dans son commentaire[18] le mouvement ascendant et descendant du sacerdoce.

---

16. Ghislain Lafont, *Imaginer l'Église catholique,* Éd. du Cerf, p. 205.

17. Les biblistes comme le cardinal Béa étaient peu nombreux au Concile. Le propre P. Congar a critiqué cette définition « *d'Église Peuple de Dieu* » qui, sans conteste, est cependant une avancée. Inspiré par la *Lettre aux Éphésiens*, le Concile aurait pu définir l'Église comme *« Famille de Dieu »*, (Ep 2, 19), évitant de laisser entendre qu'elle se substituait à Israël.

18. *Lettre aux Hébreux*, Cahier Évangile n° 19.

Au départ, Dieu s'est choisi un peuple au sein de l'humanité. De ce peuple, il sépara une tribu, celle de Lévi. Des Lévites, il prit une famille de laquelle il tira le grand-prêtre qui, par un processus de purification, essaya de monter vers Dieu à l'aide de sacrifices, mais sans pour autant y parvenir. Résultat, il se retrouvait d'une part isolé de son peuple et d'autre part incapable d'approcher ce Dieu qu'il voulait atteindre. Ce modèle sacerdotal institué au désert avec Moïse avait échoué.

Le Christ qui, par nature, est au-dessus des anges et supérieur à Moïse, réalise alors le mouvement inverse en venant à la rencontre des hommes. Il ne devient l'unique Grand-Prêtre qu'en se rendant solidaire de l'humanité, semblable aux hommes. Il possède désormais les deux qualités requises pour exercer sa fonction : d'une part être digne de foi envers Dieu, et d'autre part miséricordieux envers les hommes dont il a partagé la condition. Ainsi a-t-il pu, devenu Grand-Prêtre, s'offrir à Dieu comme victime pure. Il entraîne désormais toute l'humanité vers la demeure de Dieu. Le sacerdoce inauguré par le Christ n'est pas le résultat d'un processus de séparation, mais bien d'un acte qui scelle l'union de Dieu avec les hommes, désormais réconciliés par le don du Fils.

De cette longue homélie sur le sacerdoce, retenons qu'il n'y a de fonction sacerdotale authentique que si elle imite l'exemple du Christ. *A contrario* du sacerdoce ancien qui établissait une classe séparée, le Christ ne devient Grand-Prêtre qu'en retour de son immersion dans le monde. Il partage la condition humaine en tout, excepté le péché (2 Co 5, 21). Pour diverses raisons, une classe cléricale s'est constituée au cours des siècles. Les baptisés se sont donc retrouvés divisés en deux catégories, les clercs étant par essence supérieurs aux laïcs ! La Lettre aux Hébreux a malencontreusement été utilisée pour justifier cette séparation. Les prêtres se sont réappropriés, peu à peu, les catégories lévitiques et sacerdotales pour mieux sacraliser leurs fonctions liturgiques[19] alors que le baptême nous avait transformés en frères, abolissant les barrières qui séparaient Juifs et Grecs, esclaves et hommes libres, hommes et femmes (Ga 3, 27-28). Certains ont craint que le modèle ecclésial des CEBs ne dilue par trop la fonction spécifique du sacerdoce, les ministres laïcs prenant trop d'importance[20].

---

19. Lire Alexandre Faivre, *Chrétiens et Églises, des identités en construction*, Éd. Cerf, Paris 2011. Michel Dujarier, *Église-Fraternité, l'ecclésiologie du Christ-Frère aux huit premiers siècles*, Éd. Cerf, 2013. Et Gustave Martelet, *Théologie du sacerdoce, Deux mille ans d'Église en question*, Éd. Cerf, 1990.

20. Pour ceux qui ont un peu de mémoire, il suffit de rappeler l'instruction sur la liturgie que peu ont mise en pratique, dans laquelle il était spécifié que les filles ne pouvaient être enfants de chœur, que les concélébrants devaient revêtir la chasuble… Autant de directives pour souligner la fonction sacrale d'un sacerdoce différent et séparé des fidèles.

Il n'y aura de renaissance des Communautés ecclésiales de base que si l'on redécouvre la fonction sacerdotale authentique. Le *prêtre-clerc* doit descendre de son socle sacré et revêtir les signes du *prêtre-serviteur* qui sont disponibilité, simplicité et miséricorde[21], non d'être servi[22]. Il reviendra alors à la communauté et à l'Église de choisir des candidats éprouvés qui puissent remplir la fonction de présidence de l'assemblée parmi ceux qui manifestent le plus le charisme de la charité. Nous n'aurons plus des prêtres parachutés pour dire des messes, mais des ministres qui rendront grâce avec et par leur communauté[23]. Ce serviteur ne doit jouir d'aucun privilège si ce n'est de partager lui aussi la condition humaine comme tout baptisé. Ainsi, au sein de sa communauté, partageant les joies et les douleurs, les victoires comme les échecs, il témoignera que l'amour pour le Christ et pour son Église passe par l'amour de ses frères. Son seul privilège étant de servir et non d'être servi.

Le document d'Aparecida, tant cité, invite toute l'Église d'Amérique latine à se mettre en état de mission et propose de repenser le modèle paroissial en créant un réseau de petites communautés. Proposition reprise par la dernière assemblée des évêques du Brésil en avril 2015[24]. Ne serait-ce pas le chemin le plus sûr pour revenir à la pratique des CEBs revue et corrigée ?.

Quelle Mission ?

Si nous parlons de l'urgence de la Mission, c'est que nous nous sommes enfin rendu compte que le peuple avait été baptisé, mais pas évangélisé ! Faisons un saut dans l'histoire, le détour est éclairant.

---

21. Quand Rome condamnait les prêtres-ouvriers, des théologiens comme les pères Congar et Chenu les défendaient. Ils seront eux aussi suspectés par Rome, puis deviendront experts au Concile ! La même histoire se répétera à propos de la théologie de la libération. Le prêtre-ouvrier était pourtant plus proche du modèle du Christ que le prêtre dans son état de clerc !

22. Le pape François, dans son homélie aux nouveaux cardinaux : « La totale disponibilité pour servir les autres est notre signe distinctif, notre unique titre d'honneur… Je vous exhorte à servir l'Église, de façon que les chrétiens — édifiés par notre témoignage — ne soient pas tentés d'être avec Jésus sans vouloir être avec les exclus, s'isolant dans une caste qui n'a rien d'authentiquement ecclésial. Je vous exhorte à servir Jésus crucifié en toute personne exclue, pour quelque motif que ce soit. » (15 février 2015)

23. Cf : Albert Rouet, *Prêtres, sortir du modèle unique*, Médiapaul, 2015. Et Dom Fritz Lobinger, *Altar vazio. As comunidades podem pedir a ordenação de ministros próprios ?* : très bonne étude d'un évêque d'Afrique du Sud sur la possibilité d'ordination de membres de la communauté (titre original : *Every community its own ordained leaders*).

24. Dernière conférence du CELAM en 2007 au Brésil.

L'historien Paul Veyne, spécialiste de l'époque constantinienne, a fait une analyse percutante que nous reprenons. Au IVe siècle, l'Église changea subitement de structure, passant de la *domus*, du modèle familial romain, à l'assemblée des grandes masses, transformant parfois le temple païen en église.

Ce qui nous intéresse ici c'est de savoir ce qu'il est resté de la religion après cette mutation. Désormais, on naît chrétien comme on naissait païen. Alors, qu'a fait le peuple de la religion qu'on lui donnait ? Selon Paul Veyne[25] :

> Il en a fait une religion un peu paganisée où l'on accourrait vers de saints personnages charismatiques, où l'on allait en pèlerinage au tombeau des martyrs, où le contact de reliques guérissait, où se multipliait le nombre des saints populaires, où certaines images étaient vénérées, où l'on faisait des processions en cas de sécheresse, où l'on célébrait les Rogations, ces lustrations sans sacrifice, et où on demandait au Ciel un succès ou une guérison [...].

L'évolution de la prière montre cette paganisation. Un vrai chrétien prie Dieu pour l'aimer, le glorifier, le remercier de tout, implorer sa grâce ou son pardon, lui demander d'être affermi dans la foi, lui dire que sa volonté soit faite [...]. Mais, après le IVe siècle, des chrétiens se sont mis aussi à demander à Dieu ce que les païens demandaient à leurs dieux : prospérité, guérison, heureux voyage etc. [...].

Voilà le constat d'un historien. Ce qu'il décrit ici pourrait trouver des ressemblances avec certaines manifestations religieuses rencontrées au Brésil. De là à dire que les Brésiliens n'ont pas la foi, il y a une marge. En 1997, j'avais intitulé une étude : « *La foi ou l'inutilité de Dieu*[26] ». Je m'élevais contre l'attitude qui consistait à croire que Dieu était celui qui pouvait résoudre tous nos problèmes. J'expliquais qu'il se situait au-delà de nos besoins. Il fallait le rencontrer dans la pure gratuité, dépouillé de toutes prétentions à le séduire pour qu'il fasse toutes nos volontés ! Ce Dieu ne pouvait être celui des chrétiens. Dieu se révèle en vérité lorsqu'on n'a plus rien à lui demander, si ce n'est que sa volonté soit faite. Ainsi Jésus à l'heure de l'agonie :

> « Abba ! Tout est possible : éloigne de moi cette coupe ; pourtant, pas ce que je veux, mais ce que tu veux ! » (Mc 14, 36).

---

25. Paul Veyne, *Quand notre monde est devenu chrétien*, Albin Michel, Livre de Poche, 2007, pp 172-175.

26. Mon analyse devait beaucoup au théologien Dietrich Bonhoeffer qui me marqua dès mon séminaire.

Voilà pour le tout et le trop religieux. Il y a son contraire, telle la dernière ville où j'ai habité, Maiobão, qui était l'exemple d'une ville païenne, avec ses rites et ses croyances. Plus que de paganisme, peut-être, il s'agissait d'une société déstructurée. J'ai écrit un jour, au grand étonnement de certains, que le Brésil était un pays païen et que, dans quelques années, la communauté catholique y serait minoritaire[27]. Ce qui maintient les masses de fidèles, c'est justement ce que Veyne appelle les éléments extra-religieux et qui sont les fondements de la religiosité populaire. Enlevons les pèlerinages, les fêtes patronales, les dévotions de toutes sortes, propres aux catholiques, et il ne reste qu'une minorité ! Certains évangéliques n'ont pas fait mieux. Tout en dénonçant l'idolâtrie des catholiques, ils ont transformé leurs cultes en véritables incantations païennes au cours desquelles sont demandés la santé, la prospérité, le succès, sans parler des sessions de miracles et des offrandes obligatoires pour obtenir les bonnes grâces de Dieu ! La Bible, ainsi instrumentalisée, n'est qu'un subterfuge qui devient la baguette magique du nouveau fétichiste ou sorcier !

Alors, seul un retour aux petites communautés qui partagent la Parole en relisant le quotidien de leur vie et qui n'attendent pas de miracle du Ciel pour changer leur situation, pourra faire œuvre d'évangélisation. Les mouvements de masses ou les manifestations évangéliques jouent trop sur une émotion collective qui donne l'illusion du contact avec la divinité, d'un Jésus omniprésent qui se reconstruit à la faveur de nos désirs et de nos frustrations. La religion n'est authentique que lorsqu'elle libère de l'oppression de toute sorte et devient le moteur de la solidarité et de la liberté. Une foi qui ne conduit pas à l'amour du pauvre, comme le répète sans cesse François, notre pape, peut mener à l'hypocrisie tant dénoncée par Jésus[28].

Lorsque j'étais professeur, j'avais un élève religieux que je trouvais étrange. Habillé d'une bure grossière, il faisait partie de cette nouvelle fondation : *Fraternité des pauvres de Jésus-Christ*. Je le prenais pour un illuminé. Dans leur communauté, hommes et femmes vivaient d'aumônes et passaient leur temps avec les marginaux qu'ils essayaient de réconforter. Bref, quelle ne fut pas ma surprise de le revoir dans un reportage. Il était avec le cardinal de Rio sous un pont, entouré de jeunes drogués et

---

27. Je ne fais que reprendre les études du père Joseph Comblin, théologien belge qui vécut dans le Nordeste brésilien.

28. Pape François : « Ce n'est pas l'extérieur qui sauve, les vêtements, les croix, le voile etc… mais la bonté du cœur, l'amour. Quand on apprend à faire le bien, Dieu pardonne généralement tout péché. Ce qu'il ne pardonne pas c'est l'hypocrisie, se donner un faux air de sainteté. Fais le bien à tous, spécialement aux exclus, aux pauvres, aux infirmes, aux enfants… ».

marginaux. Ils avaient choisi un jour de la Semaine sainte pour aller vers les exclus ! Le souffle de François faisait des disciples. Le cardinal Tempesta assis au milieu de ces jeunes, quel spectacle insolite mais quel signe des nouveaux temps !

J'ai repris contact avec Anderson, qui devait être ordonné prêtre à la fin de l'année 2015. Il ne montera pas sur un socle pour vivre séparé des autres, il a trouvé les chemins d'humanité. Étrange oui, courageux et cohérent encore plus.

Chers amis lecteurs et lectrices qui m'avez suivi jusqu'au bout, ma conviction est que le prêtre serviteur existe, et qu'il dépend de nous de l'exiger. Il est reconnaissable à ce qu'il s'est revêtu des vêtements du Christ qui se tient au milieu de nous comme celui qui sert (Lc 22, 27).

En terminant, je revois mes amis prêtres : Joseph, Auguste, Benoît, Oscar, Alirio, Jean… Quels serviteurs ! Et puis il y a cette foule immense, Chiquinha en tête, qui témoigne d'une foi exemplaire, d'une *Église Famille de Dieu* ! Une bonne nouvelle ! Paul est revenu à Rome, sous la fonction de Pierre et il a simplement pris le nom de François. Les nations pourront entendre la Bonne Nouvelle. L'évêque de Rome a rejoint son Peuple. S'il a laissé le socle sur lequel il pouvait s'élever, pourquoi ses disciples n'en feraient-ils pas autant ? L'Esprit se joue de nos plans !

10

Relecture théologique et pastorale

« Puisse tout le peuple de Yahvé être prophète,
Yahvé leur donnant son Esprit ». (Nb 11, 29b)

J'ai déjà évoqué la fonction sacerdotale et ses implications sur l'exercice des ministères, je voudrais maintenant dans cette relecture théologique la situer à partir de la notion du *Peuple de Dieu* telle que je l'ai expérimentée dans mon apostolat.

> Le Pape ne se trouve pas, tout seul, au-dessus de l'Église, mais en elle comme baptisé parmi les baptisés et dans le Collège épiscopal comme évêque parmi les évêques, appelé en même temps – comme successeur de l'apôtre Pierre – à guider l'Église de Rome qui préside dans l'amour toutes les Églises.

Déclaration non d'un théologien révolutionnaire, mais du pape François[6]. Encouragé donc par cette exhortation qui vient de Rome, j'aborde donc la réception de la notion de « Peuple de Dieu » à partir de trois approches qui nous invitent à repenser la fonction ministérielle dans l'Église.

La première, la plus courte, que le lecteur ne se décourage pas, en présentera les fondements bibliques.

Puis sur la base de deux expériences, j'analyserai les avancées et les espérances pastorales que la notion de *Peuple de Dieu* a permises. Il y eut et il y a encore des résistances. Quelles en sont les raisons ecclésiologiques ? Peut-on imaginer un autre modèle d'Église comme le propose si bien Ghislain Lafont[2].

---

1. Discours du 17 octobre 2015 pour l'anniversaire des cinquante ans du Concile Vatican II.

2. Ghislain Lafont, *Imaginer l'Église catholique,* cerf, Paris, 2000. Voir aussi Jean Rigal, *Je crois autrement*, Karthala, 2014.

Oui, et ce sera la troisième partie. Un retour aux origines de l'Église nous permettra de comprendre qu'il n'existe pas de modèle défini. La structure actuelle est le fruit d'adaptations aux diverses époques et crises qu'a connues l'Église. Se figer dans une structure ne peut que nous éloigner de la mission à laquelle le Christ envoya ses disciples. François nous le rappelle, notre Église est en chemin. À l'exemple des disciples d'Emmaüs, le Christ nous rejoint dans nos vies et ne se révèle qu'après un long temps d'écoute. Bonne traversée !

Une Église « Peuple de Dieu »

Quelles sources ?

Pour comprendre l'importance de cette expression, nous commencerons par analyser rapidement une des sources bibliques qui inspira *Lumen Gentium.* Elle se trouve dans 1 Pierre 2, 7-10 que nous comparons avec la Lettre aux Éphésiens, magistrale méditation sur le mystère de l'union du Christ à son Église dont il est à la fois la tête du corps, la pierre angulaire et l'époux !

La première lettre de Pierre présente, d'un côté, les incrédules qui trébuchent sur la « pierre qu'ont rejetée les bâtisseurs et qui est devenue la pierre d'angle », et de l'autre les croyants qui, ayant cru à la Parole, sont désormais définis comme le peuple de Dieu : « Vous qui n'étiez pas un peuple et qui êtes maintenant (λαὸς θεου) le Peuple de Dieu… ».

Cette affirmation, qui définit le statut du croyant, du juif et du païen peut être rapprochée de l'argumentation dans Ép 2, 19 : « Vous n'êtes plus des étrangers ni des hôtes ; vous êtes concitoyens des saints, vous êtes de la famille de Dieu »[3].

Une simple lecture permet de constater une différence de taille. Dans la première de Pierre 2, 9-10, les croyants sont devenus : le « Peuple de Dieu », alors que pour l'auteur de la lettre aux Éphésiens, les croyants, juifs et païens que le Christ a rassemblés en un seul Corps, par la Croix (Ep 2, 16) sont qualifiés de « famille de Dieu » (Ep 2, 19).

Les versets de Pierre jouent sur l'opposition entre « non-peuple » et « peuple », alors que la lettre aux Éphésiens part de la condition de « l'étranger », le païen, qui devient par l'action du Christ « membre de la famille de Dieu ». Les païens « qui étaient loin » sont devenus proches,

3. Version retenue par la TOB « famille de Dieu » (οἰκεῖοι τοῦ θεου*)*.

membres du même Corps… (Ep 2, 16). Cette différence s'explique par le contexte et les destinataires qui sont ici concernés.

Dans les deux cas, l'Église naît de l'initiative de Dieu « (Celui) qui nous a appelés des ténèbres à son admirable lumière » (1 P 1, 9b). Ce verset peut se lire en écho de l'acte créateur de Dieu qui se répercute sur l'évènement de la Pâque, scellant ainsi la naissance du « Peuple de Dieu » par la libération de l'esclavage de l'Égypte. Ce « non-peuple », en raison de sa situation d'esclave, est libéré afin qu'il puisse « servir Dieu »[4] et devenir son peuple, ce que scellera l'Alliance au Sinaï. C'est seulement au moment choisi par Dieu que le Christ viendra accomplir la Pâque en plénitude, en nous faisant « passer des ténèbres à son admirable lumière », inaugurant la construction de l'édifice spirituel en l'Église « qui a pour fondation les apôtres et prophètes, et pour pierre d'angle le Christ Jésus lui-même » (Ep 2, 20).

Le choix de *Lumen Gentium* : avantages et inconvénients

Alors que *Lumen Gentium* cite abondamment la lettre aux Éphésiens, c'est pourtant l'image du « peuple » qui a été retenue, même si, plusieurs fois, Vatican II reprend l'image de la « famille » ou l'expression « famille de Dieu » pour décrire l'Église comme nous le verrons[5]. Ce choix présente des avantages insoupçonnés pour la mise en pratique pastorale. Même si des ambiguïtés peuvent exister, comme le soulignent théologiens et exégètes, nous sommes invités à en développer toutes les conséquences théologiques. Il faut exclure, bien sûr, l'interprétation qui a souvent conduit à l'hypothèse de la substitution du « peuple élu », par l'Église, celle-ci venant à son tour remplacer l'Israël qui a failli[6]. Le Concile a rompu avec des siècles de malentendus par la déclaration *Nostra Aetate* qui traite des relations avec les religions non chrétiennes et le judaïsme en particulier. Saint Paul nous avait déjà apporté l'éclairage nécessaire sur le mystère d'Israël en Ro 9 à 11. Le problème d'Israël sera

4. « Le Seigneur dit à Moïse : "Entre chez le Pharaon et dis-lui: Ainsi parle le SEIGNEUR : Laisse partir mon peuple pour qu'il me serve" » (Ex 7, 26). Ce verset revient comme un refrain en Ex 8, 16 ; 9, 1 ; 9, 13 ; 10, 3.

5. Au chapitre premier, § 6, *Lumen Gentium* passe en revue les différentes images de l'Église. C'est au chapitre II qu'il justifie son choix pour l'Église « Peuple de Dieu ».

6. L'Église nouvel Israël ? C'est Saint Justin qui serait l'auteur de cette expression malheureuse. Nous connaissons les conséquences désastreuses d'une telle interprétation. Pourtant Paul, Luc et Matthieu ne pensent pas ainsi. Pour eux, l'Église incorpore juifs et païens sauvés par leur foi en Jésus-Christ.

résolu à la fin des temps. Il n'en reste pas moins que la notion de peuple peut conduire parfois à quelques interprétations plus socio-politiques que théologiques[7].

Le Concile a donc ouvert des perspectives nouvelles que nous nous devons de faire fructifier. Ayant renoncé à se définir comme une société parfaite, hiérarchisée, tant sacralisée qu'elle en paraissait vivre hors du monde, quoique bien impliquée dans les régimes qu'elle consacrait, l'Église, en embrassant le concept de « Peuple de Dieu », a rejoint les chemins de l'histoire du monde, partageant les douleurs et les joies de l'humanité. Elle redevient, comme le rappelle Vatican II, le « sacrement universel du salut »[8], non pour être séparée du monde mais bien parce qu'elle vit au cœur du monde. Ce qui fait sa visibilité n'est pas tant sa différence ou sa distance par rapport au monde que sa capacité à partager la condition humaine en toutes ses conséquences, à l'exemple de son Maître et Seigneur.

Le concept « Peuple de Dieu » : entre ruptures et continuité

La notion de « Peuple de Dieu » a favorisé le développement des communautés ecclésiales tant en milieu urbain que rural. Pourquoi alors cet élan si prometteur s'est-il essoufflé quand il n'a pas disparu tout simplement après avoir connu une expansion sans précédent ? Quelles craintes théologiques ou pastorales ont déterminé une autre orientation ? Deux modèles d'Église doivent-ils coexister ? Nous exposerons deux expériences significatives qui nous permettront de mieux cerner les raisons de ce blocage.

Les CEBs comme application du concept « Peuple de Dieu »

Nous avons amplement décrit l'expérience des communautés de base. Rappelons-en trois caractéristiques essentielles qui en font d'authentiques cellules d'Église :

---

7. Certains théologiens de la libération ont parfois accentué la notion de peuple en tant que catégorie sociale en laissant penser qu'il fallait comprendre l'Église comme le « peuple des pauvres » qui marche vers sa libération. Ce malentendu a sa source dans le sens que l'on donne au mot « povo » ou « pueblo » en Amérique latine et qui désigne la majorité des classes défavorisées. Les classes aisées ne s'identifiant jamais avec le peuple. Yves Congar, très proche de ses frères dominicains d'Amérique latine, avait déjà attiré l'attention contre une interprétation trop politique, dans *Concilium* 1/1, 1965. Rappelons que la théologie de la libération eut sa consécration en 1968 à Medellin.

8. *Lumen Gentium* n° 48.

– *La célébration de la présence du Christ ressuscité* : L'assemblée dominicale rassemble, dans une même foi, la communauté autour de l'écoute de la Parole, précédée souvent d'une rencontre biblique au cours de la semaine. Elle est un temps fort d'enseignement, d'action de grâce et d'échanges fraternels. La liturgie utilise les éléments culturels locaux qui symbolisent la foi des humbles en s'inspirant des expressions de la religiosité populaire. Elle permet la participation de tous. C'est aussi le lieu et le moment où chacun fait l'expérience d'appartenir à la famille de Jésus. Les liens qui sont tissés désormais dans la communauté sont ceux définis par Jésus quand il déclare : « Voici ma mère et mes frères. Quiconque fait la volonté de Dieu, celui-là m'est un frère et une sœur et une mère » (Mc 3, 34-35). Avec Jésus, nous passons de la famille définie et limitée aux liens du sang, à la famille qui rassemble tous ceux qui écoutent sa Parole[9].

– *La solidarité,* c'est le souci des plus pauvres. Dans la communauté tous sont égaux et frères dans le Christ. En conséquence, nul ne peut être abandonné. Ce choix s'inspire de : « Il n'y aura pas de pauvres parmi vous » (Dt 15, 16-11), idéal de la communauté que l'on retrouve en Ac 2, 42. Le chrétien ne s'accommode pas du monde dans son état présent[10]et n'accepte pas que ses frères souffrent de l'injustice. Ainsi, la solidarité unit la communauté à tous ceux qui luttent pour l'accès à l'éducation, à la santé, à la sécurité, au logement et aussi le droit à la terre[11]. La communauté n'est jamais un groupe fermé qui ne subvient qu'aux seuls membres du groupe[12]. Elle ne cherche pas les privilèges, elle revendique les mêmes droits pour tous.

– Les CEBs sont des « églises domestiques » qui s'autogèrent tout en gardant le lien avec l'ensemble des autres communautés. Les fréquentes rencontres de formation renforcent la cohésion et l'esprit d'appartenance à une même Église. Les responsabilités sont assumées par des hommes ou des femmes, indistinctement choisis par les membres de la communauté pour un mandat déterminé. Sur les longues distances que je devais couvrir sur la Transamazonienne, les CEBs étaient le seul moyen de maintenir la présence de l'Église en la faisant vivre par le propre dynamisme que se donnait la communauté. Elles étaient aussi des lieux de

9. Cf. Luc 11, 27-28.

10. Rm 12, 2 : « Ne vous modelez pas sur le monde présent ».

11. Le pape François rappelle le droit aux trois T « Toit, Travail, Terre ». Discours aux Mouvements populaires en Bolivie, le 09. 07. 2015.

12. Notons qu'en raison de cette sensibilité pour un monde meilleur, les communautés de base s'unissent aux luttes pour la préservation de la planète. Combien de martyrs dans le combat contre la dévastation de la forêt ou contre la pollution des fleuves ! La diversité de la faune et de la flore disparaissent, atteignant de plein fouet les populations riveraines et les peuples indigènes qui vivent de la forêt.

ralliement pour les anniversaires ou autres fêtes qui rythmaient le cycle de l'année.

Cette expérience ne fut pas l'apanage de l'Amérique latine. En Afrique, bien que peu nombreuses, des expériences semblables furent faites, inspirées par la même intuition que permettait une Église « Peuple de Dieu ».

Un exemple : Le Mozambique

Le père José Luzia Gonzalves[13] a fait dans un article une rétrospective de ses quarante ans de ministère au Mozambique. Il relate qu'après la guerre de libération contre le Portugal, le pays subit un régime marxiste qui força l'Église locale à une véritable conversion. En septembre 1977, elle se concrétisa par une première Assemblée nationale de pastorale. Les participants y déclaraient :

> Dégagés d'une Église triomphaliste, en vue d'une Église dépouillée et pauvre, soucieuse de son renouveau interne, nous avons conscience d'être en marche vers une Église de base et de communion, une Église-famille[14] aux services réciproques librement offerts, une Église au cœur du peuple qui se l'approprie, insérée dans les réalités humaines et ferment de la société.

À la suite de quoi, les participants prenaient l'engagement solennel de développer les petites communautés pour favoriser la responsabilité de tout le « Peuple de Dieu » à l'édification de l'Église locale[15].

L'auteur de l'article souligne que :

> Les concepts de base qui ont présidé, il y a quarante ans, à la genèse des Petites Communautés Chrétiennes (PCC) ministérielles subsistent jusqu'à aujourd'hui dans tous les diocèses.

Et il fait une remarque significative qui rejoint notre diagnostic :

> Malgré l'accroissement du nombre de prêtres diocésains au cours de ces quarante années d'indépendance, leur insuffisance numérique continue d'être un avantage.

Ce qui est jugé négatif, offre, de son point de vue, un avantage en freinant la tendance au cléricalisme, tentation surtout chez les jeunes prêtres, peu sensibles à une pastorale de coresponsabilité. Les animateurs, simples

---

13. Article de José Luzia Gonzalves, revue *Spiritus* n° 220, septembre 2015, p. 309.

14. C'est en Afrique que sera reprise la conception de l'« Église famille », richesse de la culture et pratique africaines.

15. José Luzia Gonzalves, *op. cit.*, p. 309.

baptisés, peuvent alors exercer leur responsabilité sans être considérés comme des « auxiliaires » du prêtre.

Son témoignage ressemble à ce que j'ai vécu avec les pères Oscar et Alirio. Il poursuit :

> Personnellement, je continue à être attentif à pratiquer ce que j'appelle la « pédagogie de l'absence », stimulant le sens de la responsabilité et de la créativité chez les animateurs locaux. En outre, même quand je suis présent, je m'oblige à respecter la présidence des anciens lors de la célébration de la Parole, leur faisant sentir qu'ils sont, de droit baptismal et non par suppléance, ministres de l'Église. En mes quarante années de ministère presbytéral, j'ai toujours appris à ne pas être le prêtre qui fait tout[16].

Ceux qui font authentiquement l'expérience d'une Église « Peuple de Dieu » se retrouvent au sein d'une ecclésiologie commune. Dans son dernier livre, Albert Rouet, après avoir dénoncé un clergé qui règne sans partage, alerte :

> Le pouvoir ne saurait s'exercer comme s'impose le sacré. Il n'est plus tenable de maintenir les laïcs en sujétion, admis à ne donner qu'une aide. Le baptême fait d'un homme un fils de Dieu, prêtre, prophète et roi. Il devient urgent quand le sacré ne bouche plus la vue, d'organiser la vie de l'Église en fidélité à cette foi baptismale[17].

La conclusion de José Luzia Gonzalves rejoint le souhait d'Albert Rouet :

> Le concept de territorialité paroissiale[18], avec la fonction correspondante de clerc-curé pour en assurer la direction, a estompé le rôle de protagoniste de la communauté dans la genèse des ministères. En outre, les jeunes prêtres qui n'ont pas vécu les vicissitudes de l'époque de l'indépendance[19] ne peuvent apprécier l'originalité pastorale de ces temps-là, n'ayant pas grandi, comme moi, avec les communautés naissantes. C'est ainsi qu'ils ont tendance à être des « chefs » paroissiaux plutôt que des « animateurs » intégrés à la vie du troupeau[20].

---

16. *Ibid.*, p. 311.

17. Albert Rouet (archevêque émérite de Poitiers), *Prêtres, sortir du modèle unique*, Médiaspaul. Recension dans *La Croix* du 21 mai 2015.

18. Relire le chapitre IV sur mon arrivée sur la Transamazonienne. Les pères Oscar et Alirio refusaient le concept de territorialité. Nous devions travailler ensemble pour les quelques 300 communautés.

19. On pourrait dire : les jeunes prêtres brésiliens qui n'ont pas connu le temps de la répression militaire, époque florissante d'une Église prophétique !

20. José Luzia Gonzalves, revue *Spiritus*, n° 220, septembre 2015.

Plus le rôle unique du prêtre est mis en valeur, plus la mission qui incombe aux laïcs est reléguée à une fonction secondaire et sans valeur. J'ai toujours été surpris de la dichotomie entre, d'une part, une pastorale qui prônait le développement des CEBs et, de l'autre, une pastorale qui laissait supposer que l'Église ne pouvait se passer de prêtres. Ainsi, les ministères confiés aux laïcs n'étaient qu'une suppléance dans l'attente de combler le manque de prêtres. Albert Rouet met le doigt sur ce danger quand il écrit encore :

> En produisant une image absolutisé du prêtre, indépendante des circonstances de temps et de lieu, est imposé un modèle général qui efface la diversité des ministères possibles ainsi que l'éventualité d'en créer de nouveaux[21].

Il est donc clair que le concept de « Peuple de Dieu », en favorisant la naissance des CEBs, nous fait passer d'un modèle clérical à une Église qui appelle tous les baptisés à construire le Corps du Christ. Or, ce modèle rencontre des résistances, il ne peut se développer si le curé conserve tous les droits de « *lier et de délier* » comme bon lui semble. Penchons-nous maintenant sur un autre obstacle et non des moindres.

La femme dans l'Église : problème ou solution ?

Un autre aspect, et non des moindres, concerne le rôle que doivent avoir les femmes dans l'Église. Nous ne pourrons éluder encore longtemps cette question sans courir le risque de nous enfermer dans un conservatisme désuet. Au départ, les premières communautés se sont structurées en prenant modèle sur la synagogue et la maison romaine. Or, dans ces sociétés, la femme n'existait que soumise à l'homme, d'abord au père puis à l'époux et il était donc difficile d'imaginer qu'elle puisse accéder à des postes de responsabilités. Le « Il n'y a plus ni homme ni femme » de Paul en Galates 3, 28 a été vite relégué au rang des déclarations utopiques, afin qu'il ne soit point traduit par des applications concrètes. L'ambiance culturelle lui a préféré un conseil domestique[22] qui n'était valable que pour une communauté déterminée et n'avait en aucun cas valeur de loi universelle. Les pseudos arguments théologiques, puisés dans les lois du Lévitique et renforcés parfois par une mauvaise interprétation de Paul[23], n'ont pas manqué. C'est malheureusement influencée par ces interprétations erronées

21. La Croix du 21 mai 2015.

22. Dans *L'Évangile sauvera l'Église* p. 40-42, Joseph Moingt écrit : « Il est intéressant de remarquer que, dans la toute première prédication apostolique, on reconnaissait aux femmes le droit de parler », si bien que dans la première lettre à Timothée qui date déjà du IIe siècle, on trouve une réaction pour remettre la femme à sa place et lui interdire de parler dans les assemblées (1e Tm 2, 11-15).

que la majorité des fidèles a reçu le message de Paul sur les femmes ! Or nous verrons qu'il n'en fut pas ainsi aux origines de l'Église. Il est très probable qu'en certaines communautés les femmes présidaient le repas et célébrations[24]. Dans ce livre, j'ai longuement décrit certaines figures de femmes exceptionnelles[25]. Là encore le choix d'une Église « Peuple de Dieu » leur permettait d'assumer des responsabilités importantes et de participer pleinement à l'édification du Corps du Christ. Par l'expérience des Communautés de base, celles-ci retrouvaient la place qu'occupaient leurs lointaines sœurs dans les premières communautés chrétiennes dont fait mention Alexandre Faivre[26] dans son étude des premiers siècles que nous reprenons : Dans un paragraphe intitulé : « Diacre et ministres : Tabita, Phaebé, Lydie et tant d'autres... », il note :

> Ces situations varient énormément selon les régions, les milieux et les positions sociales. Sans doute les femmes étaient plus libres à Corinthe qu'en Palestine… C'est parce que leur situation sociale et familiale s'y prêtait le mieux que les femmes riches se distinguèrent particulièrement, en offrant l'hospitalité aux communautés. Nous avons vu Priscille à Éphèse et à Rome. Il y a dans les Actes, Marie, mère de Jean, surnommé Marc, qui réunissait une assemblée. C'est aussi, à Philippes, le cas de Lydie, marchande de pourpre. Parfois, les maîtresses de maison se spécialisent dans la gestion économique et caritative, comme à Joppé où Tabitha est qualifiée de disciple (mathétria), riche des bonnes œuvres et des aumônes qu'elle faisait (Ac 9, 36-42).

Et Alexandre Faivre souligne :

> Ces services rendus par les femmes ne sont pas de second ordre[27].

---

23. En écrivant: « Que les femmes se taisent dans les assemblées… qu'elles se tiennent dans la soumission, selon que la Loi même le dit » (1e Co 14, 34), Paul serait-il revenu à la Loi ? Nous en doutons fort. Ce passage est certainement un ajout repris plus tard de 1e Tm 2, 11-15.

24. *Ibid.* p. 41. Le repas du Seigneur ancêtre de nos eucharisties.

25. Cf. le chapitre II dans lequel se détachent Florentine et Dona Didi par exemple.

26. Alexandre Faivre, *Chrétiens et Églises des identités en construction*, Paris, Cerf Histoire, 2011.

27. Pour plus d'informations : « Paul nous présente le ministère de Phoebé, "diacre" dans le port de Corinthe, en termes élogieux : "Je vous recommande Phoebé, notre chère diakonos (ministre) de l'Église de Cenchrée ; Offrez-lui dans le Seigneur un accueil digne des saints… Aussi bien fut-elle prostatis (protectrice/ présidente) pour nombre de chrétiens et pour moi-même" (Rm 16, 1-2). Le ministère de Phoebé n'a rien de subalterne et ne saurait se comparer au diaconat (encore moins aux diaconesses) que l'on connaîtra au IIIe siècle. Phoebé est appelée "diakonos" dans un contexte où le Christ est présenté comme diacre des circoncis à l'honneur de la véracité divine (Rm 15, 8). Phoebé est "diakonos" de l'Église de Cenchrée, comme Paul et Apollos sont *diakonoi* de celle de Corinthe, c'est-à-dire ministres principaux et fondateurs (1e Co 3, 5), coopérateurs (*sunergoï*) de Dieu qui seul donne la croissance ». *Ibid.*, pp. 36-37.

Les CEBs, une chance pour redécouvrir la fonction de la femme dans l'Église

Après cette époque fondatrice qui vit la naissance des premières *ecclésiœ* chrétiennes, les femmes durent, peu à peu, se conformer aux mœurs du temps et accepter leur condition de subalterne dans une société marquée par la culture gréco-romaine. L'exemplarité des communautés s'estompa avec le temps et la condition de la femme ressemblait à celle que connut Ève à sa sortie du paradis : « et ton homme te dominera » (Gn 3, 16b). L'état de domination de la femme est toujours le résultat d'un refus du plan de Dieu. Aussi dans une société qui avait embrassé en masse la religion chrétienne sans trop en connaître ses exigences, la Tradition chrétienne s'inspirait de l'idéal des vierges et martyres des premiers temps de l'Église. La voie de sainteté se présenta, au cours des âges, à travers un idéal d'humilité et de soumission à la sainte Mère l'Église à l'exemple de Marie, l'humble servante. Il aura fallu attendre le concile Vatican II pour qu'une nouvelle compréhension du rôle des laïcs suscite au sein des CEBs l'émergence de nouveaux ministères, assumés sans distinction par des hommes ou des femmes[28]. Beaucoup, parmi elles, ont trouvé leur place comme ministre de la Parole ou de l'eucharistie, remplissant des fonctions importantes dans la transmission de la foi telles la catéchèse ou l'animation de groupes bibliques. Leur présence s'est avérée indispensable dans la vie des communautés qui souvent n'ont survécu que grâce au service de celles-ci[29]. Bien que ni consacrées, ni engagées par des vœux, certaines donnent plus que le surplus de leur temps pour animer les communautés. La tentation seraient d'en faire des diaconesses au service d'un système qui freinerait à tous les niveaux la prise de responsabilité des baptisés. La femme n'a pas à copier l'homme, elle doit assumer sa spécificité de disciple du Christ, à l'exemple de celles que l'on croise dans l'évangile de Luc. Celles-ci sont aimées de Jésus, qui ne les réduit pas au simple service de l'intendance, mais leur reconnaît le droit de choisir la meilleure part qui ne devrait pas leur être enlevée (Lc 10, 42). Elles sont surtout présentes là où les disciples ont parfois disparu ! Silencieuses au pied de la Croix, attentives à la mise au tombeau et témoins de la Résurrection à l'aube de Pâques, plus que d'autres, elles peuvent faire mémoire de la mort du Seigneur et célébrer la présence du

28. Nous n'ignorons pas qu'au cours des siècles, des femmes prirent diverses initiatives dans la Mission de l'Église, ce qui eut pour effet la création d'ordres ou de nouvelles institutions de vie religieuse.

29. 70 % des responsables des CEBs sont des femmes ! Il suffirait que l'Église reconnaisse leur ministère pour résoudre la crise dite des vocations et se délivrer par la même occasion de la tentation du cléricalisme ! Ces avancées dans l'Église ont souvent été une simple officialisation de pratiques populaires. Un bon exemple pour appliquer le *Sensus fidéi*.

« grand absent » jusqu'à ce qu'il vienne ! Combien de femmes, ministres dans leur communauté, accompagnent la souffrance de leurs frères et sœurs, sont présentes à leur dernière heure et animent l'espérance en consolant ceux qui restent. Elles sont l'image vivante de ce peuple de prêtres, de prophètes et de rois : prêtres par leur capacité à se revêtir de la miséricorde du Christ (Mt 9, 13 et He 2, 17), prophètes par leur fidélité exemplaire à vivre au milieu des plus pauvres en annonçant à temps comme à contre temps la Bonne Nouvelle. Quant à leur fonction royale, elle n'est autre que l'art de prendre soin du troupeau afin que nul ne se perde.

C'est par une nouvelle approche de la présence spécifique de la femme que notre ecclésiologie pourra évoluer. Il faut imiter la démarche de Vatican II, qui n'a pas suivi le projet de certains conservateurs partisans d'une déclaration solennelle sur le rôle de Marie. Après amples débats, la décision finale fut de l'intégrer dans le document sur l'Église[30] afin de situer sa place à l'intérieur « du mystère du Christ et de l'Église ». Ainsi devrait-être la démarche pour repenser le rôle de la femme dans l'Église. Le problème n'étant pas la femme, mais les théologiens essentiellement masculins ! En retrouvant sa véritable place, la femme fera bouger toute l'ecclésiologie. Ne sont-elles pas membres du Corps du Christ par le baptême ? L'ignorer serait amputer le Corps du Seigneur. Tant que se maintiendra une idéologie de la crainte de la femme et l'idée perverse d'en faire le symbole de la tentation, il ne sera pas possible de réaliser une Église vraiment « Peuple de Dieu ».

Les CEBs et le rôle des femmes dans les communautés laissent entrevoir un modèle d'Église qui peut se dessiner par une application cohérente et courageuse du concept d'Église « Peuple de Dieu ». Il faut analyser les arguments théologiques qui ont freiné cet élan, à commencer par l'Amérique latine.

Une Église Peuple de Dieu est-elle possible ?

Lumen Gentium déclare :

> Il n'y a qu'un peuple de Dieu choisi par lui… Commune est la dignité des membres du fait de leur régénération dans le Christ ; commune la grâce de l'adoption filiale… Il n'y a donc dans l'Église aucune inégalité qui viendrait de la race ou de la nation, de la condition sociale ou du sexe,

---

30. *Lumen Gentium* chapitre VIII.

car « il n'y a ni Juifs ni Grecs … ni homme ni femmes, vous n'êtes tous qu'un dans le Christ Jésus » (Ga 3, 28)[31].

Et voilà le Concile qui redécouvre saint Paul et l'utilise pour argumenter ce qu'il achève d'affirmer : il n'y a qu'un « Peuple de Dieu ». La conférence du CELAM à Medellin avait reçu Vatican II non comme un point d'arrivée, après des années de recherches pastorales et théologiques comme ce fut le cas en Europe de l'Ouest, mais comme une invitation à avancer vers les horizons que dégageait le Concile. L'Église d'Amérique latine devint alors le champ fertile d'expériences au cours desquelles se dessinera un autre visage d'Église. L'exemple qui suit en est l'illustration.

L'expérience prophétique de dom Antônio Fragoso

Dom Antônio Fragoso, évêque de Crateús[32] durant trente-quatre ans dans l'État du Ceará, région du sertão aride du Nordeste, est l'exemple par excellence des conséquences qu'un évêque pouvait tirer du Concile[33]. Il fut de ceux qui, alliant humilité et audace, assumèrent ce que signifiait une Église « Peuple de Dieu ».

Il décrit ses choix pastoraux dans son testament spirituel[64]. Tôt, la JOC lui ouvrit les yeux sur le monde des pauvres et l'initia à la méthode « Voir, Juger, Agir », ce qu'il ne pouvait attendre de ses années de séminaire, même alimentées par une solide formation théologique. Nommé évêque auxiliaire à São-Luis, il accompagnera l'Action catholique spécialisée et fut l'initiateur de la pastorale catéchétique alors en pleine transformation. Jeune évêque, il participa au Concile et, en 1964, il fut nommé évêque de Crateús, où il restera trente-quatre ans. Le Concile marqua profondément sa vie en rénovant sa vision théologique. Témoin de la fin d'une institution pyramidale et centralisée, il s'enthousiasma de voir le retour d'une Église « Communauté de disciples de Jésus », tous fondamentalement égaux, et dans laquelle l'« autorité » redevenait diaconie.

Il ne cache pas que Vatican II eut des difficultés à accueillir la volonté de Jean XXIII pour présenter au monde un nouveau visage d'Église, surtout celui d'une Église des pauvres. Aussi, avec quelques autres frères évêques, il s'inspira de la spiritualité de Charles de Foucault. De retour à Crateús, il mit aussitôt en chantier les conclusions du Concile pour éviter qu'il ne se transforme en vœux pieux.

Le défi était d'articuler la communion avec l'audace prophétique. Le diocèse étant situé en plein sertão du Nordeste, il fallait assumer la

31. *Lumen Gentium*, chapitre, V, § 32.
32. De 1964 à 1998.
33. Il participa à toutes les sessions du Concile de 1962 à 1965

« réalité rurale » et donner la priorité à l'annonce de la Bonne Nouvelle aux pauvres. L'oligarchie locale perdant son influence séculaire sur l'Église ne pouvait que se plaindre et résister aux réformes entreprises.

La feuille de route définie, vinrent les applications concrètes. En voici quelques exemples :

1. En accord avec la vision d'une Église « communauté de frères », les décisions pastorales étaient débattues longuement avec les laïcs, les religieux et les prêtres jusqu'au consensus, l'évêque n'ayant qu'une voix à l'heure du choix.

2. Désirant devenir une communauté de disciples, sans signe de pouvoir comme Jésus, le diocèse renonça à avoir des œuvres comme collèges, écoles, radio, hôpital.

3. Très pauvre, — après avoir expérimenté durant dix ans de vivre en demandant l'aide aux agences bienfaitrices, catholiques ou gouvernementales —, le diocèse décida de s'en passer. L'idée était « qu'un homme et une femme grandissent quand ils donnent d'eux-mêmes et non quand ils tendent la main pour recevoir ».

4. Le cœur d'un diocèse ne pouvant prétendre être le séminaire, décision fut prise de ne plus en avoir, la priorité étant donnée à la formation des ministres et l'éducation de la foi des communautés. Des communautés vivantes naîtront des vocations que l'Esprit suscitera.

Dom Fragoso note que :

> Beaucoup de chrétiens demandaient des moments de « spiritualité », de « nourriture pour la foi », des émotions dans la liturgie, mais ils n'acceptaient pas que la foi pousse les chrétiens pour un combat en faveur de la justice, pour une pratique de transformation radicale.

Sa préoccupation était que les chrétiens aient deux jambes saines et articulées : celle de l'expérience de Dieu et celle du combat pour la justice. Ce choix amena des tensions et des départs douloureux. Il conclut dans son testament :

> Humblement, à ses trente-quatre ans, l'Église de Crateús reconnaît qu'elle n'en est qu'à ses premiers pas d'expérience en ce qui concerne l'inspiration de Vatican II.

Ce court survol d'une expérience de trente-quatre ans met en relief le déplacement effectué à l'intérieur des communautés. Le prêtre n'étant plus le principal ministre. Le centre d'intérêt s'est déplacé, l'Église vit et

---

34. « *Testament- témoin spirituel* » remis en 1998 au frère Gilvander Moreira, carmélite, professeur de théologie biblique dans le Minas Gérais. Voir : Antônio Fragoso, *Évangile et révolution sociale*, Éd du Cerf.

grandit par le dynamisme de ses communautés et non plus par la présence passagère du pasteur. L'évêque préside et rassemble. Soulignons que la fonction sacerdotale n'est pas éliminée ; elle retrouve, au contraire, sa place première comprise comme service de la communauté.

Peut-on alors rêver à un autre visage d'Église qui soit cohérent avec les fondements donnés par Vatican II ? Comment ne pas réentendre le Pape François, dans une de ses premières déclarations, se lamentant :

> Le concile Vatican II n'a pas encore été appliqué et il y en a qui veulent revenir avant lui !

Ce regard sur l'expérience de Crateús illustre trois décisions audacieuses qui ont rendu effective une Église « Peuple de Dieu » :

– Le choix prioritaire des pauvres qui exige de puiser ses ressources en buvant dans « son propre puits[35] », ce qui conduit à vivre en solidarité avec les pauvres, à lutter avec eux contre la pauvreté, à annoncer l'Évangile à partir d'eux.

– Promouvoir les Communautés ecclésiales de base, pour passer de l'état d'assistés religieux à celui de protagonistes de la mission, en suscitant une efficace répartition des ministères au sein de la communauté.

– Donner aux animateurs la formation indispensable pour faire de tous les baptisés des chrétiens adultes qui assument leur responsabilités.

Utopie ou réalité ?

Une des principales objections à ce modèle est la peur de voir naître une Église populaire qui se passerait du lien indispensable avec la hiérarchie. Il est vrai que certains pourraient craindre une disparition du presbytérat ou une dissolution de son rôle dans les divers ministères assumés par les laïcs. Albert Rouet écrit :

> Cette diversité des ministères et des services, déjà présente dans la primitive Église, ne disqualifie pas le presbytérat, mais le conduit à se situer autrement, plus en créateur de liens fraternels qu'en chef autonome[36].

Et il poursuit :

> La création de nouveaux ministères demande un autre fonctionnement, avec des règles précises qui reconnaissent des responsabilités différenciées.

35. Selon l'expression de Gustavo Gutierrez, père de la théologie de la libération. Cf. son livre : *La libération par la foi, boire à son propre puits*, Éd. du Cerf, 1985.

36. Dans *Spiritus* n° 220 p. 297, Article d'Albert Rouet. Le seul évêque français qui s'inspira des CEBs et évita le regroupement des paroisses en confiant les communautés aux laïcs.

Tant qu'un prêtre pourra, sans raison suffisante, rejeter à son gré un laïc engagé, le cléricalisme règnera sans limite objective. Cette prudence attend donc la reconnaissance des engagements des baptisés[37]. [Le diagnostic est que] Il y a trop de « curés » et que nous manquons de prêtres.

Retour aux sources pour comprendre le présent

Il n'en fut pas toujours ainsi

L'histoire de l'Église des trois premiers siècles nous fait découvrir comment nous sommes passés de la « communauté de frères » à une organisation qui ne fut pas toujours inspirée par l'idéal des premières communautés. L'Église n'est pas née au concile de Trente (1545-1563), ni même à Vatican II (1962-1965) ; elle est toujours en croissance et seul l'Esprit peut lui indiquer le chemin à suivre, étant *Ecclesia semper reformanda* (L'Église est toujours à réformer).

Pour comprendre comment nous pourrions passer d'une organisation prisonnière de ses habitudes et traditions séculaires à une Église « communauté de baptisés », il faut revenir aux origines. Quelles sont les raisons qui ont amené les simples communautés du premier siècle et d'une partie du deuxième à une structure d'Église de plus en plus hiérarchisée, qui s'est traduite par l'apparition de deux classes distinctes : les clercs et les laïcs ? Quelles sont les facteurs pastoraux, sociaux et théologiques qui ont amené l'Église à se cléricaliser peu à peu et à survaloriser au cours des siècles la fonction sacerdotale au détriment des autres ministères ?

Pour répondre à ces questions nous utiliserons, entre autres, deux travaux parus récemment dont l'approche plus historique[38] analyse cette transformation.

Aux origines

Il semble que les premières communautés ne connaissaient pas la fonction sacerdotale. De fait, Jésus n'était pas prêtre, ni de famille

---

37. Dans le « Décret sur l'apostolat des laïcs, *Apostolicam actuositatem* §3 », nous lisons : « Les laïcs tiennent de leur union même avec le Christ Chef le devoir et le droit d'être apôtres. Insérés qu'ils sont par le baptême dans le Corps mystique du Christ, fortifiés grâce à la confirmation par la puissance du Saint-Esprit, c'est le Seigneur lui-même qui les députe à l'apostolat. S'ils sont consacrés sacerdoce royal et nation sainte (cf. 1 P 2, 4-10) ».

38. Cf. Michel Dujarier, *Église et fraternité, l'ecclésiologie du Christ-Frère aux huit premiers siècles. L'Église s'appelle « Fraternité » (Ier-IIIe siècle)*, Éd. du Cerf, Paris, 2013 : et Alexandre Faivre, *Chrétiens et Églises, des identités en construction*, Éd. du Cerf, Paris, 2011.

sacerdotale[39] et le dernier repas qu'il célébra dans l'ambiance pascale, était un rite familial. Les évangiles le représentent plus sous les traits d'un prophète. Quant aux disciples, ils furent envoyés comme « apôtres » pour annoncer l'Évangile du salut. En conséquence, les assemblées où se réalisait la fraction du pain (Ac 2, 42), au premier et au deuxième siècle, se tenaient dans la maison d'un chrétien ou d'une chrétienne qui disposait des conditions nécessaires pour accueillir la communauté. Et c'était lui, ou elle, qui présidait la réunion au cours de laquelle se déroulait le repas du Seigneur[40]. C'est certainement pour ces raisons que l'apparition du sacerdoce sera tardive dans l'Église primitive. C'est l'épître aux Hébreux, à la fin du Ier siècle qui posera le problème de la fonction du sacerdoce dans la nouvelle économie du salut. Seul le Christ en est le grand prêtre, devenu semblable à ses frères (He 2, 17). Or, lorsque le clergé apparaîtra, tout sera codifié pour que les « clercs » ne soient point semblables aux « laïcs », pourtant leurs frères !

• ***Premières ruptures***

Les épîtres pastorales sont la première manifestation de critères et d'organisation ecclésiale :

> Elles signent, la fin de l'aventure commune des hommes et des femmes à travers les ministères[41]...

... qui avaient surgi dans les communautés paulines par exemple. La rupture se prépare donc.

À la fin du IIIe siècle et au début du IVe, la situation de l'Église change radicalement. La structure de la société romaine, héritage de l'Empire de Constantin, est alors adoptée pour organiser l'Église submergée par l'entrée massive des païens en son sein. Elle sert autant l'Église que l'Empire. Naît ainsi la division territoriale en diocèses avec, à leur tête, un évêque qui souvent remplit aussi une fonction politico-sociale.

L'Église se donne les moyens alors d'affronter le temps et d'occuper l'espace laissé par les religions païennes. Ce qui a pour conséquence, souligne A. Faivre :

> d'avoir pour le politique, une identification claire du groupe au travers de « responsable ».

---

39. Même si le livre de Simon Claude Mimouni, *Jacques le Juste, frère de Jésus de Nazareth,* Bayard, 2015 peut soulever des interrogations.

40. À cette époque, on ne peut encore parler de célébration de l'eucharistie. Cf. Jacques Guillet, *De Jésus aux sacrements*, Cahiers évangile n° 57.

41. Alexandre Faivre, *Ibid.*, p. 41.

L'horizon des premières communautés s'estompe, les chrétiens passent de la maison à l'église qui est souvent un ancien temple païen. La qualité des communautés s'en ressent forcément. « Plus la foule des croyants grossit, plus la foi diminue », écrit Salvien de Marseille[42].

• ***Apparition du mono-épiscopat***

Apparaît comme signe de cette mutation un mono-épiscopat, de caractère « sacerdotal » qui donne naissance à la notion nouvelle de « clerc » avec sa triade ministérielle : évêque, presbytres, diacres[43].

Tout ce qui appartenait aux membres de la communauté exerçant leur fonction ministérielle passe entre les mains du « clergé » qui s'attribue pratiquement toutes les fonctions indispensables à la vie de la communauté. Par voie de conséquence, la liturgie symbolisera le lieu où se concentre le pouvoir revêtu d'un caractère sacré. Selon A. Faivre, « c'est le début d'un processus d'absorption par le culte »[44].

• ***Le schisme pastoral : la division clercs-laïcs***

Cette mutation structurelle de l'Église, provoquera un « schisme pastoral fondamental »[45] en instituant la séparation entre clercs et laïcs dont nous supporterons les conséquences durant des siècles.

> L'unité du laós (peuple) de Dieu cède la place à une société à deux classes. Les ministres de l'Église constituent un état à part, une « Église officielle », les laïcs se retrouvant comme des non-prêtres[46].

C'est ainsi que se crée la distinction entre l'Église ministérielle et le Peuple de Dieu, ce dernier se comprenant comme séparé de la hiérarchie, bien que ce modèle soit en contradiction avec une saine conception de l'Église. Il faudra attendre Vatican II pour remettre en question ce « schisme pastoral ». Nous y reviendrons.

---

42. Cité dans l'article de Paul Michael Zulehner : revue *Spiritus* n° 220, septembre 2015, p. 339.

43. « C'est dans la notice consacrée à la veuve dans la Tradition apostolique (Ouvrage exposant les institutions de l'Église et la liturgie. IIIe siècle) qu'est explicitée, pour la première fois, cette frontière au sein du groupe chrétien : "l'ordination se fait pour les clercs en vue de la leitourgia".. ». Alexandre Faivre, *Ibid.*, p. 45.

44. Et de citer Cyprien dans sa lettre I : « Ceux qui sont engagés dans les devoirs de la cléricature, ne doivent prêter leur ministère qu'au sacrifice et à l'autel et ne vaquer qu'à la prière…Telle est la discipline qu'ont observée les lévites dans l'ancienne Loi ». *Ibid.*, p. 46.

45. Dans Jean-Paul Audet, *Prêtres et laïcs dans la communauté chrétienne. Le chemin de l'ignorance réciproque*, Montréal, 1971.

46. Paul Michael Zulehner, revue *Spiritus* n° 220, septembre 2015, p. 340. « Ce tournant, assez fondamental n'a pas été commandé par des critères théologiques mais avant tout par des motifs extra- théologiques ». Ed. Schillebeeckx, *La communauté ecclésiale et sa présidence*, in *Concilium* n° 153, 1980.

• ***Naissance de la hiérarchie***

Cette évolution continuera sa progression au cours du IVe siècle. Après avoir divisé les baptisés en catégories distinctes, c'est au sein du clergé que se constituera une hiérarchie[47] marquée par la formation en deux classes.

De fait, il n'est plus possible devant la multiplication des communautés de maintenir l'eucharistie présidée par l'évêque entouré de son presbyterium, qui perd ainsi son caractère collectif. L'évêque délègue alors ses pouvoirs sacerdotaux aux presbytres, considérés comme prêtres de second rang.

> Nous sommes déjà loin de l'époque où un Tertullien rappelait la dignité des « laïcs » qui devaient pouvoir être prêts, en cas de nécessité, à exercer les fonctions sacerdotales[48]...

Ceci entrainera des conséquences dont nous supportons les effets pervers encore aujourd'hui. La recommandation de Paul en Rm 12, 2 :

> Ne vous modelez pas sur le monde présent (semble lointaine car) le parcours au travers de la hiérarchie ecclésiastique se calque de plus en plus sur le modèle des fonctionnaires. Tandis qu'au IIIe siècle on était ordonné au service d'une communauté locale particulière, il n'en sera plus de même à la fin où des évêques peuvent faire carrière en passant d'une petite ville à une plus grande.

On se dirigera doucement mais surement « vers l'idée d'une ordination absolue[49] ».

À la recherche de la fidélité aux origines. Leçons d'une évolution

L'Église a su s'adapter aux différentes époques. Dans un premier temps, les communautés chrétiennes sont apparues se différenciant des juifs et des païens en mettant en valeur l'idéal évangélique comme l'égalité de tous et de toutes dans la communauté, le partage des biens, la fraternité en Jésus-frère, le souci que nul ne se fasse appeler maître ou

---

47. On lira avec intérêt l'article de Régis Burnet: « La notion d'apostolicité dans les premiers siècles », dans *Recherches de science religieuse*, Avril-Juin 2015.

48. Alexandre Faivre, *Ibid.*,p. 47.

49. Conception contre laquelle s'élèvera en 451 le canon 6 du concile de Chalcédoine. *Ibid.*, p. 49.

seigneur. Au IIe siècle, il fallut penser à conserver le « dépôt » laissé par la première génération en organisant la communauté dans la durée car, à l'évidence, la venue du Seigneur n'était pas imminente. L'Église ne se construisait plus sur le chemin entre Jérusalem et Rome, en passant par Antioche, de pérégrine elle devenait sédentaire. La communauté des disciples de Jésus alors en chemin et missionnaire, pauvre et persécutée, devenait une Église structurée qui s'inspirait du modèle romain pour son organisation en diocèse. Cette transformation radicale des fonctions dans l'Église s'accompagna évidemment de la « sacerdotalisation » et de la professionnalisation qui trouva sa justification dans le « sacerdoce lévitique ». La Lettre aux Hébreux avait pourtant montré la caducité du modèle en faisant du Christ le seul grand-prêtre selon Melchisédech et non selon le sacerdoce d'Aaron[50].

Ces formes d'organisations sont donc le fruit d'une évolution et d'une adaptation au cours des âges, et remettent en cause la notion d'institution divine comme l'étaient les lois du Lévitique.

Ainsi,

> Lorsque le Pontifical romano-germanique, en 963 appliqua, pour l'ordination de Léon VIII le rituel gallican[51] au futur évêque de Rome, il ritualisa, pour un millénaire dans l'Église catholique[52], une ecclésiologie hiérarchique stricte. Le Pontifical romano-germanique valorise définitivement le sous-diaconat et met à part l'épiscopat, considéré dans l'optique féodale, à l'instar du sacre de l'empereur[53].

• *Repenser dans l'esprit de Vatican II la communauté sacerdotale, prophétique et royale*

Jusqu'au concile Vatican II, il y aura deux races de chrétiens : les clercs et les laïcs[54]. Nous savons combien scandales et abus de pouvoir de

50. Melchisédech apparaît en Gn 14, 18-20, désigné comme « prêtre du très haut » et dans le psaume 110, 4 : «Tu es prêtre à jamais selon l'ordre de Melchisédech ». L'épitre aux Hébreux opposera le sacerdoce de Melchisédech, d'origine inconnue, à celui d'Aaron, frère de Moïse, et fondateur de la lignée sacerdotale, (He 7).

51. Ou le rituel franc *per gradum :* portier, psalmiste, lecteur, exorciste, acolyte, sous-diacre, diacre. *Ibid.*, p. 57.

52. Ceci « jusqu'au motu proprio *Ministeria quaedam* de Paul VI du 15 août 1972 ». *Ibid.*, p. 57.

53. Alexandre Faivre. *Ibid.,*p. 57.

54. *Lumen Gentium,* Ch IV, §31 déclare : « Sous le nom de laïcs, on entend ici tous les fidèles, en dehors des membres de l'ordre sacré et de l'état religieux reconnu dans l'Église qui, étant incorporés au Christ par le baptême, intégrés au Peuple de Dieu, et participant à leur manière de la fonction sacerdotale, prophétique et royale du Christ, exercent pour leur part, dans l'Église et dans le monde, la mission qui est celle de tout le peuple chrétien. Le caractère séculier est le caractère propre et particulier des laïcs ». Le Concile maintient encore la différence même atténuée. Il reste donc ce chantier pour mettre fin au « schisme pastoral ».

la part des clercs provoquèrent la Réforme de Luther qui déclencha le sursaut de l'Église. Le réformateur ayant affirmé entre autres qu'il n'existait pas de différence entre les baptisés si ce n'est de fonction[55], le concile de Trente réagira en réaffirmant fortement la supériorité du clergé sur les laïcs, conséquence de son organisation, centrée sur l'eucharistie. Désormais sacerdoce et sacrifice seront étroitement liés avec une insistance sur la hiérarchie du ministère sacré. La tentative d'achever le « schisme pastoral » en réaffirmant l'égalité de tous les baptisés aura pour conséquence d'en accentuer l'écart et d'en séparer les frères !

Au XIXe siècle, se manifestent les signes du renouveau qui se prépare et des laïcs commencent à revendiquer leur place dans le champ politique et social. Ce mouvement de fond se concrétisera au XXe siècle par l'apparition de l'Action catholique, qui restera cependant très dépendante de l'épiscopat. Après les deux grands conflits mondiaux, cette nouvelle conception de la mission s'amplifiera. Les vies d'Antoine Chevrier[56] et de Charles de Foucauld, en suivant l'exemple de Jésus de Nazareth, traversent cette période et donnent une nouvelle image du prêtre. En France, l'expérience des prêtres-ouvriers, dont les choix prophétiques laissaient entrevoir une possible déclericalisation, ouvrait une nouvelle brèche dans les remparts du *statu quo*. Il semblait possible d'exercer le sacerdoce sans être prisonnier de son état clérical. La réaction ne se fit pas attendre, les prêtres-ouvriers furent condamnés dès 1954 par Pie XII, qui craignait le danger d'une dévalorisation de la fonction sacrale du prêtre, homme de l'eucharistie, *in persona Christi*. Encore une fois, la préservation du statut clérical l'emportait sur les exigences de la mission. L'Église pouvait accepter plus facilement un « fonctionnaire du culte », qu'un prêtre qui épousait la condition ouvrière en se dépouillant de tous les attributs de sa fonction. La radicalité de son choix et la cohérence de sa vie étaient les signes de son sacerdoce, à l'exemple du Christ qui se dépouilla de tout, sauf de son être de Fils. Plus tard, Rome se méfiera aussi des théologiens de la libération. Plus dangereux que les chemins du marxisme, n'ouvraient-ils pas la porte à une décléricalisation généralisée en revalorisant les ministères non ordonnés, confiés à des laïcs, par un recentrage et une revalorisation du partage de la Parole dans les communautés ? Les laïcs n'étaient plus confinés dans un rôle de suppléance, ils assumaient la mission qui leur revenait et qui, jusque-là, demeurait le privilège des clercs. Ils n'annonçaient pas seulement l'Évangile au monde, ils pouvaient aussi le proclamer dans leur communauté en faisant vivre l'Église dans les périphéries désertées par le clergé !

---

55. *Ibid.*, p. 61

56. Père Antoine Chevrier [1826-1879], fondateur de la société du Prado.

L'histoire récente, conclut A. Faivre, est loin d'être linéaire.

> On assiste à des retours en arrière. En 1997, l'Instruction sur quelques questions concernant la collaboration des laïcs au ministère des prêtres mettait des bornes sévères au champ d'inventivité et d'expérience ouvert par *Ministeria quaedam*. Les dispositions pratiques de cette Instruction visent essentiellement à limiter le rôle des laïcs dans l'Église. Il faut éviter que les initiatives soient interprétées comme une promotion du laïcat et écarter soigneusement jusqu'à l'apparence de confusion entre clercs et laïcs[57].

Il faut donc revisiter non seulement le statut sacerdotal mais en même temps la place du laïc dans la mission de l'Église. L'un ne va pas sans l'autre. Ils ont été définis au départ par une exclusion mutuelle, or, selon Vatican II, ils sont l'un et l'autre, membres d'une même famille. Le Concile a mis en marche une ecclésiologie renouvelée qui n'a pas été développée, semble-t-il, jusqu'au bout de sa propre logique, même s'il existe certains cas isolés.

Pour retrouver le sens de la fonction sacerdotale, il faut la libérer du carcan du cléricalisme qui, au lieu d'en faciliter l'exercice, est un de ses handicaps. Le prêtre est avant tout un pasteur, envoyé pour guider le troupeau qui lui est confié, et il doit aussi aller à la rencontre des brebis qui ne sont pas du bercail, « afin qu'il n'y ait qu'un seul troupeau » (Jn 10, 16). Ce n'est certainement pas en faisant de lui un être séparé qu'il pourra accomplir sa mission.

Conclusion : Retrouver l'Église comme fraternité

> *En Lumen Gentium* 28, le Concile décrit la mission des prêtres et parle à ce propos de l'Église qui est « famille de Dieu » et « fraternité » unie par le Christ dans l'Esprit : “Exerçant, pour la part qui est la leur, la charge du Christ Pasteur et Chef, ils rassemblent la Famille de Dieu, Fraternité qui n'a qu'une âme et par le Christ, dans l'Esprit, ils la conduisent à Dieu le Père.

Michel Dujarier écrit encore :

> Nous avons là une très belle description de l'Église dans son fondement trinitaire : elle est famille du Père, fraternité du Christ et temple

57. Alexandre Faivre. *Ibid.*, p. 71.

> vivant de l'Esprit ; elle est en marche par le Christ, dans l'Esprit, vers le Père, afin de devenir pleinement ce qu'elle a commencé d'être[58].

L'enquête détaillée de ce dernier nous révèle que l'Église se définissait aux cours des premiers siècles comme « Fraternité » et non comme « *ecclesia* » qui désignait, dans l'Antiquité, les assemblées autant juives que païennes. C'est aux premières communautés que nous devons cette définition. Puis cette pratique disparaîtra peu à peu pour se perdre dans l'oubli collectif. Elle sera, heureusement, redécouverte peu avant le Concile par plusieurs théologiens[59], dont Dietrich Bonhoeffer, qui écrivait :

> La fraternité chrétienne n'est pas un idéal que nous aurions à réaliser, mais une réalité créée par Dieu en Christ et à laquelle il nous est permis d'avoir part[60].

Retrouver l'Église fraternité signifie que le frère, qui serait un des plus fraternels, recevrait la charge de la présidence pour tenir, humblement, la place de l'« Ami-Absent ». Il ne serait plus question de pouvoir, de séparation ou d'état supérieur. Nous retrouverions Celui qui se donna en exemple en proclamant qu'il n'était pas venu pour être servi mais pour servir (Mc 10, 45). Les laïcs n'ont pas à servir le prêtre, c'est au prêtre de les servir. C'est dans le mystère de la *kénose* que se dévoile le sens du sacerdoce du Christ

> qui a voulu devenir en tout semblable à ses frères, à l'exception du péché (He 2, 17 ; 4, 15).

Inspirée par les figures exemplaires de dom Fragoso, prophète du sertão, de dom Proaño, prophète des peuples indiens, de dom Pedro Casaldaliga, prophète de l'Araguaia et de tant d'autres : dom Helder, dom Angelleli, dom Oscar Romero, dom Luciano… qui se firent frères parmi leurs frères, l'Église doit réinventer la relation du pasteur et du troupeau. Il lui suffit de se replonger dans l'esprit du Concile qui souligne fortement que le « Christ-Frère » est la source de l'Église-Fraternité, instrument du Salut[61]. Les CEBs sont le lieu dans lequel la fraternité chrétienne retrouve son sens premier. Or, ce qui est d'institution divine, c'est l'« Église Fraternité » et non la distinction clercs-laïcs.

Une autre manière de faire Église est donc possible. Cela dépend de chacun de nous.

---

58. Michel Dujarier, *Église et fraternité, l'ecclésiologie du Christ-Frère aux huit premiers siècles.* p. 52.
59. Karl Adam, Karl Barth.
60. De Dietrich Bonhoeffer, *De la vie communautaire* », 1939. *Ibid.*, p. 42.
61. *Ibid.*,p. 54.

Le Concile n'a pas eu le courage de faire le choix des pauvres comme le fit à sa suite l'Amérique latine à Medellin. Il s'approcha de la frontière du « schisme pastoral » entre baptisés, membres d'un même Corps, sans avoir eu l'audace de détruire totalement le mur de la séparation, mais il ouvrit une brèche que les Communautés de base ont élargie. Il ne s'agit donc pas de multiplier les ordinations en prenant des *viri probati*[62] ou des femmes, il faut retrouver la dimension sacerdotale ou mieux ministérielle de toute la communauté animée par ses ministres[63]. Un souffle nouveau s'est levé sur l'Église avec le pape François, passons ensemble la frontière avec courage. Ne fermons pas notre cœur à l'Esprit.

En redonnant à l'Église la beauté de sa jeunesse, retrouvée dans la fraternité de ses membres, nous nous mettons en marche vers l'Unité des frères en Jésus.

Le temps presse pour notre *Ecclesia semper reformanda.*

En ce 22 octobre 2015

---

62. « *Hommes éprouvés* » capables d'assumer un ministère, en faire des curés n'est pas la solution.

63. Quand un bibliste et un théologien se rejoignent : « L'identité du président ne semble pas avoir tourmenté les premières communautés chrétiennes. Ne pourrait-on pas envisager la possibilité d'une vie ecclésiale où le « service fondamental » que nous identifions au ministère presbytéral soit essentiellement caractérisé comme lien d'unité entre les communautés diverses ? Ce ministère devrait être envisagé sur un espace assez large, ce qui supposerait une sorte de délégation accordée à l'un des membres de la communauté locale pour qu'il puisse présider l'eucharistie. Il est évident qu'un lien doit être exprimé clairement entre celui qui localement et momentanément rassemblerait la communauté locale et celui qui plus largement en assurerait la responsabilité globale et lui permettrait d'être en communion avec d'autres Eglises. Nous ne pensons pas qu'il faille restreindre une telle pratique à des cas extrêmes » écrivait déjà J. P. Lémonon dans : « Ministère et présidence de l'eucharistie » in *Spiritus* n° 70.

« Ce n'est pas sans significations que les tâches profanes sont jugées être réservées aux laïcs et les tâches ecclésiales appartenir en premier lieu aux clercs...L'investissement actif des laïcs dans les communautés conduit immanquablement à relativiser la place du clerc, soit dans son mode de vie, soit quant à son pouvoir... La théologie des ministères qui se justifiait à un autre âge, ne répond plus aux défis qui sont aujourd'hui nôtres. L'effondrement des effectifs du clergé, les départs massifs n'ont pas d'abord des causes pathologiques ou morales, ils sont l'effet des contradictions dans lesquelles la législation présente enferme le clerc et interdit au laïc tout investissement sérieux dans la communauté. Une autre Eglise naît, elle n'a pas encore une législation qui lui corresponde. Pour l'instant, le clerc demeure prisonnier d'un pouvoir que seuls, les abus ou le conservatisme ont construit ». C. Duquoc « Ministère et pouvoir » in *Spiritus* n° 70, 1978. *Présidence de l'eucharistie.*

Glossaire

Baixo Araguaia	désigne une partie de la région Sud du Pará.
Caboclos	métis descendants d'Européens blancs et d'Amérindiens.
Campo santo	Cimetière.
Candomblé	Religion afro-brésilienne.
Cartorio	Bureau du cadastre.
Chagas	La maladie de Chagas est une forme de trypanosomiase, une maladie parasitaire qui sévit dans les régions tropicales d'Amérique du Sud et centrale. Elle est provoquée par une piqure d'insecte. Elle fut décrite par le médecin brésilien Carlos Chagas.
Comsaude	Communauté de santé dont le siège est à Porto Nacional.
Coronelismo	(« Colonélisme » en français) était le système politique du Brésil sous la Vieille République (1889-1930). Le pouvoir local était confié à des propriétaires fidèles au gouvernement brésilien, les *coroneis.*
EMBRAPA	Empresa Brasileira de Pesquisa Agropecuária. Entreprise brésilienne de produits d'élévage.
Engenho de açucar	Usine où se fabriquait le sucre de canne.
Fazendeiros	gros propriétaires terriens.
Festejo	fête paroissiale.
Garimpo	expression qui désigne les mines d'or à ciel ouvert.

Grilagem, du verbe grilar	appropriation illégale de terres qui appartiennent à l'État ou à un petit propriétaire particulier en falsifiant les titres de propriété.
Jeitinho	correspond à ce que nous désignons comme le système « D » : trouver une solution qui contourne l'obstacle.
Juquira	végétation qui naît en région abandonnée.
Laet	Laboratoire d'études de la Transamazonienne.
MAP	Médecins Aide et Présence.
Maranhenses	personnes originaires de l'État du Maranhão.
Matriz	nom donné à l'église principale de la paroisse où se trouvent les différents services comme le secrétariat paroissial.
Municipio	ensemble du territoire communal.
Paço do Lumiar	nom de la localité dont dépend le quartier du *Maiobão.*
PGDU	Plan Global de Développement d'Uruará.
Pistoleiros ou Jagunços	hommes de main, souvent tueur à gages.
Posseiros	nom donné aux petits paysans n'ayant pas encore leur titre de propriété, bien que propriétaires par le statut de la terre établi par les militaires.
Prefeito	le nom donné au maire.
Romaria	pèlerinage.
Sertão	Région semi-aride du Nordeste qui signifie aussi arrière-pays.
Transa	diminutif familier pour désigner la Transamazonienne.
Traversão	nom donné aux pistes tracées au Nord et Sud tout le long de la *Transa.*

NOTICE BIOGRAPHIQUE DE FRANÇOIS GLORY

• Né à Prades (Pyrénées Orientales) le 22 octobre 1945.

• Parents :
Père François Glory : 1894-1988, d'origine catalane, fonctionnaire de l'État et profession libérale.
Mère Elisa Raffalli : 1908-2013, d'origine corse, mère au foyer.

• Fratrie :
Emmanuel : 1939, militaire en retraite.
Thérèse : 1941, infirmière.
Marie : 1943-1980, mère de cinq enfants, licence lettres modernes.
François : 22 octobre 1945, auteur de ce livre.
Antoine : 1947, licence lettres classiques, accompagnateur en montagne.

• 1956-1964 : petit séminaire à Perpignan, puis à Montpellier.
1964 : Séminaire des Missions Étrangères de Paris à Bièvres.
Études de philosophie.
Engagement dans le scoutisme à Chelles puis à Créteil
Participe à la transformation des Scouts de France
Missions ponctuelles pour les Scouts (Nouvelle Calédonie, etc.)

• 1968 : part en coopération au Cameroun.

• 1970 : Théologie au Consortium missionnaire de Chevilly la Rue.
Parallèlement activités à Créteil : scoutisme et ACO.

• 1er avril 1973 : Ordonné diacre 1973 à Créteil,
• 30 juin 1973 : Ordonné prêtre, dans sa paroisse de Perpignan

• 1973-1976 : Destiné au Laos, il étudie les langues anglaises et thai
Un an en Angleterre puis un an à Bangkok

- 1976-1979 : Événements politique en Asie du Sud-Est,
  Retour en France dans son diocèse d'origine.

- 1979-2004 : En mission au Brésil :
  1979 : École de langue à Brasilia. Stage pastoral dans la Paraiba.
  1980-1983 : Natividade dans le diocèse de Porto Nacional.
  1983-2004 : Uruarâ sur la Transamazonienne, prélature du Xingu.

- 2004 : Retour à Paris, chargé de suivre les prêtres étudiants asiatiques.
  Maîtrise de théologie biblique à l'Institut catholique de Paris

- 2008-2014 : Au Nord du Brésil à Sâo Luis do Maranhâo :
  Professeur d'université et curé d'une immense paroisse.

- Décembre 2014, il repart en Thaïlande :
  Responsable de la paroisse francophone de Bangkok.

Liste des différents organismes cités

Adveniat	organisme lié à l'Église catholique allemande qui aide les églises de mission.
Assemblées du CELAM	Medellin 1968, Puebla 1979, Santo Domingo 1992 et Aparecida 2007
CEB	Communauté ecclésiale de base.
Cebi	Cercle œcuménique d'études bibliques.
CEFAL	Comité épiscopal France Amérique Latine, devenu le PAL (Pôle Amérique Latine). Tous les deux ans, les missionnaires français se réunissent dans un lieu déterminé du Brésil.
CELAM	Conseil épiscopal Latino-Américain.
CEPLAC	organisme d'État chargé d'accompagner la production du cacao.
CIMI	Commission indigéniste missionnaire.
CIRAD	Centre de coopération internationale en recherche agronomique pour le développement, placé sous la double tutelle du ministère de l'enseignement supérieur et de la recherche et du ministère des affaires étrangères.
CNBB	Conférence nationale des Évêques du Brésil.
CPT	Commission pastorale de la Terre.
Dial	*Diffusion de l'information sur l'Amérique latine.*
EMBRAPA	Empresa Brasileira de Pesquisa Agropecuária. Entreprise brésilienne de produits d'élévage.
Fidei donum	« le don de la foi ». Nom de l'encyclique de Pie XII (1957). Désigne les prêtres français qui répondirent à cet appel de Pie XII pour partir en mission pour un contrat de trois ans renouvelable.
FNO	Fonds constitutionnel du Nord pour financer l'agriculture.

FUNAI	Organisme de l'État chargé de la protection des Indiens.
GETAT	Groupe exécutif des terres de l'Araguaia et du Tocantins.
IBGE	Institut brésilien de Géographie et de Statistiques.
IESMA	Institut d'études supérieures du Maranhão. Il regroupe les dix diocèses et instituts religieux du Maranhão.
INCRA	Institut national de Colonisation et de Réforme agraire.
INRA	Institut national de la recherche agronomique.
JAC deviendra le MRJC	Jeunesse agricole chrétienne et Mouvement rural de la jeunesse chrétienne.
JOC	Jeunesse ouvrière chrétienne.
MEB	Mouvement d'Éducation de Base. Organisation créée par l'Eglise pour promouvoir l'alphabétisation en milieu populaire.
MISEREOR	organisme de l'Église allemande qui finance, comme le CCFD en France, des projets de développement.
MPST	*Mouvement Pour la Survie de la Transamazonienne.*
ORSTOM	Office de la recherche scientifique et technique outre-mer, organisme aujourd'hui remplacé par l'IRD : Institut de Recherche pour le Développement.
PMDB	Parti du Mouvement Démocratique du Brésil.
Prélature (Prelazia do Xingú)	Nom pour désigner un territoire ecclésiastique qui n'a pas encore été élevé au rang de diocèse. La prélature du Xingú fait 310 000 Km^2, soit la superficie de l'Italie et de la Suisse réunies.
PT	Parti des Travailleurs de Lula (Luis Inacio da Silva).
SUDAM	Superintendance pour le développement de l'Amazonie.

Table des matières

Collection « *Signes des Temps* »

Cette collection veut consigner des témoignages d'acteurs du mouvement missionnaire qui s'est déclenché et développé pendant ou après la Seconde Guerre mondiale (les prêtres-ouvriers, les chercheurs et les passeurs dans plusieurs domaines : théologiens, liturgistes, exégètes, scientifiques de diverses disciplines en différents lieux...).

Mais ce qui était novateur hier l'est-il encore aujourd'hui ? Il suffit peut-être de rappeler que les signes des temps selon l'Évangile sont là pour discerner et comprendre non pas le temps qu'il faisait hier, mais celui qu'il fera demain. Les cieux ne sont-ils pas changeants et par conséquent jamais identiques ?

La collection *Signes des Temps* a pour ambition de rester attentive, sans esprit de système, à la complexité du monde où pérégrine l'Église

Pôle : Amérique latine

Luis Martinez Saavedra, *La conversion des Églises latino-américaines. De Medellin à Aparecida, 1968-2007.* (2011).

Petites Sœurs de Jésus, *En Amazonie, renaissance de la tribu indienne des Tapirapé.* (2011).

François Lefeuvre, (s. la d.), *Guy-Marie Riobé – Helder Camara, ruptures et fidélité d'hier et d'aujourd'hui.* (2011).

Susana Bleil, *Vie et luttes des Sans Terre au sud du Brésil : une occupation au Paraná.* (2012).

Pierre Dubois, *Un prêtre français au Chili, 50 ans au service du monde ouvrier.* (2012).

François d'Alteroche, *Des Monts d'Aubrac au cœur des Andes, Semeur d'espérance, 50 ans en Amérique Latine.* (2012).

Gabriel Maire, *Un prêtre français assassiné au Brésil, 1936-1989.* (2013).

Michel Jeanne, *Un prêtre français en en terre ouvrière de Colombie, 1970-2003.* (2014).

Luis Martinez, sous la direction, *Chemin de la théologie chrétienne en Amérique Latine.* (2014).

Jean-Louis Genoud, *Educateur de la solidarité, un prêtre français en Amérique centrale de 1969 à 2012.* (2014).

Gabrielle Etchebarne : *Sur les pas des disparus en Argentine (1976-1983),* avec DVD. (2015).

Robert Dumont (éd.), *Femmes uruguayennes sous la dictature (1973-1985) : enlèvements, viols et tortures* : avec DVD. (2015).

Sylvie Viaud : *Teresita, la théologie de la tendresse.* (2015).

Chantal Gourdon, Marie-Thérèse Grimault et Jacqueline Louvigné, *Femmes en chemin avec les peuples de l'Équateur et du Nicaragua : des religieuses françaises en Amérique latine.* (2016).

Diana Beatriz Viñoles, *Lettres d'Alice Domon, une disparue d'Argentine.* (2016).

François Glory, *Mes trente ans en Amazonie brésilienne au service des communautés de base.* (2016).

Camila Bessa, *Le Christianisme de la libération : Charles Antoine et DIAL, 1971-1996 : l'influence du Sud sur le Nord.*, (2016).

En préparation pour 2016

Titres provisoires

Bernardo Colmenares Gomez (éd.), *Échange entre les diocèses de Troyes et de Medellin.*

Henri Burin des Roziers, *Dominicain an Brésil, avocat des paysans persécutés.*

Xavier de Maupeou, *Prêtre Fidei Donum puis évêque au Brésil.*

***Collection « Chrétiens en liberté »* (Karthala)** *:*

Simon Pierre Arnold : *La foi sauvage, bilan provisoire d'un théologien perplexe.* (2011).

ÉDITIONS KARTHALA

Fonds ***Amérique latine***

Bolivie (La), Rudel Ch.
Brésil, Mexique. Deux trajectoires, Lautier B.
Chili (Le), Rudel Ch.
Chroniques d'une mission dans les Andes, Soto R. De los Reyes
Communautés noires dans le Pacifique colombien, Hoffmann O.
Conversion des Églises latino-américaines, Martinez L.
Costa Rica (Le), Rudel Ch.
Cultures noires d'Amérique centrale (Les), Demazière E.
Démocratie mexicaine en terres indiennes (La), Recondo D.
Des Monts d'Aubrac au cœur des Andes, Fr. d'Alteroche
Économie informelle au Mexique (L'), Ronbaud Fr.
Exclusion et politique à São Paulo, Dabène O.
Faire parti. Trajectoires de gauche au Mexique, Combes H.
Forces politiques en Amérique centrale (Les), Rouquié A. (dir.)
Formation des grands domaines au Mexique (La), Chevalier F.
Frontières du politique en Amérique latine (Les), Corten A.
Honduras après l'ouragan Mitch (Le), d'Ans A.
Imaginaires politiques et pentecôtismes, Corten A.
Indiens et la nation au Mexique (Les), Lopez P.
Interpellation plébéienne en Amérique latine, Corten A.
Littérature orale quechua de la région de Cuzco – Pérou (La), Itier C.
Mauvais œil de la lune (Le), Sturzenegger O.
Mexique (Le), Rudel Ch.
Mouvements indiens en Équateur (Les), Massal J.
Oscar Romero. Esquisses pour un portrait, López Vigil M.
Panama (Le), Trotet F.
Paraguay (Le), Rudel Ch.
Penser le politique en Amérique latine, Lautier B.
Quatre siècles d'esclavage au Brésil, Hébrard J.
Réveil démocratique du Chili (Le), Doran M.C.
Réveils amérindiens, Rudel Ch.
Société des Andes, Malengreau J.
Transformation de l'État en Amérique latine (La), Van Eeuwen D. (dir.)
Un prêtre français au Chili, Dubois P.
Vie et luttes des Sans terre au Brésil, Bleil S.
Violence dans l'imaginaire latino-américain, Corten A.
Yanomani, l'ire et le désir, Alès C.

Collection ***Sens et Conscience***

Le christianisme dans la modernité

« Sens et Conscience » est une collection des éditions Karthala créée en 2015 et dirigée par Robert Dumont, oratorien et ancien prêtre-ouvrier.

Cette collection a pour objectif de faire connaître et de soutenir les recherches actuelles pour un christianisme crédible dans la modernité. La démarche éditoriale est menée dans le respect des exigences de tout travail intellectuel, sans *a priori* ni tabou. En toute liberté de conscience.

Elle accueille des textes relatifs à la nécessaire mutation du christianisme. D'abord par une relecture des textes de la Bible à la lumière des acquis de l'exégèse. Ensuite par une quête des expressions de la foi qui prenne en compte les attentes de la culture moderne, celles des femmes et des hommes du XXIe siècle.

Titres parus en 2016

Jésus au XXIe siècle, John Shelby Spong, 1re éd. 2013, 2e éd. revue 2015.

Né d'une femme. Conception et naissance de Jésus dans les évangiles, John Shelby Spong, 2015.

Repenser Dieu dans un monde sécularisé, Jacques Musset, 2015.

Les nouvelles hypothèses sur les origines du christianisme, Jacques Giri, 5e éd., 2015.

La Résurrection, mythe ou réalité ? John Shelby Spong, mars 2016.

Sauver la Bible du fondamentalisme, John Shelby Spong, juin 2016.

Imprimé en France
par Arts'Print Numeric - 24, rue de Vire - 14110 Condé-sur-Noireau
N° d'Imprimeur : 01643 - octobre 2016